轨道交通与新城

李道勇 著

中国建筑工业出版社

图书在版编目（CIP）数据

轨道交通与新城 / 李道勇著. —北京：中国建筑工业出版社，2020.6
 ISBN 978-7-112-25236-7

Ⅰ.①轨… Ⅱ.①李… Ⅲ.①城市铁路-轨道交通-关系-城市建设-研究 Ⅳ.①U239.5 ②TU984

中国版本图书馆CIP数据核字（2020）第097639号

本书以"如何实现轨道交通与新城的协调发展"为目标，在对世界各国大都市区轨道交通与新城发展的理论、方法与实践进行剖析和比较研究的基础上，以大都市区多中心空间发展的一般现象与普遍规律为导向，梳理了我国大都市区轨道交通与新城发展的主导现象并对问题进行了归纳，结合国际实践活动的研究，总结了影响大都市区轨道交通与新城协调发展的关键因素，主要集中在新城与轨道交通的建设动机、内在关系以及功能空间的组织和保障机制等方面。

责任编辑：杨　琪
责任校对：李美娜

轨道交通与新城
李道勇　著

*

中国建筑工业出版社出版、发行（北京海淀三里河路9号）
各地新华书店、建筑书店经销
北京建筑工业印刷厂制版
北京建筑工业印刷厂印刷

*

开本：787毫米×1092毫米　1/16　印张：21¼　字数：436千字
2021年9月第一版　2021年9月第一次印刷
定价：**65.00**元
ISBN 978-7-112-25236-7
（35998）

版权所有　翻印必究
如有印装质量问题，可寄本社图书出版中心退换
（邮政编码　100037）

前 言

面对经济全球化、区域一体化及持续快速城镇化的冲击,我国大都市区正面临着进一步巨型化、高密度、连绵发展带来的压力,必须引导城市空间形态由高强度"单中心"向功能相互渗透的"多中心"空间结构转变,并通过建立高效便捷的联系通道以提高综合承载力,才能适应大都市区的发展需求。

新城作为大都市区"多中心"空间体系和高密度城镇群体的有机组成单元,是承载大都市区城市功能的重要节点,也是推动大都市区整体功能与结构优化的关键地区,轨道交通则因其快捷、准时、安全、大容量的特点和能有效提高新城与其他城市组团的交通可达性,成为区域空间联系的首选。实践证明,实现轨道交通与新城的协调发展是大都市区建构多中心空间体系的客观要求,也是城镇化发展到高级阶段大都市区高密度空间有效运行的必要条件。

全书始终以"如何实现轨道交通与新城的协调发展"为目标,在对世界各国大都市区轨道交通与新城发展的理论、方法与实践进行剖析和比较研究的基础上,以大都市区多中心空间发展的一般现象与普遍规律为导向,梳理了我国大都市区轨道交通与新城发展的主导现象并对问题进行了归纳,结合国际实践活动的研究,总结了影响大都市区轨道交通与新城协调发展的关键因素,主要集中在新城与轨道交通的建设动机、内在关系以及功能空间的组织和保障机制等方面。

在对新城的建设条件、轨道交通的建设时机及其类型等进行综合分析后,提出不同状态下轨道交通与新城在时序配合上的协调对策。开发前必须客观论证新城与轨道交通的建设可行性,合理选择轨道类型,加强二者之间的联合开发,科学确定以轨道交通为导向的新城土地开发时序。

主城区内外轨道交通线路在功能定位、技术特征等方面存在很大不同。基于新城组团的优先发展,首先对外围轨道线路的速度目标值进行了探讨,对沿线站点类型、站点间距及其影响区范围进行了综合研究,然后从新城空间布局、土地使用类型、开发强度、土地利用价值等方面对轨道交通导向的新城土地使用特征进行了系统分析，并提出了相应的开发建议。

轨道交通导向的新城功能空间的成长主要体现在如何通过产业空间建设促进主城区内部的功能梯度转移以及缺失功能的培育，应从大都市区整体产业结构的布局与整合的角度出发，主动承接主城区转移产业，并借助轨道交通积极培育新型产业空间，逐渐实现新城工业经济向服务型经济的升级与转换，进而实现主城功能内涵的提升与新城功能的外延扩张和成长。同时，新城中心区的有效供给是主城功能疏解的原动力，发挥轨道交通的通达优势，培育新的、强大的新城中心才能实现主城区重叠功能空间的有机疏解。

与此同时，通过明确轨道交通与新城协调发展的目标，从新城的产业、创新、生态、文化、健康五个角度出发，构建出相应的指标体系和理论方法，对空间系统的协调发展状态和过程进行评价分析，进而为揭示矛盾成因和协调管理提供分析基础。最后，分别从区域与新城两个层面提出促进轨道交通与新城协调发展的整合策略与规划方法，并对相关的制度改革方向进行了探讨。

本书由以下项目支持：

北京自然科学基金面上项目（8212009）

国家自然科学基金青年基金项目（51608009）

2019年度北京市属高校高水平教师队伍建设支持计划青年拔尖人才培养计划项目（CIT&TCD201904010）

北京市优秀人才培养资助项目（2015000020124G019）

Preface

Under the influence of economic globalization, regional integration, and rapid urbanization, many metropolitan areas in China are in face of great pressure brought by continuous and excessive development. It is an irreversible trend for cities to transform from monocentric structure to multicenter structure, in which city functions can be shared by different centers. At the same time, the establishment of an efficient and convenient transportation system is necessary to meet the development need of the metropolis.

For urban regions with dense population, " new towns " are the indispensible units in the multicenter space structure. The new towns will carry certain functions of the metropolis as well as promote the optimization of city function and space structure. Rail transit is the first choice for transportation because of its obvious advantage – fast, punctual, safe and large capacity. Practice has proved that the development of rail transit and new town is the prerequisite for establishing multicenter city structure, and it is the necessary condition for effective space operation when urbanization has reached an advanced stage.

Focusing on the question " how to realize the coordinated development of rail transit and new town " , this dissertation thoroughly studies the theories, methods and practices of rail transit and new town development in major metropolis worldwide. By a deep analysis and comparative research under the guidance of general laws of spacial development, the author teases out the condition and problems of rail transit and new town development in China, and concludes the key factors for the coordinated development of rail transit and new town.

After analyzing the construction condition of new towns, the timing and types of rail transit construction, and proposes countermeasures for the coordination of transit and new town in terms of timing sequence. Before construction, we should ensure its feasibility, select the desirable rail type, and enhance the joint development of the two. The timing sequence should be decided by scientific methods.

The internal and external rail transit lines of main urban areas differ greatly in functional orientation and technical features. Based on the preferential development of new town cluster, the dissertation discusses the target speed value of external rail lines and makes a comprehensive study of station types, station distance, and area of coverage. Then a systematic analysis, which deals with new town spacial structure, types of land use, development intensity, and value of land usage, was made. Corresponding exploration suggestions are proposed by the author.

The development of transit-oriented new towns can be manifested in the following two ways – first, promote the gradient transfer of city functions through the construction of industrial space; second, cultivate new functions which are deficient in the city. Proceeding from the overall industrial structure and integration of the metropolis, the new town should actively take over the transferred industries and breed new industrial space by virtue of the convenient rail transit. Gradually, the new towns can upgrade from industrial economy to service industry.

Meanwhile, by clarifying the goal of coordinated development of rail transit and new town, this dissertation proposed corresponding target system and theoretical method from five perspectives – industry, innovation, ecology, culture, and health. The development condition and procedure of the spacial system are analyzed so as to provide the basis for revealing causes of contradiction as well as for analyzing coordinated management. Finally, the book puts forward the integration strategy and planning methods for promoting the development of rail transit and new town on two levels – region and new town, which include a discussion of relevant institutional reform.

目 录

第1章 导 论 1

1.1 研究背景 2

1.2 研究目标与意义 12

1.3 研究内容与方法 15

1.4 研究思路与技术路线 17

1.5 研究特色与创新之处 20

上篇
理论与经验

第2章 理论基础与相关研究述评 24

2.1 研究范畴与研究视角的确定 24

2.2 交通引导大都市区空间演化的理论基础 36

2.3 轨道交通与城市空间发展互动关系研究综述 51

2.4 轨道交通与新城空间协调发展的理论借鉴 57

2.5 本章小结 59

第3章 我国大都市区轨道交通与新城发展的主导现象与问题梳理 62

3.1 新城发展历程与总体特点 62

3.2 轨道交通建设过程与动因分析 66

3.3 当前轨道交通与新城发展中的特征梳理 71

3.4 本章小结 82

第 4 章 国际大都市区轨道交通与新城协调发展的实践经验借鉴 83

4.1 新城建设特征与战略调整 83
4.2 轨道交通与多中心空间结构的演变特征 99
4.3 轨道交通与新城协调发展的实证研究 114
4.4 本章小结 128

中篇
机理与成长

第 5 章 建设时机是轨道交通与新城协调发展的关键 132

5.1 新城建设的可行性评价 132
5.2 轨道交通的建设时机与类型选择 140
5.3 大都市区轨道交通与新城的建设时机协调 143
5.4 本章小结 148

第 6 章 内在机理是轨道交通与新城协调发展的基础 149

6.1 大都市区外围轨道交通线路的特殊性 149
6.2 新城轨道交通站点的类型与影响区细化 154
6.3 轨道交通导向的新城土地利用特征 159
6.4 本章小结 174

第 7 章 功能成长是轨道交通与新城协调发展的根本 176

7.1 轨道交通引导下新城功能的成长与组织 176
7.2 轨道交通与新城产业发展的互动关系 181
7.3 大都市区发展思维下新城产业的发展指向 187
7.4 轨道交通引导下新城产业空间培育指南 194
7.5 本章小结 209

下篇
评价与策略

第 8 章 大都市区轨道交通与新城空间的协调关系评价 212

8.1 轨道交通与新城空间协调发展的目标体系 212

8.2 轨道交通与新城空间协调发展的评价体系 214

8.3 本章小结 227

第 9 章 促进大都市区轨道交通与新城协调发展的对策与建议 228

9.1 区域视角下轨道交通与新城协调发展策略 228

9.2 新城视角下轨道交通与城市空间的协调方法 235

9.3 促进轨道交通与新城协调发展的政策建议 256

9.4 本章小结 261

第 10 章 结论与展望 263

10.1 研究的主要结论 263

10.2 思考与展望 268

附 录 271

附录 1 调查问卷 272

附录 2 轨道交通引导下国际大都市区多中心空间体系的建设 276

主要参考文献 316

后 记 327

第 1 章 导 论

作为新兴城市及城镇化重点区域，新城的发展在很大程度上决定了城镇化进程的速度和效率，并直接反映出城镇化质量的高低。因此，促进新城健康发展不仅仅是区域经济发展的问题，更是决定大都市区全局发展的重要因素。

在新城与主城及其他功能组团之间建立方便快捷的联系通道，对于新城的健康成长和区域一体化程度的提高尤为重要，而土地资源的稀缺性也决定了我国大都市区只能选择以公共交通为导向的拓展方式。轨道交通作为一种集大容量、快速、环保、节能等优点于一身的公共交通运输方式，将直接促进中心城市与新城之间各种资源和功能的最紧密整合，优化产业空间布局，促进区域内生产要素的自由流动及合理配置，是启动内需、拉动经济增长的重要手段，也是实现我国大都市区多中心空间有序发展的前提条件。特别是在人们愈发重视时间成本的今天，轨道交通的准时、快捷和经济安全性更能让出行者掌握出行主动权，真正改变了城市时空与用地布局的不等价性。

经过多年的发展，我国多数新城已初具规模，陆续开通的轨道线路也有力促进了新城的建设与发展，如北京市大兴新城、亦庄新城、房山新城、上海市松江新城等都借助轨道交通成功实现了自身发展的突破，在实现新城房地产业快速发展以及促进新城与主城快捷互动方面起到了重要作用，并引领了各类功能集聚区在大都市区范围内的重新整合。然而，在这种快速建设的环境中，诸多问题也开始陆续显现。首先，在多中心的空间体系下，多数新城只是在形态上趋向于紧密发展的空间区域，轨道交通对新城空间的引领作用并未得到充分发挥，沿线组团的空间整合以及如何实现新城与主城之间的高效互动也需进一步研究；其次，出于疏解主城区人口与产业的目的，新城在发展中并未实现预期目标，后期即使通过建设联系主城区的轨道交通线路，也仍未彻底释放中心城区在人口、就业、交通上的压力，相反很大程度上诱发出轨道沿线土地开发失衡、新城沦为单一卧城、中心区交通流矛盾进一步加重等新的城市问题……诸多矛盾不仅成为各级政府和相关学术研究者的心病，更是大都市区进一步向前发展中不可回避的问题。

中国的"新城"是一类特殊的具有本土化空间模式的转型城市，同主城区一样需要进行全球化、区域化、市场化下新的发展定位，特别是在轨道交通导向下新城发展的职能、空间环境、发展动力等更需要重新认识。本书即是基于以上情况针对我国轨道交通导向的大都市区空间整合与新城发展所做的相关研究。

作为导论，本章重点介绍了研究背景，阐述了研究意义和主要内容，并总结了研究思路、研究框架及主要的研究方法。

1.1 研究背景

经济全球化、城市区域化进程的加快，在促进国际化大都市区分布格局形成的同时，更是在世界范围内实现了生产力的组合分布，在区域空间上表现为城市中心的分散化与功能集中化，促使大都市区空间结构发生深层次的变革与重组。

1.1.1 多中心高密度集聚：经济全球化的发展态势

（1）国际化大都市格局与世界城市体系的形成

经济全球化、全球信息化及贸易国际化的快速发展，促使国家与区域的空间格局进行了新一轮的调整，国际城市化发展也呈现出一些新的趋势，表现为全球经济发展的重心和节点开始集中于大都市区，空间重组、经济转型、功能提升、网络重构成为发展的重要特征，并促使传统的国际劳动分工[①]逐渐被一种新的国际劳动分工所替代，推动全球尺度分工体系的形成与深化。

在此背景下，区域之间的竞争与合作更多的是在由若干大都市紧密互动而形成的区域之间展开，世界城市（World City）或全球城市（Global City）通过生产服务业、资讯等，成为世界经济的控制中心[②]，城市自身的发展也逐渐由封闭式的地缘结构向新形势下的区域协同发展转换，与之相应的城市空间正进入一个无论规模、结构还是功能和形态都处于战略性调整和拓展的特殊时期，国际化大都市区格局与世界城市体系的出现便是对这一现象的直接反映[③]。

---

① 传统国际劳动分工是指发达工业国生产制造业产品，发展中国家或欠发达国家提供原材料或生产初级产品。传统国际劳动分工的内在原因：一是制造业产品生产以大规模生产为条件，是典型的福特（Fordism）生产模式，整个生产过程处于企业内部的生产一体化状态；二是发达国家掌握着制造业生产所必需的先进技术。
② 吕拉昌.中国大都市的空间创新[M].北京：科学出版社，2009：3.
③ Peter Hall.Global city-regions in the twenty-first century［M］.England：Scott A.Global city-regions New York Oxford University Press，2005：59-77.

在这一过程中，因全球化与信息技术革命而带来的全球产业转移给大都市区诸多中小城市，尤其是外围新城的发展提供了新的机遇。国际劳动分工开始转向以市场为导向的围绕跨国资本的经济活动全过程的垂直功能分工和组织[①]，其中研究开发、管理策划、流通销售、生产制造等经济活动的各个环节将在更大的区域范围内进行空间组织（图1-1）。

图1-1　全球城市分工体系[②]

同时，全球城市体系也在空间区域化过程中呈现出新的等级结构。新的国际劳动分工导致生产活动的地位因生产力的重新组合与分布而发生了剧烈重组：一些区位处于控制核心地位，以资本功能为特征，成为全球经济实体的集中地；一些区位处于边缘支配地位，劳动密集型特征明显，多保持低附加值的"出口平台"。

当然，这种空间分工并非静止与绝对，而是一种动态、能动性的转变过程。实践证明，只有实现大都市区的整体发展，才可以更好地提升城市影响力，进而确立大都市在全球城市体系中的控制核心地位。在此背景下，多中心的高密度城镇群成为各国塑造国际竞争力的主要途径，而新城作为大都市区多中心空间体系的重要组成单元，在全球城市体系的协作中也开始扮演越来越重要的角色（表1-1）。

全球城市体系等级分列表　　　　　　　　　　　表1-1

等级划分	典型代表	发展特征
全球性	东京、纽约	发展中其服务功能有能力面向全球区域，并对重要的经济活动起到控制作用
洲际性	洛杉矶、新加坡、法兰克福、香港、上海等	在国际化大都市区格局中多为经济中心，通过自身的发展带动洲际范围内各类城市功能的空间整合，是世界城市体系中的重要功能区
区域性	芝加哥、曼谷、孟买、墨西哥城等	具备成为国际化经济中心的潜力，在国内拥有较强的影响力且发展迅速

---

① 彭震伟．全球化时代大都市区新城发展的理性思考［J］．上海城市管理，2012（1）：28．
② Peter Dichen & P.E.Lloyo．Location in the space，Harpen Colins Publishers，1990．

续表

等级划分	典型代表	发 展 特 征
地区性	各个国家拥有若干	国家内部具有全国或地区影响的开放性大城市,是区域经济增长极,首位度较高,是世界城市空间体系的重要功能节点,但其国际化影响力有待提升

资料来源：根据页注①整理绘制

（2）经济全球化、区域城市化背景下我国城镇群的多中心、高密度发展

在全球一体化、城市区域化不断发展的背景下，我国大都市区空间表现出两种发展趋势：一种是宏观区域范围内的城市中心分散化（多中心化）与功能集中化（向区域内具有特定区位条件或发展基础的地区高密度集聚）；另一种是微观地域上人口的不断集中和城市建成区的不断扩散。这种发展趋势与我国特有的国情背景是紧密相连的，持续快速的城镇化发展导致中国的城镇群地区，尤其是以北京、天津、雄安为中心的京津冀地区，以上海为中心的长三角地区，由香港、澳门两个特别行政区和广东省广州、深圳、珠海、佛山、惠州、东莞、中山、江门、肇庆（珠三角）九个地市组成的粤港澳大湾区（Guangdong-Hong Kong-Macao Greater Bay Area）等几个最重要的城镇群地区，正面临进一步巨型化、高密度、连绵发展带来的发展压力，必须通过提高综合承载力适应国家城市化战略的需求。与此同时，对于土地资源危机背景下这些城镇群地区内的大都市区而言，多中心的高密度发展既是现实要求也是未来发展的重要趋势，是大都市区无奈的不二选择，这是不同于许多国外大都市区发展模式的区别所在。

另外，在全球化的竞争压力下，区域一体化进程加速推进，产业的扩散与集聚早已突破单个城市或者区域的界限，在推动经济增长的同时，也加强了区域内城市之间的联系，使得各城市组团日益成为利益共同体和发展联盟，成为国家或地区参与全球竞争与分工的基本空间单元。区域内城市围绕着不同产业或同一产业的不同环节展开横向或纵向分工，加速了人流、物流、资本流及信息流在各城市节点的频繁流返，促进了城市化进程、城市空间形态和区域城镇体系的变化，新的城市空间组织正在形成并表现出新的形态与模式，在一些经济发达地区，如西欧、北美和日本，经济地理空间的多中心化已成为一个普遍现象[2]。

当前，我国的城镇化建设正处于一个敏感发展期，更是一个关键转型期，实现大都市区的整体发展，转移重心促进新城的可持续建设将是我国城镇化发展的主体导向[3]，提高新城空间运行效能，促进大都市区整体空间的集约化、生态化已成为一项重

---

[1] Friedman J, Wolff G..World City formation: An agenda for research and action [J].Newyork: International Journal of Urban and Regional Research, 1999 (6): 3.
[2] 陈前虎.多中心城市区域空间协调发展研究——以长三角为例 [M].杭州：浙江大学出版社，2010：2.
[3] 李道勇，运迎霞，董艳霞.轨道交通导向的大都市区空间整合与新城发展——新加坡相关建设经验与启示 [J].城市发展研究，2013，20（6）：8-11（中彩页）.

要而紧迫的课题，迫切需要在大都市区"多中心与高密度"建设过程中对新城空间的效能优化建立科学合理的评价方法和规划调控的技术体系。

1.1.2　城乡空间一体布局：新型城镇化的路径选择

目前，我国正处于城镇化建设关键期、改革攻坚期和矛盾凸显期，在城乡二元结构客观存在的事实语境下，各种问题与症结亟待纾解，需进一步明确大都市区空间发展重点和指引城市功能的布局。

（1）新型城镇化下大都市区发展重心的转移

自改革开放以来，我国城镇化进入高速发展轨道，城镇化率从1978年的17.8%一跃发展到2011年的51.27%，仅用30年的时间，走完了西方近百年的从农业社会向城市社会的过渡过程，从2011年开始，城镇化率在5年内又提高了7个百分点，达到58.52%。正如美国著名经济学家、诺贝尔奖获得者斯蒂格利茨（Joseph Eugene Stiglitz）所指出的"影响人类21世纪进程主要有两件大事：第一件是新技术革命；第二件是中国的城镇化"。有研究认为今后20～40年，我国还将有3亿～4亿的农村人口迁入城镇（联合国人口司，2009）（图1-2）。

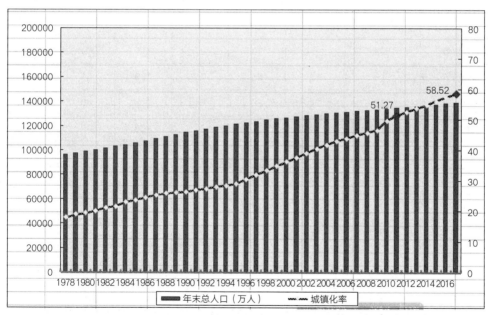

图 1-2　1978～2017年中国人口及城镇化率变动情况

数据来源：中国统计年鉴1978～2017，中国统计公报2018

然而，城镇化的历史规律已表明，在城镇化水平达到50%之后，社会将进入高速发展期，这就意味着我国将出现新的社会转型、发展模式和诸多社会问题[①]。相关的研

---

① 张鸿雁.中国城市化理论的反思与重构［J］.城市问题，2010（12）：2-8.

究报告对此也进行了解析，如早在2012年我国首部国际城市发展报告中就指出，因快速膨胀的人口与区域资源承载力的不协调，我国大型城市正步入"城市病"集中爆发期，"新兴＋转轨＋转型＋快速城市化"使得我国"城市病"问题更具复杂性、综合性；当年的中国城市发展报告也显示，城市型社会将成为新时期城市发展的主体，并将不断面临以城市安全、社会分化、交通拥挤化、人口老龄化等为主的城市问题，以资源消耗为主要特征的传统发展模式已无法适应大都市区的发展需求，在全球化城市体系中亟须对现有规划体制、城市安全管理、社会服务等相关领域进行优化调整，在区域范围内实现城市空间的有序整合。这也是新时期我国城镇化发展的政策取向与建设重点。

我国城镇化的迅速发展，促使城市规模不断膨胀，表现出大城市及特大城市数量的增加与城市建设用地的急剧扩张等特征。据国家统计局统计，至2016年底，全国50万人口以上大城市共计246座（其中200万～400万之间的城市有43座，400万以上的城市有17座），相比1995年增长了3倍之多（表1-2）。

中国地级及以上城市数量统计　　　　表1-2

时间	数量（个）	以人口规模为划分标准的城市数量（万人/个）					
		≥400	200～400	100～200	50～100	20～50	≤20
1995年	640	—	10	22	43	192	373
2000年	663	—	13	27	53	218	352
2005年	286	13	25	75	108	61	4
2010年	287	14	30	81	109	49	4
2011年	288	14	31	82	108	49	4
2012年	289	14	31	82	108	50	4
2013年	290	14	33	86	103	52	2
2014年	292	17	35	91	98	47	4
2015年	295	15	38	94	92	49	7
2016年	297	17	43	96	90	43	8

数据来源：《中国统计年鉴》1996～2017

与人口规模显著增加相对应，城镇化水平的提高也表现为我国城市空间的迅速扩张，城市建成区面积[①]有着较大程度的增加。数据显示，自1995年开始，我国城市建成区的用地规模在5年之间由5603.6km² 增加至24026.63km²，用地规模几乎增长了

---

① 国家计委（现国家发改委）[1992] 490号文《城市规划基本术语标准》对城市建成区面积作出如下解释：在单核心城市，建成区是一个实际开发建设起来的集中连片的、市政公用设施和公共设施基本具备的地区，以及分散的若干个已经成片开发建设起来，市政公用设施和公共设施基本具备的地区。

4倍，至2010年用地面积又增至40058.01km²，增幅又接近1.5倍。在这一阶段的城市建成区拓展中，特大城市表现较为突出，增长幅度较大，如北京大都市区，用地规模由477km²增至1289.3km²，杭州由102km²增至344km²，重庆也由184km²增至690km2，用地规模均扩大了2～3倍[①]（表1-3）。

图1-3显示了我国城市建成区面积的增长趋势和人口密度的变化情况。可以看出，在2001～2016年间，我国城市空间扩展十分明显，城市建成区面积逐年递增，十五年内建设规模几乎增加了1.3倍。然而人口密度的变化却与城市形态的向外拓展趋势背道而驰，表现出在大城市中心区急剧增长的趋势，这也反映出大都市外围城市组团与主城区在人口吸引力上的差距（图1-3）。

2001～2016年全国城市建成区面积及人口密度变化　　　表1-3

年份	建成区面积（km²）	征用土地面积（km²）	城市人口密度（人/km²）
2001	24026.63	1812.19	588
2002	25972.55	2879.86	754
2003	28308	1605.6	847
2004	30406.19	1612.56	865
2005	32520.72	1263.5	870.2
2006	33659.8	1396.5	2238.2
2007	35469.65	1216.03	2104
2008	36295.3	1344.58	2080
2009	38107.26	1504.69	2147
2010	40058.01	1641.57	2209
2011	43603.2	1841.7	2228
2012	45565.76	2161.48	2307
2013	47855.28	1831.57	2362
2014	49772.63	1475.88	2419
2015	52102.31	1548.53	2399
2016	54331.5	1713.6	2408

数据来源：《中国统计年鉴》2002～2017

---

① 数据为2011年初卫星观测实际数值，含城区连成一体的建成区，包括被建成区包围的水体和绿地，不含与中心城区相互隔离的卫星城建成区面积。此定义即卫星向地面俯瞰时，能看到的最大的成片城市化的面积。http://forum.home.news.cn/thread/94269022/1.html。

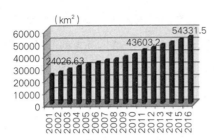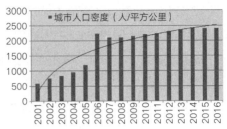

图 1-3　2001～2016 年中国城市建成区面积和城市人口密度增长情况

数据来源：《中国统计年鉴》2002～2017

从以上分析可以看出，较之于世界城市化进程，半个世纪以来我国的城市化发展既体现着共性特征，又有着自身特点[①]。我国城镇化的快速发展在使人民生活水平得以提高的同时却让城市自身的承载力面临着严峻考验。城市功能过于集中于中心城市的单向聚焦模式，在发展到一定阶段后往往导致城市影响力因一系列的城市问题而逐渐下降。随着我国各项事业的快速发展，以技术改革为主体的发展方式对当前诸多城市问题起到了良好的缓解作用，但从根源出发，以新型城镇化的发展思路来指导问题的解决方式才是关键。

厦门大学美国史研究所教授王旭认为，城镇化发展重心的转移是中国新型城镇化阶段的显著特点。在这一过程中，城镇化发展的重心不再单一的集中于中心城区，而是更多的转向郊区，城市空间结构不再坚持"单中心"的发展模式，而是逐渐向"多中心"空间形态演化，城乡关系也在这种网络化体系的构建中紧密互动[②]。因此，新型城镇化背景下，我国城镇化的发展应及时调整各城乡组团的角色，建立起"大都市区"的概念，从区域整体视角统筹各功能组团的发展将是新型城镇化阶段我国各大城市发展的关键所在。

（2）新兴城市功能区的空间集聚

从国际化大都市区的发展规律来看，城市空间演变的轨迹已不是简单的人口扩散，也不是单一的建成区拓展，而是在更为广阔的区域尺度上对城市功能进行整合，引导各功能组团的有序发展[③]，促使城市空间结构发生着动态演变，并推动区域空间系统走向新的平衡。这种动态特征体现如下：

第一，在城市化加速发展期，功能集聚成为城市社会经济要素空间运动的主导形式。二、三产业优先在一些区位条件较为优越、生产力水平较高、资源条件较为突出的地方发展，从而引起城市功能区的空间集聚并促使新城市区的不断产生和原有城市的发展。同时，产业的不断集聚引起大量的劳动力需求，吸引大量人口集中于城区，其结果表现为城市人口比重的攀升、城市人口规模的扩大以及大城市数目的迅速增长。

[①] 范恒山，陶良虎. 中国城市化进程 [M]. 北京：人民出版社，2009.
[②] 第二届中国世界城市史论坛：http://www.cityup.org/news/urbanplan/20120411/85468.shtml.
[③] 张学勇. 我国大城市地区新城成长与主城共生策略研究 [D]. 哈尔滨：哈尔滨工业大学，2011：6.

第二，随着社会经济的进一步发展，功能区的空间扩散与再集聚将成为空间运动的主导形式。城市的人口、商业、工业、办公业等要素与功能将按不同次序先后表现出离心扩散趋势，使城市功能地域实体与城市规模进一步扩大，空间结构更趋向于复杂化，其结果是中心城区与新功能区在社会经济上的相互作用逐渐增强，功能联系也日趋紧密，进而形成一种崭新的城市空间形态，呈现出多中心化的发展趋势，即从封闭的单中心结构逐渐转变为开敞的多中心或复合式组团结构。由此对空间集聚现象的研究逐渐从行业发展的视角转向功能（function）视角。

促使城市功能区空间扩散与再集聚发展的内在动因主要是主城区社会经济要素的过度集聚导致的集聚不经济以及诸多城市问题，外在动因则包括新城组团在环境、设施、可达性上的不断改善，尤其是区域交通系统的完善，使得新城组团与主城区的协同发展更加直接。

1.1.3 大都市区空间重构："快轨时代"的新城开发

总体上看，国际化大都市格局广泛而深远的影响来自于经济全球化、城市区域化、信息网络一体化，表现出可持续发展的良好态势，发达国家诸多大都市区如东京、巴黎、新加坡等都通过对城市空间的重组成功实现了"多中心"转型，并已成为世界城市体系中的全球城市。新形势下，我国北京、上海、天津等大都市区也正进行全面调整，为疏解中心城区重叠功能，引导城市人口有序扩散，提高"多中心"与"高密度"环境中各功能空间的运行效能，纷纷选择以新城建设为平台、轨道交通为纽带的城市发展战略[①]。可以说，"快轨时代"的新城开发，对我国大都市区"多中心"空间体系的建构将发挥巨大的作用，加强二者之间的协调发展是我国大都市区走向国际化以至成为全球城市的关键推动力。

（1）发展轨道交通是我国大都市区实现多中心化的重要选择

一方面，从国内外大都市区的发展历程来看，交通系统的高度发达是大都市区快速发展的主要驱动力，也是实现城市空间多中心化的前提。在高效、便捷、发达的交通网络作用下，尽管诸多大都市区地理特征各异，但城市空间表现出一个共性特征，即城镇建成区和产业发展组团总会沿主要联系通道密集分布，尤其是借助于轨道交通系统的引导作用，促使大都市区加速凝聚和扩张，表现出城市区域化和区域城市化的基本态势，逐步实现了从高强度单中心向功能相互渗透的"多中心组团"结构的转变。

另一方面，随着我国机动车保有量的迅速增长，造成各大城市的小汽车出行比例

---

① 李道勇，运迎霞，董艳霞.轨道交通导向的大都市区空间整合与新城发展——新加坡相关建设经验与启示[J].城市发展研究，2013，20（6）：8-11.

居高不下,各大城市如北京、广州、深圳等已跨入汽车社会的行列①,城市交通问题也呈现出日趋严重的势头,迫切需要轨道交通这种快速准时、大运量的交通方式来解决出行需求。值得一提的是,目前我国各大城市的经济社会发展大多处在关键调整期,同时也是城市空间形态的最佳调整期,轨道交通的规划与建设,将对各大城市空间结构的调整与优化产生直接影响。因此,轨道交通的建设一方面主要用于缓解当前各大城市的交通压力,但在本质上更是通过轨道交通的引导来实现大都市区空间形态的有序增长②。

第三,从我国国情出发,土地资源的稀缺性也决定了我国城市空间只能坚持以公共交通为导向的拓展方式,发展轨道交通将成为我国大都市区空间整合的必然选择。快捷、高效的轨道交通,可以促使城市形态向网络化演变,城市功能在区域范围内进行整合,使沿线区域的相对可达性明显提高,土地利用及开发强度也大大增加,吸引城市的各种设施及人口向沿线两侧集聚,引导城市沿轨道线路轴向发展,表现出明显的"廊道效应"③,进而促进城市中心的变迁和原有空间格局的改变,使"单中心、圈层式"的城市形态演变为"多中心、组团式"的城市形态,优化城市空间结构,引导城市空间的有序增长及土地资源的合理利用。

同时,轨道交通在引导城市空间形态的演变过程中,将带动配套基础设施的建设,促进房地产业的投资和消费,并直接刺激基于自由时间的相关产业的发展,如休闲、旅游、信息、娱乐等,在加快郊区城市化的同时,促使大量农村剩余劳动力转移到二、三产业中来。芒福德曾指出,"影响城市发展的关键因素之一……在于社会交际范围的扩大,并最终促使区域范围内的人们有序互动"④。轨道交通的建设使得人们可以更容易的在更广泛的地域范围共享各种资源,拉近了区域范围内的居民生活氛围的距离,有了更深入的社会交往、心理沟通和文化融合。

(2)建设轨道交通是促进新城空间有序发展的主要途径

伴随城市经济增长迅速,城市功能日益完善,城市人口也在加速集聚。为应对快速城市化所带来的城市空间发展问题,国内几乎所有的特大城市、大城市都面临着以新城建设为核心的空间结构优化问题。在首都之窗网站"宜居北京"的调查中,"大力发展新城"和"建立多个城市职能中心"呼声最高,分别以5746和4696票稳居"问题排行榜"前两位,此前人气极旺的"严格控制中心城地区城市建设规模"、"提供充足的就业机会"以及"控制中心城人口总量"分别退居第三、四、五位,而曾一度拔得

---

① 陈清泰.迎接中国汽车社会[M].北京:中国发展出版社,2004:145-156.
② 边经卫.大城市空间发展与轨道交通[M].北京:中国建筑工业出版社,2006.
③ 周俊,徐新刚.轨道交通的廊道效应与城市土地利用分析[J].城市轨道交通研究,2002(1):78-80.
④ 刘易斯·芒福德.城市发展史——起源、演变和前景(倪文彦,宋俊岭译)[M].北京:中国建筑工业出版社,1989.

头筹的"改善主城区现有交通状况"则被排挤到第 6 位[①]（图 1-4）。

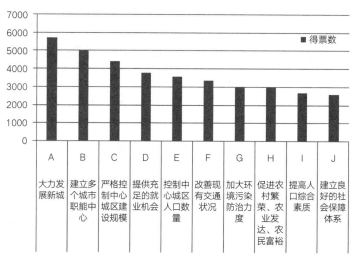

图 1-4　宜居北京市民调查反馈
数据来源：根据首都之窗网站"宜居北京"调查情况整理绘制

诚然，大城市中心城区人口密度高、交通压力大等问题已严重制约着城市的发展，向外疏散，也是必然的选择。但是如不加引导，势必重蹈 50 年前美国大城市郊区化的覆辙。第一，在空间形态上，中心城市作为区域经济引擎，就像一个黑洞，正吸引着越来越多的人口、经济及其他要素，城市和区域的规模边界不断外延与膨胀。第二，在功能关系上，大都市区尚处于以城市竞争为主并向区域竞争演变的过渡时期，区域关系呈现竞争有余、合作不足的初级阶段特征。第三，当市场机制在城市空间发展逐渐发挥主导作用后，要素的集聚与扩散对新城空间的自组织能力虽然大大增强，但仅依靠其自身力量无法避免城市地域功能的混乱。因此，在城市规模有进一步扩大的趋势以及各大都市区新城建设热情高涨的形势下，亟须一种新的触媒有效引导新城空间的有序发展，轨道交通应运而生。在此背景下，深入探讨轨道交通与新城的协调发展对策也已是迫在眉睫。

（3）发展轨道交通将有力促进新城与主城之间的良性互动

国际大都市区新城发展的经验表明，快速交通网络的构建是促进主城与新城之间良性互动以及实现大都市区多中心化的前提，优先发展公共交通尤其是轨道交通，是支撑新城发展和促进新城与主城和谐互动的必要方式，这也是缓解当前机动化飞速发展所引起的城市交通拥堵问题的重要手段。借助现代化的交通网络组织，区域内各城市组团既可以沿发展轴线进行产业布局，又能开展分工合作，形成各具特色的劳动地域分工体系的大都市发展区。

---

① http：//www.beijing.gov.cn/.

然而，当前国内多数大都市区的新城建设，由于人口集聚力量不够、就业与居住的不平衡而导致新城城市功能单一，难以从根本上缓解主城区的诸多压力。虽然很多城市也试图通过建设轨道交通来促进新城的发展，想当然的认为只要把轨道交通延伸到新城就万事大吉，并常常对这种决策冠以超前的思维和很有魄力的桂冠。事实上，轨道交通作用的发挥与新城的建设是紧密相连的，是一种公共交通与土地使用一体化的新发展模式，应按照轨道交通与城市空间协调发展的原则制定相关政策，不能简单的认为只要修建了轨道交通，就可以激发地区发展。

实践证明，如果不合理发挥轨道交通的引导作用，容易导致区域内新城空间发展的无序以及土地资源的进一步浪费，而往返于主城区与新城的人流、物流等也势必会加重主城区的人口、交通压力，并引发更多的社会问题。同时全球化、区域化下的新城如果没有独立于主城区的职能、完善的生活服务设施及各种就业机会，将难以真正形成反磁力系统，反而会加大主城区的服务压力，导致城市规模继续扩大[①]。

因此，新城与主城区的良性互动需要从更深层次、更宽的领域进行研究。合理发挥轨道交通的引领作用，并深入探讨其与新城及主城区之间的内在关系，才能更好地推动多中心空间体系的发展。目前我国北京、上海、天津等大都市区新城与轨道交通的规划编制工作早已完成。如果说前一个世纪人们还在探讨新城规划理念以及轨道交通发展战略的话，那么面对今后几十年的规划实施，如何有效的落实，如何有效发挥轨道交通的引领作用，如何应对未来新城开发过程中诸多的不确定性因素，都是摆在国内规划师、各级政府以及区域发展理论研究者面前紧迫而又重要的课题。

1.2　研究目标与意义

随着西方有关新城开发、轨道交通建设等领域的大量规划理论与实践成果被引入国内，使我国在轨道交通与新城规划的理论与方法上得以不断充实。大都市区呈现出"多中心空间结构"指向，也表现出与发达国家"殊途同归"的趋势。然而，我国特殊的国情背景已让新城开发所担负的角色与国外相关研究发生了根本性变化，加之我国轨道交通与新城的开发尚处于边建设边调整的初期阶段，符合我国国情背景的发展理论体系相对不足，从而导致当前的诸多开发活动经常是"被动"调整。可以说，当前的理论体系尚不能承担起疏解大都市中心区人口、交通等过度发展以及引导区域空间有序整合的重任。

与此同时，全球化时代的新城与传统新城相比，在概念、发展条件、空间关系、

---

① 王宏远，樊杰.北京的城市发展阶段对新城建设的影响［J］.城市规划，2007（3）：20-24.

尤其是在大都市区整体空间体系中的地位上有了本质变化。为提升城市综合竞争力，确立在区域中的发展地位，新城在建设中多以"区域次核心"的新定位来指导各种开发活动，努力成为大城市空间拓展的重要组成部分，直接参与到大都市区功能转型的过程当中。而现阶段国内对于新城相关的研究多是集中于开发模式、规划设计以及管理机制等方面，针对大都市区空间整合过程中新城发展的本源动力研究有待充实，特别是对于轨道交通引导下新城的开发策略、经营机制以及二者之间的互动关系尚缺乏全面的认识。

基于此，本书将研究视角立足于全球化、区域化背景下的大都市区，在充实轨道交通与新城发展理论以及强化其实践价值等领域展开深入研究。

1.2.1 研究目标

（1）探讨轨道交通对新城发展的作用规律，希望能够抓住轨道交通大发展及城市空间区域化的良好机遇，通过对轨道交通站点、沿线及网络区域的整体研究，对新城及轨道沿线的空间资源进行整合，明确优化其布局结构，促进大都市区空间的健康、有序发展。

（2）通过研究如何以轨道交通和空间规划为主要手段，把握新时期新城空间发展的规律与特征，通过对轨道站点影响区域的发展目标、建设重点进行综合分析与判断，提出轨道交通与新城协调发展的策略、方式、实施时序等指引要求。

（3）揭示轨道交通对新城土地使用的主导性作用。新城是新时期城市化快速发展的必然产物，是转型期都市发展的新型城市空间。通过分析新城发展的特点与演变机制，以确立其战略定位与发展方向。从不同的层面分析轨道交通对新城土地使用的影响，以证实发展轨道交通对新城建设和土地使用的引导性，引起人们对轨道交通与新城土地一体化发展的关注。

（4）确立基于轨道交通的新城空间发展的一种模式与实施方法。针对大都市区空间整合与新城建设，提出轨道导向型新城发展模式，并确立其发展战略与原则，制定实施细则和建议，以期为区域发展提供新思路，并为相关土地管理制度的建立提供参考。

1.2.2 研究意义

（1）理论意义

当前国内外在轨道交通建设对城市开发的作用关系以及新城建设单方面的研究较为深入，但是将轨道交通作为引导新城发展的动力，研究其对新城发展的作用机制以及相应的规划策略探索的较少。如何协调轨道交通与新城之间的发展关系，建立和谐、生态与可持续的新型城市，是关系城市科学发展的一个重大问题。发挥理论研究的先导作用，才可以变被动为主动，合理控制好这一新型城市体的建设与发展，直接影响到城市化的进程和质量，意义重大且具有紧迫性。理论价值具体如下：

1）对于新城发展问题的研究涉及经济学、管理学、系统论、政策科学等多个领域，而当前对新城建设的分析多归属于规划学与建筑学的研究对象，多采用经验推断或案例研究等方法，对轨道交通与新城发展规律的把握及发展问题的控制受到一定局限。基于此，以促进大都市区空间有序发展为目的，从轨道交通与新城互动发展的角度，探讨二者协调发展的因素，总结轨道交通导向下新城空间的演化特征与变化规律，将有助于新城建设和区域发展相关方法的改进。

2）通过对城市规划与交通发展、区域统筹、产业融合的多领域交叉研究，系统探讨轨道交通导向下新城的发展目标、发展动力以及规划方法与对策等，提出轨道交通引导下新城功能空间的培育方法，以充实我国新城规划建设的研究理论。同时与我国国情相结合，探讨基于新城优先发展的轨道沿线空间在不同层面下的协调要求，对于促进城市总体规划、控制性详细规划以及城市设计、建筑设计等在规划建设过程中的统一协调有一定积极作用。

3）新城建设是城市空间整合与优化的结果或手段，尽管国内外关于城市建设与管理的理论在不断丰富，但现有的基础理论尚未把新城的发展与区域整合完整的内生化处理。一方面，新城的形成与演化过程复杂，且与中心城区有着复杂的关系，如何把复杂的现实问题抽象和简化为直观、可操作的发展策略，又不失一定的说服力，这一研究工作本身就具有一定的难度。同时，在城市空间区域化与区域城市化的发展背景下，新城发展又可归属于区域发展领域，研究轨道交通导向的新城发展这一基础问题，可以以一种全新的视角充实国内新城建设在此领域的理论研究。

（2）实践价值

目前我国进入大规模的新城建设与轨道交通发展期，新城市空间与新交通方式的改变必将引起新一轮的城市变革。尤其当前正是北京、天津等大都市区空间发展战略调整以及轨道交通建设的黄金阶段，更需要对以往存在的问题和积累的经验作出总结和分析。再者，轨道交通与新城建设目标的实现都需要有符合当前城市时代发展需求的理论支撑、相关经验及具体的规划方法进行引导和控制。因此，本书认为开展有关轨道交通与新城协调发展的相关研究，应成为现阶段大都市区空间整合中的首要议题，具有极其重要的意义和应用价值，具体体现在：

1）有助于衔接新城建设与轨道交通的发展

由于轨道交通拥有一次性投资巨大、建设周期较长且点、线结合集聚人口等特殊性，因此其作用的发挥很大程度上取决于与城市空间的结合与衔接，需要通过强有力的开发主体来支撑其顺利经营。而轨道交通带来的新城开发在一定程度上对区域发展具有导向作用，如果不注重协调二者之间的关系，势必会引发更多的城市问题，影响区域可持续发展。所以，有必要对新城与轨道交通之间既相互制约、又相互促进的密切的互动关系进行探讨。通过对轨道交通与新城发展问题的认识，有助于发现以往在城市规划及建设领域未曾深入考虑的某些薄弱环节，不仅有利于完善大都市区空间结构的优化，更有助于通过轨道交通进行空间整合以及提升新城功能来综合解决诸多城市问题。

2) 有助于促进新城与主城之间的良性互动

当前多数新城在开发过程中出现城市功能单一（卧城）、无序蔓延、侵占耕地、同位竞争、非持续性增长等问题，这些都已成为大都市区发展中的结构化矛盾，并直接制约着区域空间的良性发展，影响到新城与主城之间的互动效应。轨道交通无疑成为二者之间直接性的联系纽带，通过探讨轨道交通引导下新城空间的可持续健康发展，将有助于明确大都市区各行为主体的分工与发展方向，施行更具可操作性的应用措施。

3) 为我国大都市区的空间整合与新城建设条件提供参考

作为大城市土地增量的主要发展方式，新城依然是其体现经济增量的载体，对新城自身建设条件及发展动力的分析成为这一阶段的研究短板，并导致许多中小城市脱离城市发展规律，不顾自身实力强行跳离主城建设新城，在缺乏有效的区域交通和设施支撑下，往往使新城陷入"孤岛"状态。通过新城建设条件分析，提出新城应是主城区在满足一定的基础条件上所形成的新的城市空间形态。轨道交通是否发挥促使区域高度功能集聚的作用来分析论证新城建设的支撑条件，以此有助于为规避我国诸多中小城市未实现城市的集聚过程而强行采取跳跃式的新城发展模式势必会引起新城发展动力不足、主城区负担加重等问题，提供重要的指导城市空间整合和建设条件的应用价值。

1.3 研究内容与方法

1.3.1 研究的主要内容

（1）从理论前沿与发达国家和地区的经验等国际视野分析总结轨道交通与新城协调发展的一般规律与普遍特征，为国内相关领域的研究树立标杆。

（2）从目标导向与现实发展的视角分析大都市区空间格局的演变规律、内在机制及现阶段轨道交通与新城发展的主要特征和问题根源。

（3）从产业和城市功能变迁的视角探讨轨道交通引导下新城产业空间的动力机制

与发展特征。

（4）从轨道交通与新城空间演变的视角分析可持续发展背景下二者相互协调的内在机制与一般特征。

（5）从理论演绎和实证归纳的角度提出有助于制定全面、系统的发展政策、促进大都市区多中心、高密度区域协调发展的空间分析框架和对策建议。

1.3.2 主要研究方法

对轨道交通与新城协调发展的研究涉及区域经济学、经济地理学、空间规划及交通规划等学科。因此，在研究方法上必须特别强调多学科的交叉与整合，运用多学科的理论、方法和技术手段。具体来说，综合运用了以下方法：

（1）多学科综合分析法

区域空间结构演化的动态性与发展过程中各利益主体间的关系复杂性决定了不可能用单一的因素对研究对象进行系统全面的分析。有学者曾指出："在人类思想史上，很多重大成果的发现往往产生于不同思维路线的交叉点上。"[1]因此，除了城市规划学分析方法外，社会学、生态学、经济学、博弈论分析方法等均被用于本研究。

（2）逻辑演绎与经验归纳法相结合

研究从基本概念入手，在借鉴国内外有关理论研究的同时，对轨道交通与新城的发展关系进行理性探讨，揭示出新城空间演化过程的实质。同时，研究过程中也大量地运用了经验归纳的方法，通过对国际成功或是失败的案例研究，总结其中的经验和教训，并强调第一手资料的接触，通过实地勘察与调研获取有价值的数据，并进行整理分析，得出轨道交通引导下新城空间发展的特征，有针对性的解决问题。

（3）历史分析与横向比较相结合

在探索轨道交通与新城空间发展的时空规律过程中，研究较多的运用了纵向的历史分析与不同空间地域同类城市之间的横向比较相结合的研究方法，通过研究分析轨道交通影响下新城空间发展自身的一些特征及其与一般规律的偏差，从而对现实问题进行准确定位，为进一步找寻解决问题的策略指明方向。

（4）宏观、中观与微观的多层次剖析法

以城市发展战略的"区域视野"，树立轨道交通时代城市空间发展的思维方式，即从着眼于某一个点或地区的研究，转向对整个通勤圈内各网络单元的联系和整合的思考，总结了城市空间和轨道交通在节点（微观）、沿线（中观）、网络（宏观）三种尺度下城市开发的调控方法。只有从多层次的空间视角，才能更好地揭示当前"区域城市

---

[1] 路甬祥.学科交叉与交叉学科的意义[J].中国科学院院刊，2005（14）：58.

化、城市区域化"空间发展态势的本质，把握轨道交通引导下新城空间演化的规律，从而更直接性地指导城市建设。

（5）静态分析与动态研究相结合

在现实问题与发展趋势的认知上注重静态与动态相结合的研究方法。没有静态研究，难以解释各种相关因素间的相互关系与作用机制以及均衡状态；没有动态分析，就难以阐明新城发展的规律与发展趋势，进而也难以全面剖析其演化规律并提出实施策略。采用动静相结合的研究方法，可以更好的对轨道交通与新城发展的内在机制与演化规律进行全方位的探索。

另外，在资料收集方面主要采取了以下几种方法：

实地调研法——选取北京、天津、上海等具有代表性的大都市区进行实地踏勘和社会调查，前后历时三个月，在获取充实的一手资料的同时，丰富了对轨道交通与新城发展的直观了解和感性认识。

文献查阅法——通过图书馆数据库、互联网以及规划设计院、规划局、地铁运营公司等相关单位的查询，收集和整理了国内外的有关资料成果，为相关领域的深入研究提供必要的理论基础和实践背景。

专题访问法——根据研究对象与研究框架预先拟定了相关问题，对有关职能部门、专业人士等进行了有针对性的咨询和访谈，同时对轨道沿线及新城居民等展开了现场发放和网络咨询两种形式的问卷调查。

1.4 研究思路与技术路线

研究主要立足于问题导向型的思想与方法，通过对现状特征与发展趋势的认知，在总结既有理论和实践经验基础上，系统论述了轨道交通与新城空间各发展要素之间的相互关系，从建设时机、内在关系、功能成长三个方面提出了轨道交通与新城空间协调发展的理论体系框架，并认为轨道交通引导下的新城建设是大都市区多中心、高密度空间效能充分发挥的可取模式，整个研究始终贯穿着"如何实现轨道交通与新城的协调发展"为目标，提出了具有较强可操作性的协调发展对策和制度改革方向。

上篇为"理论与经验"，由第 2 章、第 3 章和第 4 章构成：

第 2 章"理论基础与相关研究述评"——首先对"大都市区""新城"及"轨道交通"的概念进行了必要的界定，建立了研究视角，然后从交通与城市空间演变的一般规律入手，探寻和建构研究的理论基础，对既有的研究成果进行了阐释和归纳，并以此作为研究的理论依据和方向。

第3章"我国大都市区轨道交通与新城发展的主导现象与问题梳理"——对我国新城的发展历程及各类新城的实现途径进行了全面分析,总结了当前我国大都市区新城建设的总体特点,并从引发轨道交通建设的不同主导因素角度出发,分析了各阶段轨道交通的建设动因,然后结合现场调研情况对当前我国轨道交通与新城建设中的主要问题进行了梳理,进而可以明确研究的出发点。

第4章为"国际大都市区轨道交通与新城协调发展的实践经验借鉴"——一方面对国外新城的建设特征及各阶段的变化加以描述,另一方面就其发展规律从外在条件与内在机制两个方面进行了深度分析,总结了各时期新城建设的经验以及发展中出现的主要问题,并就轨道交通在大都市区发展中的积极作用作出了客观评价,在此基础上总结了国际大都市区空间结构演变的规律与特征,选取了日本东京、法国巴黎以及新加坡为研究案例,研究其发展模式、建设内容和实现途径,以期对我国大都市区轨道交通与新城协调发展策略的制定提供建议,并为研究框架的展开奠定基础。

中篇为"机理与成长",由第5章、第6章和第7章构成:

第5章"建设时机是轨道交通与新城协调发展的关键"——从新城的建设目标、轨道交通的特性及其与城市规模的关系等方面对新城的建设条件、轨道交通的建设时机、建设类型进行了综合性探讨,其中的重点则是为轨道交通与新城在建设时机的选择和配合上提供不同状态下的协调对策,最后通过对轨道交通主导的各类新城空间模式的分析,从大都市区与新城两个层面提出了轨道交通与新城建设前需重点研究的其他问题,进而为研究脉络的展开奠定基础。

第6章"内在机理是轨道交通与新城协调发展的基础"——首先从功能定位、技术特征等方面对主城区内外轨道交通线路的特点进行了综合比较,在此基础上结合国际发展经验,对外围轨道交通线路的速度目标值进行了探讨,并基于新城组团的优先发展,对轨道站点间距的设置进行了研究,又结合调查分析对轨道沿线站点类型及其影响区进行了细分,以便制定差异化、时序化的引导策略,最后从新城空间布局、土地使用类型、开发强度、土地利用价值等方面对轨道交通导向的新城土地使用特征进行了系统分析,并提出相应的开发建议。

第7章"功能成长是轨道交通与新城协调发展的根本"——首先对轨道交通引导下新城功能成长的问题进行了梳理,对其产业功能的组织特征与发展动力进行了分析,在此基础上探寻轨道交通与新城产业发展之间的互动关系,并建立起大都市区整体发展思维下的新城发展观,研究合理的产业发展方式,然后通过与区域产业、主城产业发展关系的研究,基于新城可持续发展的动力和内在需求提出了轨道交通导向的新型产业空间培育指南。

下篇为"评价与策略",由第8章和第9章构成:

第8章"大都市区轨道交通与新城空间的协调关系评价"——在上篇与中篇的研究基础上，通过明确轨道交通与新城空间发展的目标，构建出相应的指标体系和理论方法，对空间系统的协调发展状态和过程进行评价分析，进而为揭示矛盾成因和协调管理提供分析基础。

第9章"促进大都市区轨道交通与新城协调发展的对策与建议"——首先就轨道交通与新城协调发展的建设时机、内在关系和功能成长等展开了全面而系统的归纳，分别从区域与新城两个层面提出相应的整合策略与规划方法，使大都市区空间的有序整合、新城的健康发展、轨道交通的可持续建设有效结合，最后对相关的制度改革方向进行了探讨。

总体来看，本研究基本采取了以交通与城市空间为主的相关理论为研究背景，以西方发达国家的理论和实践为研究参照、以国内大都市区的新城空间形态为研究重点、以轨道交通为研究视角、"发展规律→现实特征→内在关系→协调策略"为研究脉络的构建方式。如果说把导论与上篇"理论与经验"归属为"背景篇"，那么中篇和下篇则可以分别视为"基础篇"与"实施篇"，三者共同搭建起整体的研究框架。

本书拟采用的技术路线如图1-5所示：

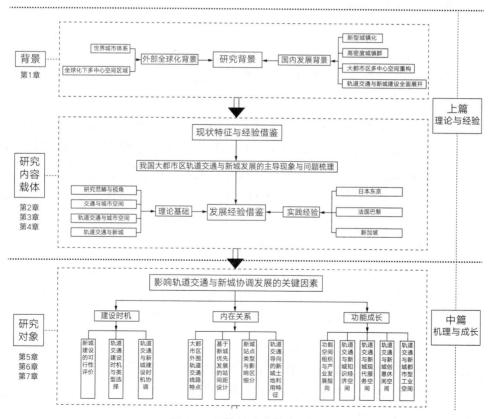

图1-5 研究技术路线（一）

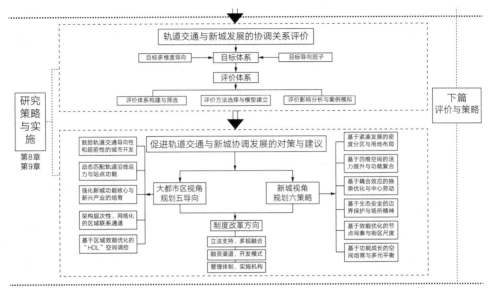

图 1-5 研究技术路线（二）

1.5 研究特色与创新之处

（1）建立了轨道交通与新城发展之间的必然逻辑关系

轨道交通与新城空间的协调发展是实现大都市区多中心、高密度空间体系架构的基础。本研究力图以一种更加新颖的视角尝试对我国交通与城市空间的发展进行研究，选择以轨道交通为切入点并将研究视角集中在大都市外围新城，而不是延续性的局限在中心城区内部，并以多维的目标导向深入分析轨道交通与新城发展的内在需求和相互作用关系，希望从更加全面、系统、整体性的角度去研究我国大都市区"多中心、高密度"建设背景下的新城发展，填补目前系统性研究城市轨道交通与城市空间结构关系的空白。而这一研究视角的改变也为进一步对理论创新进行扩展和完善提供了可能。

（2）提出了基于轨道交通的新城功能空间培育指南

研究从轨道交通的技术特征和一般经济特性出发，系统分析了轨道交通与新城土地利用价值、开发类型、开发时序等之间的关系，对轨道交通引导下新城功能空间的组织特征与成长机制进行了解析，并基于这些认识构建了轨道交通导向的新城产业空间培育指南。

（3）建构了基于轨道交通的新城空间组织评价指标体系

立足于我国大都市区多中心、高密度、网络化的开发特征，首次建构了轨道交通导向的新城空间组织评价指标体系，采用了基于DEA的互适综合分析方法，从宏观与微观两种层面分别予以评价，从而避免了论证新城土地使用与交通发展关系的单一性以及评价指标中人为确定权重的主观性，并通过结果的分析，可以识别影响二者协调发展的关键因素，表达出影响决策单元低效或无效的原因，进而可以有目的地加以改进。

（4）提出了基于轨道交通与新城协调发展的双视角空间组织方法

针对当前我国轨道交通与新城建设中的诸多困境，提出了基于轨道交通与新城协调发展的双视角空间组织方法。从大都市区视角出发，可总结为五个导向，即建设时机的把握、产业空间的先导、交通网络的联动、轨道沿线的效能平衡以及对整体空间的分层调控；基于新城视角，可简化为六个策略，即空间形态的组织、土地空间的混合与功能复合、交通体系的网络耦合、生态优先与场所精神的表达、轨道沿线节点的功能互补、多元化功能空间的培育。

（5）提出了促进大都市区轨道交通与新城协调发展的制度改革方向

轨道交通与新城协调开发的制度体系建设是新城顺利发展的关键环节。本研究从组织管理体系、投融资模式、开发时序等入手，分别提出了促进轨道交通与新城可持续发展的政策建议，并设计了轨道交通与新城土地联合开发的操作流程，以及开发过程中需承担起主导者的职责指南。

上 篇
理论与经验

　　本篇为"理论与经验"篇,主要是对既有研究成果的系统阐释和归纳,以此作为研究的理论依据和方向,并通过对现状特征与发展趋势的认知,在总结相关理论和实践经验的基础上,对影响轨道交通与新城协调发展的关键因素进行把握,为研究思路的展开奠定基础。

第 2 章　理论基础与相关研究述评

本章在界定研究范畴及确定研究视角后，对所涉及的相关文献与理论进行梳理，分析总结其发展历程、既有成果和未来的发展趋势，立足于轨道交通与新城建设之间的作用关系，从早期理论的探讨、学术研究、新的理论思潮及应用实践等方面展开，构建出本研究的理论框架。

2.1　研究范畴与研究视角的确定

在针对城市空间长期的研究过程中，围绕着大都市区、新城等研究范畴[①]，学者们提出众多含义相近的概念，与所研究内容之间的对应关系却十分模糊。出现这种情况的原因主要有：一是由于大都市区本身就是一个内涵丰富、形式多样的概念，因此对其的研究需要跨学科、多角度地进行表述；二是随着相关研究的日益深入以及城市自身的发展，大都市区、新城、轨道交通等概念所涵盖的要素在不断扩大，且是在不断发展变化的；再者即使在同一学科内部，不同的文献由于其研究目的和出发点不同，研究问题的角度和重点各异，对这些范畴的界定就往往存在差异。鉴于本书主要以大都市区轨道交通与新城空间的协调作用机制为研究重点，对涉及的有关概念与研究范围作出界定。

2.1.1　大都市区概念界定

大都市区（Metropolitan Area）是城市化发展到较高级阶段时的一种城市空间形式[②]。当前国内外学术界对大都市区的认识有着较大分歧，不同的研究视角阻碍或延缓了国家有关大都市区发展政策的出台，在此背景下，有必要明确其概念并界定研究范畴，才能对我国大都市区空间演

---

① 就"范畴"词义而言，在《现代汉语词典》中有两种解释：① 人的思维对客观事物的普遍本质的概括或反映；② 类型、范围。
② 宁越敏. 国外大都市区规划体系评述［J］. 世界地理研究，2003，12（1）：36-43.

化的特征作进一步探讨。

（1）国外对大都市区概念的界定

在不少西方发达国家如美国、日本、德国等，大都市区作为重点统计地域单元，有着较为明确的规定和界定标准，因此在理解上产生的分歧不大。

1910年"大都市区"开始在美国区域空间发展研究中被提出，并在随后的50年进行过多次变革。从1967年"具有可识别性、大型人口核心的一体化经济和社会单位[①]"到2000年"包括一个可识别的高度一体化的具有人口核心的毗邻地域的地区[②]"，虽然对概念的界定标准前后变动较大，但核心内容并未做太大调整，总体不失连续性（表2-1）。

美国大都市区的概念转换　　　　　表2-1

年份	概念	概念内涵
1910年	大都市区（Metropolitan District，简称MD）	主要是指以中心城市（人口规模大于10万）为核心、以10英里为半径的地区；也包括10英里以外与中心城市紧密互动、人口密度超过150人/平方英里的地区
1949年	标准大都市区（Standard Metropolitan Areas，简称SMA）	由中心城市和郊区县组成，前者人口规模需在5万人以上，后者的非农业劳动力则需保持在75%以上
1980年	标准大都市统计区（Standard Metropolitan Statistical Areas，简称SMSA）	统计区除满足人口规模大于100万的条件外，还应拥有至少两个发展较为稳定的城市化地区
1990年	大都市区（Metropolitan Areas，简称MA）	此阶段大都市区的统计范围有所调整，与SMA相似，除要求核心城市人口规模大于5万以外，还对外围城市化地区即县城发展所在地进行了更为全面的约束，主要分为中心县（中心市所在地）和外围县两类，后者应满足以下三个条件：1）非农业劳动力需≥75%；2）与中心县毗邻，且有15%以上非农人口在中心县范围内通勤；3）人口密度需＞50人/平方英里，且人口增长率需＞15%/10年
2000年	核心基础统计区（Core Based Statistical Area，简称CBSA）	此阶段除以人口规模为界定标准外，更多的是以经济社会联系度和通勤效率为统计基础，主要包括"大都市统计区"和"小都市统计区"两类，前者应拥有1个以上人口规模≥5万的城市化地区，后者应拥有1个以上人口规模在1万~5万之间的城市化地区

资料来源：页注③

继美国之后，其他发达国家如英国、德国、法国、加拿大、澳大利亚等分别提出"大都市经济劳区""劳动力就业区""城市和产业人口密集区""大都市普查区""国情调查扩展城市区"等相似概念，而日本在国家空间战略发展中对大都市区的概念有更进

---

① U.S.Bureau of the Budget. Standard Metropolitan Statistical Areas.Washington, D.C, 1967：7.
② U.S.Office of Management and Budget.Standards for Defining Metropolitan and Micropolitan Statistical Areas；http：//www.whitehouse.gov/omb/fedreg/metroareas122700.pdf.
③ 王旭.美国城市发展模式：从城市化到大都市区化[M].北京：清华大学出版社，2006：304-306.

一步的阐释。

日本参照美国SMSA（标准大都市统计区）经验，于1954年提出"标准城市地区"，并相继出现"区域经济集块"和"功能城市区"等概念，这些统计区一般以功能辐射圈为界定标准，即在一天内可以享受某一类城市功能服务的区域，即通常所指的"地域圈"。与美国所不同的是，"地域圈"内若存在相近的两个或多个中心城市，以城市距离20公里为界定标准，20公里以上则各成为各圈内的中心都市（人口规模须＞10万），20公里以内则以就业者流入居多的城市为中心都市，其他则都成为次中心都市。

1960年正式提出"都市圈"概念，并成为日本城市发展的主导空间形式。都市圈规定中心城市人口规模必须＞10万，且外围城市化地区与中心城市的通勤率应不小于其本身人口的5%。而对于"大都市圈"概念的界定则有着更高要求，应满足以下条件之一，① 中心城市为中央指定市（相当于我国直辖市）；② 中心城市人口规模＞100万，其辐射圈内应至少拥有一个人口规模＞50万的城市，同时外围城市化地区的通勤率下限提高至15%[①]（表2-2）。

20世纪70年代后日本都市圈界定要求　　　　　　　　　　表2-2

来源	年份	核心区要求		外围区要求	
		人口规模下限（万）	昼夜人口变化	城市化要求	到核心区通勤率
总理府统计局	1975年	100	—	—	1.5%
富田和晓	1975年	30	白天＞夜间	—	10%
川岛	1978年	10	白天＞夜间	非农业人口（户）＞75%	5%
山田浩之	1983年	5	白天＞夜间	非一产人口（户）＞75%	10%

资料来源：页注②

单看用语，日本"大都市圈"与美国"大都市区"差异较大，然而究其内涵，两者所表达的范畴几乎一致，即对同一个地域现象在不同区域的阐述，以更为广阔的视角协调大都市区内各功能组团的发展，注重以通勤效率为核心的"日常生活圈"的意义。日本《地理学词典》对都市圈的定义也进行了阐释，其概念可以理解为：中心城市是区域的功能增长极，通过对周边城市化地区的辐射，带动区域整体发展，在这一过程中，它并不是单一的城市实体，而是融入区域的具备强大辐射能量的社会实体[③]（表2-3）。

---

① 张京祥，邹军等. 论都市圈地域空间的组织 [J]. 城市规划，2001（5）：19-24.
② 李国平等. 首都圈——结构、分工与营建战略 [M]. 北京：中国城市出版社，2004：5.
③ 陶希东. 跨省都市圈的行政区经济分析及其整合机制研究——以徐州都市圈为例 [D]. 上海：华东师范大学，2004：9.

五个国际大都市的空间结构与人口密度　　　　　　表2-3

大都市区	中心城市面积	中心城市人口/密度	大都市区面积	大都市区人口/密度	大都市圈面积	大都市圈人口/密度	大都市带面积	大都市带人口/密度
伦敦	319	298.6 9361	1579	751.2 4758	11427	1253 1110	27224	3650 1340
巴黎	105	230 21904	2723	964.45 3542	14518.3	1206.7 832	145000	4600 317
纽约	785	821.4 10463.7	2955.2	955.9 3234.6	122283	1930 157.8	140000	6500 464.29
洛杉矶	121	349 2569	2038	886 4347	10480	905 863	87652	1453 165
东京	621	845 13600	2187	1257 5748	13500	3495 2589	37286	3916 1050

注：表中数据单位分别是：面积—km²、人口—万人、密度—人/km²
数据来源：根据田莉等《世界著名大都市规划建设与发展比较研究》（2010）、高汝熹等《城市圈域经济论》（1998）、李萍等《广州城市总体发展概念规划研究》（2002）以及各城市政府网站资料整理

（2）国内对大都市区的概念界定

国内学者从20世纪80年代起就开始展开对大都市区的相关研究。周一星教授认为，大都市区是一种城市功能与统计单元，是由非农人口在20万人以上的中心城市和与其有着密切经济、社会联系的外围非农化水平较高的地区组成[1]。彭震伟教授认为，大都市区包括一个高密度人口核心区以及围绕这个核心经济与社会高度融合的相邻社区，一般而言这个核心区指大城市或特大城市，外围地区是相对独立又与中心城市保持密切联系的若干小城市，甚至在大都市区范围内不同的空间发展方向上形成功能各异的城市中心（多中心），出现组群式的空间形态格局[2]。张京祥等学者提出的都市圈概念与大都市区相类似，认为都市圈呈圈层式结构，由核心城镇（一个或多个）及与其有着高度联系的相邻城镇组成，各城市表现出一体化的发展趋势[3]。张伟同时提出都市圈的发展应是以中心城市为基础、以高效便捷的联系通道为纽带，各城市组团紧密互动，区域空间一体布局并便于有效管理[4]。

另外，与大都市区相近的概念还有大都市带、城市群等。姚士谋教授认为，它们是一种巨大的带状区域，通常由若干大城市组成，各城市相互连接并在发展中密切联系[5]。吴泓教授等认为，都市圈是一种圈层结构，是一种空间组织形式，以大城市或超大城市为核心区，在生产与流通过程中辐射带动周边区域，拥有一定特色的城市群

---

[1] 周一星.城市地理学[M].北京：商务印书馆，1995.
[2] 彭震伟.全球化时代大都市区新城发展的理性思考[J].上海城市管理，2012（1）：25.
[3] 张京祥等.论都市圈地域空间的组织[J].城市规划，2001（5）：19-23.
[4] 张伟.都市圈的概念、特征及其规划探讨[J].城市规划，2003（6）：47-50.
[5] 姚士谋等.中国城市群[M].合肥：中国科学技术大学出版社，2001：1-3.

体[①]。也有学者指出，大都市区往往出现于城市带、群之内，是城市区域化的结果，而城市带、群则常常涵盖若干大都市区（都市圈），是对区域城市化的直接反映；大都市区一定程度上可以理解为一个城市，而城市带或城市群则更多的是由多个城市组成[②]。

总之，国内学术界就大都市区及其相关概念的界定存在较多争议，但在本质内涵上是相似的。综合而言，本书借鉴以往研究经验，对大都市区概念主要从通勤交通的角度来理解，即：大都市区是以经济发达的首位城市为核心，以具有一定功能的中心城市或城镇群体为腹地，形成具有一体化倾向、彼此联系密切，表现为集聚与扩散双向互动的存在较强通勤交通联系的城市功能地域。

随着社会经济发展与交通技术的进步，大都市区的空间范畴必将继续扩大，并最终联结为居民日常活动的空间系统，这是大都市经济发展中的客观情况，也是认识城市和区域关系、揭示发展中的特点和问题以及预测发展趋势的基础。为研究需要，在讨论大都市区空间形成、发展和演化时所指的空间范围时，结合我国国情，重点从统筹城乡空间一体布局和便于管理实施的角度出发，因此相关研究会考虑区域范围内的行政单元完整性，但不局限于其行政管辖区，而在讨论东京、巴黎、新加坡等大都市区时，不特别说明均以其发展影响区为研究对象。

我国较为典型的大都市区有北京、上海、广州、天津、深圳、南京、杭州等，作为国际和区域性中心城市，在参与国际分工与合作的同时，正逐步融入全球城市体系，成为重要的功能节点，随着我国城镇化的持续快速推进、产业结构的升级、交通体系的完善特别是轨道交通的快速发展，这些地域正发生剧烈重组（表2-4）。

我国主要大都市空间发展情况（规划到2020年）　　　表2-4

大都市区名称	大都市区空间发展结构	中心城区规模统计
北京	两轴、两带、多中心	人口规模850万人；用地规模778km²
上海	多心—开敞的"1966"城乡规划体系	人口规模800万人；用地规模600km²
广州	多中心、多组团	人口规模1020万人；用地规模1060km²
天津	一轴两带三区，2009年提出"双城双港、相向拓展、一轴两带、南北生态"总体战略	人口规模630万人；用地规模580km²
南京	多中心、开敞式	人口规模690万人；用地规模693km²
杭州	"一主三副"、双心双轴、六大组团开放式空间结构	人口规模405万人；用地规模370km²
深圳	三轴两带多中心	人口规模1100万人；用地规模890km²

资料来源：根据各城市总体规划资料整理

---

① 吴泓，陈修颖，顾朝林. 基于非场所理论的徐州都市圈发展研究 [J]. 经济地理，2003（6）：766-771.
② 姜怀宇. 大都市区地域空间结构演化的微观动力研究 [D]. 长春：东北师范大学，2006：4.

2.1.2 多中心的概念与内涵

在学术界抑或是在空间规划和区域政策的实践中,"多中心"已成为当前国内外空间规划中出现频率较高的词汇。对其概念与内涵进行研究,并探讨"多中心"背景下新城建设的发展变化,有助于设计准确的研究目标并制定科学合理的研究计划。

(1)"多中心"的概念与内涵

首先,从字面理解,多中心是指不止一个中心(单中心),而是有相当多的中心存在。对此可以从不同的角度进行解释。从经济学和人文地理学来看,多中心更多的是一个描述性和分析性的概念,是指一个特定的城市体系形态,可追溯到克里斯泰勒的中心地理论;从管理学和空间规划学来看,多中心则是一个标准性与战略性的构想,它意味着更多的参与者,更为平等与公正的决策机制,以及可能的更为公平的社会结果,代表了一种价值取向,具有更多的政治意义。因此,多中心既是一个解释性的概念,也是一种规范性的构想(Klaus R.Kunzmann,2008)。

其次,多中心是一个相对的概念。这里包含两层意思:一是相对于纯粹的单中心而言,它有多个中心;二是相对于完全均衡的多中心来说,现实当中存在的更多的是一种分等级的多中心。

再则,多中心在不同的规划和决策层次——国家、区域和城市层面——有着不同的意义。在国家层面,人口与经济在城市化进程中趋于集中,城市体系极不均衡,多中心往往是一种政治设想与规划概念;在"城市区域"或大都市区层面,多中心的城市区域则较为常见,并呈现出层级、平行等多种形态。比如,在欧洲层面上,多中心的含义是指通过合作和城市之间改善的高速交通联系,促进源自欧洲"五边形"范围内的全球城市(和次全球城市)——如伦敦、巴黎和法兰克福的全球经济和知识流向欧洲其他更加外围的城市,尤其是西北欧以外的门户城市以及更小的城市,使它们受益(Hall,1993,1996);但在更细微的地理尺度上,多中心指在主要城市的影响范围内,一种从主要城市向周边较小城市的向外扩散,从而重构城市等级体系中的不同层级(Christaller,1996);较低层次的服务功能从等级较高的中心城市向等级较低的城市扩散(Llewelyn Davies,1996)。而从宏观角度看,这种微观尺度上的扩散所形成的"多中心"进一步增强了中心城市的"磁吸效应":随着资本和劳动力逐渐向少数"多中心"的首位城市迁移,已导致各国中心和外围地区间的区域不平衡。因此,多中心的完整概念是高度依赖尺度的:在某一尺度上的多中心可能是另一尺度上的单中心(Nadin 和 Duhr,2005)。

(2)"多中心"背景下新城建设的发展变化

以"问题"为导向的多中心空间发展模式的建构。"多中心"是城市和区域规划者们的一个古老梦想（Klaus R.Kunzmann，2008），认为一个由多中心构成的空间结构可以保证空间公平并因此带来社会公平，并通过经验、实践和空想来支持自己的假设。这个概念的支持者们认为多中心体现了平等和社会公正，减少了通勤的距离和流动性，避免了大城市集聚带来的弊端，如超额的财产价值、社会两极分化、交通阻塞或犯罪等这些被视为集中的大都市区无法避免的消极后果，从而节省了自然资源。基于这种标准化的假设，空间规划者们提出了建立多中心空间结构的发展战略，将政府的公共职能部门分散到不同的城市中心，以此作为推动经济和空间分散的吸引力。其理由是，多中心提升了公共基础设施，如学校或社区中心、医院或公共图书馆的可达性，有助于社会融合；提高了工作场所的可达性，有助于机构的入驻；提升了社区精神，有助于提高当地社区的识别性。这种社区的可识别性很容易在同心环式的城市增长过程中消失。

"多中心"视角下新城空间的发展变化。经过数十年的发展，世界上大多数卫星城已从最早的"卧城"形式演化成为具有综合性功能、有充分的就业机会、快捷顺畅的交通、良好的生活服务设施、独立性较强的现代化新城。而且伴随世界大城市由单中心城市结构向多中心城市结构的演进，卫星城的结构也呈现出明显的变化，一方面，中心城市的部分职能分散到卫星城。另一方面，又逐渐形成了组团式的卫星城市结构，从而提高了卫星城的空间容量。同时，众多高技术产业在郊区和新城的集聚，加之与主城区之间快速联系通道的完善，带动了房地产市场的郊区化，并促使大量大型购物中心的出现，这是加速城市空间形态转化的主要原因之一，特别是随着信息化、区域化的快速发展，人们的思想观念、工作方式和生活方式也将发生新的变化，如市区和郊区、近郊和远郊的传统观念将随出行时间成本的降低而淡化等。

然而，多中心的城市空间格局虽然有助于避免人口和工业企业过度密集，改善了城市生态环境、提高了人居环境质量，也有助于降低农业人口的转移成本，加快乡村城镇化和城乡一体化进程，但在全球化和区域竞争的背景下，从规模经济和劳动分工的角度考虑，一些知识产业、创新和"学习型经济"等，具有明显的向现有经济和空间中心聚集的倾向；尤其是全球对创意产业的高度关注，并不是那些均衡城市体系中的中心城市（新城），这就对大都市区多中心空间的组织提出了更高的要求。

2.1.3 新城概念的再认识

（1）国内外新城概念探索

新城，顾名思义，即新的城市。基于新城理念的探索最早可追溯到 16 世纪前期的

"乌托邦"①（Utopia），之后在 18 世纪后期出现罗伯特·欧文（Robert Owen）的公社②（Community）与新协和村（Village of New Harmony）以及 19 世纪中叶英国"公司城"③的建设。这些理论与设想成为后期霍华德"田园城市"、昂温"卫星城"等城市规划理论的渊源。在前人研究基础上，国内外学者从不同的视角展开了对新城概念的探讨，主要有以下几种（表 2-5）：

新城概念诠释　　　　　　　　　　　　　　　　　　　　　　　　表 2-5

时间	提出者	概　念　内　涵
1946	《英国大不列颠百科全书》	大城市外围相对独立的全新社区，统筹安排居住、医疗、教育以及产业发展用地，并配有新城各级文化和商业中心等
1983	Stanley D.Brunn（美）	新城通过核心发展与设施带动，逐渐优化生活空间，是一个对社会、经济、文化等进行全面组织的城市性社区
1986	David R.Phillips（英）	新城发展完全独立；空间上与主城区通过大面积绿地相隔离，城市功能多为主城区功能的外延扩张
1991	Joel Garreau（美）	可以理解为边缘城市，立足于原有城镇，通过提供就业岗位、休闲空间等形成的新城市
1995	邓卫	在中心市区外围建造居民和工业区，及相关社会服务设施，以吸引新增人口的定居和旧城人口的疏散，从而缓解中心区在住宅、交通、就业等方面日益增加的压力，避免城市的蔓延式膨胀
1996	朴骏弼、金炯国（韩）	通过规划新开发形成的城市型居住空间
1999	韩佑燮（韩）	通过规划与新建具有一定规模和密度的城市
2000	顾朝林、甄峰、张京祥	一定区域范围内具有相对独立性的城市，为其本身及周围地区服务，并与中心城市保持密切联系，是城镇体系的重要组成部分，一定程度上对涌入中心城市的人口起到截留作用
2003	邢海峰	在快速城镇化推动大城市空间不断扩张的过程中，依托一定资源（大学、交通设施等），在与中心城市有一定距离的区域，经全面规划而新建的相对独立且拥有一定城市规模与密度的城市，分为居住型、工业开发先导型、业务型、知识型、扩张型新城
2007	张捷、赵民	新城承担着中心城市部分功能，如居住、产业、办公等；位于外围郊区并与中心城市有永久性绿地相隔；新城各项设施较为齐全，环境水平较高，且与中心城市交通联系快捷

---

① 由托马斯·摩尔（Thomas Moore）提出，在邦中有 54 个小城市，互相间相距不太远，最远一天可到达，城市间是农田，市民每户有一半务农，每两年轮换一次工作，产品按需向公共仓库提取，设公共食堂与医院，废弃财产私有观念；摩尔的"乌托邦"创意，唤起了一代又一代的先哲智士去设计更具体的城邦模式，探索更现实的道路及描绘更完美的蓝图。
② 公社（Commune）原出于欧洲中世纪，是指当时西欧实行自治的城镇，其特点是：其公民或市民宣誓互相保护或帮助。
③ 在 19 世纪中叶开始，资本家为了就近解决工人的居住问题，进而提高生产效率而出资建设和管理的小型城镇。

回顾中华人民共和国成立以来，虽然城市发展战略与模式不断调整，但在70多年的城市发展历程中，时时都可以看到"新城模型"的影子[①]。从各种园区到工业卫星城、城市开发区、大学城、生态城等，各类形式遍及全国。尽管发展理念与建设目标各异，但大都蕴含着新城的发展思想。尤其是近年来，由于我国城镇化水平的大幅提高与急速增长，城市空间不得不进行拓展，相当多的大城市、特大城市纷纷选择另建新城的发展模式。然而由于建设时期不同、国情各异，对于新城范畴的界定，国内外学术界尚无统一，即便是在城市规划领域，对"新城"概念的探讨也是莫衷一是。国内学者纷纷从不同的角度提出对"新城"的见解，具有代表性的如张捷、赵民提出的"类新城"[②]概念（表2-6）。

新城与类新城概念阐释　　　　　　　　表2-6

	相同之处	区　　别	
		新城	类新城
建设动因	疏解大都市中心城市的人口和就业	以缓解压力为主	以引导和安置为主
区位特点	大城市外围郊区	相对独立并与中心城市绿地相隔	多为城郊蔓延区
功能特征	城市功能较为综合	注重职住平衡	不再刻意追求职住平衡
产业发展	区域经济增长极	产业类别多样	产业结构多单一
社会构成	社会实体相对稳定	相对独立，综合性较强，规模等同于中小城市	结构简单，独立性较差，是城市组成单元之一
环境水平	环境水平普遍较高	生态环境得以较好维护	生态环境不易控制
交通系统	区域交通优势突出	系统独立，与中心城市通过快速路、轨道交通等实现快捷联系	隶属于中心城市
设施条件	设施建设较为完善	相对独立	与中心城市共享共建

资料来源：页注③

从新城理论的研究进展及规划建设活动的不断实践中，我们可以看出"新城"概念内涵的共性之处：

1）新城的建设弥补了以往在卫星城发展中过度依赖中心城区的弱点，是大都市外围具有一定城市功能的新城市，在分担中心城市人口、就业压力以及带动周边城镇一体化发展方面发挥着重要作用。

2）新城的发展更强调对中心城市部分功能的继承，成为中心城市功能的有机组

---

① 龚清宇.追溯近现代城市规划的"传统"从"社经传统"到"新城模型"[J].城市规划，1999（2）：17-19.
② 所谓的"类新城"，是指规划选址在大城市郊区，有就业、居住、购物等综合性城市功能，以安置大城市向外疏散的人口和产业为主的一种人居形式。
③ 张捷，赵民.新城规划的理论与实践——田园城市思想的世纪演绎[M].北京：中国建筑工业出版社，2005：255.

成部分，并注重与主城区以及周边中小城市的协作与分工，实现快速便捷的交通联系，发展为区域城镇体系中不可或缺的一个组成部分。

总之，城市时代的"新城"发展是对以往卫星城的一个重要提升，设施建设水平在不断提高，城市功能的独立性也在不断加强，对疏散中心城区人口、缓解交通压力等方面发挥了积极作用，是构筑大都市区"多中心、高密度"发展结构的"中心组团"之一。但受其自身地位、规模以及影响力的局限，在承担吸引人口集聚的同时，又同时受到中心城区的吸引，在很大程度上成为进驻主城区的人口中转站，尚不能从根本上改变中心城区人口拥堵的现实。

（2）本书对新城概念的界定

鉴于目前国内外就新城的概念尚未形成统一、完整的论述，综合我国新城发展实际，借鉴以往实践经验，本书将新城的概念界定为：应大都市区空间发展需求，以城市总体规划为依据，在原有城市建成区一定的时空距离外，形成具有一定城市功能和特性，与主城区在经济、社会、文化等领域密切联系又相对独立的新型集聚区，是大都市区架构"多中心、高密度"空间发展格局的有机组成部分。新城既是大都市区空间增长的重要因子，又是独立于主城区之外可以承担城市某一职能的重要城市发展单元，是大都市区空间拓展中诞生的新型功能集聚区。

2.1.4 轨道交通的分类与特征

轨道交通是一个综合系统、集合概念，通常由三种形式存在，即地铁、轻轨以及区域快速铁路，其主要特点是以电能为动力、以轨道为导向、快速运行于城市及都市圈[①]范围[②]，并通过与其他交通方式的换乘衔接，在大都市区多中心的空间体系中发挥着重要的纽带作用，是当前世界各国为解决大城市交通拥挤、改善环境而发展的一种新型交通系统[③]。

国内外轨道交通发展的历程表明，轨道交通的建设已从单纯的为解决城市交通拥挤问题转化为引导和改善大城市空间结构，保证土地高密度、集约化开发利用，提升土地价值，促进城市经济、社会和环境协调发展等多元目标的手段。当然，它也因建设资金大、建设周期长、运营成本高等缺点的存在而让很多城市望而却步或者更多的是步履维艰，导致在城市建设中未能发挥其导向作用来实现城市空间的有序发展。

---

① 都市圈是城市实体地域与其功能一体化地域的表征，是指中心城市规模、经济社会发展到一定程度后，其对周围地域的影响力不断增加，使周围一定范围内的地域与中心城市能够保持密切的社会经济联系，从而形成资源、环境、基础设施共享，产业经济活动密切关联，成为具有一体化倾向的城市功能区域。
② 郑明远著. 轨道交通时代的城市开发 [M]. 北京：中国铁道出版社，2006：1.
③ 蔡君时. 城市轨道交通 [M]. 上海：同济大学出版社，2000：1-3.

本书研究的是针对当前大都市区轨道交通与新城土地开发一体化时期的轨道交通，主要包括城市地铁、轻轨和区域快速铁路三种形式。

（1）地铁（Subway，又称 Metro，英国称 Underground railway）[1]

地铁是大容量、快速客运系统，一般运行于城市核心区的地下空间，也存在地上形式（多高架），拥有独立的通道空间，在大都市区的中长距离出行中发挥巨大优势[2]。地铁单方向运量为3～7万人次/h，其平均运行速度达30～40km/h，在疏导大城市人口集散过程中发挥着重要作用。

（2）轻轨（Light rail transit，LRT）

轻轨[3]是中容量、中速客运系统，适应于大城市中人口较为密集的城市组团，主要承担中短距离出行。轻轨线路以地面和高架为主，也有地下运营形式，并允许与地面普通交通混行。轻轨单方向运量为1～3万人次/h，其平均运行速度大于25km/h，因其对线路半径及坡度的要求[4]相较于地铁低，因此在不便于修建地铁的地区，一般可选用轻轨系统。

（3）区域快速铁路（Area rapid transit 或 Regional express）

区域快速铁路也是大容量、快速客运系统。与地铁不同，它是在市郊铁路基础上发展而来，适用于大都市区市区与郊区之间、各城市组团之间以及机场等远离中心城区的重要人流集散区，主要承担较长距离的公共交通任务。区域快速铁路单方向运量可达4～7万人次/h，运行速度一般不低于60km/h，最大运行速度可达120km/h 以上；因其大站距[5]、高速度的特点有效加强了大都市区范围内城市各组团之间的联系，在促进区域一体化发展中有着不可替代的作用。

随着交通技术的不断进步，对于轨道交通的开发也在不断创新，很大程度上拓展了三种轨道方式的适应空间，其技术特征也在日趋统一。在促进大都市区城市空间结构优化调整的过程中，有必要构筑一体化运营网络，并与其他交通方式进一步密切合作，实现相互协调、高效运转发展和互为储备的综合交通体系（图2-1）。

---

[1] 1863年，火车开始在伦敦市区内的一段全封闭的地下隧道内运行，为市民提供公共客运服务，英国人便以Under-ground Railway（地下铁道）称之，沿用至今。在美国等地一般以Metro来称呼地铁，源于"Metropolitan Railway"，直译为"都市铁道"。在我国台湾地区，则称为"捷运系统"。
[2] 张戎，李枫. 城市轨道交通企业管理［M］. 北京：中国铁道大学出版社，2000：47-69.
[3] 1978年，国际公交联合协会（UITP）曾为轻轨下了一个定义，认为轻轨交通车辆施加在轨道上的荷载，相对于地面铁路和地铁的荷载较轻，故称"轻轨"。
[4] 轻轨线路半径可以小到25m，线路的坡度可以达到8%。
[5] 区域快速铁路站间距一般超过2km，个别地段可超过6km。

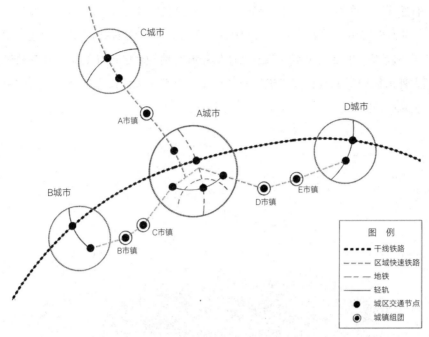

图 2-1 轨道交通各种方式的作用范围示意

2.1.5 研究视角的建立

当前世界大都市区，特别是以自发增长和过度蔓延为主的城市，在促进社会经济增长、维护社会公正和保护生态环境方面正面临着进退两难的困境。虽然国际以往的新城发展模式在疏解中心城区人口及产业方面发挥了很大作用，但作为新城自身发展目标的"平衡与自给自足"并未完全实现，相反大多给中心城区带去更多的新的城市问题。实践证明，完全达到自给自足和职住就地平衡的局面不可能出现，只有在综合平衡的大环境中促进各有机体的良性互动发展，才能更好地实现大都市区"多中心、高密度"发展的价值。

在新的发展背景条件下，新城的功能与空间布局较以往有着很大不同，轨道交通的作用也在进一步突出，并逐渐成为都市生活的重心和焦点。而相关研究也表明[①]，想改变因小汽车过度发展而形成的城市空间形态是非常艰难的。因此在城市达到建设轨道交通的起步条件时，应高度重视在小汽车大量进入家庭之前，确立城市公共交通尤其是轨道交通的主体地位。错过这一时机，将很难改变城市的出行行为和空间布局，轨道交通的引领作用也更难得到全面发挥。

---

① 美国政府虽然充分认识到小汽车过度发展的危害，对复苏公共交通做过种种努力，先后颁布了"公共交通法""环境保护法"，以引导公共交通取代小汽车出行。但代价极大，收效甚微，每年花费 60 亿美元以上的公共交通建设投资，也只能解决 1.5%～2% 的小汽车出行量。

本书基于轨道交通导向的大都市区空间整合与新城发展为研究路径，建立区域"多中心化"的研究视角，对全球化、区域化、市场化下新城的发展进行重新定位，对轨道交通作用下新城与主城的关系、轨道交通与新城土地使用的内在机制以及在轨道交通引导下大都市区空间的成长环境进行重新认识，以促进大都市区各城市组团的高效互动、和谐共赢（图2-2）。

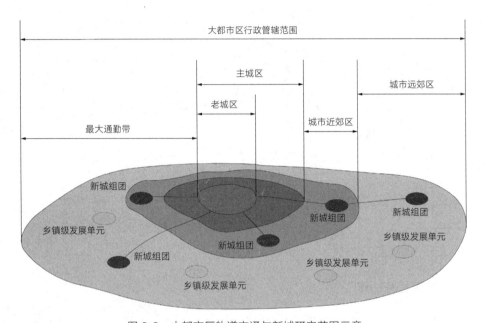

图2-2　大都市区轨道交通与新城研究范围示意

2.2　交通引导大都市区空间演化的理论基础

大都市区是一种新型的城市空间形态与组织，代表了一种新型的管治结构与模式，目前对其尚缺乏系统的理论研究。其形成与发展遵循城市区域空间发展的一般规律，并特别的受到交通发展、信息技术革命等的影响，而新城与轨道交通的关系研究，究其根源是交通与城市空间关系的延伸。因此，本节从交通引导大都市区空间演化的一般规律入手，分别对其演化过程与特征、发展机理与机制、布局政策与制度等方面进行总结与归纳，探寻和建构轨道交通与大都市区空间发展的理论基础。

整体来看，关于交通引导大都市区空间演化的相关研究总体上呈现出"面广、时间长"的特征。面广——相关文献从不同的学科、视角和层面，探讨了交通与城市空间演化的过程特征、机理机制和政策制度等问题，特别是自20世纪20年代开始，吸引了众多包括城市地理学、城市社会学、城市经济学以及城市规划等领域的专家学者，加之近年来城市交通拥堵、空间蔓延失控等问题的出现和恶化，更是引起各级政府和学术界的高度重视，相关的研究成果也是层出不穷；时间长——从100多年前英国霍华德的"田园城市"，到1957年戈特曼Megalopolis理念的提出，再到新近关于"高密度城镇群""多中心城市区域""交通与土地利用协调发展"的研究，大量学者从研究城市交通（区位）和空间结构入手，揭示城市空间演化的特征和规律，这一问题也始终是学术界的研究焦点。

尽管相关理论的研究仍囿于城市空间内部或者研究视角相对较为单一，但仍不难发现交通作用于城市空间结构演化的"影子"，这些理论为我们研究大都市区轨道交通与新城空间的组织提供了理论依据。为全面了解目前相关研究的成果和趋势，现从以下三个方面进行梳理与综述。

2.2.1 对空间演化过程与特征的归纳

以地理学界为主，重点探索"是什么"的问题。20世纪初形成了从区域空间不平衡发展到平衡互动为核心的一系列理论。总体来看，关于交通与城市空间演化的过程与特征的理论，大致经历了城市空间增长的交通理论、交通导向的城市空间形态理论、不平衡发展的"中心——外围"理论、"多中心"的空间结构理论四个发展阶段。

（1）城市空间增长的交通理论

城市空间增长的交通理论，可以从出行时间与空间布局、交通模式选择以及空间增长带来的交通发展需求等方面进行剖析。

第一，在交通出行时间与空间布局的研究中，R.L.Meier（1962）认为人与人之间的相互影响多数取决于对交通意愿的保持，因此城市空间布局的变化可以通过对居民出行方式、出行时间及城市活动在空间上的分布的研究进行预测。同时他提出"城市空间预算"（urban space budget）、"城市时间预算"（urban time budget）的概念，将居民交通的出行时间与城市空间布局之间的关系更有效地联系起来[1]。英国学者Peter Hall（1983）通过借鉴前人经验与自身探索，与居民出行方式相结合，提出了交通与城市空间形态的分类方法。

第二，对于交通模式选择的相关研究，William C.Wheaton（1997）、Ewing R（1997）、Alex Anas、Kenneth&Richard Arnott（1998）、Eric J.Miller、Daniel A.Badoe（2000）、Nancy E.Bockstael（2004）等，分别从功能分区、社区特性以及交通补贴等角度对二者之间的互动关系进行了研究，并指出交通和通信的发展在持续影响着城市空间结构，如城市内部通勤成本高，则意味着服务业和轻工业倾向于在城市中心集中，此时如对交通进行补贴则容易导致城市空间蔓延，而交通引导下的分区制才是解

---

[1] 黄亚平.城市空间理论与空间分析[M].南京：东南大学出版社，2002.

决土地使用矛盾最有价值的工具[①]。Jungyul Sohn（2005）指出城市交通模式多依赖于人们居住与工作地点的分布，并将出行起讫点的位置函数带入重力模型进行分析，总结了交通模式与城市空间形态的关系[②]。

第三，在城市空间增长与交通发展方面，以美国精明增长（Smart Growth）理论为研究重心，其核心内容之一即在应对城市空间无序蔓延问题上注重城市建设的相对集中（compact city），尽量拉近生活与就业单元的距离，并强调交通系统的多模式化，特别是步行与公交的发展，保证步行、自行车和公共交通间的连通性；另外美国学者在考察美国东北海岸的城市空间发展与交通网络的关系中指出，交通网络发展是导致东北海岸城市群崛起的主要原因。

（2）交通导向的城市空间形态演变理论

在交通与城市空间形态的演变研究中，较为典型的是1970年美国地理学家J.S.Adams按照交通方式的变革，归纳总结了交通导向下城市空间演变的4个阶段：

① 1800~1890年期间的步行马车时代：此阶段城市建成区规模普遍较小，人口与产业高度集聚，城市空间结构简单，同时在土地开发中倡导不同功能的混合；

② 1890~1920年期间的电车与火车时代：此阶段交通方式得以改善，使得人们出行距离增加、可达范围扩大，城市空间主要沿交通线路进行拓展，呈现出轴线放射状的空间形态；

③ 1920~1945年期间的汽车时代：此阶段由于小汽车数量的急剧增加，道路地位凸显，有效降低了区域可达性差距，多数城市均呈现出单核心、圈层式的空间形态；

④ 1945年至今的高速公路时代：此阶段由于交通可达性的大幅度提升，导致城市空间无限蔓延，城市建成区连绵发展，整体呈现出以首位城市为中心、各城市功能区分散布局的空间形态。

之后1975年Schaeffer、Sclar提出交通导向的城市空间结构特征是先由"步行"到"轨道"再转化为"汽车主导"，并系统论述了城市交通与城市空间发展的关系；1977年，英国学者汤姆森（J.M.Thomson）主张运用"限制交通"促进城市空间的合理化发展，通过放射状交通系统提升城市中心的活力，并促进与城市次中心的交通联系；1980年，美国选取巴尔的摩、亚特兰大等城市为研究对象，客观评价环城公路对土地使用的影响，再次推动了学术界对交通与城市形态之间的关系研究；1996年，纽曼（Newman）、肯沃思（Kenworthy）认为交通导向下的城市空间形态可划分为3个阶段：传统步行城市（The Walking City）、公交城市（The Transit City）和汽车城

---

① 王春才.城市空间演化与交通的互馈解析[M].北京：冶金工业出版社，2008.
② Jungyul Sohn.Are commuting patterns a good indicator of urban spatial structure?.Journal of Transport Geogra-phy.2005.

（The Automobile City），并再次深入研究了交通系统对城市空间形态的影响，后来霍尔（Hall，1997）和里士满（Richmond，1998）等人的研究对此表明了肯定与支持[①]（图2-3）。

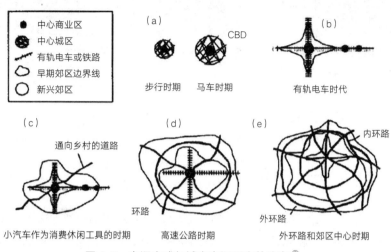

图2-3 交通方式与城市空间形态的演变[②]

（3）不平衡发展的"中心—外围"理论

城市空间结构的演变本身就是一个动态发展的过程，并在综合各种城市发展要素、权衡各主体利益的同时不断的趋于平衡。换言之，正是由于区域社会发展的不平衡，才引起城市空间结构的不断变化。

首先，在城市空间平衡理论研究的宏观领域，主要表现为城市中心的核心引力与城市空间的扩散与再集聚。1933年科尔比（C.C.colby）最早提出了城市向心——离心力理论，并阐述了两种作用力的表现形式；1949年康威斯（P.D.Converse）提出了城市间断发展理论；1955年格林（H.L.Green）对城市边界相互作用进行了研究；而1982年夏伯（R.Sharpe）则提出基于引力场的最优化模型（OPUS）等[③]。另外，继霍华德1898年提出田园城市（Garden cities）构想之后[④]，陆续出现了同心圆学说（Burgess，1925）、扇形学说（H.Hoyt，1934）和多核心学说（C.D.Harris，1945）等较为重要且具有典型性的研究理论（图2-4）。

[①] 林逢春，曾智超.城市轨道交通对城市发展与环境影响研究[M].北京：中国环境科学出版社，2009.
[②] 黄亚平.城市空间理论与空间分析[M].南京：东南大学出版社，2002.
[③] 周一星.城市地理学[M].北京：商务印书馆，1995.
[④] 埃比尼泽·霍华德.明日的田园城市（金经元译）[M].北京：商务印书馆，2006.

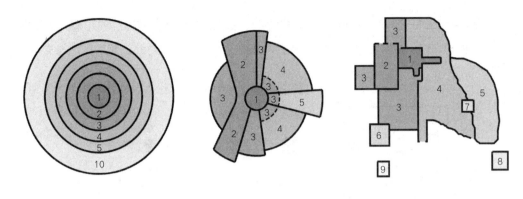

| 1 中央商务区 | 2 轻型制造业 | 3 低阶层住宅区 | 4 中等阶层住宅区 | 5 高阶层住宅区 |
| 6 重型制造业 | 7 外国商务区 | 8 郊区住宅区 | 9 郊外工业区 | 10 通勤区 |

图 2-4　芝加哥学派城市空间结构的三种典型发展模式

资料来源：页注 ①

① 同心圆模式是城市围绕着某一核心，通过对不同功能用地的组织，呈现出有序向外扩展的空间形态（顾朝林，甄峰，张京祥等，2000），是基于土地利用与社会经济构成的空间演变的深刻揭示，其演进过程可以理解为低收入阶层向中心城区外围不断扩张，高收入阶层向更外围不断迁移的过程，也称之为"生态学派"[2]。

分析与评价：从本质上看，这一发展模式更多的体现出城郊关系，即 CBD 和居住区集中在中心区域，外围通勤区为郊区组团；它注重城市化原因，是流入城市的移民团体的同化过程。由于其理论模型是对匀质性的平面而论，因此并没有深入涉及交通对城市空间发展的影响。

② 扇形模式认为由于放射线道路交通的存在使得城市空间向外围的拓展具有方向上不规则的特点，提出社会阶层是分布在由放射性线路所构成的同一扇面上[3]，并指出城市空间是从中心区向外围沿主要交通干道或沿阻碍相对较小的路线进行延伸。

分析与评价：扇形模式是在同心圆模式研究的基础上深化，更进一步考虑运输轴线对城市空间结构的影响，它注重经济社会地位，焦点集中于不同地价住宅区的发展。从实质上看，扇形模式仍然是同心圆模式随交通干道发生不同程度的扭曲变形而已。

③ 多核心理论是城市空间研究的再突破，指出城市空间结构是一个综合的、动态的发展过程，是由不同的城市组团联合组成，每个组团都有着各自的城市中心并肩负着一定的城市职能，同时还存在支配一定地域的其他核心的经济胞体[4]。

---

[1] 顾朝林. 聚集与扩散——城市空间结构新论 [M]. 南京：东南大学出版社，2000.
[2] Burgess E W.The Growth of the City.In: Park R E et al, ed.The City, 1925.
[3] Hoyt H.The Structure and Growth of Residential Neighborhoods in American Cities [M].Washington DC: Federal Housing Administration, 1939.
[4] Harris C.D and Ullman E.L, The Nature of the City [M].The Annals of the American Academy of Political and Social Science, 1945: 242.

分析与评价：多核心理论强调城市地域的平衡或相对平衡，虽然与前两种古典模式一样，受当时城市空间范围发展的局限，都是将城市空间简单的划分为城—郊，但它可以从侧面体现出交通对城市空间扩展的影响力度。

其次，在区域经济不平衡发展的理论方面，以缪尔达尔（K.G.Myrdal）、赫希曼（A.O.Hirschman）为代表，提出了"回波效应—扩散效应—极化效应—涓滴效应"的概念[①]。在此基础上，一些经济学家提出一种更具形象化的"点—轴开发"理论，对各个时期的城市空间规划以及不同等级的城市中心和交通走廊的建设起到很大的指导作用，成为区域空间研究领域的主要思想之一。

此外，由于结构主义的区域不平衡发展理论更多的是从方法论角度去理解，普遍缺乏有力的实证研究作为支撑。因此，针对区域经济发展问题以弗里德曼为代表的经济学者开始从区域空间关系入手，建构了"核心与边缘区"模型，提出"中心—外围"概念，是解读城乡发展关系的典型理论，也为后续的相关研究从区域视角探讨城市空间演变过程中的诸多新变化奠定了框架基础（表2-7）[②]。

"中心—外围"理论诠释　　　　表2-7

发展阶段	发展特征	空间结构基本形态	模型示意
前工业化阶段	低层次均衡	离散型	
工业化初期阶段	极核式聚集	聚集型	
工业化成熟阶段	极核扩散	扩散型	
后工业化阶段	高层次均衡	均衡型	

（4）"多中心"的空间结构理论

伴随贸易国际化、生产全球化的发展，在城市密集地区各种要素正高度集中，多样化的活动在现代交通、信息技术的支撑下极度交织，区域组织与空间形态结构正逐步由分散的中心区域转向多中心的空间结构。对于多中心概念的理解，可以从不同的角度进行解释。从人文地理学和经济学来看，"多中心"更多的注重于描述和分析，它可追溯至克里斯泰勒（Walter Christaller）的中心地理论；从空间规划学和管理学来看，"多中心"则是一个标准性与战略性的构想，它意味着更多的参与者，更为平等与公正

---

① 所谓"回波效应"或"极化效应"是指某些地区的经济发展会引起另一些地区的经济衰落；所谓"扩散效应"或"涓滴效应"是指某一地区的经济发展后，会逐渐形成一个经济中心，由此促进该地区及周围地区的经济发展。
② Brohman J.Popular Development: Rethinking the Theory and Practice of Development.Cambridge MA: Blackwell, 1996: 79-86.

的决策机制，以及可能的更为公平的社会结果，代表了一种价值取向，具有更多的政治意义。相对于完全均衡的多中心来说，现实当中存在的更多的是一种分等级的多中心。因此，"多中心"是一个相对的概念。

关于"多中心"城市空间结构的发展，国内外相关研究历时较长且衔接紧密。1963年，以塔弗为首的社会学家提出了中央商务区（CBD）、中心边缘区、中间带、外缘带、近郊区组成的城市空间多中心结构模式[①]。1966年Christaller从更细微的地理尺度对多中心的空间结构进行了研究，认为它是在主要城市的影响范围内，一种从主要城市向周边较小城市的向外扩散，从而重构城市等级体系中的不同层级。1975年洛斯乌姆（L.H.Russwurm）认为城市空间结构是由城市核心区、城市边缘区、城市影响区、乡村腹地组成一个连续的统一体[②]。在这一区域发展模式中，交通是各组成部分相互联系或影响的通道。

1981年多核心理论得到了进一步延伸，穆勒（Muller）以中心区、内郊区、外郊区和边缘区为划分依据，建构了多中心的空间发展模式，城市整体空间表现出区域化特征。交通的迅速发展是形成这种城市空间结构的最重要原因之一。

1999年2月在阿姆斯特丹举办的"多中心城市区域"会议引发国内外学者的广泛关注。2003年P.Hall在此基础上提出了巨型城市区（Mega City Region）的概念，认为大都市区随着时间的推移会越来越多中心化和网络化。2008年张京祥等对巨型城市进行了深入探讨，认为其在空间和职能上是多中心、空间连绵不断、服务职能边缘化、功能相互交织的广域地区。

从国外发达城市来看，纽约、巴黎、伦敦、东京等国际性大都市区城市空间结构演化历时长，经过多年的调整与进化，现已非常成熟并成为世界级的服务业中心。而北京等国内城市与这些世界级的中心城市相比还有较大的差距；无论从经济结构、人口的集聚程度还是空间形态上看，都还存在显著发展中国家的特征（表2-8）。

国内外多中心大都市区城市空间结构特征比较 表2-8

	纽约、伦敦、东京等国际大都市区	北京、上海等发展中大都市区
空间发展特点	扩散＞集聚，多中心与多层级的郊区分散阶段，城市多中心网络体系趋于成熟	集聚＞扩散，强主中心、弱次中心、多层级的过渡阶段，出现部分郊区化趋势
业态演化趋势	中心城市功能外迁，生产型服务业表现出高度集聚的特点，逐渐形成多中心的城市空间形态	传统劳动密集型和资本密集型制造业将从城市中心区向外扩散；生产性服务业在城市进一步集聚；出现多中心形态雏形
规模等级特征	首位度较高，次中心规模较大，整体空间分布有序	首位度高，次中心规模较小且辐射影响力相对较弱，整体空间分布有待整合

---

① Taaffe E J, Morrill R L&Gould P R.Tranport expansion in underdevelopd countries: a comparative analysis [J].Geographical Review, 1963（53）: 503-529.
② 顾朝林，甄峰，张京祥等.集聚与扩散——城市空间结构新论[M].南京：东南大学出版社，2000：49.

续表

	纽约、伦敦、东京等国际大都市区	北京、上海等发展中大都市区
功能结构特征	以 CBD 为主的功能复合，体现出综合、高端、多功能的特点	多中心、分散化，城市功能由低级复合逐渐走向专业化
核心 CBD 内部结构	圈层多核心模式（东京、纽约）和线形多核心模式（伦敦、巴黎）	单中心模式
开发强度	非常高，容积率达到 5.0 以上，一般 7.0，高度集聚	低，容积率平均只有 3～4，集聚密度疏

资料来源：陈前虎.多中心城市区域空间协调发展研究——以长三角为例［M］.杭州：浙江大学出版社，2010：57.

总之，"多中心"的城市空间结构已成为大都市区一种普遍现象，也成为国内外经济地理学界新近研究的一个学术热点，是国内熟悉的高密度城镇群地区概念的再发展。诸多研究从不同的角度丰富了城市空间结构的理论体系，并促使相关研究进一步走向纵深化和多元化，为今后轨道交通导向的大都市区空间结构的优化与新城发展的相关研究奠定了坚实基础。

2.2.2 对空间发展机理与机制的总结

以经济学界为主，重点探究"为什么"的问题。国内外学者通过建立模型，树立交通与土地一体化开发的观念，解释城市空间现象的结构，并运用系统论方法和交通组织理论，从不同的视角对其形成机理与演变机制进行了研究。

（1）模型解释

20 世纪 20 年代以来，众多学者开始研究交通与城市土地使用的相互作用问题，以交通为基础从不同的角度对影响城市空间结构变化的因素展开探讨，且大多是建立交通与土地使用的独立模型进行模拟分析。综观目前相关研究，大致可以分为以下五类：

1）基于 Lowry 理论的模型

Lowry 理论模型可以理解为居住、就业、服务等功能区与城市土地的一体化开发，是各种城市活动紧密高效的互动过程[①]。其研究重点是根据外在提供的基本就业情况来确定所在区域家庭的数量，然后以公共设施的服务范围为基础，对各类功能空间进行模拟分析，建立居住分布和服务活动分布之间的关系，属于单向、静态的模型，未考虑到土地使用的进一步变化对交通成本的影响。代表：1983～1991 年间由 Putman 等人提出的交通与土地使用一体化分析模型，并在旧金山、洛杉矶、休斯敦等地区进行了应用（图 2-5）。

---

① 杨励雅.城市交通与土地利用相互关系的基础理论与方法研究［D］.北京：北京交通大学，2007.

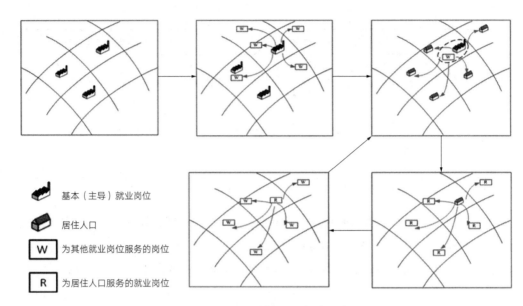

图 2-5 Lowry 模型原理概念示意

2）基于数学规划的模型

从早期的以竞租区位理论为基础，许多交通与土地使用的关系研究都融入了以运筹学为主的数学规划方法。该模型主要以人们享受某一城市功能服务的范围作为规划界限，力争实现一个与就业、服务出行等相关联的区位剩余的最大化，由此建立一种居住与就业在空间总量上的总体平衡。代表：1995 年由 Caindec 提出的项目优化土地利用模型，并在旧金山海湾地区进行了应用研究。

3）基于空间投入产出方法的模型

该模型是在 Lowry 理论研究基础上，在城市的发展过程中引入产业活动作为外在的变量。如出行费用、贸易流等，一种因子的改变极易导致整体系统失衡并进行新的自我调整。代表：1993 年由 Hunt J.D 和 Sinmonds D.C 提出的 MEPLAN 分析模型，把土地和交通系统当作市场的概念，建立住房价格和交通费用之间的"地租函数"，并在毕尔巴鄂、圣保罗等地区进行了应用。

4）基于社会经济学理论的模型

以经济学为基础，对城市交通与土地开发的市场关系进行模拟分析，从用地需求、供应以及居民可承受度和居住环境因素入手，研究交通与居住选址的关系。代表：1995 年由 James E.M 和 Kim T.J 提出的土地利用、交通与环境一体化模型，并在美国伊利诺伊地区进行了应用研究。

5）基于微观模拟的模型

该模型可以理解为以某一种或多种约束条件为基础，根据研究对象的发展特点随机获取符合要求的数据，并以此作为特定的响应值与出行者的出行选择建立联系，从而推测出其行为特征，为规划研究提供参考。如以家庭为单位，进行归类，研究不同类型人群的住房、就业的选择模式与趋向。代表：2006年Paul Waddell等人以交通与土地之间的作用关系为研究对象，选取该方法进行了模拟分析，验证了土地使用对交通出行的重大影响①。

此外，Michael Thomason在调查研究了世界上的20多个大城市之后，总结了5种大城市布局和交通结构分析模型②，分析模型系统反映了一种城市形态的形成对交通系统的依赖性，如现代的带形城市、马德里的马蹄形城市等（图2-6）。根据非洲加纳与尼日利亚的交通发展资料，国外学者提出一种"港口—铁路"的发展模型，从中可以反映出交通发展与城市体系形成的关系，交通运输网络是城市空间结构形成与演化的基础，交通网络的每一次优化必然会引导城市空间结构的进一步完善与发展（图2-7）。

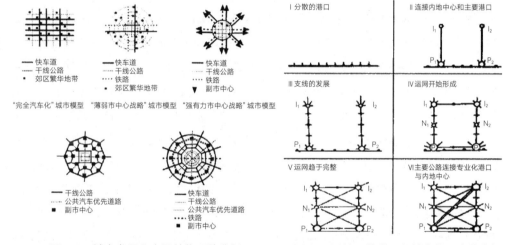

图2-6 城市布局和交通结构系统分析
资料来源：页注③

图2-7 运输网络发展与城市体系演化分析
资料来源：页注④

通过对以上模型理论的阐释与分析，可以发现，城市空间在每一阶段的调整都与交通方式的变革息息相关，区域可达性、交通技术的进步、就业的集中与合理分配对整体空间结构的形成有着重要的影响，不同的交通发展模式，其城市形态也表现各异。随着交通由单一走向综合化，其通达性在逐渐增强，交通网络结构也在不断得到优化。与此同时，城市空间结构也变得日趋复杂，城市体系由区域性发展到国际性，并进一步促使交通网络不断完善。如大都市区多中心的发展与高密度城市群的形成对远距离交通的需求在不断增加，促使轨道交通网快速发展；世界城市的发展目标与全球城市

---

① Paul Waddell et al.Incorporating Land Use in Metropolitan Transportation Planning.Transportation Research part A：Policy and Practice，2006：9.
② 吴范玉，高亮.多中心城市布局与轨道交通的探讨［J］.中国铁路，2002（10）：44-51.
③ 林逢春，曾智超.城市轨道交通对城市发展与环境影响研究［M］.北京：中国环境科学出版社，2009.
④ 北京师范大学等编.经济地理学导论［M］.北京：高等教育出版社，1989：139.

的崛起又进一步要求国际航空网的完善和信息网络的优化与提升。总之，两者相互影响，共同发展。

（2）系统论方法

主要通过运用系统论来研究交通与城市空间结构的形成机理与演变机制。1986年特兰西克（Trancik）将拓扑关系应用到城市形体环境的研究中，提出"线性"关系理论[①]。该理论中的"线"即是指具有线性特征的城市空间要素，如交通线、线性公共空间、视线等。通过对线性要素进行分析，研究其组合规律和动因，以建立一种空间秩序的网络结构。因此该理论对城市空间形态的研究不再局限于交通与城市空间结构关系的分析，还考虑了城市发展中其他不确定性因素的影响。

之后1988年耗散结构理论开始应用于城市空间研究，阿伦（P.M.Allen）以一种新的视角对城市各级中心之间的空间需求关系进行了深入研究，并对克里斯泰勒的中心地理论进行了模拟分析，但这一研究成果有其局限性，尚未表达出空间演变中的动态特征；19世纪末、21世纪初诸多学者开始将研究视角更多的集中于区域范围内的空间整合，如克鲁格曼（P.Krugman）在中心地等相关理论的基础上，以一种新的区域系统理论（复杂性理论）对各类空间的相互关系展开了分析，认为以交通为路径的"锁定效应"是对城市追求整体规模效益的直接反映；随着全球化、区域化的不断推进，各地区越来越注重区域空间的整体发展，其中以交通技术进步为导向的空间重组表现的最为明显，在区域经济发展中起到"催化"作用（弗基塔，2002），在引领城市空间有序发展的同时，通过配套设施的完善和公共服务水平的提高，逐渐发展为区域功能中心，且一旦中心确立，其发展过程将是自我维系，初始地理区位上的优势作用会越来越小；2006年黄建中就城市土地利用布局、开发控制引导、城市设计等方面与城市客运交通系统之间的相互关系和作用机制进行了系统研究；2009年北京市城市规划设计研究院基于土地使用与交通的协调发展，从社会、经济、交通、土地、环境等多个层面进行了系统分析，并提出土地开发与城市交通协调发展的思路、方法以及规划实施对策。

从对系统论方法的应用中可以看出，区域范围内城市功能的集聚是城市经济发展到一定阶段后城市空间的必然产物，具有复杂的自组织特征，城市交通在其中起到关键的"锁定"作用。

（3）交通组织理论

对于交通组织与城市空间内在关系的理论研究，从互动与协调的角度研究区域城市空间结构的形成机理与演变机制，总体可大致分为以下三个方面：

1）交通组织对城市空间结构的影响研究

早期研究思想主要由古典经济学派区位论的研究者们提出，如1909年韦伯提出的

---

① 侯鑫.基于文化生态学的城市空间理论——以天津、青岛、大连研究为例[M].南京：东南大学出版社，2006：10-17.

工业区位论、1926年杜能发表的农业区位论、1932年克里斯泰勒的中心地理论以及廖什的市场区位论，运用经济分析方法对城市活动的区位选择及其空间分布特征进行了研究，并成为后续研究交通系统与土地使用相关领域的重要基础理论。

1960年盖伯格把交通"可达性"作为城市空间结构演化的一个重要概念，认为交通是促成城市空间结构生成的一个决定因素；A.Z.Gutteberg认为交通运输条件的好坏决定着城市成长的命运与方向，直接关系到城市空间的聚集或是分散；Bowden在对美国100多年内城市中心区与边缘区的演化关系研究中发现，交通在城市空间结构的增长中起着不可忽视的作用，交通可达性的改变导致城市活动的区位要素混乱，进而促使城市功能结构发生变化，加之土地使用的限制使一部分城市功能分散迁移，并最终引发城市用地的分散蔓延和分散的核心出现，从暂时性的分散到长期的分散发展[①]。

在此基础上，朱喜钢2002年探讨了城市与区域的影响范围，并指出交通发展是影响市场区位及建构中心地体系的一个重要因素[②]；韦亚平、赵民（2006）认为交通流量是介于社会公平和经济效益之间的重要因素，适宜的空间结构应保证活动者在一个适度的时间内（如45分钟）到达预定场所[③]；徐循初提出交通方式对城市空间结构发展的三级影响，并指出规划中可以通过改变主导交通方式促进城市向有益的方向发展[④]；武进、段进、姚士谋、杨吾杨等学者对影响城市形态演化的关键因素、空间演变特征、动力机制以及未来发展趋势等方面进行了深入研究，并将交通因素视为通过作用于城市用地并最终促使城市空间结构形成与演化的一种变量（图2-8）。

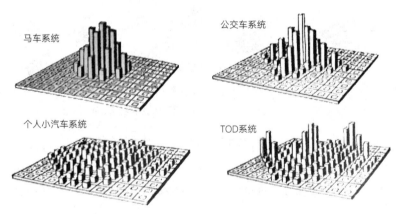

图2-8 不同交通结构的城市形态
资料来源：页注 ⑤

---

① 朱喜钢.城市空间集中与分散论［M］.北京：中国建筑工业出版社，2002：53-54.
② 许学强，周一星，宁越敏.城市地理学［M］.北京：高等教育出版社，1996：56.
③ 韦亚平，赵民.都市区空间结构与绩效——多中心网络结构的解释与应用分析［J］.城市规划，2006，30（4）：9-16.
④ 徐循初.城市道路与交通规划（下）［M］.北京：中国建筑工业出版社，2009.
⑤ 马强.走向"精明增长"：从"小汽车城市"到"公共交通城市"［M］.北京：中国建筑工业出版社，2006.

2）城市空间结构对交通组织的作用机制

1997年Guiliaono等认为居住区、就业区等是城市土地开发作用于交通系统的主导因素，重点表现在土地使用的规模、密度、布局以及人口密度[1]。同年Simmonds等在考察英国布里斯托（Bristo）地区城市空间形态与交通发展的关系中指出，土地使用的混合度是影响交通发展的主要因素，相较于交通政策的影响性，在某一特定地区不同类型的土地混合使用更有可能对城市交通产生作用。当然也有研究者并非完全赞同"土地使用高密度容易导致出行次数减少"的观点，并倾向于"高密度会使出行次数减少"[2]。丁成日认为规模过大是产生交通拥挤、环境恶化等城市病的重要原因[3]。

3）交通组织与城市空间结构的协调互动

2000年陆化普教授等通过对国内外大都市区空间发展特征、交通出行方式等发展要素的对比，总结了城市土地开发过程中各要素之间多样化的内在关系，认为从城市空间结构（土地使用）与交通组织协调发展的角度能更好的综合解决城市交通问题[4]。2002年潘海啸教授等立足于交通设施与城市功能组织的作用关系，构建了三种"交通导向"的城市发展模式：以美国为代表的道路交通优先建设模式、以英国为代表的结合干道来划分城市环境区的发展模式和以日本、新加坡、瑞典、法国为代表的结合公共交通发展城镇模式[5]。2005年L.Bertolini等通过对挪威两个地区的模拟分析，指出"交通可达性"为土地使用与交通的一体化发展提供了非常有价值的概念框架[6]（图2-9）。

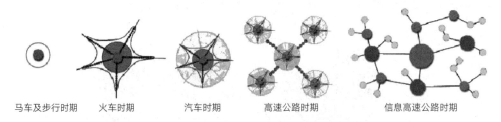

图2-9 不同时期交通方式与城市空间结构的互动关系

总之，不同的城市空间结构有着不同的交通模式与之相适应，如高密度开发地区在交通方式的选择上往往注重于公共交通的高运载能力（轨道交通等），"轨道交通+步行"的出行方式被广泛应用；而低密度的城市空间由于没有稳定的客流作支撑，导致

---

[1] Giuliano.Research issues regarding societal change and transport [J].Journal of transport geography, 1997, 5（3）: 117-124.
[2] Handy Susan.How Land-Use Patterns Affect Travel Patterns: A Bibliography.CPL Bibliography [R]. Chicago: Council of Planning Librarians, 1992.
[3] 丁成日.城市"摊大饼"式空间扩张的经济学动力机制 [J].城市规划学刊, 2005, 29（4）: 56-60.
[4] 陆化普, 袁虹.北京交通拥挤对策研究 [J].清华大学学报（哲学社会科学版）, 2000（6）: 87-92.
[5] 潘海啸.大城市区快速交通和城镇发展——国际经验和上海的研究 [M].上海: 同济大学出版社, 2002: 17-40.
[6] Bertolini L, Clercq F, Kapoen L.Sustainable accessibility: a conceptual framework to integrate transport and land use plan-making [J].Transport Policy, 2005（12）: 207–220.

公共交通无法可持续运营，土地资源很难得以高效利用。其次，从诸多研究和实践活动中可以看出，交通可达性是影响城市功能布局的直接因素之一，合理发挥其引导性将有力促进城市空间结构的优化（图2-10）。

不同时代	可达性分布	城市基本结构
步行及马车时代	平均分布	圈层结构
通行轨道交通时代	沿铁路分布	星形辐射
汽车时代	沿公路蔓延	同心圆、环状重建
高速公路时代	平均分布	跳跃式居住核
互联网时代	各项平均	分散、多中心、网络状

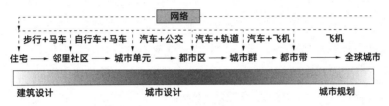

图2-10 交通方式、城市空间与城市发展的关系

资料来源：页注①

2.2.3 对空间布局政策与制度的概括

对空间布局政策与制度的概括是交通与城市空间发展研究的核心内容，以管理学和城市规划学界为主，重点探讨"该如何"的问题。长期以来，以需求为导向的传统发展观念导致交通规划往往服从于城市规划，并在很长一段时间内主导着城市规划领域的相关工作。随着城市尤其是大都市区的快速、全面发展，以急剧膨胀的人口、就业压力和日益恶化的交通出行环境为典型特征的大城市问题凸显，如何促进交通建设与土地开发之间的协调、可持续发展成为各级政府管理者、各领域专家学者的研究焦点，大都市区也成为这一研究的主要领域。

国外研究动态：20世纪90年代以来，受经济全球化、全球一体化、城市发展可持续化的影响，西方国家在城市发展中形成了一股"新区域主义"②（New Regionalism）思潮，并在政府管理、城市规划等领域兴起了一场"新公共管理"（New Public Management）运动，即以公共服务为核心在政府和市场之间建立了一个缓冲区，提高政府管理及城市各方面发展的运行效率。这对随后的城市发展与交通建设产生了广泛

---

① 沈丽珍.流动空间[M].南京：东南大学出版社，2010：87-110.
② "新区域主义"主张多元的、网络化的管理层次，强调灵活、弹性的区域协作组织模式与机制。

而深远的影响。其中，公共交通导向的开发与"新城市主义"的政策尤其引人瞩目。这两个政策的目标很多，但主要是防止城市进一步蔓延、减少交通阻塞和改进轨道公共交通，以及增加步行街导向的街区等，在城市规划与建设、环境政策的讨论中影响较大，且已影响了数个主要城市的规划。

同时，基于对可持续发展的认识和对城市健康环境的向往，精明增长、新城市主义①等理论和思想得到了广泛应用与推广。1998年美国交通专家塞维诺（Robert Cervero）对城市空间结构演变、公交系统与城市空间发展的关系及其发展政策等进行了全面考察与描述，并引入"公交都市"的概念②。之后Angela Hull提出的一体化交通发展模式，指导英国交通与城市空间发展一体化从概念走向现实③。

国内研究进展：国内研究主要集中在对西方交通与城市空间发展模式的消化与吸收阶段。徐循初、潘海啸、陆化普等学者都对此进行过系统研究，并发表诸多论著，对城市空间与交通的可持续、一体化发展起到很重要的指导作用。2004年潘海啸等在评价美国交通发展模式中指出，在城市土地的开发中，应特别重视与公交系统的紧密衔接，引导城市空间的高密度、人性化发展④。同时他指出国外所倡导的TOD交通发展模式，不应盲目应用于我国的规划实践，提出以轨道交通为主导的公交体系必须与城市空间形态相吻合⑤。2006年韦亚平、赵民提出我国大城市的空间形态需要确立紧凑型、多中心的空间结构，并应坚持以快速路尤其是轨道交通为导向的高密度发展模式。另外，吕晓明等从行政管理体制、城市交通可持续发展领域探讨了促进交通与土地一体化开发的措施，并提出相关引导政策⑥。2004年东南大学顾克东硕士学位论文《公共交通导向的城市土地开发研究》、2007年同济大学博士马强根据其博士论文出版的《走向精明增长——从小汽车城市到公共交通城市》等对于向国内引进和推介新城市主义及探讨交通与城市空间协调发展模式起到积极作用⑦。

尽管新城市主义及TOD发展模式一直是国内外诸多管理者、城市规划学者等努力的目标，但迄今为止，这些理论也存在较多争议。在北京、上海、天津等大都市人口密度远远高于欧美诸国的现实发展中，特别是在我国特有的国情背景下，其适用性与可行性更需要进行全面消化吸收和深入探讨。有学者也提出，城市空间的紧凑在一定

---

① 新城市主义理论所奉行的原则包括：提倡步行可达性、倡导交通接驳的连续性、促进土地混合开发和多样性、鼓励建筑功能多样混合、强化建筑设计与紧凑建设、恢复传统邻里和街区的风貌、加强高密度建设、积极优化交通结构、推行可持续发展原则。

② Cervero R.The transit metropolis: a global inquiry [M].Island Press, Washington, D.C, 1998.

③ Angela H.Integrated transport planning in the UK: From concept to reality [J].Journal of Transport Geography, 2005 (13): 318-328.

④ 潘海啸，任春洋.《美国TOD的经验、挑战和展望》评介 [J].国外城市规划, 2004, 19 (6): 61-66.

⑤ 潘海啸，任春洋.轨道交通与城市公共活动中心体系的空间耦合关系——以上海市为例 [J].城市规划学刊, 2005, 158 (4): 76-82.

⑥ 吕晓明.解决城市交通问题的可持续发展思想 [J].城市规划汇刊, 1997, 17 (2): 61-64.

⑦ 马强.走向精明增长——从小汽车城市到公共交通城市 [M].北京：中国建筑工业出版社, 2007.

程度上将产生更大的交通压力,进而导致生活环境水平下降,管理与发展模式与可持续发展目标背道而驰①。

总之,积极利用公共交通尤其是轨道交通与城市空间结构之间的优化互动关系,强化其对土地使用的引导作用,对于优化城市空间结构和用地布局有着重要意义。尤其当新城开发与轨道交通建设被诸多大都市区作为应对高速城镇化时期城市空间的扩张需求以及中心城区承载力濒临极限而选择的空间载体和发展手段时,深入分析和研究国外已有的相关建设活动,归纳总结其发展经验,探讨我国国情背景下大都市区轨道交通与新城协调发展的对策,就显得尤为重要且具有现实意义。

2.3 轨道交通与城市空间发展互动关系研究综述

轨道交通与城市空间发展的互动关系研究涉及社会、经济、土地政策、政府管理及城市发展中的多种因素,是一个复杂、庞大的系统工程。回顾国内外城市的空间演变与交通发展,前者的每一次进步都与交通方式上的变革有着直接关联。轨道交通作为一种集大容量、准时快速、环保节能等优点于一身的公共交通运输方式,将直接促进城市各种资源和功能的最紧密整合,它的兴起与发展为引领新城空间布局、合理配置区域生产要素、实现大都市区空间的有序发展提供了良好契机。

2.3.1 国外研究动态

国外对轨道交通与城市空间发展的相关研究基本围绕轨道交通对城市空间发展的引导性与适应性以及二者之间的相互协调性进行展开,总体可划分为三个阶段。

(1) 轨道交通与城市空间研究的起步阶段

对轨道交通与城市空间的研究可追溯至19世纪初的有轨电车时代。1832年11月世界上第一条马拉轨道出现于美国街道,1834年以蓄电池为动力的有轨电车开始发展于美国波士顿、旧金山湾区等城市。之后1860年英国伦敦、伯肯赫德、索尔福德等也相继建成有轨电车系统。在20世纪初,有轨电车进入全盛时期,城市空间形态也在其影响下发生了巨大改变。首先,有轨电车的发展在一定程度上实现了市区人口、就业向郊区的扩散与疏解,并促使城市由原来的"单中心"结构逐渐向外拓展,有近1/4的人口选择在有轨电车直接服务的城市和郊区居住。随后由于汽车时代的到来,使得小汽车对城市建设的影响开始占据主导地位。两者的交互影响,导致市区的不断扩大

---

① 马强. 近年来北美关于"TOD"的研究进展[J]. 国外城市规划, 2003, 18(5): 45-50.

与郊区的无序蔓延，城市整体空间形态也进入前所未有的臃肿状态。

（2）轨道交通与城市空间研究的发展阶段

在1890年第一条电气化地铁于伦敦通车之后，法国巴黎、美国纽约等大都市区紧随其后，在10年之内建成并运行，东京、莫斯科也分别在1927年和1935年相继建成轨道线路，对各大都市区的空间形态产生很大影响。随着工业的迅速发展、城市人口和汽车猛增，城市空间在不断拓展，交通拥挤，客运量和运距成倍增加。为适应城市空间发展需求、减轻地面交通压力，诸多大都市区都开始重视轨道交通的影响性并计划修建地铁。由此，关于轨道交通与城市空间的研究也进入快速发展阶段。

1977年，为应对大城市快速发展过程中产生的交通拥挤、人口过度集聚等问题，英国学者 J.M.Thomson 以交通引导为基础，提出以下几种城市空间发展模式，即完全机动型、强中心型、弱中心型、低成本型和限制交通型。同时，他提出在具有一定开发强度和人口密度的城市，对于城市各级中心的形成与发展，轨道交通在其中起着至关重要的作用[1]。

借鉴 Thomson 理论方法，英国学者 Peter Hall 于1983年结合居民出行方式提出了交通与城市空间结构的分类方法。在此基础上，1988年彼得·卡尔索尔普（Peter Caltherpe）提出了"步行邻里"概念，1993年又提出"交通引导土地开发"模式[2]。此后轨道交通得以快速发展，却也带来了诸多新的城市问题。1997年布林格（Bollinger）等人认为，轨道交通建设规模受城市人口、用地规模及经济实力等因素的制约[3]，不能忽视城市建设与发展的年代、城市空间的布局形态等。随后1999年，英国学者 Hildebrand 等建立了一种以轨道交通站点为集聚中心的可持续城市形态和结构体系，并将城市宏观结构分为四种基本类型，分别为核心城市、星形城市、线形城市以及多中心网络城市，这对之后轨道交通与城市空间相关理论的研究与实践应用产生了很大影响。

（3）轨道交通与城市空间研究的成熟阶段

轨道交通与城市空间研究的成熟期，主要体现在各大都市区利用轨道交通引导城市空间发展的实践应用上，如巴黎通过建设放射状区域轨道交通，构建了以巴黎为核心的多中心城市增长格局和发展模式；东京通过对轨道交通与新城土地开发的整合，实现了城市副中心及新城的快速发展，形成了多层次、网络化的城市空间结构；哥本哈根在城市空间布局规划中，强调轨道交通的引导作用，由市中心向外设置五条轨道交通走廊，并在沿线布置建设用地，形成放射星状空间结构，有效引导了城市空间发

---

[1] J·M·汤姆逊等.城市布局与交通规划（倪文彦等译）[M].北京：中国建筑工业出版社，1982.
[2] Calthorpe P.The next American Metropolis [M].New York：Princeton Architectural Press，1993：199.
[3] Bollinger，Christopher R，Ihlanfeldt，Keith R.The Impact of Rapid Rail Transit on Economic Development：The Case of Atlanta's MARTA [J].Journal of Urban Economic，1997（2）：179-204.

展方向和对城市规模的控制；斯德哥尔摩通过快速公交系统的引导，形成大都市区多中心、网络化的城市空间形态，并围绕轨道交通站点实现了新城土地的有序开发；新加坡利用轨道交通引导了城市整体空间形态由"单中心放射状"向"多中心网状"的转变，成为实现轨道交通与大都市区空间结构协调发展的典范（详见附录2）。

2.3.2 国内研究进展

较之于国外大都市区，轨道交通在我国兴起较晚，这也是关于城市空间发展与轨道交通研究相对较少的主要原因。另外，从目前我国大都市区的发展情况来看，借助轨道交通来优化和调整城市空间布局的成功案例还不多。然而随着城市各项事业的不断发展以及我国大都市区在统筹区域发展一体化过程中对轨道交通建设的日趋重视，近年来关于轨道交通与城市空间发展相互关系的研究在迅速增多。总体来看，相关研究主要集中于"轨道交通对城市空间的引导"与"城市空间对轨道交通的影响"两个方面。

（1）轨道交通对城市空间的引导

在大都市区空间整合过程中，轨道交通与市中心的直接联系在方便居民出行的同时，无疑会加剧市中心的交通拥堵状况、增大人们的平均出行距离，导致市中心人口过度集聚，如此在一定程度上反而抑制了中心区的发展。所以未来城市空间的发展趋势是城市副中心的不断出现，而轨道交通的发展恰恰为此提供了可能。1999年潘海啸等对世界典型大都市区轨道交通发展的经验进行了总结，分析轨道交通在引导城市空间结构变迁中的规律，并提出我国大都市区轨道交通的发展建议[1]。随后秦应兵等通过深入分析单中心与多中心空间的发展特征，指出当前的大（特大）城市应积极实现多中心轴线式的空间结构[2]。2001年，吴范玉等又提出我国大城市空间发展应以轨道交通和多中心布局形态为主体[3]。之后2002年，朱熹钢等通过对集中与分散两种城市空间结构进行了研究对比，认为我国大城市应结合公共交通的建设促进城市空间网络的有机集中。2003年，朱照宏等扩大了研究视角，对轨道交通与城市群的关系进行了研究[4]。2004年，官莹等又从轨道交通站点、网络入手，全面总结了轨道交通在大都市区空间整合中的作用。在前人研究的基础上，2005年薛华培对轨道交通与大城市空间结构的关系进行了深入研究，认为轨道交通是引导我国大城市向多中心、组团式方向发展的一个重要前提[5]。之后相关研究多围绕轨道交通与城市土地利用展开，如东南大学李锁平的硕士论文《都市圈轨道交通的土地利用若干问题研究》对轨道交通与沿线地价的关

---

[1] 潘海啸,惠英.轨道交通建设与都市发展[J].城市轨道交通研究,1999,2(1):15-20.
[2] 秦应兵等.城市轨道交通对城市结构的影响因素分析[J].西南交通大学学报,2000,35(3)284-287.
[3] 吴范玉,高亮.多中心城市布局轨道交通的探讨[J].中国铁路,2001(10):47-49.
[4] 朱照宏.城市群与城市轨道交通[J].城市轨道交通研究,2003(4)27-31.
[5] 薛华培.轨道交通与我国大城市的空间结构优化[J].城市交通,2005,3(4):39-43.

系进行了研究，提出了轨道交通沿线地价估算的原则和思路；2007年郭丽娜对轨道交通与城市土地利用空间布局的关系进行了分析，提出了由轨道线路轴向引导城市空间发展的珠链状模式[①]。

（2）城市空间发展对轨道交通的影响

总结以往相关研究，众学者在城市空间发展对轨道交通系统的影响方面有较为深刻共识，主要体现在四个方面：① 可达性；② 居住密度；③ 就业密度；④ 邻里设计。其中可达性、居住密度、就业密度主要表达的是城市空间发展较为宏观的层面，而邻里设计则更多的是微观上影响交通系统的因素[②]。随着城市化的快速推进、城市规模的再扩大，城市问题尤其是交通问题有着继续加剧的趋势，越来越多的学者开始就城市空间演变的内涵达成共识，其实质是土地与交通的一体发展。对此国外发达国家已有较为成熟的研究，但由于各国社会经济条件不同、人文环境各异，所以在可达性、居住密度与就业密度等方面的研究成果也就难以达成统一标准。中国需结合自身国情对城市空间发展与轨道交通建设中的影响因素进行重新梳理。

对此，2006年边经卫对轨道交通建设的基础条件和必要性以及轨道交通与城市空间形态、城市群、城市交通系统等要素之间的关系进行了全面探讨，指出在我国大都市区的空间整合中要充分解读轨道交通与城市空间形态之间的作用关系，通过轨道交通促进大城市空间的有序健康增长；马强等也从土地开发、空间结构、管理模式等方面对相应的实施策略进行了探讨。

同时，轨道交通与城市空间的相关研究在实践研究领域也取得了很大进展，多表现在高校硕博论文的研究行列。如2007年西安建筑科技大学韩超硕士论文《城市轨道交通对西安市城市空间结构优化的引导作用研究》对轨道交通的发展趋势、层次以及功能定位进行了研究，对轨道交通如何引导城市空间结构优化提出了相应的建议和策略；2008年同济大学郁俞硕士论文《轨道交通与商业的联合开发及一体化设计初探》结合国内外实例阐述了功能、空间、交通流线等方面的一体化设计策略；2009年清华大学张育南博士论文《北京城市轨道交通与城市空间整合发展问题研究》根据"时距"总量控制、合理分配及运力平衡原则，结合北京轨道交通体系和城市空间的发展，提出二者协调整合的策略；北京市城市规划设计研究院从土地、交通、社会、经济、环境等多个层面对土地使用与交通协调发展进行了系统研究，并提出了北京市土地开发与轨道交通协调发展的思路、方法和规划实施对策；2010年华中科技大学李景奇硕士论文《轨道交通引导下的城市更新研究》从研究轨道交通与城市发展的相互作用机理出发，分析了轨道交通与城市更新的关系；2011年华南理工大学程坤硕士论文《新建轨道交通项目对周边居民出行方式的影响分析》分析了城市轨道交通对城市交通、城市开发的

---

① 郭丽娜.城市轨道交通与土地利用协调发展的研究[D].北京：北京交通大学，2007.
② 王缉宪.城市群的土地利用和交通发展：规划、政策与政治[J].国外城市规划，2002（6）：1-3.

影响情况以及轨道交通与居民出行行为的关系,并结合相关政策提出了今后城市轨道交通发展的建议;天津大学高长宽硕士论文《大城市轨道交通与城市空间结构发展的协调关系研究》对二者协调发展的重点、协调方式以及实施策略进行了研究;重庆大学李泽新硕士论文《轨道交通影响下的山地城市空间优化研究》分析了轨道交通对城市土地利用、土地价值、人口分布、城市空间结构等方面的影响,提出了山地城市空间优化的策略与方法;2012年天津大学齐亮硕士论文《轨道交通沿线土地联合开发与规划设计研究》阐述了轨道交通与城市发展互相影响、互相推动的关系,并对轨道交通沿线土地使用的开发策略进行了研究。

与此同时,在城市空间与轨道交通相互关系的量化方面也有学者进行了研究。如2006年郭鹏、徐瑞华在对上海轨道交通与城市空间形态的研究中引入了引力场概念,提出"多中心"城市空间结构的实现需要借助轨道交通的引导作用[①]。除此之外,如冯浚、邓卫、李涛、徐康明、成天等学者对城市空间演变中交通发展模式的应用进行了研究[②]。总之,目前国内在此领域的研究,多以"工程型"为主,"规划型"较少或者研究领域相对分散。

(3)我国有关新城空间演化规律的理论研究动态

在理论研究领域,我国许多学者对新城建设展开了大量研究。张捷、赵民(2002)通过对Peter Hall《新城——英国的经验》的解读,总结了英国新城的建设经验,提出我国新城的发展应突破传统框架,以公共开发为导向、平衡各方利益来寻求新的发展空间。宁越敏、黄胜利(2003)通过对国外新城的建设政策、管理、动力机制等方面的研究分析,提出我国新城发展应在明确新城与主城关系及新城职能定位的基础上,加强规划实施制度及资金供应的保障建设[③]。邢海峰(2004)在《新城有机生长规划论》中通过对天津泰达新城演进历程的研究,提出了工业开发先导型理念,并就如何通过转型促进新城有机生长,实现原有空间结构的重构提出了优化策略。傅崇兰(2005)在《新城论》中通过对国际新城建设经验的总结,认为新城建设应以对人的关怀和对社会与环境的关注为出发点,突出多种职能,提供均衡就业,在充分利用原有城镇资源的基础上,优化交通、土地、区域布局,促进新城可持续健康发展。刘佳燕(2005)通过对国外新城建设经验的研究分析,认为能成功实现自我平衡的新城规模一般控制在50万人以下,并提出30万~50万人的新城规模最具有集聚和辐射效应[④]。

林洪波(2006)以北京通州新城为研究对象,借鉴国内外新城建设的经验对未来影响中国大都市区新城建设的主要因素进行了剖析。周晓华(2007)在《新城模式——

---

① 郭鹏,徐瑞华.基于引力场模型的城市轨道交通与城市发展的相关性[J].系统工程,2006,24(1):36-40.
② 冯浚,徐康明.哥本哈根TOD模式研究[J].城市交通,2006(3):41-45.
③ 黄胜利,宁越敏.国外新城建设及启示[J].现代城市研究,2003(4):12.
④ 刘佳燕.借鉴国际经验,适时推动我国大都市区新城建设[J].规划师,2003(10):16-19.

国际大都市发展实证案例》中通过对不同国家选择新城建设的类型的分析，阐释了不同功能的新城发展的优缺点。董珂（2008）对主城与新城之间的作用力关系进行了量化分析，认为新城应达到一定规模并与主城间保持一定的距离，以产生足够的"吸引力"来保持其发展的可持续性，并提出新城在形成稳定平衡结构之前，政府的政策引导、产业引导以及公共物品的引导是必须的。郑珊瑚（2009）在《新城功能发育与土地增值创新研究》中通过对杭州市钱江新城的案例研究，重点阐述了新城功能发育对土地增值空间分布的影响。

乔森（2010）在其硕士论文《特大城市空间疏解与新城发展战略研究》中深入探讨了新城对特大城市空间疏解的作用效果，提出新城对特大城市的空间疏解需具备一定的社会经济条件：城市经济的高度发展、郊区化趋势的显现、土地开发的严格管理、充足而多元化的产业支撑等。张学勇、李桂文（2011）等在《我国大城市地区新城发展模式及路径研究》中通过对国外新城建设成功经验的总结，认为现阶段我国大都市区的新城建设应以综合型新城模式为主，并主要遵循产业—居住—商业及商务功能培育的成长路径。段进、殷铭等（2011）通过对宁波鄞州新城持续十余年的跟踪研究，在《当地新城空间发展演化规律——案例跟踪研究与未来规划思考》一书中对中国当代新城空间发展的演化规律进行了探索。彭震伟（2012）认为在当今世界信息化和全球化的发展背景下，新城建设在担负疏解主城区人口、产业以及作为一定地域范围中心功能的同时，也直接参与了全球性的要素资源配置，并结合上海大都市区新城的建设，提出应加快外围城镇组团，尤其是新城区快速公共交通体系的发展，为促进中心城区功能转移和相关产业在新城的落位提供强有力的支撑[①]。

2.3.3 研究趋势总结

通过对国内外相关理论的研究综述，可以看出，国外在对轨道交通与城市空间发展互动关系的研究已较为成熟，表现出从多学科、多角度和多层次的研究途径并取得大量的研究成果，同时借助轨道交通引导城市空间结构合理发展的成功案例也较多，一些研究成果和实践经验已对世界许多城市的发展产生了重要影响。而当前国内对两者的研究虽然在逐年增多，但研究视角大多局限于中心城区范围内，利用轨道交通引导城市空间发展也大多处于边建设、边摸索、边调整的阶段。

而针对新城的发展，虽然众学者从不同的学科背景、不同的角度进行了解析，有的是以理论归纳为主，有的是在案例研究和理论推导下提出的体制和政策构想，是我国新城建设实践中的宝贵理论财富。但总体来说，对国内新城建设的研究多是以国外

---
① 彭震伟.全球化时代大都市区新城发展的理性思考[J].上海城市管理，2012（1）：25-28.

案例介绍及对国内的借鉴为主，研究的焦点主要集中于新城开发模式、主城与新城的关系、新城的动因及类型以及从城市规模、居住模式、社会均衡等不同的角度提出各自的见解，综合性研究较少；同时国内外新城建设的背景差异较大，国外具体的经验理念及发展规律在我国的适用性需进一步论证。特别是英国，新城发展从概念阐释到建设实践一直被视为经典，对其建设经验的引进从 20 世纪 70 年代末就已有之，然而如今除了围绕新城概念本身的宏观发展战略得到应用借鉴外几乎很难再找到能为我国所用的有价值的经验教训。

在城市区域化、区域城市化等的快速发展背景下，大都市区整体空间面临着转型与重构，以往研究在面对大都市区整体需求进行服务时，难以做到尺度与标准上的统一，因此也难以真正形成促进城市空间协调发展的格局。新的发展形势对轨道交通与城市空间尤其是与新城发展互动模式的研究提出了更高的需求。而以往的经验也表明，轨道交通的成就更多的体现于作为大都市空间发展的先导轴和对特定交通走廊的疏散上，建设中如不采取有效的规划措施，其引领作用将很难实现。

实际上对于北京、上海、天津等大都市区，在轨道交通的发展过程中，不管是中心城区还是新城组团，如果各要素间不能相互衔接进行通盘考虑，不仅无法顺利调整与优化大都市区整体发展空间，更无法保障新城组团的建设与发展。因此，大都市区空间与轨道交通的互动整合是一种必然趋势，深入探讨轨道交通与新城以及沿线功能组团之间的有效互动模式也是大势所趋，更是提高高密度城镇群运行效能、实现多中心空间体系有序发展的现实要求。

2.4 轨道交通与新城空间协调发展的理论借鉴

2.4.1 新理论思潮的基本思想

从各国大都市区轨道交通与新城的建设实践中可以看出，为解决人口和产业在城市中心过度集中带来的严重城市问题，以及引导城市空间有序发展，精明增长、新城市主义、紧凑城市、TOD 模式等理论和思想得到了广泛应用与推广，这也是出于对可持续发展及对传统价值观的认同和回归。新的理论思潮对当今城市发展产生了巨大影响，其基本思想可以归结如下：

（1）持续发展的思想。针对城市空间的无序蔓延、小汽车的过度使用，引导发展，减少能源消耗。

（2）对生态环境的尊重。从生态环境的观念出发，保护开放空间和环境。

（3）强调区域尺度规划的重要性。从区域角度出发，强调邻里与轨道交通融合的区域发展。

（4）对人文主义的提倡。注重社区尺度的城市设计，营建多元平衡的邻里街区，防止社会分层。

2.4.2 根植新理论思潮的土壤差别

（1）研究对象的差别

西方发达国家已经经历了大规模城市扩张的时期，城市人口规模已经相对稳定，与中国快速的城市人口增长形成鲜明的对比，因此，其理论思潮研究的对象主要是小城镇社区，即便有对区域范围内的研究，也主要是对区域范围的交通发展模式进行探讨。中国大都市区的空间发展主要表现出来的是向外扩张，规模和速度都是前所未有，城市发展理论在更大程度上需要解决的是新城成长和拓展的问题。

（2）解决的问题差别

当今世界城市的发展方向发生了本质的转折。以发达国家与发展中国家的经济发展现状作一个比较，发展中国家追求的是工业化、城市化和经济增长，包括中国在内以这3个指标为本质内涵；发达国家关心的不仅仅是工业化、城市化、经济增长，更关心的是生活质量。因此，新的理论思潮并没有或很少对低收入阶层和弱势群体认真的考虑，因而缺少广泛的社会公平基础。

中国的新城建设，目的是满足快速城镇化的需要，提供更多的产业空间、居住空间、工作空间以及休闲空间，维持社会的协调平衡发展。因而城市扩张需要解决的问题、新城发展的动力与欧美国家面临的问题有很大的差距。但在中国一些特大城市，如北京、上海、广州已经出现了郊区化现象，轨道交通与新城也在快速建设，因此，借鉴西方发达国家的发展思路，探索新的发展模式，是我们的首要目标。

（3）采用标准的差别

由于西方发达国家总体上人口较少，人均用地指标较大，所采用的标准体系存在很大的差别。理论思潮中所提及的高密度住区，实际上也就是三、四层左右的公寓，相当于中国的较低密度住区，这样的标准来满足中国大量的城市人口增加，显得力不从心。事实上，对于开发密度的提高，是相对于以前的蔓延开发，因此我们要认识到发展指标的相对性。

（4）开发方式差别

中国的新城开发是由政府制定统一的规划，通过市政基础设施的建设，引导房地产开发商进行居住小区的开发，通过房地产交易市场，出售给居民。开发商对小区进行开发，是以市场为导向，以利益最大化为前提，如果说他们也考虑了购房者的需求，那仅仅也是为了面对市场销售的竞争作出的回应。而轨道交通的开发更是处于边进行边摸索的阶段，与新城之间的协调开发更显经验不足。

2.4.3 理论指导实践的本土化原则

以往诸多研究分别从不同的视角对新城发展中的问题和优化策略进行了研究，为本研究提供了良好的基础。然而，西方诸多新理论思潮的发展是由于郊区无序蔓延而出现的，其产生的历史背景和社会基础，尤其是经济条件都与中国城镇化进程有很大差异。因此在引入西方新的理论的同时应该把它赋予更为广泛的中国"本土化"内容，以此来解决我国持续快速城镇化发展带来的一系列的城市发展问题。

同时，在大都市区经济快速发展、市场化进程不断加快、城镇化发展面临严峻挑战的背景下，按照新型城镇化和建构和谐社会的要求，针对大都市区外围新城这一城市发展的热点领域、难点领域，就其发展所呈现出的特点与问题，基于轨道交通与新城土地利用范畴，提出符合我国国情的大都市区空间整合策略与新城空间组织方法的理论研究还是非常薄弱和欠缺的。

2.4.4 理论框架的构建

既有研究已证明，轨道交通与城市空间的发展有着复杂的互动关系，相关轨道交通与新城发展的研究也基本围绕着二者之间的适应性与相互协调性进行展开。然而大都市区新城与轨道交通之间的关系是一项庞大的系统工程，区域城镇空间布局、城市用地布局、产业发展等无不对轨道交通建设产生重大影响，而轨道交通的发展又对其产生巨大的反作用力与推力，因此，处理好这种互动协调的关系将有力促进大都市区整体空间结构的优化和新城发展，反之将形成很大阻碍。

本书对轨道交通和新城发展的研究理论基础立足于全球化、区域一体化、新型城镇化的时代背景，以城市空间增长的交通理论、交通导向的城市空间演变理论、不平衡发展的"中心—外围"理论以及城市空间发展的自组织理论、土地使用的市场经济理论、产业发展的功能集聚理论为研究的理论框架，对轨道交通导向的大都市区空间整合与新城发展进行系统研究，这不仅仅是顺应空间本身自组织规律的发展模式，也是运用城市规划控制的他组织手段寻求引导新城健康发展的途径。

2.5 本章小结

国内外学者对城市空间演化与交通、轨道交通之间关系的研究足以证明，交通特别是轨道交通对城市空间发展的重要影响。新城作为一类新城市化地区，已成为大都市区空间体系中的有机组成单元，轨道交通网络的完善更进一步促进了新城的快速发展。同时，新城存在的特质也决定了其城市空间组织的特殊性，因此，轨道交通引导下此类城市体的发展成败，将直接左右大都市区空间效能的发挥。

本章对研究的范畴与研究视角进行了界定，提炼了大都市区轨道交通与新城协调发展理论的核心概念，并借鉴已有的研究成果，在大都市区"多中心"空间发展趋势背景下，对相关基础理论和研究脉络进行了归纳与总结，并以此作为研究的理论依据和方向。

关于大都市区轨道交通与新城发展的研究，整体呈现出以下特征与趋势：

第一，从发展规律与发展趋势来看，大都市区"多中心、高密度"的空间格局已成为发达地区高度城市化发展阶段的一般现象与普遍规律，便捷的交通网络尤其是轨道交通的存在对区域空间结构的完善与新城组团的发展起着至关重要的作用。然而，较之于国外大都市区，我国市场经济体制仍有很大的完善空间，一方面，大都市区各级土地市场的开发过程中充斥着中国特色化，新城建设过程中的特殊性强于共性；另一方面，30多年的市场化改革与城市化的快速推进使我国大都市区呈现出明显的"多中心空间结构"指向，表现出与西方"殊途同归"的趋势。因此，如何借鉴国外先进经验，加快适合我国国情制度的大都市区空间整合理论的研究，是大势所趋。

第二，从国内外相关研究的比较来看，我国在轨道交通与新城发展领域的理论研究大多追随于西方发达国家，对于探索我国自身发展的城乡规划学科内的二者之间互动发展的理论仍较为缺乏。可以看出以往研究的成果和焦点多集中于论证新城发展的过程、动力机制以及其自然演化规律等问题上，很少涉及如何通过人类能动行为（城市规划和城市管治）和外在动力（轨道交通）对城市空间发展进行科学的干预和引导，实现特定时代趋势下大都市区的空间整合与轨道交通建设的协调发展。

第三，从研究的学科交叉视角来看，国外发达国家更多的致力于对轨道交通引导下城市空间形态转变的内在关系研究，与其市场经济体制高度关联；而国内多侧重于从宏观层面研究大都市区的合作机制与体制创新等方面的内容，这种现象的主要原因在于：中外国家的国情与现实基础不同，城市化进程处在不同的阶段，因而各国所关注的问题也不一样。受原有体制格局与转型进程的影响，目前国内的许多研究还处于理论探讨层面，具体实践中的成效甚微。为此，在发展转型的关键时期，如何面向西方大都市区多中心空间体系中轨道交通与新城发展的"一般性规律"，建立适合我国国情制度的大都市区空间利益协调机制与程序，已成为我国城乡规划学、地理学、经济学与管理学等多学科领域面临的必须联合攻关的重大理论课题。

第四，从研究的内容和方法上看，整体上尚缺乏较为统一的框架。其一方面在于中外研究对大都市区空间发展关注的核心内容缺乏较为统一完整的认识；另一方面体现在关于轨道交通与新城发展的理论体系，过度依赖于对实践活动或规划模式的总结，更多的是重视轨道交通引导下的大都市区"空间形态过程描述"而轻视"城市内部的关系演化研究"，缺乏一个适应于新城地域的"机制→机理→形态"的完整研究框架。可以认为，从轨道交通的视角来审视大都市区的经济地理现象，将成为多学科交叉研究的一个重要学术方向。

第五，从国内现有的研究来看，整体上还缺乏一个适合并可以指导转型期中国大都市区空间整合的分析框架。尽管目前对城市交通问题和城市空间布局已经积累相当多的研究成果，但对于研究范畴由中心城区转变为大都市区后，对以轨道交通为快速联系通道的新城开发过程中的诸多协调关系的研究仍有待补充，加之我国较多的大都市区轨道交通与新城的开发尚处于规划阶段，有必要在建设之初对大都市外围轨道交通与新城组团以及沿线站点之间的关系进行全面探讨，这将有力提升城市整体空间的运行效能。

第六，从研究的重点和趋势上来看，全球经济体系与区域一体化以及信息网络的高速发展是大都市区空间整合的重要基础，也是新时期大都市区轨道交通与新城发展研究的重点领域，更是新型城镇化背景下大都市区空间组织的现实要求。基于轨道交通的新城发展更突出于区域联动环境中的产业培育、市场经济导向的土地使用控制以及新城的职能定位、空间布局和轨道沿线区域的开发引导等方面的关联性研究。

轨道交通与新城建设是一个长期的、动态的发展过程，需要数十年乃至更长的时间其规划实施的结果才能显现出来，且建设大多有"单向不可逆"的特性，因此，建设之初如若出现重大失误，将来几乎无法纠正。当前在轨道交通与新城建设浪潮的推动下，诸多如"空城""卧城"以及高峰时段往返于主城与新城导致交通拥堵加剧的问题，对大都市区的发展造成极大的负面影响，这不得不引起对新时期大都市区空间组织问题的反思。

第 3 章 我国大都市区轨道交通与新城发展的主导现象与问题梳理

本章通过对新城与轨道交通发展历程的分析，总结我国大都市区各阶段新城的实现途径以及轨道交通的建设动因，并对当前轨道交通与新城快速建设中出现的问题进行了梳理，从而可以明确研究的出发点，为进一步研究和提出适合我国国情的规划方法奠定基础。

3.1 新城发展历程与总体特点

新城是城乡空间不断发展的产物，它存在的意义及其内涵的界定也是一种社会过程。本节在对国内新城发展的历程进行回顾与认知的基础上，对其实现途径进行了解读，以更全面的了解当前我国大都市区新城发展的总体特点。

3.1.1 随背景与城市职能演变的发展进程

面对已无法满足经济活动空间需求的城市形式，城乡空间的拓展成为一种必然。我国新城发展的历程不同于西方，国情及文化背景的差异决定了其各发展阶段的建设目的与特征也不尽相同，且随着城市的发展城市空间结构与开发模式在不断调整。总体来看国内新城的建设先后经历了四个发展阶段，即设立于殖民地时期的租界区、建设在解放初期的"工业卫星镇"、发展于改革开放后至 20 世纪 90 年代中期的开发区建设和 90 年代后的新城建设[1]（表 3-1）。

从各阶段的城市空间结构来看，其建设动因都有着符合各自时代的特点，同时各阶段的发展特征均在一定程度上体现出新城的建设理念。其中，20 世纪 90 年代为我国新城建设的转折期，在此之前城市空间发展以向心力结构为主，90 年代后由于改革开放的不断深入和全球城市体

---

[1] 张学勇. 我国大城市地区新城成长与主城共生策略研究 [D]. 哈尔滨：哈尔滨工业大学，2011：6.

系的影响，我国以大城市为首的城镇化进程发展迅速，城市人口在中心城区的高度集聚促使城市空间迅速扩张，强中心、弱次中心、弱轴线的发展模式在这一进程中已无法应对各类城市问题，迫切需要对城市整体空间进行整合，满足当前以及未来大都市区的空间发展需求。由此各大城市纷纷以提升发展效率、增强城市综合竞争力为主要目标，大力调整城市空间结构，促使我国的新城建设进入高速发展期。

中国新城发展阶段特征　　　　　　　　　　　　　表 3-1

阶段	发展动因	存在问题	城市形态示意	典型代表
第一阶段（殖民地时期）	① 口岸经济带动商贸物流业快速发展 ② 依托交通区位成为侵占城市资源空间的主要手段 ③ 工矿业的发展进一步提升空间价值	① 城市各功能区机械分割或无序交替 ② 各自为政导致城市发展重心模糊，人们的出行活动失去自由，城市空间局限且不连续	趋势特征：限制城市活动特权区域	哈尔滨南岗区
第二阶段（20世纪50年代后—改革开放）	① 实现工业经济发展目标 ② 工业发展空间明确，生产力提高	① 空间布局分散，规模小 ② 城市职能较为简单，设施建设水平有待提升 ③ 工业经济发展迅猛，城镇化建设被忽视 ④ 工业区与中心城区低效互动，尚未建立快捷联系通道	趋势特征：促进工业体系形成	包头昆仑都工业卫星城
第三阶段（改革开放后—20世纪90年代中期）	① 市场经济背景下的先行先导区 ② 多渠道融资，加快工业业与国际市场的互动联系	① 新区建设相对独立，后续支持动力不足 ② 尚未建立统一的发展规划 ③ 空间无序拓展，生态环境遭受破坏	趋势特征：独立产业发展区，缺乏与城市联系	苏州工业园区
第四阶段（20世纪90年代至今）	① 以大城市为主，中心城区人口膨胀，交通、就业环境恶化 ② 释放大城市发展空间，寻找外围新的区域增长极	① 新城职能缺乏综合性，无法引领区域全面发展 ② "卧城"现象严重，新城空间开发失衡 ③ 市场转型过程中土地流转的管理模式有待完善	趋势特征：促进主城有机疏散，培育新的经济增长极	北京亦庄新城

3.1.2 大都市区新城建设现状与实现途径

如上文所述，我国新城运动以 20 世纪 90 年代为起始点，各大城市陆续提出通过重组城市空间以提升整体运行效率进而实现城市社会、经济新发展的战略目标。如北京在上版城市总体规划中就确定发展了 11 个新城（2004~2020），形成"两轴 - 两带 - 多中心"的城市空间结构，后至 2017 年 9 月北京新版总体规划（2016~2035）正式发布，首提减量发展，并明确了北京城市副中心"一带、一轴、多组团"的空间布局；上海市"1966"城乡规划体系按照中心城和郊区两条主线，将全市城镇体系分为"1 个中心城、9 个新城、60 个左右新市镇、600 个左右中心村"的四级城镇体系结构，拟通过新城组团的发展，实现中心城区部分功能的转移，进而缓解其人口、就业压力；2006 年天津提出"双城双港、相向拓展、一轴两带、南北生态"的空间发展战略，规划建设西青、津南等 11 个新城，形成新的增长极统筹区域发展；之后国家相继批准不同级别的新城开发活动，促使以省会城市为代表的新城建设达到高潮。

另外，从 2002~2016 年我国建设用地规模近十五年的变化情况来看，年均新增建设用地面积达 23.17 万公顷，其中前十年年均新增建设用地面积达 30.49 万公顷；2012 年全国批准建设用地约 61.52 万公顷，其中有 42.17% 是通过对农用地的性质变更而实现，2016 年全国又批准建设用地约 51.97 万公顷。这些数据从侧面反映出我国当代新城面广量大的全国性建设实践（图 3-1）。

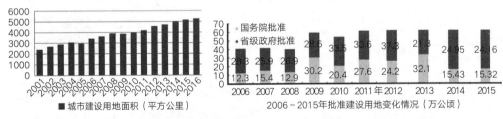

图 3-1　近十五年我国建设用地面积变化及近五年全国批准建设用地情况

数据来源：2002 ~ 2017 年中国国民经济和社会发展统计公报、2017 年中国国土资源公报

目前我国大都市区正值区域城镇化的快速转型期，面对不断呈现的高密度人口和有限的城市发展空间，从新城建设的可变性、过渡性角度出发，即运用类型学方法分析当前我国新城成长的动力和实现途径，可划分为四种类型，即：乡镇整合型、开发区重构型、重大项目带动型、新区建设型（表 3-2）。

我国新城建设的动因与类型及其实现途径　　　　表 3-2

开发模式	动力机制	发展特征	典型代表
乡镇整合	充分利用外围发展条件较好的乡镇建成区，通过对行政区划的整合、城镇功能的提升等措施，吸引来自中心城区的人口疏散和产业扩散，以及吸纳由农村流向城市的部分劳动力，通过"整合乡镇"实现"城市功能"，并以此为依托发展为具有一定辐射影响力的新城[①]，是大都市区空间体系的重要组成单元	依托良好的自然环境、经济基础和交通条件，通过承担主城功能实现自身的跨越式发展，在功能定位、职能分工、发展模式、产业构成等方面得以转变和提升[②]。同时，新城与主城之间保持一定的空间距离，避免被主城区规模的扩大而吞没	北京大兴新城、房山新城；上海松江新城
开发区重构	在现有产业发展基础上，从单一功能的工业发展区转向具备多功能性质的新城	单一势能的工业开发区逐渐显现出竞争力的不足，新城功能的综合发展已是大势所趋	北京亦庄新城
重大项目带动	充分把握重大项目发展契机，对原有城镇产业结构进行优化与整合，实现区域经济与职能的转型，发展为具有独特功能的新城区	建设周期长、投资巨大、效益回收漫长，重大项目在吸引就业人口的同时，对新城与主城之间的快捷联系提出更高的要求	天津中新生态城
新区建设	在大城市外围非城镇用地空间上建设新的工业园区、行政办公中心或大学城	多为政府主导，通过对中心城区办公、商务等职能的转移，吸引人口集聚	哈尔滨松北新城

3.1.3　当前大都市区新城建设的总体特点

在经济全球化、持续快速城镇化背景下，我国的城市日益面临着人口与经济社会活动过度密集带来的发展压力，国内几乎所有的大都市区都面临着以新城建设为核心、以轨道交通为导向的城市结构优化问题，通过轨道交通与新城发展的方式拓展城市空间，以缓解主城区压力和实现城市经济的转型升级。在这一过程中，新城不仅承担着一定的城市职能，还肩负着周边区域城镇化的重任，并在开发过程中不断得以完善，如发展观念上的转变，开始注重新城在区域整体发展中的作用；土地利用观念上的转变，从"低密度"到"集约利用"；开发体制上的转变，即中央政府高度支持下政府与市场的结合；城市功能上的转变，兼有中心城疏解和区域产业配置双重性等。

随着我国城市发展和各项规划实践的不断深入，新城的数目将会越来越多，新城类型也将更加丰富。但总的来讲，我国的新城建设，虽然较之以往发生了诸多突破，但在发展中却鲜有成功的例子。这与我国当前的社会经济发展水平、城乡二元制度、户籍制度、福利政策等存在很大关系。总体特点体现如下：

① 新城人口集聚力不足。人口集聚是新城持续的基本标志，也是新城发展的主要作用之一，但目前国内大都市区多数新城人口集聚力不足，进而无法发挥集聚经济效

---

① 周晓华.新城模式—国际大都市发展实证案例［M］.北京：机械工业出版社，2007：23-65.
② 张捷.新城规划与建设概论［M］.天津：天津大学出版社，2009：194-195.

应。新城公共服务设施和基础设施的配套不足或配套设施等级远落后于主城区等因素，是导致新城吸引力无法提高的重要因素。

② 新城的发展难以持续。多数新城的形成，源于政府的一种规划行为和结果，而城市的存在与发展必须建立在一定的市场规模和城市产品提供基础上，因此，规划出的"新城"是一种"新型城市体"，还是只存在于概念之下的居住地，必须认真对待。

③ 就业功能缺失或职住不平衡导致新城城市功能单一，进而很难从根本上缓解主城区压力。实践证明，新城只有被赋予相对独立性的城市功能，并通过较高水平的设施建设、充足就业岗位的支持，才能成为区域经济增长极，真正意义上实现对主城区人口、就业压力的疏解，也只有这样才能确立新城在多中心空间体系中的发展地位[①]。

需要强调的是，新城模式作为新时期我国大都市区空间高速发展的一项主导战略，有着自身特殊的时代背景——其中固然存在类似国外大都市区主城城市问题的原因，但更多的是在全球化、市场化以及快速城镇化作用下城市空间增长所带来的被动扩张，并面临着转型期诸多新的社会环境问题。因此，当前在借鉴西方发达国家新城建设经验的同时，更要特别注意从自身出发，探索适合我国国情的新城开发模式。

3.2 轨道交通建设过程与动因分析

与国际化大都市区相比，我国轨道交通起步较晚。尽管20世纪50年代我国一些特大城市开始筹划轨道交通的建设，但第一次真正拥有地铁是在20世纪60年代末，即1965年开工、1969年10月通车的北京地铁1号线一期工程，线路长度23.6km。随着生产力水平的不断提高，城市建设发展迅速，轨道交通建设也取得了突破性进展。总体来看，我国轨道交通的建设共经历了三个阶段的发展，且每一阶段都有着各自时代的建设特征。

3.2.1 随政策和技术升级变迁的建设特征

（1）起步阶段（20世纪50年代）：基于城市人防工程建设。以北京轨道网络规划为起始点，完成中心城区一期工程。之后各大城市如哈尔滨等纷纷筹备人防隧道建设。

（2）开始建设阶段（1960年代末~1990年代中期）：出于交通出行目的。此阶段我国各大城市普遍呈现出规模扩张的态势，主要由人口在中心城区的高度集聚导致，加之各项基础设施建设动力相对不足，交通出行环境急需改善。这也成为之后各大城

---

① 王宏远，樊杰.北京的城市发展阶段对新城建设的影响[J].城市规划，2007（3）：20-24.

市轨道交通项目建设的主要出发点。以北京、上海、广州为首,开启了我国地铁转型发展的先河。之后各大都市区如深圳、天津、重庆等迅速推动了地铁筹备工作。我国台湾台北市也在这一时期拥有了第一条轨道交通。

(3)行动调整阶段(1995~1998年):止于项目审批与国产化规划。轨道交通建设项目投资较高,后续运营问题较多,很多大城市尚未根据自身发展情况进行建设的可行性论证就盲目申请和建设,很大程度上给城市的社会、经济发展形成负担。为此,1995年国务院专门制定条文并要求暂停此类项目的申请。这一阶段持续了近3年时间,之后源于项目国产化的建设目标,重新启动了上海、广州等地铁项目的立项工作。

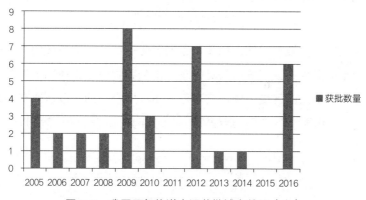

图3-2 我国历年轨道交通获批城市数量(个)

数据来源:国家发展与改革委员会

(4)高速发展阶段(1999年至今):源于政策支持与技术升级。这一时期,出于扩大内需、改革开放发展的需要,国家不仅在轨道建设资金上制定了辅助方案,还通过引进国际先进技术,从地铁项目建设的建设、运营等领域积极合作,不仅有效降低了建设成本,也进一步提高了轨道设施的建设水平。自此,我国各大都市区纷纷展开地铁建设工作,进入蓬勃发展的建设期。

截至2017年底,我国内地已有北京、上海、沈阳等34个城市拥有地铁,新增石家庄、贵阳、厦门、珠海4个城市,开通城轨交通线路165条,运营线路长度达到5033km(需要注意的是,在2012年年底,内地是17个城市建成轨道交通运营线路64条,运营里程达到2008km,从数据的变化上可见,这5年的建设规模之庞大)。根据《2017年中国城市轨道交通年度报告》提供的最新数据:我国目前已经发展和规划发展城市轨道交通的城市已经达到62个(含地方政府批复的18个城市),规划线路总长7321km。2016年5月,国家发改委与交通运输部联合发文《交通基础设施重大工程建设三年行动计划》,在城市轨道交通建设上,加强规划管理建设,有序推进城市轨道交通建设,逐步优化大城市轨道交通结构,重点推进103个项目前期工作,新建城市轨道交通2000km以上,涉及投资约1.6万亿元。"十三五"期间,国家确立的"七大城市群"之间的城际铁路至少新增 10000 公里，城市轨道交通建设呈现出蓬勃发展的势态（图3-2、图3-3）。

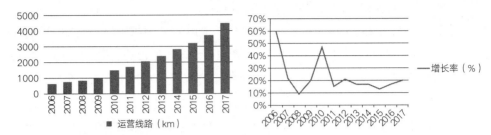

图 3-3　2006～2017 年全国轨道交通运营里程与 2017 年各大都市区轨道交通运营里程

数据来源：国家统计局

（5）未来的网络化发展阶段。由于我国城镇化持续、快速发展中城乡一体化的需要，以及大都市区多中心空间发展战略需求，未来我国轨道交通网络将在大都市区范围全面展开，并在更大的区域范围内与其他城市体紧密互动，以轨道交通为主导的公交出行模式将成为我国大都市区交通建设的主要方向（图3-4～图3-6）。

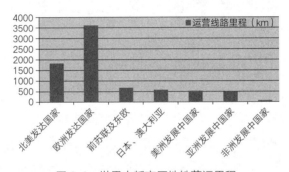

图 3-4　世界大都市区地铁营运里程

数据来源：页注①

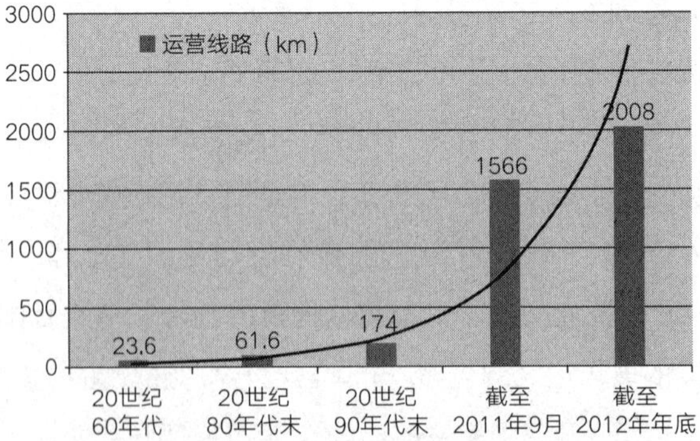

图 3-5　我国大都市区轨道交通建设动态

数据来源：页注②

---

① 郑明远. 轨道交通时代的城市开发 [M]. 北京：中国铁道出版社，2006：20.
② 顾岷. 中国大陆城市轨道交通的现状与展望 [J]. 现代城市轨道交通，2011（6）：8.

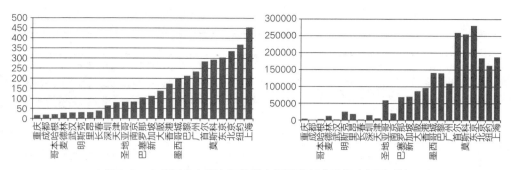

图 3-6 中外国家大都市区轨道交通运营长度和年客运量对比
数据来源：中国城市轨道交通网

3.2.2 轨道交通建设的主要动因分析

分析轨道交通建设与城市空间形态的变化特征，可以看出轨道交通的建设必将引起沿线区域在城市功能定位、土地开发强度等方面的剧烈调整，以实现区域功能的重组和城市空间的集聚发展，并在建设中以解决城市交通需求为主要目标，逐步适应城市空间发展；反过来讲，通过对城市空间资源的合理整合，将为轨道交通沿线的运营客流提供保障，并通过与站点周旁其他交通方式的紧密组合，提高交通出行效率，并促进了以轨道站点为核心的高密度城市空间的效能发挥（图3-7）。

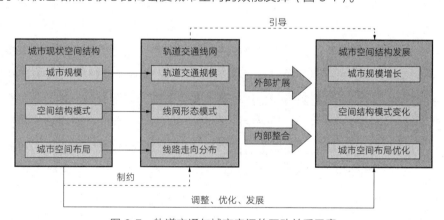

图 3-7 轨道交通与城市空间的互动关系示意

结合上文对我国新城与轨道交通发展历程的研究，从引发轨道交通建设的动因出发，对各阶段轨道交通建设的主要特征总结见表3-3：

我国轨道交通建设的主要动因与特征　　　　表 3-3

阶段	动因	特征分析
备战需求阶段（20世纪60年代）	战略人防	以既有交通或河道为基础确定轨道线路走向，以实现护卫队、指挥中心等快捷联系为出发点，较少关注轨道交通与土地开发之间的关系

续表

阶段	动因	特征分析
交通需求阶段（20世纪80年代）	解决城市交通需求	此阶段轨道交通的建设区域主要在城市内部，起讫点多为大型公共活动区和居住地，对实现居民交通出行的快捷起到了重大作用。随着城市规模的不断扩大，线路逐渐向外延伸
需求与引导相结合阶段（21世纪后）	解决大城市环境质量下降、交通拥堵严重等问题；重大发展机遇的推动（国际大型运动会、博览会）	轨道交通的建设不仅是出于对"城市交通的需求"，更重要的是体现出"以交通引导城市空间发展"的趋势

需要补充说明的是，我国城市特别是大都市区自20世纪90年代以来进入了人口和用地的快速扩张时期，明显的表现出外延空间快速扩张的特征（较为典型的是"退二进三"），城镇化进程中的两个重要的特征——城市中人口的增长和机动化水平的提高——在我国出现了"井喷式"的发展特征。在这一发展背景下，城市产业资本的分布和经济结构势必会发生相应的调整，并直接反映在城市的土地利用形态和空间结构的变化上，突出表现在以郊区卫星城为主的利用中心城外围各种用地模式构建多中心的空间结构，并以快速路为纽带，强化与主城区的交通联系。然而，随着全球化、区域城市化进程的不断加强，外围城镇对于交通运输的便捷性要求日益突出，快速路已远不能满足郊区组团与主城之间的通勤联系，这在很大程度上阻碍了外围新城的顺利发展。

新城与主城区以及周边其他区域之间的交通联系是否便捷，是关系新城未来发展的关键性因素之一。20世纪90年代之前我国的卫星城发展战略之所以未能达到既定目标，其中一项很重要的原因就是由于新城与主城区之间的快速、廉价、安全、大容量的公共交通网络尚未形成。虽有郊区公交车在运行，但由于运行时间长、车况差，不仅增加了交通负荷，还加大了居民的疲劳程度以及新城和主城之间的时间和心理距离。此后虽陆续开通连接主城区的快速路，但受交通工具、出行成本及安全等因素的影响，快速路远不能满足市区与郊区之间的通勤需要。随着我国大都市区机动化水平的逐年提高，导致快速路渐渐失去其应有的"快捷"价值，并引发城市建设活动被动的沿其两侧由中心向外围展开，促使中心城市继续向外蔓延，快速路逐渐"被降级"成为城市干路，而城市规模效应的存在导致交通拥堵问题日渐严重，大都市区空间发展陷入进退两难的局面（表3-4）。在此背景下，迫切需要建立多层次、立体化的综合公共交通体系，尤其是以轨道交通为主导的快速公交网络的建设（图3-8）。

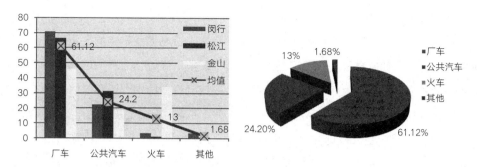

图 3-8　上海卫星城职工回中心城使用交通工具情况（1985）

数据来源：1985年同济大学对闵行、松江、金山卫星城的职工抽样调查

上海卫星城职工去中心城情况抽样调查（1985）　　　　表 3-4

卫星城	与中心城距离（km）	家庭成员户口所在地	去中心城的目的							
			回家	会晤亲友	购物	学习	文娱	工作	照顾家人	其他
闵行	32	闵行	10.51	24.87	21.03	4.87	3.85	10.77	16.67	7.43
		中心城	45.09	7.29	4.19	5.39	1.93	2.02	32.21	1.88
松江	40	松江	12.89	17.01	16.24	10.02	1.29	12.89	17.27	12.39
		中心城	38.63	9.80	10.23	3.85	3.71	0.53	21.41	11.84
金山	70	金山	19.71	26.44	21.15	2.88	0.00	11.06	11.54	7.22
		中心城	32.49	8.12	11.45	2.80	6.26	8.79	22.37	7.72
均值			26.55	15.99	14.05	4.97	2.84	7.68	20.25	8.08

数据来源：1985年同济大学对闵行、松江、金山卫星城的职工抽样调查

3.3　当前轨道交通与新城发展中的特征梳理

新城的发展主要取决于其区位条件，而交通区位是其中最为关键的一个发展动力。轨道交通可以为新城组团带来交通区位优势，拓展既有城镇的职能分工与竞争的地域范围，加强新城的集聚和辐射力，加速以轨道站点影响范围为度量的经济圈的形成，并与其他交通方式相结合产生强劲的动力，为商务、办公、旅游等第三产业的发展带来新契机。同时，轨道交通在一定阶段也会对新城的发展产生一定程度上的消极影响，诸如高峰时段的交通流矛盾、卧城、区域资源环境的破坏等。

3.3.1　轨道交通对新城发展的积极效应

经过多年的发展，我国北京、上海等大都市区的新城建设与轨道交通的发展取得了显著成效，重点体现在：

首先，新城建设已初具规模，并成为大都市区先进制造业集聚的主要空间。随着我国新兴产业的迅速发展及各大都市区产业功能的疏解，新城作为新的区域经济增长点得到较大的发展。北京、上海等特大城市已几近完成制造业由中心城向郊区新城的调整转移，如2011年上海新城（含郊区）制造业各项经济指标占比已超过全市总量的2/3[①]。

其次，新城的基础设施尤其是轨道交通的建设有较大的推进。新城基础设施的完善尤其是轨道交通的引入，极大改善了新城的通达性，提升了区域吸引力，突出表现于房地产业的发展与各大功能集聚区的出现，为新城的发展带来人口与产业上的支撑。如北京连接房山新城的轨道交通房山线、上海连接松江新城的轨道交通9号线、连接嘉定新城的轨道交通11号线等都已开始运行，有力促进了大都市区多中心空间体系的发展与新城建设。

轨道交通对新城空间发展积极效应可概括为以下几点：

（1）成为新城开发的先导与依托

既有研究及各种城市建设实践已证明，大都市区以轨道交通为主体构建的快速联系通道为中心城市人口、就业的疏散，以及部分城市功能的迁移与拓展提供了区位指向。在大都市区的空间整合中，快速便捷的公共交通将是城市空间向外扩张以及形成区域经济新增长点的先导和依托[②]，也是大都市区建立新型功能关系与空间关系的主要动力和重要契机。

1969年，北京地铁一期工程（北京站至苹果园站，全长23.6km）建成通车，其中一半以上的线路经过当时还是一片田野的郊区，附近仅有首都钢铁厂、锅炉厂两家重型企业。地铁建成后，沿线不断有新建办公楼、住宅小区、体育场、公园和游乐场出现；巴黎自20世纪60年代开始建设新城，从市中心向四周辐射的区域地铁（含郊区铁路）都通往这些新城，保证了新城与城市中心区的便捷联系，舒适优美的自然环境对大多数居民和企业产生了强大吸引力；又如新开通的地铁房山线，通过"一转身"的换乘实现了郊区新城与主城区的快捷联系，并极大的提升了区域空间活力，吸引众多的国际化企业入驻（如奥特莱斯），表现更为突出的是沿轨道交通两侧居住区与综合商务商贸区的迅速发展（图3-9）。

（2）引导新城有序、集约化发展

当前，我国的大都市区空间整合与新城发展已经深切体会到大容量轨道交通的重要性和迫切性且进入了轨道交通建设的快速发展时期[③]。新城建设既离不开中心城市的

---

① 夏丽卿.新城规划建设的回顾及建议[J].上海城市规划，2011（5）：3.
② 康利敏.城市轨道交通对郊区化影响研究[D].上海：华东师范大学，2011：5.
③ 根据2012年中国城市轨道交通关键技术论坛的资料显示，中国目前已经建成并开通运营的城市轨道交通为1700多公里，在建的有2000多公里。国内已经有34个城市规划了4300多公里的线路，涉及总投资达2万亿元。

图3-9　北京轨道交通长阳站周旁建设情况（分别拍摄于2012年6月和2018年9月）

集聚与辐射功能，也需要原有中心城镇的发展基础，更迫切的需要完善的公共交通网络来联系区域内经济社会活动的交流。大城市的交通已经不堪负荷，随着中心城市的密集人口向外疏解，迫切需要高效、迅捷、经济和安全的交通工具来联系中心城市和新城、新城和新城之间的大量通勤人流。有学者指出，如果与主城区的通达性不好，新城就难以兴旺，人口规模超过50万的新城，必须要建立二三条快速交通通道与主城区进行快捷联系，而在交通联系上首选地铁，没有地铁，城市密集区域的交通可达性也就无从谈起[①]。

另外，我国目前已有的一些新城或者类新城等大规模城市单元的规划，考虑较多的还是小汽车模式，而不是公共交通优先模式。随着区域一体化的发展与完善，大量且高密度的人流将穿梭于中心城市内部、中心城市与新城之间以及新城与新城之间，如果还是以常规公交或私人小汽车作为主要的交通联系手段，不仅与我国土地开发集约、节约的方针政策相悖，更会诱发更多的交通问题、能源支撑问题等。因此，全球化、新型城镇化背景下，我国大都市区的空间整合必须依托以公共交通尤其是轨道交通为主体的发展路线，通过对轨道站点与线路的规划，引导新城空间的紧凑化发展。

3.3.2　轨道交通对新城发展的消极影响

进入21世纪，面对发展卫星城出现的诸多问题，北京、上海等大都市区及时对其空间发展战略进行了调整，从大都市区发展的需求和区域协调发展的目标出发，引导"卫星城"建设转向发展"新城"，并根据国外先进经验，希冀通过建设轨道交通加强主城与新城之间的联系，以解决因交通联系不便而产生的诸多难题。在耗巨资建设轨道交通并成功运行后，新城与主城之间的联系确实得到了改善，然而主城区在人口、交通上的压力却并未因此而得到根本解决，相反却引发出更多的新的城市问题。交通通勤成本的降低导致相当数量的中心城市的居民能够并且愿意牺牲通勤时间来换取新城提供的低

---

① 仇保兴.卫星城规划建设若干要点——以北京卫星城市规划为例［J］.城市规划，2006（3）：10.

价格、高质量、宽敞舒适的住房（相对于主城区住房），结果更进一步促使新城沦为"卧城"；而原本生活在郊区的居民则因轨道交通能与主城区产生便捷的联系，进一步增加了前往中心区的可能。高峰时段交通流的矛盾、人口数量的瞬间激增导致主城区交通、人口压力进一步加大，环境水平大幅下降、设施供应濒临极限等城市问题不断产生。

新城与轨道交通匹配与否的本质是城市化发展带来的新城劳动力的供给与主城产业转移和再发展而带来的劳动力需求是否平衡，这应是衡量新城发展与轨道交通运营是否匹配的最高标准，而不能仅仅是通过指标或因子之间的数量关系式来权衡。新时期轨道交通与新城发展诸多问题的产生，客观来讲是因为许多城市对发展轨道交通的认识仍然比较模糊，发展中未能结合自身进行客观评价，对发展轨道交通对大都市区空间整合与新城发展的巨大作用，以及轨道交通自身的特性、发展条件与类型的选择等也认识不足。因此，在各大城市纷纷提出"建设轨道交通促进新城发展"的战略目标后，及时进行"冷思考"就显得尤为重要。

3.3.3 轨道交通与新城建设中的问题总结

新城建设与轨道交通发展的进步表现于环境水平的提升、设施配套的完善、建设标准的提高等方面。如前节所述，我国大都市区正处于城镇化快速推进的关键时期，更是新型城镇化背景下转型发展的调整期，新城建设顺应了历史发展的潮流，总体来看是可行和应鼓励的，但对于开发过程中所出现的问题更应引起重视。

结合前期研究与现场调查，笔者认为导致轨道交通与新城发展陷入困境的原因主要集中在对新城与轨道交通的建设动机、内在关系以及功能空间的组织和保障机制等方面的忽视，具体可从以下几个方面进行总结：

（1）问题追随型的建设动机与历史欠账

从国内外大都市区的发展规律来看，方便快捷的联系通道是城市各个功能区紧密互动的前提条件，也是大都市区"多中心、高密度"空间体系形成的必要条件。便捷的交通联系可以极大缩短新城与主城区之间的时空距离，拉近两地居民的心理亲近感，降低主城区居民向新城组团转移的阻力，便于人们在大都市区范围实现快捷的通勤等活动。然而，目前我国大都市区轨道交通的建设无一例外的把开发时序和重点局限在中心城区内部，待主城区发展成熟后再建设外围轨道，即连接主城区与新城组团的轨道交通（以下简称市域线）。这种建设时机的出发点主要是为了缓解主城区日益拥挤的交通压力，但更多的还是对建设资金和政府绩效的考虑。

在此背景下，随着主城区轨道交通的发展，带来更高强度的土地开发，吸引了更多的人流集聚，加大了城市人口向外围新城转移的难度，并延误和减少了产业企业落位于新城的机会。从长远来看，这种"先小后大"的建设时序不仅不利于主城区的建设和疏解，反倒会进一步加剧主城区的拥挤程度，导致后来轨道交通的建设更多的是在"被动"的解决问题，而不是"主动"的引导发展。如北京地铁10号线自开通以来，其周边成为2008~2010年期间城市发展的主要聚集区，写字楼、住宅区、商业网点等大量铺设于线路周边，导致了四环内交通流量的继续增加；上海的新城建设中，除松江新城（2006年9号线建成通车）和嘉定新城（2009年11号线通车）外，其余新城仍主要依靠私家车和长途公共汽车等与主城区联系，这成为实现中心城区人口疏散和促进新城健康发展的主要阻碍，并成为当前新城吸引力的最大制约因素。

"先小后大"现象的发生与我国长期以来以政府为主体来推动新城与轨道交通的建设和运营体制是密切相关的。轨道交通耗资巨大且建设周期长，成效在短时间内无法体现，尤其是市域线的建设，更需要拥有较大的勇气和资金支持，巨大的财政压力和政绩考核制度让多数政府领导者望而却步，进而转向于"问题追随型"的城区内部轨道交通建设。"先小后大"的建设思路使轨道交通对大都市区空间结构的引导功能因建设动机的单一而受到限制，使轨道交通系统与城市空间网络之间的关系处于"被动耦合"的局面，并突出表现为轨道交通线路在原有城市空间格局下对大型商业区、大型住宅区的连接，以及对主城区线网的不断加密。

事实上，从长期发展来看，这不但没有解决或缓解主城区的诸多大城市问题，相反却在一定程度上加剧了问题的严重性并带来更多的新的城市问题，后期即使想"亡羊补牢"大力发展外围轨道交通，更多的也只是为缓解主城区空间发展的矛盾而不得不采取的"补救"措施，即对以往建设过程中忽略的市域轨道交通所遗留的"历史欠账"的补救。可以说，轨道交通"先小后大"的建设时序是导致大都市区空间发展整体陷入被动的主要根源。

（2）对轨道沿线"串珠式"发展的质疑

当前，我国北京、上海等大都市区轨道交通已陆续延伸至新城，对于轨道交通沿线的站距及站点周旁用地的开发也已有较多研究，并形成了较为成熟的"串珠式"开发模式。但研究大多局限于中心城区内部，即使对市域轨道交通线路有所涉及，也多数是围绕着站距提出与主城区不同的设计标准，而以促进新城发展为核心进行市域轨道交通沿线站点调控的研究还较为缺乏。

在这种情况下，沿线空间尤其是站点周旁区域极易"被侵蚀"，加之建设管理中"拿来主义"思维惯性的存在，各级单位在利益驱动下纷纷围绕着轨道站点大做文章，直接导致诸多重点工程的选址布局并没有按规划聚焦到新城，代之以新城与主城区之间的线路上。由此，沿市域轨道线形成了大量的、规格不一的"功能组团"，表象上展现出一种欣欣向荣、百家争鸣的大好趋势，实则对新城的发展极其不利。从对北京房山新城、亦庄新城的调查中可以发现，新城居民到主城区少则40分钟，多则在一个小时甚至以上，加之到主城区目的地一般都需换乘，时间成本就更不可估计（图3-10）。新城失去了交通可达优势，便失去了吸引力，并因缺乏竞争力而致使发展缓慢，逐渐失去新城建设的意义。

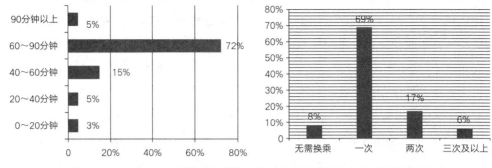

图3-10 房山、亦庄新城居民通勤时间（含换乘时间）与换乘次数调查

对于大都市区而言，城市空间增长的本质是主城区多种功能的扩散，轨道交通可以提高新城站点周边地区的可达性，但本身不对城市人口产生吸引力。只有新城与主城之间以及新城与其他重要功能区之间存在密切的商品、服务、信息的联系，才能充分发挥轨道交通的"时空收敛"特性，在区域层面形成整体化的多中心城市格局。也就是说，新城的快速、健康发展必须同时具备两大优势：一是新城要拥有一定的城市规模与职能，由此才能形成新的区域经济增长极，成为大都市区新的战略增长点；二是与主城区之间具备快速、便捷的出行优势。失去这两大优势，新城功能的运转将受到严重阻碍。

另外，市域轨道线路与中心城区的衔接换乘点多数选址于外围区域，需要进一步换乘才能达到出行目的，这在很大程度上增加了新城居民的出行成本。

（3）过度房地产化引发出的新城市问题

新城的功能综合性是其持续发展的动力，追求职住平衡是新城发展的理想目标。国内外众多新城的发展已证明，严格意义上的职住平衡并不存在，职住平衡仅是一个相对的概念，因为新城的发展本身就是一个过程。因此在新城发展之初，"有城无业"的现象是可以理解和接受的，但如何引导这种趋势走向成熟亟待进行深入研究。虽然在新城规划编制中已遵循"产城一体化"的发展原则，并在规划中合理安排了发展时序，但在实际建设中，由于市场经济体制的存在和其他不可预测因素，新城的发展总体呈现出居住先于产业并持续发展甚至无法遏制的态势。相对于主城区高昂的房价和环境压力，新城相对低廉的房价和快轨公交的存在吸引了大量主城区中低收入人群到新城置业居住，加之轨道交通系统的日渐完善，更是助推了新城房地产业的发展。

笔者通过对房山线部分节点的现场考察，对各站点功能类型进行了分析与归纳（表3-5）。沿线各城市组团除良乡大学城站、大学城北站外，均表现出以房地产业为主导功能的发展态势，产业发展滞后，就业岗位严重不足。

房山线沿线站点类型分析　　　　　　　　　表 3-5

站点	所在区域	功　能　分　类
大葆台站	外围区	居住旅游
稻田站	外围区	居住区
长阳站	外围区	居住为主的综合服务类
篱笆房站	外围区	居住为主的综合枢纽
广阳城站	新城中心区	居住区
大学城北站	新城中心区	教育为主的综合服务类
良乡大学城站	新城中心区	教育科研基地
大学城西站	新城中心区	居住区
良乡站	新城中心区	居住为主的综合服务类
苏庄站	外围区	居住为主的综合枢纽

由于新城产业的滞后，尚未发育健全的新城随着轨道交通的运行迅速沦为附庸于主城区的卧城，丧失了调整和完善自身产业结构的机会[①]。一般而言，初期选择在新城购房而在主城就业的人们（投资性住房暂不考虑），后期即使新城产业发展跟进，由于产业类别或职能部门的限制，也仅有少数人会调整工作单位选择在新城工作，加之新城建设周期的漫长与产业发展的不确定性，新城在对居民的就业吸引力上远不如中心城区。如在对北京地铁房山线长阳站点周旁 6 个楼盘（建邦华庭、首开熙悦山、芭蕾雨、长阳万科等）的调查中发现，高达 92.3% 的业主其工作地点在主城区，且并无因时间成本高而调换工作的意向；连接北京通州新城的地铁八通线，已成为北京地铁最为拥挤的线路，近百万从业人员要在清晨乘坐地铁赶往市区，高峰时段的瞬间激增使得北京不得不采取限流措施，而八通线成为限制站点最多的线路之一[②]。与城市建设相比，通州新城产业发展相对滞后，除了房地产业外，一直未形成带动作用明显且富有特色的主导产业（图 3-11）。

图 3-11　房山线沿线快速发展的房地产业（分别拍摄于 2012 年 6 月和 2018 年 9 月）

① 王鹏.从卫星城到北京新城［D］.北京：清华大学硕士论文，2004：31.
② 刘世能，张修霞等.谋划新城［M］.北京：中国城市出版社，2012：16.

另外，在对房山线长阳站周边区域的调查中，调查数据显示，42%的居民在置业时对价格较为敏感，新城商品房较低的价格对消费者有较大的吸引力；22%的受访者认为，新城有了轨道交通，上下班所花费的时间可以接受，这反映出消费者对选择新城置业有一定的认可度。另外，11%的消费者希望在环境较为优美的新城购买房产，以供父母养老使用，仅有7%的受访者希望将此作为一种投资方式。由此可以看出，大多居民在新城购房是出于居住需求。新城的就业机会有限是"卧城"产生的一个原因，而新城"先居后业"的建设模式却是进一步催生"新卧城"诞生的根源（图3-12）。建设时序的"市场规则"以及因此而导致的过度房地产化为新城的后期发展埋下了极大隐患，有人"流"而留不下的现象也与新城的发展目标背道而驰。

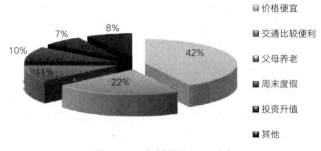

图 3-12　新城置业原因分布

（4）同心换乘导致主城区压力再度激化

借助轨道交通实现新城与主城区的快捷联系以促进新城的快速发展已成为国内外各大都市区实现转型发展的共识。随着我国北京、上海等大都市区区域快轨公交网络的逐步形成，新城与主城之间都将具备便捷的区域交通联系，如北京地铁房山线、昌平线、八通线、亦庄线等，上海9号线、11号线等。然而与之形成反差的是，新城与新城之间以及新城与其他重要功能区之间的公共交通的发展速度远落后于与主城区轨道线路的发展速度，更多的表现为一种"规划愿景"。

在这种情况下，大多数居民往返于不同新城之间不得不先选择聚焦于中心城区再换乘前往，导致主城成为不同新城之间换乘的大枢纽，进一步增大交通压力，尤其是在高峰时段，不同流向的交通矛盾日益激化（图3-13）。如从北京顺义新城至昌平新城，需先乘15号线到望京站，再换乘13号线至西二旗，然后换乘昌平线前往目的地；从顺义到通州新城，则需先乘坐915快车到东直门（约45分钟路程），后换乘地铁2号线到建国门，然后换1号线到四惠再换乘八通线前往目的地。

新城与新城之间的交通联系没有必要也不应该在主城区分流，这不仅大大增加新城居民出行的时间成本，不利于新城与新城之间的交流，更为中心城区带去额外的交通压力，并导致更多社会问题的发生。因此，新时期在大力发展市域轨道交通提高新城与主城区联系便捷度的同时，迫切需要加强新城与新城以及新城与其他重要功能区之间的快捷联系通道,以改善居民出行的可达性,促进大都市区快轨公交网络的健康发展。

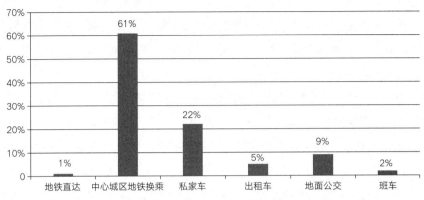

图 3-13　房山、亦庄新城居民到其他新城的交通出行方式调查

(5)市场经济下现行经营体制亟须优化

如上文所述,轨道交通巨大的资金投入成为各级政府在建设之初首要面对的难题。以北京地铁八通线为例,其全长约 19 公里,总投入建设资金高达 34 亿元[①](2003 年币值)。而建立快轨公交仅仅是新城建设的第一步,后期投入的资金更是天文数字,更何况每一个新城的开发都需要首先连通对接主城区的轨道交通。因而,新城开发内生性的巨大资金需求量决定了大范围持续开发将难以为继。

而当前有一种很普遍的看法,认为轨道交通一开通,就可以激发地区的发展,就可以从房地产的升值中解决修建轨道交通的一部分资金,并借鉴香港、东京等国际化大都市区轨道交通的经营模式,在新城的开发过程中,将轨道两侧土地交由地铁公司管理,负责轨道交通与土地开发的相关运营工作。此举在广州已有成功先例,虽然发展中也存在不足,但较以往已有实质性进步。但是,较之于香港等发展较为成熟的地区,不同的土地流转政策和管理模式导致单一的部门很难实现这一目标。虽然目前我国部分大都市区开始尝试这一运营模式,但基本都是在相关规划与土地交易以及投资建设完成后才交由地铁公司运营,失去了源头效应,便难以左右后续的相关建设,加之土地开发中多种物业类别的存在,导致地铁公司时时处于被动。

轨道交通具有双重属性,一是公益性作用,二是经营性特点,两者紧密相连、互相依托,共同发挥各领域的效能。目前我国大多数城市在沿线土地开发、规划设计编制、轨道交通投资与运营等领域各自为政或衔接不紧密的现象普遍存在,由于没有专门的轨道交通与新城规划实施机构进行介入和整体统筹,各平级部门将各自为战,缺乏为区域发展作妥协的动力,较为突出的脱节问题给后期轨道交通的运营带来很大障碍,并最终成为轨道交通与新城协调发展的瓶颈。

---

① http://news.sina.com.cn/c/2001-12-30/433018.html。

(6)《城乡规划法》

建设新城往往是大都市区在一定阶段解决一定目的而采取的具有时效性的政策性措施，也是对未来城市整体格局的战略性构想。因此，必须要有高度的计划性和完善的法制环境，以使新城建设与发展获得法定地位，提高新城的运作效率和综合竞争能力。西方发达国家在新城建设之初，大部分经过充分调研和准备，制定了有关法律保障新城的实施与发展。

如 1946 年，英国在新城规划实施启动前制定了《新城法》，对新城的选址、土地的划拨与开发以及管理授权等问题进行了详尽阐述；之后 1947 年颁布《城乡规划法》，对新城土地的开发与补偿制度进行了明确，并在新城的建设过程中，针对启动区的发展赋予地方政府征用村镇土地的权利，对这一征用机制 5 年后又出台了一系列文件政策加以完善；1959 年的《新城法案》（The New Towns Act 1959）提出设立新城委员会接管新城资产，以避免工党派的地方政府独享新城成功的果实；1976 年颁布的《新城补偿法案》主要赋予了地方政府接管部分不动产的权利；1980 年的《地方政府计划和土地法案》又对其缩减新城开发规模的权利进行了追加；之后 1985 年颁布实施的《新城及城市开发公司法案》又对新城管理委员会的职能进行了修改等。这些新城法律法规的制定，为新城的土地开发和经营提供了必要的支持，有力保障了各项设施的顺利建设，从新城的前期选址到中期的土地开发以及后期的配套运营，自始至终这些法律法规都起着举足轻重的作用（表 3-6）。

英国战后的新城相关立法　　　　　　　　　表 3-6

年份	立法（白皮书）
1946	《新城法 1946》（New Town Act 1946）
1947	《城乡规划法》（Town and Country Planning Act 1947）
1952	《城镇开发法》（Town Development Act of 1952）
1952	《城乡开发法》（Town and Country Development Act 1952）
1952	《新城开发法》（New Town Development Act 1952）
1959	《新城法 1959》（New Town Act 1959）
1965	《北爱尔兰新城法案》（New Towns (Northern Ireland) Act in 1965）
1965	《新城法 1965》（New Town Act 1965）
1967	《住房财政法案》（Housing Finance Act of 1967）
1967	《土地合同法》（Land Commission Act of 1967）
1968	《苏格兰新城法》（New Towns (Scotland) Act 1968）
1972	《住房财政法案》（Housing Finance Act of 1972）
1974	《新城法 1974》（New Town Act 1947）
1976	《旧城政策白皮书》（The Inner Cities White Paper）
1978	《内城区法案》（Inner Urban Area Act 1978）

续表

年份	立法（白皮书）
1980	《地方政府计划和土地法案》（The Local Government Planning and Land Act 1980）
1980	《住宅法案》（Housing Act 1980）
1985	《新城及城市开发公司法案》（The New Towns and Urban Development Corporations Act）
1989	《地方政府和住宅法案》（The Local Government and Housing Act 1989）
1989	《苏格兰新城白皮书》（White Paper "The Scottish New Towns: The Way Ahead"）

资料来源：页注①

其他发达国家在新城的开发过程中也有着较为丰富的法律体系。如日本的《首都圈整备法》《近畿圈整备法》和《中部城市圈整备法》等，美国的《新城开发法》和《住房和城市发展法》等。而当前我国的新城建设，规模超过上述国家新城建设规模的总和，又具备后发优势，本应有更多的经验可借鉴，制定法律保障的条件更加成熟，但目前我国与新城规划和建设相关的法律仅一部《城乡规划法》，新城建设缺乏法律上更有针对性的保障。当然，各地方建设新城时，一般都会各自进行总体规划的编制，形成法规条文纳入建设保障体系，但这是远远不够的。

我国城市规划学者运迎霞教授在研究城市用地制度改革对我国城市规划的冲击与影响中曾指出市场经济条件下城市规划的"四大无奈"，这些无奈一方面是来自于我国城市规划体系自身的内在缺陷，另一方面则是起因于缺少对规划权威作用的制度确认②。新城开发与一般城市的自然生长规律不同，需要强有力的行政推动与法律保障来坚持政府的主导地位，合理发挥市场机制而不能过于依赖甚至迁就市场力量。

当前我国正处于市场经济体制建立的初期发展阶段③，新城建设也可以说刚刚起步，轨道交通的作用也初露端倪。伴随全球化、区域化的快速推进，我国大都市区的城镇化建设将面临更为严峻的挑战，《城乡规划法》的及时颁布与实施，对于统筹城乡空间协调互动，集约、节约城市各项资源有着重要意义。然而这并不代表长期阻碍我国城乡一体化发展的诸多矛盾已全然化解，相反在当前转轨体制痕迹还较为明显的今天，新法律政策的实施势必会引起更多不确定的冲突与矛盾，加之诸多规划标准规范的更新，单一的依赖某一种法律法规将很难实现新城开发的预期目标，这也对相关制度的调整和改革提出更高的要求④。可以说，新城立法、健全法律保障体系已成为我国大都市区新城建设的当务之急。

---

① 姜洋．新城规划有效性初探——以英国新城为例 [D]．北京：清华大学，2007．
② 运迎霞．城市规划中的土地问题研究 [D]．天津：天津大学，2006．
③ 张捷．新城规划与建设概论 [M]．天津：天津大学出版社，2009．
④ 邹兵．实施城乡一体化管理面临的挑战及对策 [J]．城市规划，2003（8）：67．

3.4 本章小结

本章对我国新城的发展历程及各类新城的实现途径进行了全面分析,总结了当前我国大都市区新城建设的总体特点,并从引发轨道交通建设的不同主导因素角度出发,分析了各阶段轨道交通的建设动因,然后结合现场调研情况对当前我国轨道交通与新城建设中的主要问题进行了梳理。

新城建设初期存在的配套不足、人气不旺等,很多都属于阶段性问题。从城市发展的一般规律来看,各个城市都经历着从无到有、从简单到复杂、从低级到高级的发展过程。在建设初期,由于资金、管理等因素,配套设施不齐全,对人口、产业的吸引力差,城市发展相对缓慢等问题是可以理解的。因此,我们并不能据此否认建设新城的合理性,毕竟各领域的专家、学者以及政府决策者等一直在积极努力。面对现实发展中的困境,如何针对问题寻找解决之策并在城市空间中予以落实才是关键。

因此,对影响轨道交通与新城协调发展的关键因素进行总结,分析各要素之间的内在关系是必不可少的,也只有这样才能充分的把握前进中的规律,制定出切合时代需求的发展策略,进而促进新城与轨道交通的协调建设,推动大都市区多中心空间体系的有序发展。在本章研究论述的基础上,下一章将结合国际实践活动,对轨道交通与新城建设过程中需把握好的关键环节进行探讨。

第 4 章 国际大都市区轨道交通与新城协调发展的实践经验借鉴

轨道交通与新城发展之间的相互作用机制以及阶段性发展规律不仅能够通过规范分析进行理论抽象，也可以通过实证研究来加以检验和总结。国外许多大都市区空间整合的过程都为该领域的研究和经验借鉴提供了丰富素材，且其规划与发展策略的效果经过时间的考验基本已展现出来，并从不同侧面验证了轨道交通与新城发展的阶段性规律，也体现出二者之间互动发展的循环反馈关系。而我国大都市区轨道交通的建设与新城发展起步较晚，建设经验相对不足，因此通过分析国际化大都市区轨道交通与新城发展的历程，总结其经验与教训，并结合我国具体国情寻求发展对策很有必要。尽管各建设活动在时代发展背景与政治经济体制上存在较大的不同，但其行为导向与发展机制仍是具有共性的，对我国大都市区空间发展策略的制定有着很高的借鉴价值。

4.1 新城建设特征与战略调整

基于不同时期城市发展的不同需要，国外诸多大都市区开展了选址于中心城市外围的新城建设。综观各国新城发展历程，新城的建设特征共性与个性并存，前者根植于大都市区快速发展中的空间扩展需求，后者则起因于不同的政治文化背景，表现出多样化的特性和各异的建设形式。

4.1.1 以问题为导向的新城建设进程

（1）二战前早期的"新城模型"探索

国外新城理论的发展是一个动态过程，从 16 世纪富格尔"公司城"概念到 1898 年霍华德"田园城市"理论，再到 1924 年昂温的"卫星城"概念，二战前诸多学者开始了早期"新城模型"的探索，这些理论思想共同推动了之后的新城建设（图 4-1）。

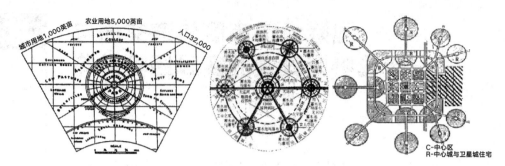

图 4-1 二战前新城的模型探索

资料来源：页注 ①

（2）二战后至 90 年代的新城快速建设期

二战后，大量退役军人的返回导致了严重的住房紧缺，成为以英国伦敦新城建设为首的最有力的推动。这一阶段新城的建设规模虽然普遍较小（人口规模大多在 5 万左右），但其建设理念与发展态势却对其他洲际地区产生深远影响，各个国家纷纷开始谋划以新城建设为主要手段的空间发展，并以实践经验为基础促使新城理论逐步走向了成熟。新城由单一功能逐渐演变为区域新中心，在强化城市相对独立性、注重与中心城区紧密协作的同时，逐渐发展为大都市区多中心空间体系不可或缺的有机体。

总体来看，诸多发达国家在新城建设之处大多面临着如大都市人口膨胀、交通拥挤、环境恶化等城市问题。虽然各自的量级、区位等有所不同，但从城市规模的生长性质来看都具有"同构性"。在英国伦敦的影响下，法国、美国、日本等根据自身的发展实际先后进行了新城开发，且其开发建设的背景与运作模式都有着各自的特点（表 4-1）。

新城建设高速发展阶段特征总结　　表 4-1

国家	起始阶段	建设动因	运作模式	整体评价	主要内容	典型代表
英国	1903～1970 年	战后重建，增加住区与岗位，引导城市空间有序发展	政府主导和投资	前期新城市问题较多，后期相对稳定并走向成熟	建有新城 30 多座，吸引人口约 200 万	密尔顿 凯恩斯
法国	1903～1969 年	城市化加速，控制城市空间蔓延，转移中心城区人口与产业	政府主导和承担主要费用	特别重视新城的区域发展观，借助新城构建新的经济增长点	建设新城 9 座，容纳人口约 75 万	玛尔拉瓦雷新城

---

① 孙施文. 现代城市规划理论 [M]. 北京：中国建筑工业出版社，2007.

续表

国家	起始阶段	建设动因	运作模式	整体评价	主要内容	典型代表
美国	1946～1990年	中心城区交通拥挤、环境恶化,小汽车的快速发展推动郊区化进程	中央立法支持,私营开发公司承担费用	虽然促进了大都市区的多中心、网络化,但在一定程度上导致了老城衰败	建成边缘城市123个,准边缘城市78个	哥伦比亚新城
日本	1955～1977年	改善生活环境、转移主城区人口与就业	政府主导,积极吸纳社会资金	新城职能单一,多为"卧城"、工业卫星城	共建新城35座	多摩新城

需要指出的是,这一阶段大量的新城建设虽然在缓解中心城区人口压力、住房紧张等方面起到了一定积极作用,但它并没有从根本上解决大城市空间发展中的矛盾,相反却引发出各种城市问题,如大规模新城的建设,导致主城区出现不同程度的衰败、新城人口结构单一,缺乏自平衡而导致城市生活缺乏生机与活力等。如何协调新城开发与区域空间增长的互动关系成为之后理论研究的焦点。

（3）20世纪90年代后新的理论思潮与实践

20世纪90年代后基于新城思想影响下的理论与实践探索一直没有间断。美国精明增长理念和新城市主义的诞生便是对这一时期主城与新城发展中产生的问题的直接回应。在新城建设与主城区的发展中,其倡导多样化、土地混合使用的发展模式,创造一种紧凑的、适宜步行、生机勃勃的城市形态,且对公交系统与土地使用之间的协同关系进行高度重视。安德雷斯·杜安伊（Andres Duany）借此提出了传统邻里开发导向的TND模式（Traditional Neighborhood Development）[1],1993年彼得·卡尔索尔普（Peter Calthorpe）又进一步提出TOD概念,即通过交通建设引导城市土地的开发[2],之后他将研究的视角再扩大,提出了"区域城市"的概念,在区域尺度上探讨TOD模式的发展与应用。2001年2月24日欧洲新城论坛的成立,开始强调探索新城可持续发展的战略行动,注重交通系统在新城与主城共生发展中的作用以及对城市空间的引导,并关注城市工商业区域的保护与改造。

可以看出,欧美发达国家在新城发展关注点上的改变侧面反映出以数量增加为主要特征的新城运动已经结束,新城的定位正进行着本质性调整[3]（图4-2）。

---

[1] 马强.近年来北美关于"TOD"的研究进展[J].国外城市规划,2003,18（5）：45-50.
[2] Calthorpe P.The next American Metropolis [M].New York：Princeton Architectural Press,1993：199.
[3] 吕颖慧,曹文明.国外新城建设的历史回顾[J].阴山学刊,2005（2）：103.

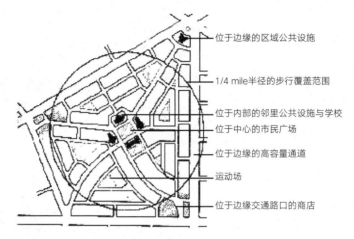

Neighborhood 单元示意

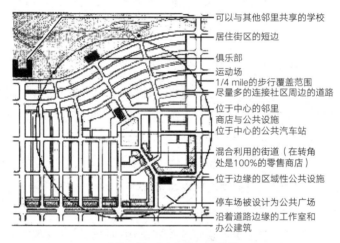

安德雷斯·杜安伊的 TND 模式

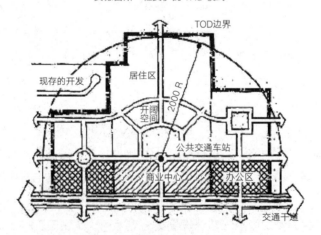

彼得·卡尔索尔普的 TOD 模式

图 4-2　新城理论思潮与实践模式

资料来源：页注 ①

---

① 李强，杨开忠.城市蔓延 [M].北京：机械工业出版社，2007（1）：47-72.

4.1.2 以目标为导向的新城开发模式

纵观世界各国新城的发展历程及其各阶段的建设特征，与我国新城建设的动因和成长特点存在许多不同之处。以"核心驱动力"和"城市功能"为评价标准，英国、美国、法国、日本、新加坡等国家的新城开发，整体情况总结见表4-2：

世界新城类型划分与发展动力探析　　　表4-2

建设类型	核心驱动	关键成功因素	典型案例
生态保育型	区域生态涵养与自然环境的保护	交通便捷、高效；严格控制城市规模	2000年环柏林保护风光带
边缘型	城市郊区化；汽车的普及与交通体系的改善	快速便捷的交通网络；产业转移与职住平衡；与中心城区部分设施共享	哥伦比亚新城
产业催生型	市场需求；政府决策；大城市无序蔓延	政府主导建设、重视产业发展规模效应	英国早期的8个新城
政策扶持型	政策支持；经济振兴；重塑区域门户	重视区域间交通联系；优惠政策	2000年环伦敦城镇群实施西部振兴政策
交通引导型	中心城区人口膨胀、环境水平大幅度降低、交通压力；政策引导	轨道交通的引入；轨道交通沿线开发活动的引导	多摩新城
行政中心型	政府决策	政府主导建设；主要政府机构所在地	堪培拉新城
区域空间重构型	多中心空间体系的建立；区域竞争力的提升；区域协同发展的诉求	区域空间整合	日本第五次首都圈规划；法兰西岛地区发展指导纲要
区域经济增长型	空港资源的充分利用；新兴产业的推动	政策支持与区域协调	日本成田空港新城

4.1.3 各国新城发展历程分析与启示

（1）英国新城发展历程概述与总结

1）英国新城建设的文化环境

英国新城发展的显性动因是受工业革命影响，中产阶级无法忍受城市环境的恶化而开始迁移乡村。除此之外，中产阶级郊迁更多的是受到文化隐性基因的影响，即霍华德理论中"既有乡村的田野又有城市的生活方式"的理想城市。直到现在，英国最吸引人的地方依旧是那些几万人的小城镇。

2）英国新城发展历程分析

对英国三代新城的发展情况进行梳理，可以更清晰的认识在城市发展的不同阶段新城所承担的分工，总结其中的问题与发展经验以更直接的指导新时期我国大都市区新城的建设。英国新城建设总体可划分为三个阶段，且每一阶段都较以往有所突破，相关情况如下[①]：

① 第一代新城，主要是指建于1946~1950年战后恢复期的14座新城，其建设的最根本目的是解决住房问题（表4-3）。新城规模普遍较小且建筑密度较低，住宅按"邻里单位"进行建设，居住区和工业区等功能分区较为明显，道路网一般由环路和放射状道路结合组成。总之第一代新城在功能和空间上较为相似，规划建设中充分考虑了社会需求，并强调自足与平衡的目标，然而它对经济发展问题和地区不平衡等问题考虑较少。随着战后经济的复苏，诸多城市问题也逐渐显露，新城中心区生气和活力的缺乏以及因人口规模偏小而导致的公共设施配套不足、运营困难等问题，很大程度上阻碍了新城的发展（图4-3、图4-4）。

第一代新城的开发目的、名称与建设时间　　　　表4-3

开发目的	新城名称及建设时间
疏解伦敦过分拥挤的人口	斯蒂文乃奇（Stevenage）1946 克劳莱（Crawley）1947 赫默尔亨普斯特德（Hemel Hempstead）1947 哈洛（Harlow）1947 哈特菲尔德（Hatfield）1948 巴希尔登（Basildon）1949 布拉克内尔（Bracknell）1949
促进区域经济发展	纽敦埃克里夫（Newton Aycliffe）1947 彼德里（Peterlee）1948 昆布兰（Cwmbran）1949 科比（Corby）1950

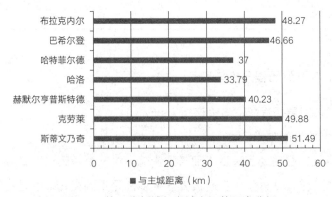

图4-3　第一代新城与主城之间的距离分析

---
① 周晓华.新城模式——国际大都市发展实证案例［M］.北京：机械工业出版社，2007：25.

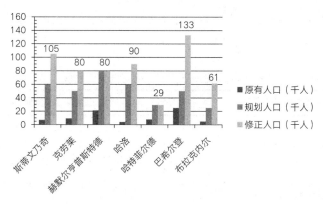

图 4-4 第一代新城的人口变化情况

② 第二代新城通常是指从1955～1966年始建的新城（表4-4），它在规划设计上有较为全面的突破，尤其是对公共交通的改善。同时新城建设注意集中紧凑的布局和开发密度的加大，并使居住区与新城中心保持快捷的联系。但是，此阶段的新城在空间联系上过分依赖于新城中心区，导致新城未来的拓展变得非常困难（图4-5、图4-6）。

第二代新城的开发目的、名称与建设时间　　　表 4-4

开发目的	新城名称及建设时间
疏解伯明翰、中西部地区过分拥挤的人口	泰尔福特（Telford）1963 雷迪奇（Redditch）1964
疏解利物浦过分拥挤的人口	斯凯尔莫斯代尔（Skelmersdale）1961 郎科恩（Runcorn）1964
疏解英格兰东北部地区过分拥挤的人口	华盛顿（Washington）1964

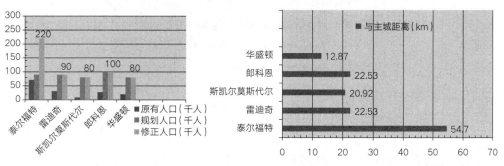

图 4-5 第二代新城的人口变化情况　　图 4-6 第二代新城与主城之间的距离统计

③ 第三代新城一般始建于1967年（表4-5），此阶段的新城较之前在规模上进一步变大，且独立性更强，一定程度上可促进中心城市的经济发展，设施配套进一步完善，尤其加强了新城与主城区的交通联系。同时，在规划建设中新城注重对城市发展空间的预留，为之后城市产业的转型和可持续发展提供了空间保障，并采取多项措施

吸引主城区居民迁入，一定程度上的职住平衡促使新城逐渐发展为区域中心，引导外围空间有序整合（图4-7、图4-8）。

第三代新城的开发目的、名称与建设时间　　　　　表4-5

开发目的	新城名称及建设时间
疏解伦敦过分拥挤的人口	密尔顿·凯恩斯（Milton Keynes）1967 彼得伯勒（Peterborough）1967 北安普顿（Northampton）1968
疏解曼彻斯特过分拥挤的人口	沃灵顿（Warrington）1968 中兰开夏（Central Lancashire）1970

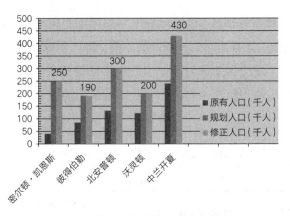

图4-7　第三代新城的人口变化情况

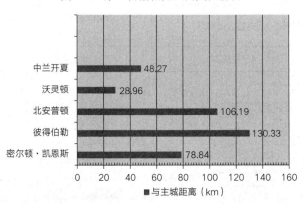

图4-8　第三代新城与主城之间的距离统计

但是，生活方式的转变对英国新城建设产生了重大影响。新城内部人口结构和交通模式的剧烈变化引起城市生活方式的转变，并进一步影响到后期新城的规划布局和设施建设。一方面，迁入新城的旧城居民越来越多，且大部分为年轻群体，导致新城人口呈现出波动性的生长规律，给新城的配套设施（如就业区、中小学）的规划预测和实施供给等带来很大的困难（图4-9）。另一方面，居民生活方式特别是交通模式的剧烈变化产生的影响更为剧烈。据统计，1950～1960年，十年内英国私人小汽车由230

万辆增至 550 万辆，而到 1970 年竟迅猛发展到 1350 万辆。在新城与主城区的交通联系上，居民在出行的交通选择上更倾向于机动车，这在很大程度上影响到了后期新城的空间布局和基础设施建设（图 4-10）。

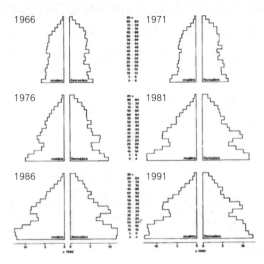

图 4-9　Northampton 新城人口年龄构成变化
资料来源：页注 ①

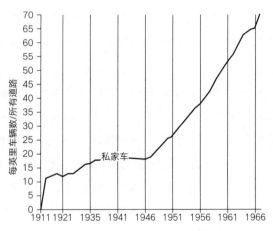

图 4-10　1911～1966 年英国机动车数量变化情况
资料来源：页注 ②

3）实施经验

总体来看，在长达 30 年的英国新城运动中，指定新城基本是为达到一个或几个特定的区域目标。第一代卫星城的主要职能是"卧城"，目的相对简单，出发点是转移主城区的人口、就业，防止城市空间无序蔓延；第二代新城开始考虑到就业和平衡的问

---

① Anthony，Burton OBE，Joyce Hartly.The New Record 1946-2002［J］.IDOX Information Service，Logical Innovation Ltd.2002.
② Bendixson，T and Platt，P.Milton Keynes Image and Reality.Cambridge：Granta Editions.1992.

题，并有了区域新增长极的概念；而第三代新城在建设中不仅要实现居住和就业平衡，更充分考虑了新城与主城区交通联系的便捷性，构建反磁力发展区，吸引人口和产业集聚。自始至终英国新城的建设都有着强有力的立法支持，为新城土地的开发、补偿以及建设资金运营提供了保障①。然而，我们也要看到现实的局限性。英国新城在实施过程中，其吸纳主城区过度膨胀人口的作用并未充分展现，或者说是失败的，成长于新城中的居民仅有 10% 来自于主城区。这与大都市不可抗衡的吸引力以及社会构成环境是息息相关的。

（2）法国新城发展历程分析与启示

1）法国新城建设的文化环境

法国新城建设的动因不同于英国，一方面是源于政府的主导建设，另一方面则是起因于其特殊的文化背景。法国是文化之都、消费型城市，第三产业高度集聚于中心城区，成为上流社会生活的集聚场所，因此中产阶级并没有出现如英国似的郊迁化，而多是在半城镇化地区集聚发展。

2）法国新城发展特点

20 世纪 60 年代法国城镇化迅速推进，城市时代到来②，中心城市人口与就业压力日益加重的现实，促使中央政府对大都市区的整体架构进行了长远规划，赋予新城较高的城市职能，并通过区域快速铁路实现大都市区内各发展组团的高效互动与全面、均衡发展，并最终形成多中心、网络化的空间布局结构。巴黎自身发展了 5 座新城用来疏解中心城区压力。

巴黎早先的城市空间基本上使沿着铁路、公路以及高速路自发蔓延。法国规划界也普遍认为，大城市的发展是一种必然趋势，人为的对其发展的空间进行强制性压制是不切实际的，也是不可取的，因此巴黎中心城区的外围并没有像伦敦那样也实施"绿带"政策③（图 4-11）。另外为避免重蹈伦敦新城通勤过度依赖私人汽车的覆辙，巴黎在新城规划中有意识地加强了中心城与新城之间的快速轨道交通网络的建设，加之高级工作人员一般会倾向居住于中心城区，诸多因素导致新城的选址与中心城区一般不超过 30 公里（表 4-6）。

---

① 彼特·霍尔. 城市和区域规划（邹德慈译）[M]. 北京：中国建筑工业出版社，2008：73-105.
② 单霁翔. 从"以旧城为中心发展"到"发展新区，保护旧城"——探讨历史城区保护的科学途径与有机秩序（上）[M]. 文物，2006（5）：55.
③ 张捷. 新城规划与建设概论[M]. 天津大学出版社，2009：53.

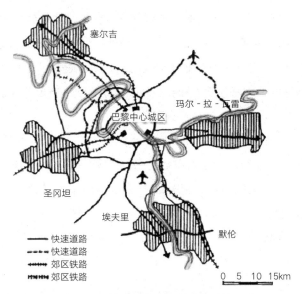

图 4-11 巴黎大都市区新城空间分布示意

巴黎、伦敦新城与主城区之间的距离比较　　　表 4-6

距离（km）	伦敦	巴黎
平均距离	60.4	23.2
最远距离	133.5（彼得伯勒）	30（默伦-塞纳尔）
最近距离	32（哈特菲尔德）	13（玛尔-拉-瓦雷）

数据来源：页注①

3）发展启示

法国新城的建设经验主要体现如下：

首先，新城始终是大都市区空间体系的重要组成单元，注重对原来具备一定基础的城镇的利用，快速集聚人口，而不是单一的把目光定格在主城区人口的外迁上，发展体现出城乡一体布局理念，这也是其新城建设中的最大亮点；其次，快速便捷的交通体系为新城的顺利发展提供了强大支持，尤其是区域轨道交通的建设，从轨道站点、沿线、网络不同的空间层面助推了大都市区多中心空间体系的有序发展。

当然，法国新城建设中存在的问题也不容忽视，如新城公共服务设施建设的滞后、对中低收入群体的轻视、就业岗位的不足以及新城公共空间的非人性化尺度②等，都是一些值得思考和避免的问题。

（3）日本新城发展历程与经验总结

1）新城建设历程

与西方诸多国家一样，日本新城的建设也是出于解决人口和产业在城市中心过度

---

① 肖亦卓．规划与现实：国外新城运动经验研究［J］．北京规划建设，2005（2）：135-138．
② 张捷，赵民．新城规划的理论与实践——田园城市思想的世纪演绎［M］．北京：中国建筑工业出版社，2007：127-129．

集中带来的严重城市问题，以及阻止城市因过度膨胀而导致的建成区无序蔓延而采取的对策之一。新城建设始于20世纪50年代后半期，其中1956年制定的"首都圈第一次基本规划"以及1963年和1966年制定的《近畿圈整备法》和《中部城市圈整备法》为东京大都市区的地域整治规划和新城开发活动指出了发展方向。新城的地域分布及开发的规模、开发主体等见表4-7和图4-12。

总体来看，东京大都市区新城规模在3km²以上的约30座，且多数是"卧城"，主要依附于中心城市的居住组团，住宅用地比例非常大，如千里新镇住宅用地占44%[1]；少数是依托工业区而形成的新城，另外还有2座科研和大学城。其开发的先决条件是要与中心城市保持便捷的交通联系，对东京的依赖很强。因此，轨道交通建设成为新城开发建设的先导和推动力，新城的选址也主要是临近轨道交通并依托站点进行建设。

日本主要新城开发案例　　　　　　表4-7

新城名称	中心都市	年代	规划人口（万人）	规划面积（ha）	开发主体
千里新城	大阪	1961	15.0	1150	大阪府
高藏寺新城	名古屋	1961	8.1	702	住宅都市公团
泉北新城	大阪	1964	18.0	1511	大阪府
筑波新城	东京	1965	11.4	2700	国土厅和公团
千叶新城	东京—千叶	1966	34.0	2913	千叶县
多摩新城	东京	1966	37.3	3016	住宅都市公团和东京都
港北新城	东京—横滨	1968	30.0	2530	住宅都市公团和横滨市
长冈新城	长冈	1975	1.0	440	地域公团
盘城新城	盘城	1975	2.5	530	地域公团
吉备高原都市	冈山	1980	0.6	430	地域公团
八王子新城	东京	1988	2.8	393	住宅都市公团

资料来源：页注②

---

[1] 周晓华.新城模式—国际大都市发展实证案例[M].北京：机械工业出版社，2007：125-128.
[2] 张捷，赵民.新城规划的理论与实践—田园城市思想的世纪演绎[M].北京：中国建筑工业出版社，2007：155.

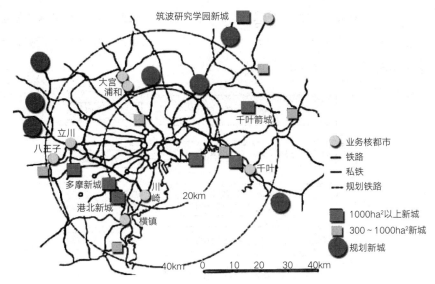

图 4-12　东京大都市区新城分布示意图
资料来源：根据页注 ① 绘制

20世纪60～70年代是东京大都市区新城开发的兴盛期，《新住宅市街地开发法》的颁布使新城的开发进入大规模建设阶段。然而在发展过程中，新开发地区在拥有优美安静环境的同时，功能的单一和对中心城区的强依赖难免导致新城产生了诸如生活乏味单调、缺乏活力等问题（这也是目前国内多数大城市新城开发中遇到的共性难题）。同时新城在开发过程中往往忽视对不同年龄阶层的区别化服务，很大程度上影响了新城吸引力，加之过度的房地产化导致中心城区房价大幅度下跌，中心区活力的提升重新吸引了大量企业和住户回迁。

为此，在20世纪70～80年代，日本中央政府通过尝试规划建设规模较大的新城中心，来提高新城的自足化（Self-contairnnent）程度。在此基础上，东京产业的发展为新城的建设带来再次转型。产业结构的升级与调整换代，促使东京新城的生产方式开始多元化和高科技化，即由单纯的生产型向生产研发一体型转化，由此吸引了大量研究机构、工厂等向新城区转移。这在一定程度上促进了新城中心的建设以及新城功能的综合化。为适应新的发展需求，日本《新住宅街市地建设法》专门设立了"特定业务用地"，这一措施为新城向多功能综合化方向发展提供了更直接的法律依据。由于传统观念、发展惯性等影响，虽然这一时期的新城发展在自足化的程度上依然不理想，但发展思路与方向的明确显现出东京新城的建设正在走向成熟。

20世纪80年代中期以后可以说是东京大都市区新城开发的完善期。新城已经发展到近乎功能完善并与周边区域建立起功能互补的地域一体化空间联合体，更进一步促进了新城区的功能自足化。在1986年"第四次首都圈规划"的制定中，提出了依托

---

① 高桥贤一.联合都市圈的计划学［M］.1998.

轨道交通建设发展东京都外围"业务核城市"的构想，并依此为中心引领区域发展，构筑起"多核多圈域"的城市地域结构。自此，新城建设与周边地区实现了紧密联合，并在圈域层次上实现了自足化（图 4-13）。

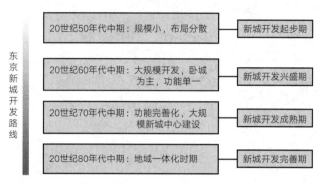

图 4-13 东京新城开发路线示意

2）发展启示

日本发展新城的主要经验是：首先，为真正释放主城区的人口、就业压力，新城必须具备一定的综合性，并逐渐发展为与主城区和谐互动的区域中心；其次，新城的住区建设应充分考虑人口构成特点，尤其是对老龄化群体的重视；第三，为实现新城的健康快速发展，应尽快完善与主城区快捷联系的公交体系，尤其是轨道交通的优先发展，并在建设过程中坚持轨道交通与新城土地的一体化开发。

另外，从东京新城开发的路线来看，从功能单一的卧城到功能完善、互补协作的地域一体化发展，与其强调生产、研发和居住的一体化以及倡导以轨道交通为主实现各城市组团快速交通联系的方式是分不开的。通过各种城市功能的有机整合、基础设施和社会服务设施的完善以及优美社区环境的建设，来实现新城与中心城区在经济、社会和环境发展中的良性互动。

（4）新加坡新城发展历程与启示

1）新城建设背景与发展历程

在 20 世纪 60 年代后期新加坡为解决严重的住房短缺和高失业率问题，通过建设郊区新城来实现中心城区人口的分散和产业区的发展，并尽可能的靠近市中心，以提供尽可能多的住房，缓解主城区的住房压力。纵观新加坡新城的发展历程，多中心空间体系的有序发展与其"居者有其屋"（Home ownership scheme）的政府计划、"公交优先政策"（Public transport priority）以及有利于新城开发建设的土地管理法规制度是分不开的。可以说，新加坡新城建设的核心动力更多的是来自国家强大的政治支持。

新加坡新城的发展历程可以概括为五个发展阶段，不同时期的新城建设特征表现各异（表 4-8）。研究中发现，在新加坡多中心的空间布局中，借助以轨道交通为主体的快捷、多样化公交体系的发展，即使外围新城距离中心城市的距离在 10km 以上，也丝毫不影响其对新加坡人口的吸引力。同时，明确新城职能，吸引外资与私人企业资金，对大都市区城市空间向高密度、多中心的空间结构演变起到了重要作用。当然，人多地少的国情条件，也使得新加坡新城的建设不得不采取高层高密度的规划布局模式（图4-14）。

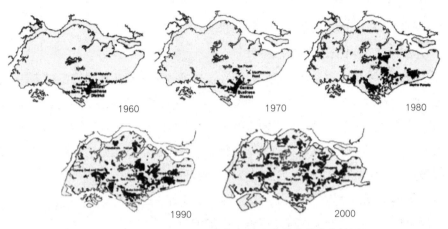

图4-14　1960～2000年新加坡公共住房的分布情况

新加坡新城发展历程总结　　　　　　　　　　　表4-8

阶段划分	关键词	主要特征	典型新镇
20世纪60年代	起步建设	① 城市住房远不能满足社会需求，就业岗位严重不足； ② 生活区相关配套服务水平低	女皇镇
20世纪60～70年代	全面建设	① 全面推动城市组屋建设； ② 全面提升住区配套服务水平； ③ 提高新城空间利用率	大巴窑
20世纪80～90年代	创新发展	① 注重新城空间的特色化塑造； ② 追求建筑设计的个性化创意； ③ 新城内外联系通道便捷； ④ 注重新城土地的混合使用	淡滨尼
20世纪90年代	更新提升	① 注重新城设施功能的提升； ② 对旧区进行更新改造、完善设施配套、提升区域功能	比山
21世纪初	强化拓展	① 强化新城土地的高密度混合； ② 注重住区建设的可识别性； ③ 强调对生态环境的保护； ④ 坚持以轨道交通为纽带的多中心空间布局； ⑤ 强化各级中心的增长极效应	榜鹅

资料来源：根据页注① 整理

另外，新加坡在新城的建设中注重居住与就业的平衡发展，通过发展工业园区来实现中心城区就业岗位的分散和新城居民的就业选择，在各种优惠政策的吸引下，总

---

① 胡荣希.新加坡新镇的规划、建设与管理［J］.小城镇建设，2002（2）：72-73.

部企业不断迁入新城以求取更好的发展环境和廉价地租，有力促进了新城空间的集聚发展，在增加新城区就业岗位的同时，提升了新城人气与活力，并实现了新城就业与居住的相对平衡。可以说，以轨道交通为主体的快速公共交通的建设支撑起大都市区多中心空间体系的有序整合，进而使得运营中相关政策的执行成为可能。

2）发展特点与启示

总体来讲，新加坡的新城建设主要呈现出以下特点：

① "高密度＋公共交通"的发展模式

新加坡人多地少、耕地资源稀缺，这种发展模式的主要优点是降低投资，节省用地，是新城可持续发展的基础。同时新城高层高密度的城市空间之所以能顺利运营，很大程度上源于其快速便捷、多样化的公交体系的发展，各种形式的公交紧密配合，注重对换乘空间的人性化建设，提高了居民选择公交出行的主动性，加之较为严厉的交通管理措施，全面推动了新加坡多中心空间的可持续发展。

② 重视公共住房建设，制定了层次分明的新城居住空间体系

政府与私人的联合开发，有力促进了新加坡新城的土地开发与住区建设，从资金源头上为新城的顺利开展提供保障。同时，新城居住区在建设中均设置了层次分明、不同规模等级的新镇、小区、邻里"三级结构"。其中新镇层次大多由8～12个小区组成；小区层次多由8～10个邻里组成；而邻里层次人口规模约为1500～3000人。按不同层次的梯度要求设置各级中心，其区位、规模、等级、交通要求都较规范严格。而我国虽然也具备三级结构体系，但第一层次的居住区级规模太小（3万～5万人[①]），与小区、组团之间的规模邻近，加之市场经济时代的小区独立开发的特点，很难形成明确的公共中心，也很难实现一定规模的"群聚效应"。

（5）各国新城发展的总体特点

从对国外诸多大都市区新城的研究中可以看出，各国新城都有着符合各自社会文化背景的特点，共性与个性并存，既有失败、需要认真反思之处，也有成功、值得借鉴的成就。所谓新城，多是在一定时期为应对主城区人口、就业压力以及不断恶化的生存环境而采取的行动，所以它们都是人为干预的产物，是快速城镇化发展过程中对各类城市问题和发展需求的空间响应。

总体而言，新城建设需认真思考的领域主要有：

① 新城功能成长问题：如何实现新城就业与居住的均衡发展？

② 新城职能定位问题：如何在大都市区多中心空间体系的架构中明确发展方向？

③ 新城生态安全问题：如何在大规模的新城土地开发中实现经济发展与生态环境的和谐共赢？

---

① 城市居住区设计规范（GB50180-93）[S].2002.

④ 新城建设政策保障：如何获取充足的建设资金以及保障新城规划的权威性？

总之，纯粹理想的新城在现实中是不存在的。面对持续快速城镇化的冲击，我国大都市区的新城建设必须将各种制约因素统筹考虑，在对不同利益群体的关系协调中争取相对的平衡，也只有这样，才能积极有效的实现新城转型，建立符合我国国情的大都市区空间整合模式。

4.2 轨道交通与多中心空间结构的演变特征

20世纪60年代，以伦敦、巴黎为代表的欧洲大城市，其城市空间基本已达到极限，中心城区无法继续容纳更多的集聚人口。为解决大城市空间增长面对的发展问题，出现了有机疏散、卫星城等空间发展理论，其中心思想即是以轨道交通为纽带，引导城市在外围建设新的城市组团，以缓解中心城区迅速膨胀的人口和就业压力，并形成新的经济增长极，引领区域快速发展。而轨道交通在不同的城市发展阶段，都表现出不同的建设特征。通过对世界轨道交通建设的基本规律进行分析，总结轨道交通引导下国际大都市区空间发展的规律与特征，可以为我国大都市区轨道交通建设与空间整合的目标方向提供借鉴和指导意义。

4.2.1 轨道交通建设过程与发展趋势

（1）轨道交通建设的阶段划分

1）初始发展阶段（1863~1920年）

如前文所述，从交通技术演变的历史来看，社会进步的过程，是人与社会、人与环境、人与邻里的关系随着城市交通技术的进步不断得以调整，不断创造出新的生活气氛和生活空间的过程（表4-9）。轨道交通时代的初次出现是在1863~1920年期间，也是人类社会发展的快速变化期。此时，工业革命促进了生产力的极大提高，城市经济水平迅速提升，进而大批乡村人口涌入城市，并导致日益拥挤的交通问题。在此背景下，西方国家以铁路应用于解决城市内部公共交通，并诞生了伦敦地铁"大都会线"①，城市空间结构整体呈现沿铁路线及有轨电车线路为分支的星型状态（图4-15~图4-17）。

---

① "大都会线"是世界上第一段地铁路线，1863年1月10日通车，在帕丁顿（现在的帕丁顿站，Paddington）和临时的法灵顿街站（Farringdon Street）间运行，当天即有4万名乘客搭乘该条线路。随后伦敦又在城区内建设了几条地铁线路，以1884年建成地铁环线为标志，伦敦地铁的轨道网络初步形成，联接了城区最主要的居住与商业金融地区，有效地解决了城市中心地区的交通问题。

图 4-15　1863 年伦敦大都会线　　　图 4-16　1863 年伦敦地铁线路

图 4-17　1901 年德国乌伯塔的悬挂式独轨与 1904 年完成的纽约地铁

世界轨道交通发展大事记　　　　　　　　　　　　表 4-9

时间	国家	城市	成就
1830 年	英国	曼彻斯特	第一条铁路
1863 年	英国	伦敦	第一条地铁
1893 年	美国	波士顿	轻轨
1956 年	法国	巴黎	第一条胶轮地铁
1964 年	法国	巴黎	高速列车（TGV）
1972 年	美国	旧金山	第一条自动控制快线系统（BART）

资料来源：页注 ①

2）停滞萎缩阶段（1920~1965 年）

随后由于汽车工业的迅速发展，促使城市交通进入了汽车时代（1920~1965 年），此阶段轨道交通进入发展缓慢甚至衰退期，具有代表性的是日本东京和莫斯科。东京在 1927 年建成第一条地铁线路，在建设中十分重视以车站为核心的公共空间的塑造，有效提升了地段活力，在满足城市交通需求的同时，取得了较好的社会效益和经济效益，这也为后来轨道交通的发展提供了良好的经验。莫斯科第一条地铁 1932 年开始动工，1935 年 5 月通车运营，其站点风格特色鲜明，艺术氛围较为浓厚，并在开发过程

---

① 郑明远. 轨道交通时代的城市开发 [M]. 北京：中国铁道出版社，2006：20.

中注重对其他公交方式的紧密衔接。良好的地铁环境和快捷的换乘条件为之后轨道系统的建设提供了较为成熟的案例借鉴（图4-18）。

图4-18　东京1927年城市地铁系统规划示意和莫斯科Kievskay地铁站艺术长廊

3）再发展阶段（1965～1970年）

事实上，世界上还没有一座城市可以无限制的满足机动车的增长，尤其是在机动化发展过程中，交通需求与道路供应之间的平衡往往难以保持。所以，机动化带给大都市不仅是交通运行的高速化，同时也引发了交通拥挤、环境污染严重、城市中心衰退等问题，且后者正在削弱前者的功效。随着城市规模的进一步扩大，公共交通的边缘化诱发出越来越多的城市问题。于是，各种形式的轨道交通不断被开发出并作为城市交通的骨干，与其他交通方式一起构成城市交通系统。1965年以后，西方国家再次进入轨道交通时代，并基本形成了城市轨道交通的网络骨架，与其他交通方式实现有序的整体化。同时技术的进步和立法的实施促使轨道交通快速发展。可以说，轨道交通时代的出现，其背景实质是工业革命的出现和发展，而城市经济的不断发展以及"公交优先"政策方针的执行，是轨道交通得以发展的重要前提。

4）高速发展阶段（1970年至今）

这一时期北美成为轨道交通项目建设的主要区域，众多发展中国家也在逐年增加建设规模，逐渐缩小与欧洲板块的差距。截至2012年，世界上已有54个国家的200余座城市修建了轨道交通（图4-19）。对于建设水平，不同的大洲表现出各异的特点，欧洲在其中占据近50%的份额，高铁、轻轨建设规模遥遥领先。而亚洲地区除日本发展较为成熟以外，诸多地区都在积极谋划区域轨道交通的建设，且表现出蓬勃发展的态势，特别是我国的大都市区，即将或已经成为亚洲板块轨道交通重点发展的地区之一。

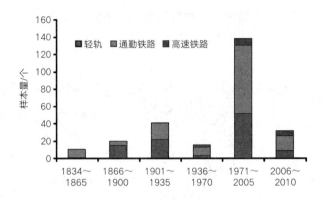

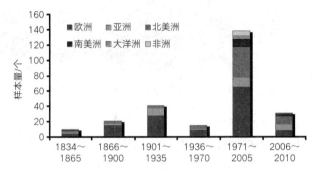

图 4-19 世界城际轨道交通的建设时序与建设分布

数据来源：页注 ①

（2）未来发展趋势

当前国际性大都市区如伦敦、巴黎、东京等基本已形成网络化的轨道交通系统，在投资、建设、运营和管理方面不断走向成熟，具体呈现出以下几个趋势：

1）建设目的的多样化

全球化、区域化的快速发展，促使世界各国大都市区由过去单纯的改善交通条件，转变为借助轨道交通引导城市空间的有序发展，尤其是加强主城与外围新城的快捷联系，依托站点进行高效的土地开发拉动城市经济。

2）投资主体的多元化

为解决资金问题、提高建设效率，中央政府、地方政府与轨道交通受益部门的联合开发理念被广泛应用，并出台各项政策努力营建联合开发的交易环境，如日本的补助金制度、德国的税收支持政策等，有力促进了轨道交通与土地开发的协调发展。

3）经营市场化与管理法制化

国有垄断的经营模式逐渐被替代，市场机制的引入已成为主要发展趋势。事实证明，也只有充分发挥市场力作用才能实现轨道交通的高效运行。但运营中并不是完全

---

① 李琳娜，曹小曙，黄晓燕. 世界大都会区城际轨道交通的发展规律 [J]. 地理科学进展，2012，2（2）：220-223.

依赖于市场，而是通过全面的法制化管理来规范各方主体的行为和维护各方利益，从而保障了轨道交通的持续、稳定发展。

4.2.2 轨道交通对大都市区空间组织的作用

轨道交通一般具有两大功能：一是基础性功能，即解决现有城市内部的交通拥堵问题；二是先导性功能，即引导城市空间有序扩展。后者对现阶段我国大都市区的发展意义更为深远。两大功能的相辅相成使轨道交通成为区域发展的重要依托和发展动力，引导人口与产业在更广的范围内集聚，促进城市空间布局的重组与优化，逐渐形成一种崭新的城市空间组织形式，最直接的反映便是"人们日常生活系统[①]不断扩大"。

(1) 城市形态向网络化演变

由于可达性的提高，轨道交通促使城市各种设施及功能向线路两侧尤其是轨道站点影响区集中，呈现出轴向发展的趋势，引导城市架构起空间相对分隔且又快速联系的空间组团，在广阔的地域范围内形成网络化空间发展格局。区域内各层次的城镇、城市之间的联系得到加强，并形成了以大城市为中心的大都市区（大都市圈）。城市的各种功能、社会资源、生产单元通过网络化的轨道交通系统有序组织起来，成为一个高效运转的空间整体，并时刻处于一种构建在功能节点（中心城镇）和空间发展轴上的人流、资金流、商品流、信息流的流动状态，形成以时间概念为发展视角的通勤圈和城市影响区。

以巴黎大都市区为例，在轨道交通与新城的建设过程中，巴黎以区域化发展视角审视自身的城市发展，建设中运用绿带、新城建设等策略实现城市空间结构由"单中心"向"多中心、网络化"的空间结构转变，尤其注重发挥轨道交通的快捷优势，促进大巴黎地区的有序整合，成功实现了多中心体系下外围新城的快速发展（图4-20、图4-21）。

(2) 城市功能在区域范围内进行整合

轨道交通快捷、准时、大运量、高效率的优势，促进了城市用地、功能空间等多方面的集中发展，城市的功能结构在区域范围内得到新的整合。同时，轨道交通使居民在更广泛的范围内共享社会资源和自然资源成为可能。伴随大都市区形态的网络化发展，城市功能也以网络化流动模式进行重组。因此，城市的功能将以轨道交通的通

[①] 希腊建筑师C.A.Doxiadis认为传统的"城市"概念已无法理解现代城市中所出现的各种问题，提出"日常城市系统"的概念，即享受城市生活的居民在城市内部的全程交通时间小于1h的日常生活系统，其空间范围随着经济发展水平的不同和活动性质的不同而变化。伴随交通系统的不断完善以及交通工具的不断发展，全球将逐渐成为一个日常生活系统（详见吴良镛《人居环境科学导论》）。

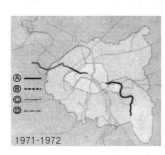  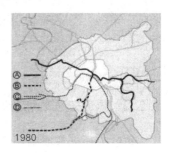

图 4-20　巴黎 RER 线建设发展过程

资料来源：页注 ①

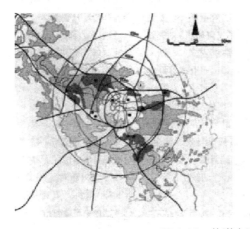 

1965年的SDAURP规划示意图

图 4-21　轨道交通引导下的大巴黎地区

资料来源：页注 ②

勤范围为基础进行再分配，其扩展完全可以通过对区域内其他更具优势的功能区进行直接对接和整合，而不一定单单通过功能的添加来实现自身的发展。

新时期轨道交通引领下的城市空间发展模式，需要从着眼于某一个点或地区的研究，转向对整个通勤影响区内各发展组团的联系和整合的思考。同时在区域范围内重新审视各城镇组团的发展，将先进的功能布置在轨道系统的站点周边，使之成为区域城镇体系的一个节点，以提供高可达性服务的综合性发展平台。巴黎大都市区 SDRIF 规划的调整便是出于对区域空间统筹协调的目的，确立了以轨道交通为主要联系通道的土地开发模式，围绕轨道站点快速完善新城各项设施建设，吸引主城区产业向外围空间的聚集，提高新城人气。可以说，区域之间的快速互动是推动大都市区有序发展的关键因素之一，加之中央政府各项优惠政策的支持以及巴黎上层社会对品质生活的追求，大都市区逐渐形成了以轨道铁路为骨架的"多中心"空间布局结构（图 4-22）。

---

① 李依庆，吴冰华. 巴黎轨道交通市域线"RER"的发展历程［J］. 城市轨道交通研究，2004（3）：77-81.
② 陈秉钊，罗志刚，王德. 大都市的空间结构——兼议上海城镇体系［J］. 城市规划学刊，2010（2）：10.

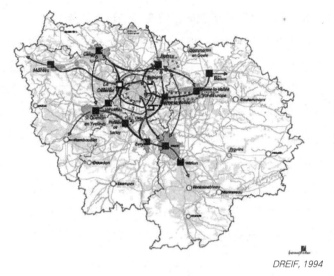

DREIF, 1994

图 4-22　1994 大巴黎地区区域功能整合：多中心空间布局模式
资料来源：页注 ①

可以看出，轨道交通的发展促进了大都市区各功能空间的积极响应，突出表现于轨道沿线站点组团的规模集聚、密度分区的空间形态等方面，也可以理解为城市空间结构的外部扩展和内部重组[②]。其中，外部扩展是大都市区空间结构在形态上的变化，表现为土地使用规模的扩大，或者城市空间形态的显像调整，如外围新城组团的快速发展；而内部重组则主要是针对城市功能空间进行优化与提升，在整体空间形态上并无较大调整，不过借助便捷的交通和内部空间的有序互动，将有力推动高密度空间城市效能的充分发挥。

4.2.3　大都市区多中心空间结构演变的规律与特征

面对全球化、区域化所带来的不断增长与竞争的发展态势，大都市区的整体进步成为应对各方竞争与挑战的重要平台，并出现若干新的特征和趋势。从国外大都市区空间发展的普遍规律来看，空间演变的外向特征是人口的扩散与郊区化组团的出现，而内在的本质却是城市功能在更广阔的区域尺度上的分解与集聚。虽然我国大都市区发展的国情背景与国外存在较大差异，但其空间发展趋势却表现出"殊途同归"的特征，主要体现在空间区位的变迁、空间形态的演变、产业功能的转移、核心空间的带动以及便捷交通体系的支撑等方面。大都市区作为社会经济的主要空间载体，正逐渐的走向"多中心、高密度、网络化"的城市发展时代。

---

① 卢多维克•阿尔贝著，高璟译. 从未实现的多中心城市区域：巴黎聚集区、巴黎盆地和法国的空间规划战略[J]. 国际城市规划，2008，23(1)：52-57.
② 马强. 走向"精明增长"：从"小汽车城市"到"公共交通城市"[M]. 北京：中国建筑工业出版社，2007.

（1）集聚与扩散并存是大都市区空间区位变迁的基本态势

集聚与扩散是城市化发展过程中贯穿始终的两个截然相反却又紧密互动的力量。在城市化的初期发展阶段，城市空间主要以集聚为主，分散作用较弱。随着城市化水平的提高，在城市发展环境容量与技术革新等因素的影响下，城市空间的集聚特征开始表现出弱化的趋势，而分散的力量却在逐渐增强。一般而言，城市化率50%为集聚与分散达到"平衡"状态的临界值，但这种平衡是暂时的，是一种动态的发展过程，因为城市化率在持续提升，分散的作用逐渐超过集聚的力量，并开始出现人口外迁、城市功能扩散的现象。2011年我国城市化率已达到51.27%，2012年又提高了1.3个百分点，虽然这一数据在国内各界的讨论中存在较多争议，但不容置疑的是我国城市化的快速发展和由此而呈现出的集中型与分散型城市化两种形式并存或交错的格局。

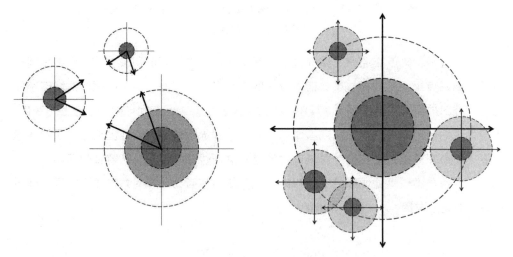

图4-23 集聚与扩散并存的大都市区空间区位变迁

在经济全球化、区域化和新技术革命的发展背景下，处于城市化转型期的我国大都市区，集聚与扩散并存将是空间区位变迁的基本发展态势（图4-23），空间布局整体出现"大区域有机分散、小区域高密度集中、中观区域圈层扩散"的趋势特征，具体表现在：

一是大都市区空间结构通过城市功能的延伸、转移与再集聚，由单中心不断趋向多中心并逐渐实现高密度、网络化发展的状态；

二是由于大都市中心城区产业功能的转型发展，传统劳动密集型产业从城市中心区逐渐向外扩散；

三是多中心的城市空间形态需要大量的信息互动、交流和联系的生产性服务业在更广的区域范围内进一步集聚。

另外，技术是决定社会经济空间结构的重要因素。由于技术进步消除或减缓了大都市区各经济活动布局在时空上的障碍,进而引发城市空间的迅速调整,表现为扩散效应的加强,城市发展的离心力促使空间结构出现持续的疏解与扩散:一是在广域的范围内城镇体系由大城市向小城市疏散;二是在大都市区范围内由城市中心区向近郊和远郊进行疏解和扩散。

同时,为分享信息和技术资源以适应市场的竞争需要,相关产业部门在空间重组过程中力求通过空间上的集聚发展实现网络化与专业化的分工和协作,因此,这一过程又使得城市发展的集聚效应因集聚效益和规模效益的向心力继续发挥着重要作用,传统产业及新兴产业体系的经济活动在大都市区的不同区位上进行再集聚发展(表4-10)。

技术革命与城市空间结构特征　　　　　　　　表4-10

城市发展阶段	影响因素	城市空间结构特征
城市化	工业技术革命(蒸汽机、铁路等);人口增长	城市中心区的形成与发展;由外围的落后地区向中心移民
城郊化	技术(铁路、自动化等)与经济发展;规模不经济;工业结构的变化;由工业经济开始向服务业经济转变;外围基础设施建设	城市中心区继续扩展;市郊区趋势加强,中心城市拥挤度提高;住区、就业空间更多的选址于郊区组团,呈现出先分散、后集聚的特点
逆城市化	信息化、工业经济水平迅速提高	内城区衰落;边缘新城出现
信息化	信息技术的网络化发展带动新技术的不断出现;联系通道便捷高效	多中心、高密度、网络化的空间格局出现

资料来源:页注①

(2)多中心、网络化是大都市区空间形态演变的基本阶段

从"单中心城市功能区—多核心城市发展区—网络化区域一体",是世界大都市区空间结构形态演化的客观规律,而这一演变过程可划分为以下四个阶段:

1)单核集聚期

单核集聚主要体现在城市中心区服务业对区域发展的影响。起因于城市规模的增长,在中心城区外围逐渐形成了人口密度较高的新城市化地区,虽然这类城市体的设施建设具备一定的规模,但其服务水平也仅限于本地区范围内,与中心城区的商业核心相比还有很大差距。随着城市产业结构的调整,尤其是第三产业、信息密集型服务业在中心城区的快速发展,城市商业商务功能呈现出明显的中心集聚趋势。

2)多核、多层级的内部集聚期

由于外部效应的存在,"单中心"规模的不断膨胀导致了集聚的不经济发展,人口

---

① 利亚姆班农等.信息社会[M].上海:上海译文出版社,1991.

密度过高、交通压力超负荷运转、城区环境容量濒临极限等一系列负效应导致中心区运行效率大幅度降低，而服务业的发展逐渐进入高级阶段，并表现出一定的专业化特点；原有的单中心城市结构开始裂变，表现在城市功能的转移与延伸、空间形态的多中心专业化，并呈现出在中心城区内部多核心、多层集聚的特征，如各大城市副中心的出现。

3）多中心、多层级的大区域分散期

在中心城区地租高涨、产业升级、功能扩散等诸多因素的影响下，中心城区服务企业为降低生产成本，开始逐渐向郊区转移，并呈现出明显的郊区化集聚倾向。同时，已发展较为成熟的中心城区，除了在建成区继续呈现出内涵式延展的扩张特点外，也出现了空间的跃迁形态，如在新城或外围副中心出现专业化的Sub-CBD[①]，形成一个主中心与多个特色化Sub-CBD组成的空间体系，并在大都市区空间尺度中形成多个城市中心，与中心城区内的多核（副中心）一起构筑"中心城区多核、大都市区多中心"的城市空间格局（图4-24）。

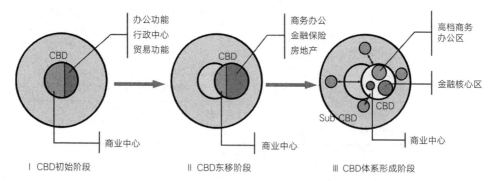

图 4-24 CBD 与 Sub-CBD 空间体系的形成过程

4）多中心、网络化的区域成熟期

随着区域城市化、城市区域化的快速推进，现代服务业逐渐增多并在城市中心区高度集聚；与此同时，区域范围内的商务中心开始依托各种设施取得紧密联系，如便捷的交通、发达的信息网络等，在空间上逐渐成为一体，促使大都市区城市空间重构并逐步走向网络化（表4-11）。这一重组过程可以理解为在大都市区尺度上的扩散与区域内特殊节点的再集聚，并形成"核心、轴线、空间发展影响区"等基本的空间模式关系，在大区域尺度上呈现出"多中心、多层级、网络化"的宏观空间布局（表4-12），在核心区内则表现为"多核、多级、多轴"的高密度中观空间模式（图4-25）。

---

① 李仙德，侯建娜.Sub-CBD产业空间组织研究——以东京都新宿区为例[J].现代城市研究，2011（2）：71-77.

国际化大都市区空间形态演变的阶段　　　　　　　　　　　　　　表 4-11

阶段	东京	巴黎	纽约
单核集聚期	时间：20 世纪 50 年代之前 代表：东京都心区	时间：19 世纪 30 年代 代表：拉德芳斯中心区	时间：18 世纪以前 代表：新阿姆斯特丹
多核、多层级的内部集聚期	时间：20 世纪 50 年代 代表：关东平原多中心发展萌芽	时间：20 世纪 30 年代 代表：卢浮宫小凯旋门、协和广场方尖碑、凯旋门伸展到拉德芳斯	时间：19 世纪 代表：曼哈顿原始 CBD 与中城双核结构
多中心区、多层级的大区域分散期		时间：20 世纪 50 年代 代表：沿塞纳河、马恩河、卢瓦兹河谷方向的多中心城市发展轴	时间：19 世纪末 代表：时报广场 CBD、曼哈顿南端 CBD、中城 CBD 等多中心发展结构
多中心、网络化的区域成熟期	时间：20 世纪 60 年代 代表：7 个副都心与多摩地区 5 个核都心城市结构	时间：20 世纪 70 年代 代表：广域的拉德芳斯区域	时间：20 世纪后 代表：5 个一级 CBD、7 个二级自由贸易区、多个三级工业商务区的多中心层级结构与派克大道等公建轴线

资料来源：页注 ①

国外大都市区"多中心"发展模式分类　　　　　　　　　　　　　　表 4-12

模式	内容	典型城市	主要措施	经验总结
I	市区	莫斯科	将市区划分为 8 个综合规划区且每一规划区都有其中心	1．新中心要有完善的设施及相对独立的功能； 2．居住与就业就近平衡； 3．新中心与原中心之间必须有便捷的交通联系； 4．保留绿色开敞空间
II	郊区	伦敦	建立相对独立的远郊卫星城	
		巴黎	远郊卫星城与近郊副中心协同建设	
		汉城	以新区和机场为增长极建设近郊多中心	
III	都市圈	东京	"四胞胎"发展模式，将东京的部分城市功能由其周围邻近的三个城市来分担	

资料来源：页注 ②

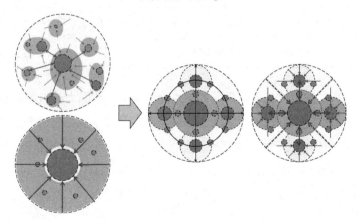

图 4-25　多中心、网络化的空间形态演变

---

① 陈前虎．多中心城市区域空间协调发展研究——以长三角为例［M］．杭州：浙江大学出版社，2010：61．
② 沈宏婷，张京祥，陈眉舞．中国大城市空间的"多中心"重组［J］．城市问题，2005（4）：27．

(3) 产业结构高级化是大都市区空间结构发展的基本动力

国际经验表明,大都市区经济的发展基本历经三个发展阶段:第一阶段以制造业为中心;第二阶段在第一阶段基础上,发展了多元化的服务业经济;第三阶段是以服务业尤其是高端服务业为中心,加上多元化的某些制造业经济,金融业和商业则是国际性大都市的主导产业。

产业结构的高级化可以理解为城市产业发展在一定时期内呈现出的高素质化、健康化和高效化,在大都市区突出体现在各类新产业空间的出现,新的生产方式和组织模式促使各种资源高效配置,创新能力的不断进步引导产业发展走向生态化、高科技化,很大程度上节约了城市资源,尤其是土地资源,在城市空间上表现为紧凑化、高密度混合化等特征(表4-13)。

产业形态与用地空间在不同发展阶段的特征演变　　　　　　表4-13

阶段划分	产业形态特征	土地空间使用特征
前工业化时期	第二产业、第三产业比重低,与第一产业差距较大	工业发展用地规模较小且布局分散,农业用地所占比重非常大
工业化初期	以原材料为主的第二产业迅速发展,并逐渐对内部产业结构进行优化;第一产业仍有着较高比重,普遍高于1/5;第三产业依旧发展缓慢	部分农业用地开始划为工矿用地、交通设施用地等,但推进速度较为缓慢
工业化中期	以加工、组装为核心的第二产业快速发展,新兴工业体系初现,科技含量提高;第一产业发展速度降低,比重开始下降,普遍低于1/5;第三产业开始备受关注,发展动力十足,但较之于第二产业,仍处于从属地位	大量的农业发展空间开始转化为以二产为主的城市建设区
工业化后期	以高新技术、新兴产业为主的第二产业占有绝对优势;第一产业所占比重进一步降低,开始低于1/10;第三产业实现新突破,比重迅速提升,并成为国民经济主导产业	农用地快速减少,建设用地、环境用地快速增加
后工业化时期	第一产业比重下降至1%~2%;第二产业比重有所下降,技术密集型产业发展较快;第三产业比重迅速上升占绝对优势,知识密集型服务业崛起	工业用地的比重趋于稳定或呈下降趋势,居住、旅游业、交通用地的比重迅速上升

21世纪以来,在全球化和信息革命的共同推动下,我国大都市区高新技术密集型的生产性服务业地位大幅上升[①],产业的升级与转移引发了大都市区产业空间发生剧烈重组,并促使各种功能的产业集聚区(产业群落)出现。产业集聚区不是简单意义上各类产业的集群,而是具有专业化、关联性、紧密协作与分工同时又有较强竞合关系特征的产业聚集体(图4-26)[②]。

---

① 高军波,马海涛,叶昌东.试论新经济发展条件下城市产业结构演进与空间结构变迁[J].世界地理研究,2008,17(4):35-39.
② Porter, E.M.Loaction, competition and economic development: local cluster in a global economy [J]. Economic Development Quarterly, 2000(1):15-35.

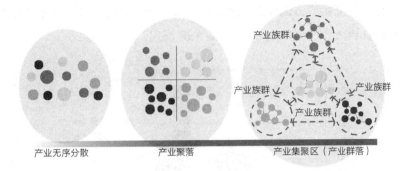

图 4-26　产业结构高级化过程中大都市区空间组织演进示意

产业结构的高级化促进了大都市区产业集聚区的产生与发展,并最终发展为一个有机联系的自组织与他组织并存的新型空间网络系统[①]。同时,信息网络技术的发展又加速了它的发展并逐渐演变为区域产业一体化和创新发展网络,从而实现了大都市区从"单一低端→中端专业化→复合高端"的空间职能结构演变的发展。因此,产业结构的高级化将有力促进大都市区空间进行协作化整合,中心城区与新城以及与其他城镇组团之间在产业升级与转型发展过程中的密切联系和相互配合,这也是各城市节点有序与可持续发展最基本、最直接的动力(图4-27、图4-28)。

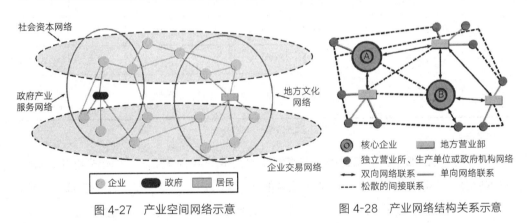

图 4-27　产业空间网络示意　　　　图 4-28　产业网络结构关系示意

(4)高强度混合化是大都市区核心组团用地结构的基本特征

首先,从国际大都市区纽约、巴黎、东京、伦敦中心城区、外城区以及各级CBD的用地规模和人口规模来看,中心城区与外城区的居住人口规模比重几乎持平,其中,纽约中心城区外围人口的集聚主要是因机动化的快速发展而形成,其他三个大都市区则主要起因于区域快速轨道交通支撑下的新城建设而产生,并呈现出外围人口规模持续快速增加的态势(图4-29)。同时CBD的规模等级也反映了不同区域空间在整个区域中的作用和地位,是衡量空间规模等级的重要指标。以日本东京大都市区的核心CBD和SUB-CBD的规模等级来分析,其四个等级的数量比值为1:2:16:45,成明

---

① 郭利平.产业群落的空间演化模式研究[D].上海:华中师范大学博士论文,2005.

显的金字塔结构，而相应建筑规模的比值为 20∶10∶5∶1，其中主中心与副中心在开发用地规模的比例大致在 1∶1～3∶1 之间（表4-14）。

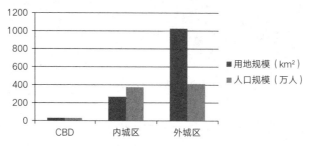

图 4-29　纽约、巴黎等中心城区与郊区组团规模分布特征

数据来源：参考页注①

东京核心 CBD 和 SUB-CBD 的建设用地规模等级体系　　　表 4-14

		核心 CBD	Sub-CBD					
		都心三区	新宿	涩谷	池袋	上野-浅草	大崎五反田	锦系町
用地规模（hm²）		294	270	240	—	89	82	179
从业结构（%）	商业、餐饮业	30.0	38.0	36.2	44.6	54.6	44.7	38.5
	商务、办公	30.4	18.7	18.8	15.7	19.8	23.3	32.2
	文化、娱乐	18.5	29.2	31.6	23.7	15.3	21.9	19.4
	金融、保险、房地产	21.2	14.1	13.4	16.0	10.3	10.1	9.9

数据来源：页注②

其次，各大都市区核心组团都非常重视对土地的混合使用，并提倡多样化、高密度的办公、商务、住宅以及文化休闲服务的混合发展，这不仅有助于减少交通出行量、便于交往，减少钟摆式的交通引发的能耗和污染，也有利于增强各相关产业和服务机构之间的联系，促进多样性的成长，并有力推动了各项设施资源的共享发展，对集约、节约利用能源、促进生产方式的转型升级起到关键作用。

（5）发展轨道交通是高密度发展空间效能优化的必要条件

从城市空间演化的特征来看，在城市化之初，人们对居住区与工作地点的选择主要受交通条件的制约，不得不选择集中在中心城区，导致极高的居住密度和建设密度。如前文所述，交通与城市空间之间存在紧密的互动关系，城市规模的扩大推动了交通方式的不断优化以适应新的空间需求，进而使居民可以在更大范围内活动，从而推动

---

① 吴雪明. 世界城市的空间形态和人口分布——伦敦、巴黎、纽约、东京的比较及对上海的模拟 [J]. 世界经济研究，2003（7）：22-27.
② 陈前虎. 多中心城市区域空间协调发展研究——以长三角为例 [M]. 杭州：浙江大学出版社，2010：63.

城市空间规模的扩大。而居民选择居住的范围基本在接近站点、枢纽和距离交通干线较近的区域进行集聚，发展为城市的副中心或次中心，在城市空间地域内表现为空间形态的变化，从而形成了多级城市体系，且每一级中心都具有一定的功能等级和规模等级。同时，便捷、高效的交通体系由于大大改善了相应区位的可达性，并产生一定的外部经济性，这会引导企业和居民的迁移方向，从而影响了城市空间结构和城市次中心的形成（图 4-30、图 4-31）。

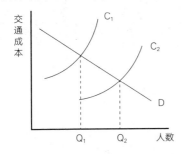

图 4-30　交通可达性对居民和企业的吸引

C1 表示在尚未修建交通线路或交通条件未改善之前，居住在该区域的企业或居民的运输成本或出行成本；
C2 表示已修建便捷的交通线路或交通条件已改善，该区域企业或居民的运输成本或出行成本；
D 表示交通需求的曲线；Q1、Q2 表示对交通的需求人数。

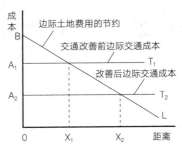

图 4-31　交通改善对家庭选址的影响

L 表示远离市中心每单位距离时，边际土地费用；
T1、T2 分别表示交通改善前、后的边际交通成本。

此外，交通方式的进步对城市空间结构演化的影响最为显著。不同的交通方式具有不同的特点和适用范围，对城市空间演化的作用大小也不同（表 4-15）。

不同交通方式的基本运输特性　　　　　表 4-15

交通方式		运量（人/h）	运输速度（km/h）	适用范围
自行车		2000	10～15	短途
小汽车		3000	40～60	较广
常规公交		6000～9000	16～25	中等距离
轨道交通	地铁	30000～60000	25～60	长距离
	轻轨	10000～20000	20～40	长距离

数据来源：页注 ①

另外，大都市的交通组织结构由轨道交通和常规地面公交系统组成，一般包括地铁与公交两种主要模式；除此之外则以邻里范围内的步行为主。空间结构与用地结构具有很好的耦合性（图 4-32）。

可以看出，多中心的大都市区空间结构必须借助快速、便捷的交通，将其构成一个网络化、完整的城市空间系统，以达到城市空间利用的最优化、城市效能的最大化。

---

① 王炜等. 城市交通系统可持续发展理论体系研究［M］. 北京：科学出版社，2004：196.

没有高效、便捷的交通体系作支撑，多中心、紧凑型的大都市区空间结构将很难形成。只有当大都市区多中心的空间布局与交通组织结构相耦合时，才能提高各级公共中心的时空可达性与城市的整体运行效率（图4-33）。

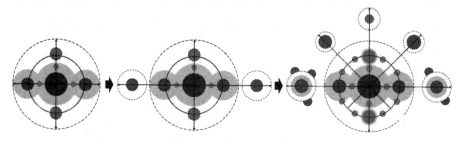

图4-32　大都市区以轨道交通为引导的空间布局模式

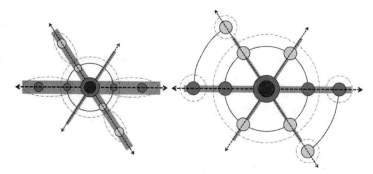

图4-33　轨道交通导向的大都市区多中心空间形态

4.3　轨道交通与新城协调发展的实证研究

当前我国正面临着区域快速城市化、城乡发展一体化以及大量保障性住宅建设的机遇和挑战，整合城乡空间布局、统筹全域设施建设、大力开展以轨道交通为导向的新城建设将是包括北京、天津、上海在内的大都市区提升城市综合竞争力、缓解中心城区压力以及提高高密度空间运行效能、构建和谐社区、改善人居环境的重要发展战略，但相应的实践经验仍较为缺乏。选取日本东京、法国巴黎以及新加坡为研究案例，其规划与发展策略的效果基本已呈现，并从不同侧面验证了轨道交通与新城发展的规律，总结其发展经验，以期对我国大都市区轨道交通与新城协调发展策略的制定提供建议。

4.3.1　日本东京：战略整合中的四个导向

东京是实施基于轨道交通的城市空间发展模式最成功的城市之一，也是世界大都市区多中心、高密度、网络化发展的典型，在大都市区以新城开发和轨道交通建设为主的空间战略整合中体现出以下四个导向：

（1）轨道交通是向多中心空间结构演变的必要条件

从东京大都市区空间形态的变迁（图4-34）中可以看出，轨道交通是推动其有序整合的关键动力之一，其作用的发挥主要表现在它对沿线土地开发的刺激，而土地开发与各种城市活动的发展又是借助轨道交通对区位条件尤其是交通条件的改善来实现的。轨道交通促进了新城中心功能的集中，以及居住和工作的分离与分区，解决了外围新城与中心城区之间的联系不便问题，实现了各分区之间交通联系的快速化，自然也就强化了东京"多中心、网络化"的空间格局，对于商业的集聚和新城中心的形成起到了极为明显的推动作用，而多中心的城市格局、高效率的轨道交通网络也使东京的城市潜力进一步得到释放。可以说，多中心空间体系下东京新城从功能单一的卧城到功能完善、互补协作的地域一体化发展，与其强调生产、研发和居住的一体化以及坚持以轨道交通为主实现各城市组团快捷联系的方式是分不开的。

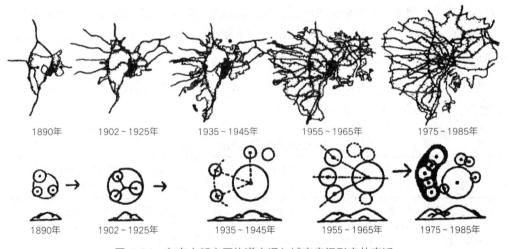

图4-34 东京大都市区轨道交通与城市空间形态的变迁

资料来源：页注①

（2）新城的发展需要轨道交通的支持，市郊铁路建设应提前谋划

1）轨道交通有力支撑了新城中心的建设。东京新城在土地开发过程中，充分利用了轨道交通的可达性优势，在轨道站点周围以开发商业、办公等功能用地为主，形成了不同级别的产业发展核心，并注重环境品质的打造，以绿地、公园等用地提升区域吸引力。站点影响区高密度住宅的建设，在方便居民生活需求的同时，有力支持了新城的高密度开发，促进了站点区用地功能的充分发挥。同时，新城轨道站点政府机关、学校、银行、企业、事务所、文化娱乐、商场等设施的集中建设，给居民提供了多样化、稳定的就业机会（多摩新城），实现了居住与工作的相对平衡（图4-35）。

---

① 川上秀光，吕斌.多中心城市结构论与东京的再开发[J].城市规划，1988（6）：27.

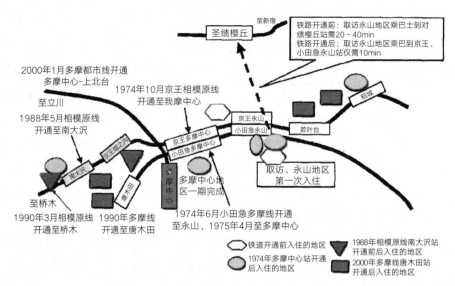

图 4-35 多摩新城土地开发与轨道交通开通前后的发展情况

2）轨道交通对新城发展的重要性也可以通过几个典型新城开发效率的对比来体现，开发效率的差距多是源于二者不同的开发主体而导致的不同的建设时机。东京以轨道交通为导向的新城建设多是由政府部门发起，但在新城与轨道交通的开发主体上存在多种形式，既有同一，又有联合，在建设时机的协调上都有着各自的特点，因此也就产生了不同的效果（表4-16）。

东京三个典型新城的基本情况　　　　表4-16

新城名称	到都心距离（km）	规划面积（km²）	规划人口（万人）	开业时期	轨道交通开通时期	新城开业20年入住率（实际人口/规划人口）(%)
多摩田园新城	15～35	31.6	42.0	1966	1966	95.0
多摩新城	25～35	29.8	34.2	1971	1974	41.3
千叶新城	25～45	19.3	19.3	1979	1979	49.8

如多摩田园新城，基本完成了原有的规划目标，是发展最快、最成功的新城。它的顺利发展得益于新城与轨道交通"田园都市线"的同一开发主体（东京急行电铁公司），因此它能够从兼顾新城与轨道交通建设的投资效益出发，协调配合两者在建设中的需求，保证轨道交通与新城同步规划、同步发展。

而对于东京建设规模最大的新城多摩新城而言，新城开发主体是由东京都政府、国家住房与城市发展公司（HUDC）和私营铁路企业联合开发，而新城轨道交通的建设主体则是京王电铁公司贺小田急电铁公司，多个开发主体的存在导致新城土地开发与轨道交通的建设很难在时间和空间上进行紧密的配合，从而很大程度上影响到新城开发的效率，这也是多摩新城在某种程度上发展不理想的重要因素。

东京开发最晚的新城之一千叶新城可以说是根据市场形势与政策的变动对新城与轨道交通的开发模式进行了综合调整，其新城的建设主体是其所在区域的千叶县企业厅以及住宅都市整备公团，而轨道交通"北总线"的开发主体则是由京成电铁、住宅都市整备公团和千叶县等机构共同出资，其中京成电铁在轨道交通的出资中占到50%的份额。新城与轨道交通的开发主体虽然较多但有直接性的关联，这一因素保证了两者在开发建设中一定程度上的协调与配合。

（3）新城开发与轨道交通建设需在建设时序上紧密配合

由于多种开发主体形式的存在，也就导致了新城与轨道交通开发过程中在建设时序上的多种结果。开发主体的同一性，使得新城与轨道交通开发的一体化程度较高，新城居住区的建设与轨道交通线路同步建设、同步开通。这种同步规划、同步开发、同步实施的方式让新城土地一开始就具有交通便利的优势，因此土地的价值也相对较高，未来发展潜力较大，不断吸引人口集聚；而人口的增加也同时保障了轨道交通的顺利运营，实现了新城与轨道交通的相互促进和良性循环发展（如多摩田园新城）（图4-36）。

而对于存在多个开发主体的多摩新城而言，在新城土地开发与轨道交通建设的时序安排上很难达成一致，建设之间的脱节与无序导致了两者无法相互支持，新城也因轨道交通建设的滞后而无法与主城实现快捷联系，导致各建设主体并未在开发过程中实现共赢，相反，开发效益都受到不同程度的损害。

千叶新城与轨道交通的建设虽存在多个开发主体，但在开发时序上，与多摩田园新城相似，北总线各路段的开通时间与沿线土地开发进行了紧密配合。但后来新城的开发由于没按规划实施，导致了轨道交通建设的进程推迟，轨道交通客流量远远低于预测值，无法顺利经营以致亏损严重。而后开发主体为收回成本采取了票价近乎翻倍的方式，给居民出行增加了票价负担，客流量再次减少，更进一步恶化了千叶新城的发展。

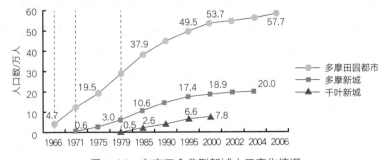

图4-36　东京三个典型新城人口变化情况

数据来源：页注①

（4）轨道交通引导下新城功能的差异互补

轨道交通导向的东京"多中心"空间结构，既强调每个"副都心"及新城的综合

---

① 谭瑜，叶霞飞.东京新城发展与轨道交通建设的相互关系研究［J］.城市轨道交通研究，2009（3）：1-5.

服务功能，又注重各发展组团之间的功能互补。而新发展组团的确定一般位于交通节点、有大量未利用的土地、有发展潜力的地区，它不仅是区域商业中心，而且将发展为高度独立的、多功能于一体的地区综合中心。分工明确、协调互补、发展有序的网络化城市格局，一定程度上实现了控制城市规模过度扩张、集中国际功能、扩散城市次级功能以及建设世界城市的目标。如距东京都中心 10 公里范围内的新宿、池袋等城市组团，主要以发展商务办公、信息、娱乐以及商业为主的综合服务功能；距东京都中心约 30 公里范围内的八王子、立川等新城组团，多以居住功能为主；距东京都中心约 50 公里的外围县如千叶、筑波等中心组团，以突出的专业化、特色化为基础，产业集聚发展的同时带动区域发展。

4.3.2 法国巴黎：规划实施中的五个策略

建设新城的目的是为了有效解决大都市区空间发展问题，因此，立足于整个大都市区，从促进区域整体发展的角度全面统筹新城与主城区之间的内在联系，是大都市区多中心空间发展和新城建设的前提[①]。在这种区域一体化发展的思想指导下，新城成为大都市区空间体系的有机组成单元，在明确自身功能的同时，促进大都市区各类功能空间的协调与平衡发展，轨道交通则在这一过程中有效保证了区域空间上的快捷互动。这一点在巴黎大都市区的空间整合与规划实施中表现得较为典型，具体可归纳为以下五个策略：

（1）从区域视角下判读新城与轨道交通的发展定位

在巴黎新城 30 多年的发展过程中，巴黎将其作为整个大都市区的一个发展极（磁极），在规划之初便确定了要将中心城区内的一些行政机关、事务所及服务设施等吸引出来，在区域范围内促进职能分工的相对平衡，并重视通过轨道交通取得新城与中心城区的便捷联系，以提升新城的吸引力，在某种层次上产生可与巴黎中心城区相抗衡的力量，实现巴黎大都市区的整体平衡。目前新城已显现出较高的综合开发效益，并逐步承担起区域中心城市的职能，对促进巴黎大都市区的空间整合与协调发展起到了重要作用。这一方面得益于在规划建设和管理方面的成功探索，另一方面也得益于大都市区一体化战略的实施，尤其是对快速联系通道、各级中心尤其是新城组团的功能定位、土地开发管理机制、产业发展政策以及大都市区多中心结构中各功能组团之间的协调互动等方面的重视。

另外，在促进新城与中心城区的联系上，巴黎在市域轨道交通的建设方面为世界大都市区的空间整合与新城发展建立了典型（图 4-37）。由于一般情况下郊区之间的

---

① Laquian Aprodicio A, The Emergence of Mega-Urban Regions in Asia, 3rd ed.Woodrow Wilson, 2005：201.

出行需要通过市区的换乘实现，这不仅增加了中心城区的交通压力，也一定程度上增加了出行时间。随着巴黎大都市区空间战略的不断实施以及新城建设的快速发展，中心区人口不断外迁，郊区之间的出行需求在不断增长。因此，为促进新城与主城区之间的快捷联系，巴黎对现有闲置铁路网进行了充分利用，并大力建设郊区环线，完善区域轨道交通网络，对居民的出行选择以及人口的流动起到很重要的引导作用。在巴黎大都市区市域公共交通网络中，主要由13条市域快速轨道线路（RER＋市郊铁路）及公共汽车网组成（图4-38）。其中区域快速轨道交通网（RER）共五条，设有站点257个，线路总长587km，服务于距巴黎中心城区半径在40~50km范围内的区域；市郊铁路共八条，全长1296km，服务范围为整个巴黎大都市区（半径约60km），旨在实现巴黎新城和郊区与中心城区之间的通勤交通，但并不穿越市区，而是只将外围新城（郊区）居民送至中心区（表4-17）。

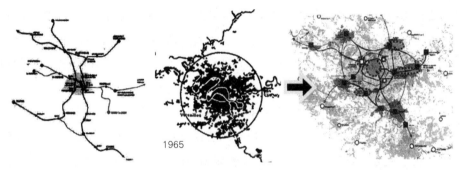

图4-37　巴黎大都市区轨道交通导向的多核心生长的空间拓展

资料来源：页注①

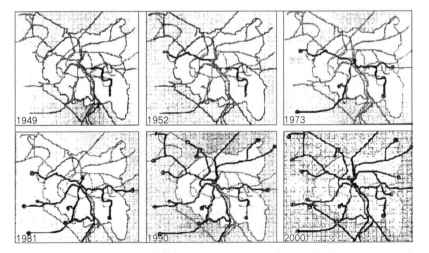

图4-38　巴黎大都市区轨道交通（RER）发展历程

资料来源：页注②

---

① 曾刚, 王深. 巴黎地区的发展与规划 [J]. 国外城市规划, 2004（5）：44-49.
② 邵伟中, 刘瑶等. 巴黎市域轨道交通线路及车站布置特点分析 [J]. 城市轨道交通研究, 2006（1）：62-64.

巴黎新城与轨道交通发展情况（1990年）　　　　　表4-17

项目类别	圣康旦	赛尔基	埃夫里	默伦－塞纳尔	玛尔－拉－瓦雷
人口（万）	12.8	15.9	7.4	8.0	21.0
人口密度（人/英亩）	49	50.4	61.5	17.1	34.0
距巴黎中心（公里）	20	25	28	30	13
区域轨道线（条）	2	3	2	2	1
轨道交通站（个）	3	3	5	4	5

数据来源：页注①

（2）发挥轨道交通的骨架作用引领新城发展

在巴黎大都市区的空间整合过程中，区域快速轨道交通是实现其多中心、网络化发展的关键因素。宏观层面依据区域交通发展来确定新城空间布局，中观层面依托轨道交通线路组织新城的土地开发，微观层面则围绕轨道站点大力发展城市组团和新城中心。如玛尔—拉—瓦雷新城，整体空间以轨道交通站点为核心呈圈层状发展，人口密度、开发强度以及建筑密度由中心向外缘逐步降低，多种城市功能如公共服务设施、商务办公等围绕着轨道交通核心紧密布局，形成相对集中的城市中心，并与新城其他交通干道及南北绿色空间相衔接，形成串珠状且空间不连续的用地布局模式。这种布局方式缩短了住宅与交通枢纽、工作地点、服务设施以及自然空间的距离，使就业与生活功能高度集聚，在减少新城内部对私家车交通需求的同时，提高了组团中心各种功能设施的集聚效益，从而增强了新城各发展单元的吸引力和凝聚力（图4-39）。

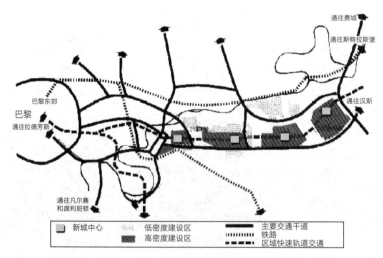

图4-39　玛尔—拉—瓦雷新城交通体系与城市空间布局

---

① 肖亦卓.国际城市空间扩展模式——以东京和巴黎为例[J].城市问题, 2003（3）：30-33.

然而，虽然大运量的轨道交通促进了相对紧凑的高密度空间开发，保证了每个新城组团都可以达到相对较高的建设密度和人口密度，进而确保了轨道交通的运输效率，促进了新城具有更高的资源利用率和更大的发展可持续性，但是在新城内部结构却较为松散，以新城公共服务中心作为片区中心，内部交通主要依赖私家交通。因此，在今后的建设中对新城的内部空间如何借助轨道交通的特点进行优化值得深入研究。

（3）实行轨道交通导向的分区开发模式，并充分发挥市场联动效应，以重大项目带动新城发展

新城建设之初对土地的开发控制与引导就显得尤为重要，特别是与轨道交通的衔接与协调，如何发挥其优势，促进新城土地的有序开发和空间可持续发展，是大都市区空间整合中的研究重点。巴黎新城在土地开发过程中，选择了"人口—交通—产业—商务功能—综合体"的开发路径，在吸引中心城区第三产业等迁入新城的同时，大力建设轨道交通，以保证新城与主城之间的快捷联系，并在新城建设前期围绕着轨道交通站点预留潜力地块供后期商业发展，多种城市功能围绕着轨道交通核心进行紧密布局，促使住宅、就业与其他生活功能高度聚集，从而增强了组团作为新城发展单元的凝聚力和吸引力。

以玛尔—拉—瓦雷新城为例（图4-40）。新城建设之初首先启动距离巴黎中心区最近的西分区，即"巴黎之门"，依托轨道交通站点以高密度、高强度的居住区为主导，吸引人口集聚，但产业发展相对不足，就业岗位紧缺；70年代进行第二分区即"莫比峡谷"的开发，总结以往的经验与教训，通过建设国际科研中心和产业园区促进新城的职住平衡；1985年玛尔—拉—瓦雷新城启动第三分区即"比西谷"的建设，充分依托原有城镇基础以及轨道交通的优势，开发商务、办公和产业研发等新型功能区，引领新一轮住区建设，并通过对新城环境品质的打造提升土地价值；1987年新城启动第四分区即"欧洲谷"的建设，这一分区也是玛尔—拉—瓦雷新城功能提升的重点所在，以重大项目迪士尼主题公园带动区域发展，实现了新城发展的跨越，开拓了旅游、度假、休闲娱乐等新的城市功能（表4-18）。

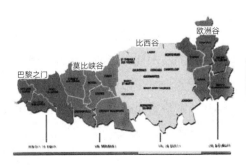

图4-40 玛尔—拉—瓦雷新城规划分区

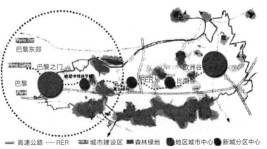

图4-41 新城轨道交通与城市中心分布

(4) 依托中心城市整合原有城镇的建设，注重轨道交通导向的土地高密度开发与混合使用

与伦敦多数新城是在一片处女地上逐步发展起来的路径所不同，巴黎新城的建设基本是在半城市化地区。通过发挥新城中心的辐射作用，吸引一定范围内的居住、企业以及休闲、娱乐等设施的集聚，通过建设密度的提高以及对原有城镇空间的整合，逐步走向完全城市化。而在土地利用方面，轨道交通导向的土地混合使用功能的发挥对新城中心的建设起到了关键作用。在新城土地使用的布局中，巴黎新城不再重视传统的功能分区，而是在空间布局中采取以公共交通为导向的相对集中或者独立的建设方式，多项设施综合集中于新城中心区，与轨道交通紧密结合，形成一个综合的、功能全面的现代新城核心（图4-41）。而我国土地资源的稀缺性也决定了我国大都市区空间发展必须选择一种以公共交通为导向的拓展方式，如何在保持新城与主城紧密联系的同时，促进新城自身的综合发展，巴黎新城为我们提供了很好的借鉴。

(5) 成立专门的规划实施机构，并以积极的政府介入为保障

巴黎新城在开发过程中特别成立了"EPA（新城国土开发公共规划机构，Establishment Public é'Amanagement de la region）"机构[①]，全面负责新城的社会管理、政策落实以及城市规划的编制与管理、建筑设计的招投标和市政公共设施的管理等各类事宜。严密的新城规划建设操作体系（EPA）一直伴随新城的成长与发展，对新城的建设起着至关重要的作用。

EPA机构人员构成是以规划人员为核心，包括规划、建筑、交通、景观、经济学等各个领域的专家和社区代表，在新城的初期开发中（一般需10~20年），EPA成员一起工作、密切配合，针对每个发展阶段和具体的地块建设进行认真研讨，直至新城中心区的开发建设基本成型。这种基于区域整体发展和各部门合作的城市管理模式对协调轨道交通与新城的开发时序、保持新城的整体发展起到了重要作用，也是形成巴黎新城独有特色的重要制度原因。

另外，政府的积极介入也同时表现于其他方面，如针对新城的土地开发制定相关的法规制度和规范、重点扶持关系新城发展命脉的大型公共设施建设（特别是交通基础设施和科研机构）等。

总之，从集聚的单中心巴黎密集区到分散的多中心结构的巴黎大都市区，是大都市地区发展的内在规律。毋庸置疑，巴黎大都市区进行的空间战略调整和新城实践对于巩固其在全球城市体系中的地位起到了重要作用，深入分析与总结其发展特点和开发建设的成功经验，对当前我国大都市地区多中心建设背景下轨道交通与新城的发展有着重要启示意义（表4-18）。

---

① Sassen Saskia.Cities in a Global Economy [J].Thousand Oaks, 2006 (5): 56.

巴黎玛尔—拉—瓦雷新城开发策略与借鉴意义　　　　表 4-18

新城开发策略	借鉴意义
从区域高度判读新城的定位与发展方向，在整体规划后分区展开且各有侧重，并在建设中不断调整，以各分区特色化、差异化有序发展	树立区域发展观，统筹全域规划并分区分期开发，注重各分区职能、特色及环境品质的提升，促进新城内部的有序性和高效性
大力发展轨道交通，促进新城与中心城区的快捷联系，并以轨道交通站点为核心发展区，圈层、组团式进行展开	以轨道交通为依托，以站点为核心高强度土地开发并注重多功能用地的协调发展，高效利用轨道站点效应
首先开发建设距离巴黎中心城最近的西区，以住宅业作为启动区的核心产业	充分利用中心城市的辐射效应，优先开发居住功能，导入人口和产业，在促进轨道交通高效运营的同时，不断拓展影响区域，并在前期预留潜力地块供后期商业发展
新型技术工业和第三产业成为新城开发的动力，研发机构、商务中心、主题公园以及产业园区等新型城市功能区出现，并占据产业发展的主导地位	重视新城土地的混合使用及多功能产业的发展，以新型产业和第三产业带动区域发展，并注重大型公共设施的开发
新城选择了以轨道交通为主导的开发模式，充分考虑了新城内部和外部的交通需求，轨道交通和小汽车共同支撑对外交通	强化轨道交通在新城交通系统中的核心地位，坚持以公共交通为导向的新城发展战略
在新城各组团之间留有充足的自然空间，且经过精心设计，如通过水系、林荫步道等在空间上的有机联系形成新城绿脉，与新城高密度发展空间相互交织穿插	强化新城公共空间的设计和城市增长模式向内涵提高的转变，尊重自然，延续城市文化，以人为本，建设生态、绿色、高品质的新型城市区
新城建设中的迪斯卡特科学城选址在于新城分区的交界之处，促进了新城整体发展和分区之间的交流	注重新城各组团之间的联系与交流，强化新城空间的整体性，鼓励组团间、市镇间的合作
成立 EPA 新城规划实施机构，多领域交流与配合，针对新城发展的每一阶段进行认真研讨，直至新城中心的建设基本成型。同时政府制定相关制度，重点扶持大型公共设施的建设，特别是交通基础设施和科研机构	多领域协作，成立相对独立的新城建设与管理机构，对新城的土地开发、规划方案、设施建设等进行跟踪式管理与服务，并以积极的政府介入为保障

4.3.3 新加坡：建设运营中的四个重点

随着我国城镇化进程的加快以及区域城市化、城市区域化的发展，大都市区正面临着城市空间急需拓展和土地资源急需控制之间的矛盾。新加坡作为多中心、高密度发展的城市国家，以其宏观的土地集约利用政策和高效的公交系统建设成功实现了高品质的城市建设和城市空间的可持续发展。建立以轨道交通为主导的土地开发模式，并通过其他公交方式的合理补充，以最大限度的发挥轨道交通的作用是新加坡解决城市空间发展问题的根本手段。

新加坡自 1960 年代以来已建成 23 个新城（新镇）[①]，且均为高密度开发模式，是新加坡多中心城市空间体系的重要组成部分。纵观新加坡轨道交通建设与新城发展的历程，公交优先发展、注重公共住房建设等始终都是大都市区各项管理政策制定的核心，成为新加坡实现多中心城市空间体系有序发展的关键要素（表 4-19），在新城建设

---

① Sren Kristensen.Landskabsforandringer［R］.Institute of Geography at Copenhagen University，2002.

与轨道交通的运营中具体明确了以下四个重点：

新加坡重点轨道站周边土地开发特点　　　　　　　　表 4-19

类别	典型站点	250m 半径圈		250～500m 环带	
		商业容积率	住宅容积率	商业容积率	住宅容积率
城市中心	Raffles Place	12.6	—	8.4	—
	Cross Street	12.6	3.5	12.6	3.5
区域中心	Woodlands	5.6	—	—	2.8
	Tamplnes	4.2	2.8	4.2	2.8
次区域中心	Bishan	4.2	4.9	—	—
	Serangoon	—	3.0	—	3.0
	Paya Lebar	4.2	3.5	4.2	3.5
	Buona Vista	4.6	4.2	—	4.2

数据来源：新加坡总体规划（2008）http：//www.ura.gov.sg/mp08/map.jsf？goToRegion＝SIN

（1）多维平衡——轨道交通引导下的城市空间组织要具有层次性

新加坡轨道交通主要由地铁和轻轨组成，每一个站点都是重要的连接点，将购物中心、住宅区、公共设施以及交通中心和广场密切结合，并通过站距的区分和换乘枢纽的建设来实现轨道交通组织的层次性：宏观层面由"半放射状加环形"的轨道交通进行组织，以主城区为集聚点，向外联系位于本岛西部、北部和东部的 3 个新镇，也是城市中心与区域中心之间的直接联系；中观层面则由 LRT 和巴士系统共同承担，通过公交换乘枢纽的建设来提高轨道交通站点的服务范围，以有效补充和支撑起中观层面的空间需求；微观层面主要是通过良好的步行环境和以人为本的交通设施布置进行有序组织（图 4-42）。

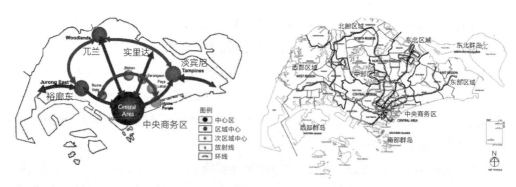

图 4-42　新加坡多中心空间结构与轨道交通体系
资料来源：新加坡国家发展部网站 http：//app.mnd.gov.sg/

（2）无缝换乘——建立以轨道交通为主导的多模式、网络化公交系统

新加坡轨道交通引领作用的充分发挥与其多模式的搭接式公交体系是分不开的，

其最重要的特征和优势便是公交系统的一体化和网络化，即轨道交通与巴士、出租车等共同组成的公交系统。在这一体系中，地铁提供骨干线服务，覆盖区域主要的城市发展中心，尤其是市中心与新城中心之间的联系；轻轨则是地铁的拓展，用于连接地铁站点与主要的商业区和居住区，且每个站点与其附近主要居住区之间的最大步行距离控制在400m以内；作为轨道交通的补充，巴士系统与轨道网络紧密结合（图4-43），用于填补私人交通与公共交通之间的空白；而出租车则主要服务于时间紧急或高消费人员的出行（表4-20）。

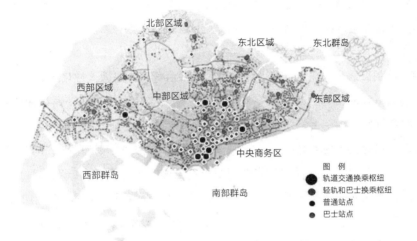

图4-43　新加坡公共巴士站点空间分布

新加坡巴士公交服务标准　　　　　　　　　表4-20

线路长度与分配比率	往返行驶距离为50km以上的巴士线路条数不超过总数的20%，60km以上的不超过5%
可达性	每400m至少有一公交站点； 每3000～3500居住单元要有干线服务； 每一组屋社区与轨道站点要有直接联系的巴士公交线路； 双向的巴士接驳服务； 巴士公交站点与轨道交通站之间的步行距离不超过150m
车头时距	在工作日的早高峰期间，至少有80%的公交服务的车头时距不超过10分钟，至少有90%的接驳线路的车头时距不超过10分钟
时刻表遵守率	80%的巴士车头时距与规定的车头时距相差不超过5分钟
最大载客量	在所有的时段，干线巴士线路的载客量不超过规定载客能力的80%，接驳线路不超过90%

资料来源：页注①

轨道交通在这种"搭接式"公交生长过程中，通过对远端的换乘枢纽和线路节点效应的叠加以及与一系列交通线路的连接传递，牵引和带动了新城发展，不断形成新的城市次中心。

---

① 严亚丹，过秀成等．新加坡城市综合公共交通系统［J］．现代城市研究，2012（4）：68．

（3）多方共赢——建立良性、长效的投融资机制

新加坡城市轨道交通建设与土地储备相结合，建立了良性、长效的投融资机制，成为全球少有的轨道交通盈利的大都市区之一。其轨道交通的成功发展得益于充分认识到轨道交通的双重属性，由政府承担其公益性的投入，经营性的特点则由市场行为来体现。同时政府实施土地储备政策，在站点周围圈地作为预留空间，其外围发展高强度、高密度的住宅和商业设施以及公交换乘站等，发展商依赖商业场所出租、物业管理等获取长期稳定的收益，待站点周边区域建设成熟，预留地的增值收益归政府所有。这种"政府主导、市场运作"经营模式，明确了每个运作主体的职能分工，最大限度发挥了轨道交通建设的整体效益，实现了土地增值收益的最大化，形成"土地储备—增值收益—轨道建设"的良性循环。

（4）法制交通——通过行政、经济等措施联合管理并注重人性化服务

新加坡以轨道交通为主导的高密度开发，建立了较为成熟的交通管理体制，实施行政、经济等措施相结合的法制化交通管理，制定了"全面控制交通法"，配以惩罚性的机动车限制措施，达到限制私人小汽车和扶持公共交通，尤其是轨道交通发展的目的。同时，在轨道运营中通过独立监管机构的监督，十分重视出行者的意见并尽力做好协调，人性化的服务很大程度上增加了居民选择公交出行的意愿。在新加坡2009年10月公交乘客满意度的调查中，对公交系统服务表示满意的比重高达93.8%，这与其以人为本的轨道运营策略是分不开的，也是促进公交优先发展的内在要求。

4.3.4 关键因素的分类与总结

基于对东京、巴黎、新加坡轨道交通与新城发展的分析，相关启示可以从建设时机、内在机理、功能成长以及保障机制四个方面进行分类总结，具体如下：

（1）建设时机——轨道交通与新城协调发展的关键

1）轨道交通是建构大都市区多中心空间体系的必要条件

应坚定地沿着"发展以轨道交通为主体的公共交通"的道路走下去，注重依靠轨道交通来引导"副中心"和新城的发展，并强调轨道沿线城市组团的分工明确、协调互补。

2）新城的发展需要快速轨道交通的支持

提供连接新城与中心城区的轨道交通能满足大规模、中长距离的出行要求，具有准时、快捷、大容量的优势，对新城与主城之间的良性互动起极大的促进作用。

3）新城开发与轨道交通建设要注意在时间和空间上的配合

一方建设的滞后极易导致城市空间发展与交通的恶性循环，新城与轨道交通的建设主体应根据发展实际与市场变化恰当、及时的协调新城土地开发与轨道交通建设时

机，如此既能提供可达性较好的交通条件促使土地开发效率的提高，又可以增加新城的吸引力，为轨道交通的顺利运营带来充足的客流，从而形成良性循环。

4）市郊铁路的发展应与中心城区轨道建设并重

快速捷运系统的缺乏容易导致新城吸引力下降，并可能导致城市空间沿交通干线再次蔓延，应尽早建设与城市总体规划相适应的市郊铁路，尤其是在外围城市用地功能尚待调整的阶段，更应提前进行战略谋划，并鼓励各类投资者联合建设。

（2）内在机理——轨道交通与新城协调发展的基础

1）轨道交通导向的新城空间的组织要具有层次性

基于轨道交通的新城发展，应树立区域一体化理念下宏观、中观、微观三种不同视角的调控思想，对新城的职能定位和公共中心进行差异化引导，并从区域高度系统的看待城市空间形态的组织与新城发展问题。在宏观层面形成以连接各城市中心的轨道交通为框架、其他交通方式紧密衔接的空间结构；中观层面围绕着轨道交通站点形成规模合理、功能明确、组织有序的城市化地区；微观层面则通过加强步行空间的连续性，提高整体运行效率，在步行、公交和轨道交通之间寻找平衡，并重视对节点地块的开发引导和系统化储备。

2）建立以轨道交通为主导的多模式、网络化公交系统

构建以轨道交通为主导、轻轨和巴士线路等作为接驳的多模式、网络化公交体系，并通过运营管理一体化、票制票价一体化、设施一体化等措施鼓励乘客在各种公共交通方式间换乘出行，并重视建设无障碍设施以及公众参与的践行，营造高品质的公交服务环境。

3）强化"高密度＋公共交通"的土地混合使用

一方面应鼓励和提高新城混合型土地使用的密度，有层次、有步骤的建设有生命力的新城中心和组团中心；另一方面，从土地利用角度出发，决定了一定地域范围内不同类型的出行，而在城市交通与土地使用的关系上，交通出行不是目的，而是一种手段。因此应打破较为单一的运输体系，建立多层次、网络化的交通体系，尤其是确立以轨道交通为主导的公交发展模式，强化"高密度＋公共交通"的空间借用模式，以推动交通与土地使用一体化发展的进程。

（3）功能成长——轨道交通与新城协调发展的根本

1）依托轨道交通积极培育新城产业空间

新城建设的难点是产业，关键也是产业，必须要有强有力的产业支撑，才能促进新城的健康发展以及大都市区空间整合目标的实现。而新城也只有提供了就业岗位，才会吸引居民。因此，在大力发展轨道交通的同时，应注重利用其在交通流、信息流、物流等方面的优势，促进新城的发展定位从"功能新城"到"综合新城"，与中心城区的关系从"附属"到"独立与协作"，而不应过度依赖主城。多种举措引导就业人口的

本地化是保持新城发展活力的根本因素。

2）以重大项目带动新城发展，并注重新城产业的多元化发展

以重大项目带动发展是大都市区空间整合与新城建设中的重要战略。建设资金宜采用有选择性的重点建设方针，对关系新城发展命脉以及区域发展需求的大型公共设施优先建设。建设中围绕轨道交通站点，先期集中建设大型商业、办公、服务、科研等公共设施，快速的改善原有地区的城镇面貌和设施环境，利用市场的联动效应，充分发挥新城中心的集聚和辐射功能，提供更多的就业岗位，逐步引导新城土地的开发。但在发展中应避免对单一类型产业的过度依赖，在特色化基础上走向多元化。

（4）制度改革——轨道交通与新城协调发展的现实需求

1）拓宽融资渠道，丰富优惠政策，提升新城吸引力

拓宽轨道交通与新城建设的投资渠道，制定各种优惠政策，吸引各类投资者对轨道交通和新城的开发。同时轨道交通票价的制定要充分考虑到新城居民的承受能力。高票价容易降低轨道交通的优势和吸引力，不利于轨道交通自身和新城的发展。

2）法制交通建设与多元机制的融合

为强化对公共交通尤其是轨道交通的扶持，建议通过成立一个相对独立的监管机构，明确其职责分工及与其他部门的协调机制，为实现公交优先发展提供政策和制度保障。同时，在市场经济体制下，应尽快健全新城土地开发政策，将土地储备和轨道交通建设相结合，通过政府、轨道交通运营商和新城开发商三种主体的联合开发，建立长效、良性的轨道交通投融资机制，并通过立法、政策、制度设计等措施来保障，这将有助于处理区域层面的发展问题，推动轨道交通与新城土地利用的一体化发展。过度或单方面依赖政府，易导致新城失去自组织的活力，并带来大量的财政负担，影响城市功能的整体运转。

4.4 本章小结

当前，在新城开发与轨道交通建设被许多大都市区作为应对高速城市化时期城市空间的扩张需求以及中心城区承载力濒临极限而选择的空间载体和发展手段时，深入分析和研究国外已有的相关建设活动，归纳总结其发展经验，探讨轨道交通引导下我国大都市区空间整合与新城发展的内涵，研究其发展模式、建设内容和实现途径，就显得尤为重要且具有特殊意义。

日本东京、法国巴黎、新加坡等国际化大都市区在1946年即第二次世界大战之后都面临着城区不断向外扩展直至蔓延的情形和压力。与美国郊区化发展模式不同，这些国家在城市空间发展中通过政府力量的介入，以新城建设和实现区域城市化为目标，

极大推动了大都市区的空间结构调整，开辟了城市空间发展的新模式。与此同时以发展轨道交通为先导的大都市区空间开始了最为剧烈的重组进程，在接驳城市中心区不断膨胀的经济社会活动的同时，通过对中心城区功能的疏散，引导大都市区空间由高度集聚的"单中心"结构向开敞式"多中心"结构转变，并引发了大都市区空间结构性的深层次调整以适应新的发展需求。

然而，与国外相比，我国无论是在新城建设的形成机制、区位环境、城市阶段，还是轨道交通的建设时机、影响程度以及大都市区所面临的诸多问题都不相同。严格地说，国内轨道交通建设的出发点很大程度上是为了缓解中心城区的交通压力，新城的建设也可以说正处于起步和摸索时期，因此二者之间的协调配合以及相关领域的研究也处于待开发阶段。由于轨道交通与新城建设的成功与否与当地的社会经济、人文环境以及由此而选择的开发模式都息息相关，而我国目前所处的城市发展阶段以及所面临的诸多问题和困扰是其他发达国家和地区所不曾经历过的。因此，在总结和借鉴国外先进建设经验的同时，更要注重"因地制宜""因势利导"，也只有这样才能更好的借"他山之石"励"自身成玉"，推动大都市区空间结构的有序、健康发展。

中 篇
机理与成长

　　本篇为"机理与成长"篇。结合上篇对影响轨道交通与新城协调发展关键因素的总结，本篇将以"如何促进轨道交通与新城的协调发展"为研究导向，分别从建设时机、内在机理和功能成长三个方面展开系统研究，以期为相关协调发展策略的制定提供建议，并为本研究寻找有价值的评估方法提供思路。

第5章 建设时机是轨道交通与新城协调发展的关键

近年来,大多数城市热衷于城市空间的"重构",向往城市经济发展的"跨越"与"转型",并以建设"新城"和发展"轨道交通"为旗帜,拓展城市用地规模。然而,面对雨后春笋般出现的新城和轨道,面对一座座盲目冒进下催生的"空城"和被动运转的"铁路",是否需要开发以及何时开发必须冷静下来全面论证。虽然目前国内已积累了不少经验,但依旧较为缺乏这类轨道交通与新城土地开发之间在建设时机配合上的成熟经验。

本章将对现阶段我国大都市区新城与轨道交通建设中的几个关键问题加以讨论。从新城的建设目标、轨道交通的特性及其与城市规模的关系等方面对新城的建设条件、轨道交通的建设时机、建设类型进行综合探讨,其中的重点则是为轨道交通与新城在建设时机的选择和配合上提供不同状态下的协调对策,最后从大都市区与新城两个层面分别提出建设前需重点研究的其他问题,进而为研究脉络的展开奠定基础。

5.1 新城建设的可行性评价

20世纪70年代后,全球化、区域化以及信息技术的不断进步促使大都市区地域空间迅速响应,以新城建设为主的新型城市功能体成为城市发展的主导方向,并呈现出本质性的变化特点。首先,新城的城市增长模式逐渐由外延式扩展向内涵式提高转变;其次,新城建设管理开始融入区域,尤其注重新城与中心城区之间以及新城与新城之间的紧密协作,其融资渠道也呈现出多样化特征,不再单一的依赖于政府供给,而是更多的走向联合化、国际化,这些都是经济全球化的大势所趋。可以说,这一时期的新城建设已不是在特定历史条件下应对城市发展问题的一时之举,而是大都市区空间发展的一项具有战略意义的理性决策。

然而,对于新城建设的实际效果,各国评价褒贬不一。在新城发展过程中确实出现了很多问题,主要是常住人口的数量离预期甚远,基础设施未能得以充分利用,给城市带来巨大的经济和资源负担,减缓主城区人口和环境压力的初衷也未能很好实现。面对一座座问题新城,我们禁不住会问,这个时代是否真的需要新城?客观的分析,发展新城应该说利大于弊,而且对于当前我国大都市区的发展而言,建设新城意义重大。

5.1.1 新城建设的目标探索

新城建设的本质是新城本身最基本的属性,决定了新城最主要的特征,也决定着其未来的发展趋势。探索新城建设的目标就是探寻新城的基本发展规律,把握其发展的核心驱动力,以充分体现新城建设的意义与价值。

(1)抑制单中心功能与人口的高度集聚,疏解过密人口与重叠功能

大城市中心区强大的辐射力使各种能流高度集聚,良好的设施和便利的服务吸引外围人口大量涌入城市。但随着城市化进程的快速发展,城市规模不断扩大,随之而来的是对城市就业、居住、公共服务设施的巨大需求。当前我国大都市区中心城区普遍呈现出"人满为患"的尴尬处境,基础设施多数"超负荷"运行,交通拥挤、环境恶化,产业扩张因缺乏必要的空间而引发中心区功能的高度重叠与角色的混乱,从而导致大城市区域竞争力下降。同时主城由于空间的限制难以承接城市发展衍生出来的诸多新功能,开发与保护的矛盾极大,结果很容易导致城市风貌遭受破坏(图5-1、图5-2)。

图 5-1 北京市的交通拥挤现状

图 5-2 高峰时段的北京地铁宋家庄站

在这种情况下,建设新城成为顺应城市化快速发展趋势、解决城市发展空间不足等问题的有效途径。通过新城建设实现主城区城市功能的疏散,不仅有利于主城城市功能的提升与发展活力的保持,也为大都市区建立了新的生长点。新城在承接主城区疏解产业的同时,既满足了主城区产业升级和功能置换对城市空间的需求,又在很大程度上推动了区域城镇化的发展,对吸纳外来投资和不断涌入中心城市的大量农村剩余人口起到了积极作用。

另外,经济全球化、国际化背景使大都市的发展不会停止,在旧城保护变得尤为

重要的情况下，新城建设也成为一种必然。

（2）优化城市空间结构，抑制土地粗放蔓延

近年来，我国部分城镇密集区在建设过程中所出现的"生态危机"直面反映出粗放式土地开发的后果。以苏州市为例，在不到20年的时间里城市建设用地的扩张局势非常惊人，按其目前的发展态势推测，2020年苏州城市可利用土地将完全耗竭。

如上所言，随着我国城市化进程的不断加快，中心城市人口激增，如何防止城市建成区沿交通线路"摊大饼"式粗放蔓延，成为发展协调的重点。而建设新城正是一种调控和优化城市空间结构、防止城市粗放蔓延的有效手段。通过新城建设形成新的城市发展中心，在大都市区范围内形成与主城区空间形态分离但功能却紧密相连的空间组织形式，这不仅有利于优化区域空间结构、构建多中心空间体系，也有效解决了大都市区人口和产业的空间配置问题，使城市空间突破圈层式转向网络化发展。

（3）改善居民生活品质，创新城市生活方式

在中心城市发展到一定阶段后，多数面临着人口拥挤、交通拥堵、环境恶化、公共设施短缺、发展空间受限等诸多问题，并很难通过旧城改造来解决，即使能解决，所需成本也相当高，且极易陷入"改造"循环。新城一般是按现代理念规划建设，其建设起点与标准较高，发展空间相对充足，又易接触自然，通过规划设计建成为优美的城市环境。可以说，新城一定程度上为人们创造了新的生活方式，满足了市民对居住环境的向往。

（4）构建区域经济增长极，引领城乡一体化发展

城乡发展差距过大一直是困扰我国城市发展的难题。通过新城建设形成新的区域经济增长极，势必会带动周边中心城镇的新一轮发展，有利于推动中心城镇空间的集约化，改变我国中心城镇普遍规模较小、区域内结构雷同、重复建设等问题，促进中心城镇功能整合，且有利于在区域内建构合理的城镇体系，促进区域整体结构的优化。同时，新城位于城乡之间，兼顾城乡优势，是城乡联系的枢纽，新城建设将带动中心城市、一般城镇和广大乡村之间的共同建设，有利于促进和完善区域内城镇的网络化发展。

5.1.2 新城建设的"可行性"论证

以上分析总结了新城建设在我国大都市区发展中的重大意义，然而对于不同的城市以及城市的不同发展阶段，在空间整合中是否需要建设新城以及何时建设还需全面论证。一般而言，是否要建新城主要取决于两个条件：

一是中心城区或区域社会经济发展是否需要以建设新城的方式满足城市发展对空间的需求，即"需不需要"的问题，这是建设新城的前提；

二是中心城区或区域的发展条件是否有能力支撑新城发展，即"有没有能力发展"的问题。

对于多数大都市区而言，第一个条件一般都能符合，而建设的关键则是如何保证新城能够健康、可持续的发展。因此，行动之前对其建设的"可行性"加以论证就显得尤为重要，也只有这样才可以有效的避免新城沦为"空城""卧城"的尴尬处境，给中心城市带来巨大的经济负担和资源浪费。

（1）新城建设的必要性分析

在新城开发之前，所有针对现实的分析大都指向区域发展环境，尤其是新城所在城市的现状条件、发展需求和现实问题等。而中心城市的整体实力和主客观需求在最大程度上决定了新城开发的必要性与可行性，也就是说，新城存在和诞生的必要性取决于中心城市的发展需求。结合国内外大都市区新城建设经验，主城区一般在表5-1中全部或部分条件的共同作用下，可能产生对新城开发的需求。

新城建设必要性分析条件　　　　　　　表5-1

序号	建设条件
1	中心城区人口和产业过度集聚，集聚效益为负，并表现有显著的溢出需求，需要在外围建设新城以拉开城市布局框架，疏散膨胀的人口和部分城市功能
2	城市经济发展迅速，原有城区不足以支撑和容纳现有产业和人口
3	老城区改造遇到瓶颈，对旧城实施再次开发实现内生式发展，在相当长的时期内不可能
4	边缘重点县城、乡镇组团发展迅速，产生提高建制等级、上升为城市的需求
5	重大资源的发现或城市级大型产业项目落位于中心城区外围（与中心城区有一定距离），需要发展城市功能以满足产业和从业人口的综合需求
6	城市郊区的工业开发区、大学城、产业园区等，其规模和常住人口扩大至一定规模，需要完善各种城市设施以转变为城市的需求
7	重大交通设施或工程建设的关键节点产生建设新城的需求（如围绕高铁站点建设新城）
8	在重大政策的带动下，建设用地放宽，地区经济得到快速发展，催生当地城市化进程，进而促动新城建设

（2）新城发展的可行性分析

通过对现阶段我国各大城市新城建设情况的统计研究（表5-2），可以看出，我国新城的建设大多始于2003年，而近五年建设的比重却达到了68%，这一数据直接反映出当前我国新城建设活动的热潮。而现实中普遍存在的"卧城""空城"等问题，一方面是由于一些中小城市不顾发展实际，将"多中心跳跃式"作为城市发展模式外，更多原因在于大都市区新城由于缺乏成长动力而导致诸多问题的产生。因此，在对新城建设的必要性进行论证后，接下来应着重对新城发展的可行性进行分析，主要通过以下两个方面展开：

第一,从区域职能分工和主城区经济发展、城市化发展趋势的角度评估新城建设规模和发展定位的可行性。新城发展成功与否的关键在于能否吸引到足够的人口"留"在新城、能否承接中心城市相应的产业转移。如果区域或中心城市的经济发展水平不突出,缺乏广阔的经济发展腹地,则会降低对产业和人口的吸引力,缺乏足够的要素支撑新城发展。相反,如果区域或中心城市经济发达并具有广阔的经济腹地,辐射范围广,如上海、北京等特大城市,能吸引全国甚至世界范围内的产业和人口集聚,新城建设则具备良好的发展基础。

第二,从中心城市的经济实力评估新城发展的可行性。新城建设需要大量资金,包括拆迁成本、基础设施建设成本、融资成本等,无论对政府还是企业,都将是一笔巨大的投资。不同的区域,其拆迁成本、基础设施建设标准不同,因而新城开发的投资强度也存在较大差异。一般而言,每平方公里基础设施投资强度在亿元以上(如苏州工业园基础设施的平均投资强度每平方公里达5亿元左右),单从资金投入来看,就对城市政府的财政和融资能力带来很大的考验。这也在很大程度上影响了大都市区在多中心空间体系的构建中发展新城的数量。因此,要综合评估中心城市的经济发展实力、土地增值预期收益、融资方式及投资预算等。若尚不具备相应的开发条件,则应及时调整新城的建设规模、建设时序,在决策过程中有所侧重的选择部分新城组团进行先期开发,而不应贪多求大,脱离自身发展实际,导致因资金链断裂造成前期投资浪费、烂尾工程等问题的出现。

现阶段我国大城市新城(区)建设情况统计　　　　表5-2

序号	新城	建设时间	所在城市	距主城距离（km）	主城建成区面积（km²）	新城规划面积（km²）	成长动力
1	北京3个重点新城（共11个）	2005	北京市	20~30	1311	580.4	乡镇整合/产业区转型
2	天津滨海新区	2006	天津市	40	641	1376	重大项目带动发展
3	石家庄正定新区	2010	河北省石家庄市	15.5	191	45.95	新区
4	曹妃甸新城	2008	河北省唐山市	60	206	225	重大项目带动发展
5	邯郸东部新城	2010	河北省邯郸市	8	104	29	重大项目带动发展
6	太原南部新城	2006	山西省太原市	22	205	70	产业区转型
7	大同御东新区	2005	山西省大同市	5.5	91	72.45	乡镇整合
8	呼和浩特新城区	2011	内蒙古自治区呼和浩特	8.5	154	29	新区

续表

序号	新城	建设时间	所在城市	距主城距离（km）	主城建成区面积（km²）	新城规划面积（km²）	成长动力
9	包头滨河新城	2004	内蒙古自治区包头市	7	131	88	新区
10	沈阳蒲河新城	2006	辽宁省沈阳市	18	370	270	产业区转型
11	大连普湾新城	2010	辽宁省大连市	45	258	1008.5	乡镇整合/产业区转型
12	鞍山城南新区	2009	辽宁省鞍山市	11	148	131.7	乡镇整合
13	沈抚新城	2009	辽宁省抚顺市	16	124	258.8	新区
14	长春北部新城	2009	吉林省长春市	20	300	105	产业区转型
15	哈尔滨松北新区	2003	黑龙江省哈尔滨市	12	340	120	新区（政府搬迁）
16	齐齐哈尔南苑新城	2011	黑龙江省齐齐哈尔	5	115	45.96	新区
17	庆南庆北新城	2009	黑龙江省大庆市	10~20	169	111.02	新区
18	上海9个新城	2007	上海市	20~30	886	15~30	乡镇整合、产业转型
19	南京河西新城	2005	江苏省南京市	10	592	94	重大项目带动发展
20	锡东新城	2009	江苏省无锡市	6.5	208	125	新区
21	徐州新城	2004	江苏省徐州市	8	187	60	新区
22	常州北部新城	2008	江苏省常州市	10	121	70	新区
23	苏州东部新城	2003	江苏省苏州市	30	318	126.7	产业区转型
24	宿迁湖滨新城	2006	江苏省宿迁市	12	61	81	产业区转型
25	杭州大江东新城	2009	浙江省杭州市	40	367	421.2	产业区转型
26	杭州湾新城	2004	浙江省宁波市	50	242	240	产业区转型
27	合肥滨湖新城	2006	安徽省合肥市	11	280	196	新区（政府搬迁）
28	福州东部新城	2006	福建省福州市	8	177	28	新区

续表

序号	新城	建设时间	所在城市	距主城距离（km）	主城建成区面积（km²）	新城规划面积（km²）	成长动力
29	厦门集美新城	2009	福建省厦门市	12	197	31	新区
30	南昌昌北新城	2002	江西省南昌市	11	109	78	新区（政府搬迁）
31	济南西部新城	2005	山东省济南市	8	326	55	新区
32	青岛高新区	2008	山东省青岛市	20	267	47	产业区转型
33	淄博新城区	2009	山东省淄博市	8	213	52	新区
34	郑东新城	2002	河南省郑州市	12	329	150	新区
35	洛南新区	2000	河南省洛阳市	7.5	164	71.3	产业区转型
36	武汉东湖新城	2004	湖北省武汉市	22	46	11.57	新区
37	长沙河西新城	2007	湖南省长沙市	10	243	212	新区
38	广州珠江新城	2008	广东省广州市	10	895	68	新区
39	深圳光明新城	2008	广东省深圳市	30	788	156.1	新区
40	汕头东部滨海新城	2008	广东省汕头市	6.6	170	65.1	产业区转型
41	佛山高明西江新城	2009	广东省佛山市	32	248	28	乡镇整合
42	江门滨江新城	2007	广东省江门市	45	114	138.4	新区
43	湛江东海岛新城	2010	广东省湛江市	40	160	121.13	重大项目带动发展
44	茂名滨海新城	2008	广东省茂名市	13	61	156	重大项目带动发展
45	惠州东部新城	2003	广东省惠州市	10	128.82	20	新区
46	南宁相思湖新城	2002	广西壮族自治区南宁市	10	170	127.6	新区
47	重庆西部新城	2003	重庆市	15	708	120	新区
48	成都南部新城	2008	四川省成都市	8	428	87	新区

续表

序号	新城	建设时间	所在城市	距主城距离（km）	主城建成区面积（km²）	新城规划面积（km²）	成长动力
49	贵阳金阳新城	2005	贵州省贵阳市	12	150	40	新区（政府搬迁）
50	滇池东部新城	2003	云南省昆明市	15	180	80	乡镇整合
51	西安沣渭新区	2010	陕西省西安市	18	369	195	新区
52	秦王川新城	2010	甘肃省兰州市	105	183	45	重大项目带动发展
53	乌鲁木齐北部新城	2011	新疆维吾尔自治区乌鲁木齐市	25	303	100	产业区转型
……	……	……	……	……	……	……	……

资料来源：根据各城市政府网站公布数据整理

5.1.3 新城发展"不可行性"研究

新城建设在进行可行性论证的同时，应积极引入不可行性研究，并提高其在发展决策中的地位，这是有效避免重大决策失误的必要辅助手段。

不可行性研究影响决策的机制，可以从以下两个方面入手：

一是完善调查、听证和评议制度；

二是开放和平衡规划提案权。

现阶段，调查、听证和评议是社会各界参与政府决策的主要体现，尤其是听证，是当今世界各法治国家行政程序法的一项共同的、极其重要的制度。新城开发建设是一个涉及社会各个方面、复杂的利益博弈的过程，如果不能实现与各个利益主体的充分沟通就进行新城开发，容易导致社会利益失衡。

另外，虽然当前各层次城市规划的编制和城市各项设施的建设都已重视对"公众参与"程序执行，但社会公众的意见也只是一种"有限选项内容的选择权"，针对基本目标一致、观点立场分歧不大的提案，投票表决的价值也就不再重要。因此，开放规划提案权是允许社会各阶层、群体表达对新城规划意志的有效途径。由社会提出多种规划草案，政府和公众共同来选择，会极大拓宽政府决策的视野，思路的开阔使得创造经典工程和精品工程的可能性更大。

当然，开放提案权并不会自动实现提案机会的均等化。政府需有意识的对于弱势群体代表的提案、非知名人士个人的提案、反对项目可行性的不可行性论证的提案等进行合理的保护和鼓励，切实保障公众参与影响决策的机会，实现真正意义上的发展"参与"。

5.2 轨道交通的建设时机与类型选择

从前文对世界大都市区多中心空间结构演变的规律和特征的分析中可以看出，发展轨道交通是大都市区高密度发展空间效能优化的必要条件，更是新城实现可持续发展的决定性因素。但这并不意味着各个城市都具备建设轨道交通的条件，也不代表线网规模越大越适合，更不说明轨道交通的建设时机越早越好。若轨道交通建设过度超前，将不能保证其经济合理性，增加运营补贴压力，建设滞后又极易错过最佳需求期（对城市空间的引导）。因此，同建设新城一样，轨道交通的建设也需进行全面论证。

5.2.1 建设轨道交通的可行性论证

轨道交通是城市发展到一定阶段的产物。相对于其他道路交通方式，它具有运量大、速度快、安全准时、节能环保等优点，但也具有一次性投资大、运行费用高的特点。当城市人口、交通需求、城市空间与经济扩张到一定程度，产生对轨道交通需求并具有建设轨道交通的经济可能性以后，轨道交通才可能成为现实。因此，在大都市区发展到一定阶段后，轨道交通发展的经济可行性是制约其建设的重要因素。根据建设部城市交通工程技术中心《中国城市交通发展战略》中对发展轨道交通经济可行性的判断指南，可以看出，轨道交通的经济可行性与城市大交通走廊的规模和特性密切相关，而与城市规模的大小关系较小。其收益主要依赖于将来的发展条件，因此，需要对城市产业的发展与城市中心区的未来定位进行明确，并在市中心和主要的居住区进行站点设置，以方便公交线换乘及保证大客流和高收入（表5-3）。

轨道交通发展的经济可行性判断指南　　　　表5-3

应当具备下列条件中的大多数	备　注
已具有很高的公共汽车或中巴客运需求	沿着主要交通走廊已有大量公共交通客流，单向每小时约10000～15000人次
城市居民收入较高	城市收入水平一般至少人均1800美元
经济持续增长	经济具有可持续增长前景
正在扩展的城市中心	国家或省的都会城市优先
低成本的竖向线型方案	地下建设量较少
鼓励发展轨道交通，且有利于降低对财政支持的收费政策	低票价政策鼓励乘用大运量轨道交通，同时又有利于降低对财政支持的需求

续表

应当具备下列条件中的大多数	备注
政府机构	政府机构的科学的城市管理
强有力的大运量轨道交通系统管理	目标清晰而强有力的自主管理

资料来源：页注①

我国对城市轨道交通建设的条件也进行了规范化管理。《国务院办公厅关于加强城市快速轨道交通建设管理的通知》国办发［2003］81号中明确指出发展轨道交通应当"量力而行"，并基于建设经验和相关课题研究成果提出了发展轨道交通的申报条件[②]。另外，我国学者边经卫在《大城市空间发展与轨道交通》中总结分析了世界城市轨道交通建设的成功经验，对不同人口规模等级城市的轨道交通分布状况进行了研究。从中可以看出，轨道交通建设对城市人口规模并没有严格的条件限定。但从整体上分析，城市人口数量越多，发展轨道交通的城市数量越多，特别是在人口规模100万以上的城市成为轨道交通建设的突变点。进一步研究城市人口规模与轨道交通类别的关系，经统计分析，可以发现轻轨与地铁在人口规模80万左右产生一个相交点，也就是城市不同人口规模选用不同轨道交通类别的临界点，即城市人口规模小于80万时，在轨道交通建设经济可行性基础上，宜选择轻轨交通；反之则以建设地铁为主。

另外，联系新城与主城之间的市域轨道交通线路一般大部分地处郊区，沿线多为田园区或建筑物稀少的空旷地带，因此为节省工程投资应尽量设置为地面线或高架线。

世界城市人口规模与轨道交通分布　　　　表5-4

城市人口规模（万人）	城市数量（个）	其中		
		地铁（个）	地铁与轻轨（个）	轻轨（个）
200以上	39	30	5	4
100～200	40	29	3	8
50～100	28	10	2	16
50以下	24	4	1	19
合计	131	23	11	47

数据来源：页注③

---

① 建设部城市交通工程技术中心.中国城市交通发展战略［C］.北京：中国建筑工业出版社，1997：189-233.
② 《国务院办公厅关于加强城市快速轨道交通建设管理的通知》国办发［2003］81号文件规定，申报发展地铁的城市应达到下述基本条件：地方财政一般预算收入在100亿元以上，国内生产总值达到1000亿元以上，城区人口在300万人以上，规划线路的客流规模达到单向高峰小时3万人以上；申报建设轻轨的城市应达到下述基本条件：地方财政一般预算收入在60亿元以上，国内生产总值达到600亿元以上，城区人口在150万人以上，规划线路客流规模达到单向高峰小时1万人以上。对经济条件较好，交通拥堵问题比较严重的特大城市，其城市轨道交通项目予以优先支持。同时，城市轨道交通项目的资本金原则上，须达到总投资的40%以上，项目设备的国产化率应达到70%以上。
③ 边经卫.大城市空间发展与轨道交通［M］.北京：中国建筑工业出版社，2006：64.

通过对世界城市轨道交通的建设规律的研究（表5-4），可以认为，轨道交通建设的准入条件与城市人口规模并无直接的控制关系，而判定轨道交通建设的重点应为不同城市规模影响下的轨道交通系统选型，并建立起轨道交通与城市人口规模的对应关系（表5-5和图5-3）。

轨道交通系统选型 表5-5

轨道交通形式	轻轨	地铁	地铁或轻轨并重选择
人口规模（万人）	＜80	≥80	75~150

数据来源：页注①

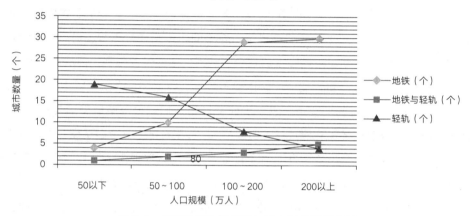

图5-3 世界轨道交通类型与城市规模关系分析

5.2.2 轨道交通建设规模与城市规模的关系

在对轨道交通建设的可行性进行评价后，对于轨道交通的建设规模，是不是其线网规模越大越好？答案是否定的。在不同规模的城市中，轨道交通都有与之相适应的线网规模。

根据中国城市轨道交通网统计资料，对目前世界范围各等级城市的轨道交通状况进行了总结与归纳（图5-4），整体情况如下：

人口规模小于100万的城市拥有的轨道线路平均为2条，运营长度约45km，设站40个；

人口规模在100万~200万的城市轨道线路平均为3条，运营长度约51km，设站49个；

人口规模在200万~300万的大城市拥有的轨道线路数约4条，设站45个，运营长度约49km（发达国家此等级城市拥有的轨道线路为6条，运营长度96km，设站83个）；

---

① 边经卫. 大城市空间发展与轨道交通［M］. 北京：中国建筑工业出版社，2006：65.

人口规模在 300 万～400 万的城市线路数为 5 条，运营长度 80km，设站 78 个（发达国家此等级城市拥有的线路数为 6 条，运营长度 106km，设站 98 个）；

人口规模大于 400 万的城市线路数为 8 条，运营长度 170km，设站 143 个（发达国家此等级城市拥有的线路数为 12 条，运营长度 250km，设站 212 个）。

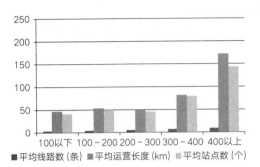 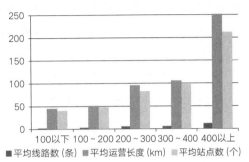

图 5-4　世界城市轨道交通平均规模与发达国家城市轨道交通平均规模

数据来源：页注 ①

从分析中可以看出，城市规模越大，运营线路相对越长。人口规模在 200 万以下的城市，其轨道交通规模差距较小，平均运营长度在 50km 以下；人口规模超过 200 万以后，城市轨道交通规模增幅较大，运营长度较之于 100 万人口的城市增加了 92%；人口规模在 200 万～300 万的城市轨道交通运营长度大致相同；当人口规模超过 400 万后，其轨道交通规模增幅非常明显，运营长度较之于 300 万人口的城市增加了 136%。数据的变化也从另一种角度反映出大都市区多中心空间体系对轨道交通的需求。

5.3　大都市区轨道交通与新城的建设时机协调

实践证明，建设新城与轨道交通是大都市区多中心空间结构发展的必然趋势，只有实现二者之间的协调开发才能促进大都市区多中心空间的有序整合。因此，必须在建设时序上全面协调轨道交通与新城的规划建设，并统筹考虑后期的运营与管理，使之成为推动新型城镇化发展的核心力。

5.3.1　新城轨道交通的特殊性

目前，我国对于轨道交通引导城市开发模式的研究与实践主要集中在中心城区，并多集中在轨道交通站点地区不同土地使用类型的空间分布以及土地开发强度的梯度

---

① 日本地铁协会，董三喜译.Metros of the World [M].2005：408-431.

分布等特征上。然而，大都市区外围新城在区域地位、社会环境、社会结构、经济发展水平等多个方面有着自身的特征，运行于新城与主城区之间的轨道交通也与中心城区内部的线路有着很大差异，因此在中心城区取得成功的规划开发策略未必适用于这些领域。以偏概全的统一建设，即使设计标准再高，也不利于城市整体的运行，这也是导致轨道交通建设后诸多问题出现的原因之一。

不同地区在推进轨道交通规划建设的过程中，存在很多概念上的混淆。目前国内按其功能特征大体分为以下几类：

（1）铁路既有线，包括地方铁路和干线铁路；

（2）高铁，也可称为客运专线，如京津城际客运专线，沪宁城际客运专线等；

（3）市郊铁路，可以理解为区域之间的快速轨道，如港铁东铁线、东京JR山手线等；

（4）地铁快线，如北京地铁八通线、亦庄线、房山线等；

（5）常规地铁，如天津地铁1号线、北京地铁6号线等；

（6）轻轨，如武汉轻轨1号线、天津地铁9号线（津滨轻轨）等。

联系新城与主城区的轨道交通线路主要在市域范围内提供高效、便捷的轨道交通服务，一般包括市郊铁路、地铁快线和轻轨三种轨道形式；而市区轨道线路则运行于中心城区范围，主要为常规地铁和轻轨两种形式。因此，在大都市区范围内不同的区域地段其轨道交通的建设类型一般也各异，其技术特性也表现出不同的特点，如车站的间距、服务的对象、运行的速度、支线的型式以及组织的方式等。这些都应成为市域轨道交通建设前着重研究的领域。

5.3.2 轨道交通与新城建设的时序协调

从规划到建成到运营，轨道交通作为触媒，对大都市区新城的土地开发时序产生直接影响，从第三维度空间强化了其对新城土地使用的全方位作用，交通可达性的改善直接加速了新城土地的开发建设。然而新城开发与轨道交通建设的长周期性使得城市发展尤其是土地的增值收益具有明显的空间差异性和时间阶段性。因此，要实现新城与轨道交通建设的协调发展，推动土地效益的最大化开发，就必须制定合理的轨道交通与新城土地开发时序，使两者在建设中的各个阶段同步协调、健康可持续发展。

（1）轨道交通与新城协调开发案例分析

回顾世界各国的新城建设实践，从时间上看，从建设、形成到成熟，至少需要十年以上（西方国家新城有的需要五六十年），而轨道交通的建设期通常也要在三到五年以上。巴黎玛尔—拉—瓦雷新城轨道交通与土地开发基本遵循"人口—交通—产业—商务功能—综合体"的开发路径，在轨道交通引导下优先开发居住功能，导入新城人口和产业，并在前期预留潜力地块以发挥土地更大的价值。总体来看，新城空间布局沿轨道交通线路（A线）延伸并围绕各站点呈圈层式布局，形成珍珠串状、不连续的布局模式，其人口密度和建筑密度由新城组团中心向外逐层降低，多种城市功能紧密布局在轨道交通核心区，促使新城的就业与生活功能高度集聚，进而增强了新城各发展组团的凝聚力和吸引力（图5-5）。

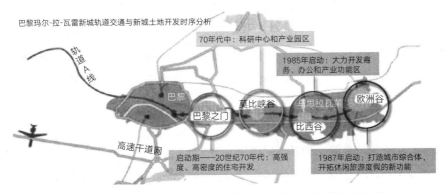

图 5-5　巴黎玛尔—拉—瓦雷新城轨道交通与土地开发时序分析

另外，我国香港地区自20世纪70年代起就开始大规模新城建设，仅用十几年就成功实现了大规模人口的重新布局，城市整体空间发展井然有序（图5-6）。现已建有新城8个，总人口已超过250万人，约占香港全区人口的35%。香港新城建设较为成功的一个重要原因即是政府将轨道交通建设、新城建设以及公屋发展政策相结合，对新城地区的土地开发时序进行市场化布置，具体可分为四个发展阶段：

图 5-6　香港轨道交通与新城协调开发流程示意

1）在新城规划期，首先根据规划范围进行新城土地的整理工作，以人性化的征地补偿安置制度、完善的政府管理机制确保可利用的土地资源，优先兴建公屋以及关系新城发展命脉的公建设施；

2）在轨道交通规划期，进行新城私人住宅开发，结合轨道交通线路与站点规划，建设大型基础设施（如商业设施、学校、社区中心、休闲场地等）；

3）在轨道交通建设期，完善新城各类公共服务设施，着重进行产业用地的开发，引导已定居的新城居民及轨道交通沿线居民为产业区的发展提供劳动力资源，有效促进新城区的职住平衡发展；

4）轨道交通投入运营期、新城发展成熟期，因轨道交通引入而产生的增值土地（"生地"变为"熟地"），由政府主导并出售，进行住宅开发和商业建设，进一步吸引大都市区内的居民和企业前往新城进行投资，人口和产业的集聚促进了新城经济的和谐发展。

总结轨道交通引导下巴黎玛尔—拉—瓦雷新城与香港新城的土地开发时序的发展经验，可以得出以下结论：

1）轨道交通引导下新城的土地开发，在初期以公益住房建设为主，全面统筹区域人口分布，引导周旁人口在新城快速集聚，保障城市发展活力；

2）优先开展以轨道交通为主体的公交系统建设，并注重以"生活所需"为根本的设施配套，强化与提升新城吸引力，保障轨道交通运营客流；

3）借助轨道交通，大力开发新城产业，完善新城内部业态，促进新城区职住平衡发展，实现从人口"流动"到"留住"；并进一步推动商业及住宅地产开发，吸纳更多的人口和产业，形成良性循环。

（2）轨道交通与新城土地开发的时序协调

轨道交通在不同的建设阶段作用于新城土地的价值规律，以及对新城不同功能空间的引导机制是确定二者协调开发时序的重要依据。结合既有的理论研究与实践成果，提出不同阶段轨道交通与新城土地开发的实施建议。

1）规划阶段人口的吸纳与开发范围的控制

在轨道交通与新城规划阶段，充分利用轨道交通建设可以改善交通可达性以及新城建设带来更优越的生活环境的预期效应，以居住业为先导吸纳人口，尤其是公益性住房的安排，进行基础设施建设，对潜力地块进行预留，用以营建充足的、有吸引力和特色的公共空间及各项设施的建设，并在规划中突出产业发展的专项研究。

同时，由于轨道交通对沿线土地增值的影响度伴随规划、建设、运营全过程，且在运营成熟期（区域交通网络完善）达到最大影响范围，因此，在规划初期如对该范围内的所有土地进行开发，则极易造成土地资源的浪费以及后续土地增值空间的不足。因此，在这一阶段的土地开发过程中，应将轨道交通最大空间影响范围内的土地在开发时序上进行合理安排，制定土地储备计划，特别是对轨道站点直接影响区范围内的土地在时序上进行重点控制。为节约土地资源、促进新城紧凑布局，建议制定引导新城土地开发强度的规划导则和奖惩措施。

2）建设阶段设施的配套与产业开发

在新城开发与轨道交通的建设阶段，以新城产业发展为核心，进行各项基础设施的配套建设，尤其是对区域内医疗、教育、文化娱乐、大型商业、停车场等配套设施以及与轨道交通换乘的其他公交系统进行重点建设，这也是新城功能提升的必备条件；同时在新城规划编制中的各产业发展区的土地可同时进行开发，以平衡新城居民的居住与就业需求。

随着新城轨道交通建设的不断推进，在大力发展新城产业的同时可对其沿线土地分时、分级逐步投入新城土地市场。结合轨道交通站点，针对不同的影响区进行开发引导。

3）试运营阶段土地开发的升级与整体协调

在轨道交通试运营阶段，新城商业、商务、金融业等及新一轮居住区开发可同步进行，此时轨道交通站点附近区域的土地增值较以往已实现新的突破，试运营阶段可将距离轨道交通站点储备的土地最后投入市场，并进行高强度、功能混合开发，以充分发挥轨道交通站点的集聚效应和土地经济价值。

在新城土地开发时序的引导中，前三个阶段将新城的基础设施建设、土地市场的投入及设施配套整合为一体，在运营中融入连续建设、滚动开发及立体化引导的发展理念和经营模式，将轨道交通运营与新城土地开发紧密结合，使得新城整体的开发水平得到全面提升。

4）运营成熟阶段新城功能的拓展与提升

在新城发展与轨道交通运营成熟阶段，轨道交通将直接促进主城区与新城及大都市区重要功能组团之间各种资源和功能的最紧密整合，优化新城产业空间布局，实现区域内生产要素的自由流动及合理配置。为进一步提升新城城市功能及其在大都市区整体空间布局中的作用与地位，在运营成熟期，新城应在不断完善自身各项功能的同时，寻找新的增长点，遵循土地开发规律与因地制宜的特点，深入解读大都市区整体空间发展战略，结合新城自身发展实际，对储备土地进行功能拓展，实现新城土地价值的最大化、轨道站点影响区的最大化以及新城的全面、健康、可持续发展。

5.3.3 建设前需重点研究的其他问题

在新城发展过程中，交通与城市空间演化始终交织在一起，成为新城发展的重要内容。轨道交通与新城空间的关系，实际上是轨道交通与新城土地利用之间的关系问题，同时也涉及和新城与主城之间轨道沿线站点组团的发展关系。每一个因素都会对轨道交通与新城发展的整体格局产生重大影响。因此，在论证轨道交通与新城的建设条件、建设时机的同时，必须对影响轨道交通与新城协调发展的其他关键因素加以把握。

轨道交通引导下大都市区多中心、高密度的空间布局涉及主城区与新城以及轨道沿线站点组团等多个相对独立又紧密联系的区域，在这种 TOD 发展模式下，轨道交通与新城的协调主要涉及两个层面上的问题（在接下来的章节将对这些问题进行深入研究）：

（1）大都市区层面：主城区与新城联系通道上轨道站点的设置，包括站点功能、站点间距、开通时序等，新城与其他重要功能区之间的快捷联系；

（2）新城层面：包括新城内部公共交通的组合形式及与轨道交通的换乘方式、轨道站点影响区范围、新城 TOD 社区的合理规模、空间布局结构、土地利用类型、土地开发强度等。

5.4 本章小结

本章通过对新时期新城建设目标的探索，总结了新城在大都市区空间发展中的地位与作用，对其建设的可行性的论证思路进行了梳理（图 5-7）；同时对轨道交通的发展条件、建设类型进行了研究，提出了轨道交通与新城在建设时机上的协调策略，并对其他相关影响因素进行了分类与总结：

（1）发展新城是大都市区空间整合的必然趋势，但建设前需对其"可行性"进行全面论证，并对相关决策进行"不可行性"研究。

（2）经济可行性是制约轨道交通建设的重要因素，准入条件与城市人口规模并无直接的控制关系；判定轨道交通建设的重点应为不同城市规模、不同区域影响下的轨道交通系统选型，并建立起轨道交通与城市人口规模的对应关系。

（3）轨道交通与新城的发展必须充分考虑二者之间的联合开发，合理确定轨道交通导向的新城土地开发时序：在规划阶段主要以吸纳人口和控制开发范围为主，在建设阶段以设施的配套与产业开发为主，在轨道交通试运营阶段则以土地开发的升级与整体协调为发展路线，到轨道交通运营成熟阶段应以新城功能的拓展与提升为建设目标。

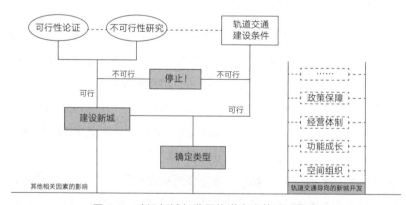

图 5-7　建设新城与发展轨道交通的论证指南

第 6 章 内在机理是轨道交通与新城协调发展的基础

发展轨道交通与建设新城是我国大都市区国际化战略发展的重要举措,对城市空间结构的优化有着至关重要的作用。然而轨道交通与新城的发展问题不仅是工程技术或城市建设问题,而且是一个全方位综合的社会经济问题。因此,深入研究轨道交通与新城发展的关联性、阶段性以及各相关主体之间的作用关系,对建立轨道交通引导下大都市区空间的有序整合与新城的可持续发展有着重要意义。

本章首先从功能定位、技术特征等方面对主城区内外轨道交通线路的特点进行了综合比较,在此基础上结合国际发展经验,对外围轨道交通线路的速度目标值进行了探讨,并基于新城组团的优先发展,对轨道站点间距的设置进行了研究,又结合调查分析对轨道沿线站点类型及其影响区进行了细分,以便于制定差异化、时序化的引导策略,最后分别从新城空间布局、土地使用类型、开发强度、土地利用价值等方面对轨道交通导向的新城土地使用特征进行了系统分析,提出了相应的开发建议。

6.1 大都市区外围轨道交通线路的特殊性

大都市区外围轨道交通可称之为轨道交通市域线[1],是主城区与新城组团直接沟通与联系的轨道交通模式,也是构成大都市区整体交通网络的基本骨架。目前,针对中心城区内部轨道交通各方面的建设特点的研究已相对较为成熟,然而与市区轨道交通线路相比,市域线有其自身的定位与技术特征,要想充分的发挥其引导作用以促进新城建设,就必须对它的发展特点进行合理把握。

---

[1] 一般而言,大都市区中心城外围区轨道交通有两种类型:轨道交通区域快线(连接近郊新城,如北京房山新城、通州新城等)、轨道交通市域线(连接远郊新城,如北京怀柔新城、密云新城等),随着轨道交通的快速发展,两者的界线越来越模糊。为论文研究需要,本文对此不再进行具体划分,对连接新城与主城区之间的轨道交通统称为市域线。

6.1.1 功能定位的转换

市域快速轨道交通是大都市区调整产业结构、引导新城发展、改善居住条件、实现社会经济可持续发展的重要手段。它适用于中心城区与外围城市组团尤其是新城之间的快捷通勤联系，是引导区域空间有序整合的关键因素之一，在缩短大都市区地域时空距离、优化城市整体空间的同时，也起到维护和改善生态环境的作用。

市域轨道线路的功能特点。一般市区轨道交通线的规划和建设，更多的是侧重于解决现有交通问题，客流需求是其发展的首要因素，且线路途经地区多为建成区。因此，市区轨道线路具有相当规模和相对稳定的客流。而与市区轨道交通的建设规划理念不同，市域轨道交通线路则是从顺应客流需求，转化为通过轨道引导土地的开发和利用，促进各项规划的落实与沿线组团的发展。因此，轨道交通市域线的功能和作用更多的是表现在以轨道公共交通为主导，高密度、高强度、综合性的进行土地开发，最终形成以轨道交通站点为核心、多种交通方式并存、各自承担不同交通功能的城市组团，实现中心城区与外围区域的直接联系，引导大都市区"多核心、高密度"的城市开发模式，同时兼顾中心城区既有客运走廊的客运需求。东京、莫斯科、巴黎、哥本哈根等大都市区的发展，无一不受到带有市域线色彩的轨道线路的影响（图6-1、图6-2）。

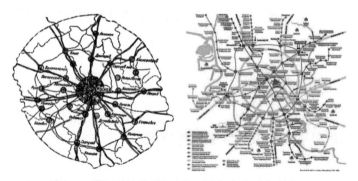

图6-1 莫斯科块状群组空间形态与复合式轨道线网

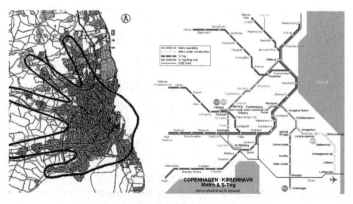

图6-2 哥本哈根"指状规划"

6.1.2 技术特征的综合比较

相对于服务于中心城区层面的轨道交通，市域轨道交通在线路类型、服务区域和职能定位上有着较大不同，它是面向大都市区范围、连接外围城市组团的重要纽带和公交骨干，适合于外围新城、郊区组团与主城区之间大规模、集中性、准时、准点的出行需求。

（1）综合性价比的提升。

作为连接新城与主城区的公共交通系统，是以快速交通为骨干、多种交通方式相互衔接和补充的综合交通体系（图6-3）。一般情况下包含以下几种交通方式：普通道路、高速公路、轨道交通市域线（市郊铁路）等。不同的交通方式在单位运能和旅行速度方面各有特点，各种运输方式的建设成本也存在较大差异。通过比较可以看出，以轨道交通为主体的快速公交网络在促进主城区与新城组团发展中的优越性（表6-1）。

各种交通方式功能比较与能耗分析　　　　　　表6-1

交通方式	公共汽车	轻轨	地铁	轨道交通市域线
单位运能（万人次/h）	0.5~0.8	1.0~3.0	4.0~6.0	4.0~6.0
旅行速度（km/h）	10~15	25~35	35~45	50~60
单位能耗（KJ/人·km）	644.8	322.4	322.4	326.6

数据来源：页注①

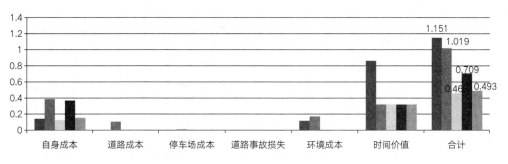

图6-3　各类交通出行方式单位社会成本综合比较（元/人·km）

数据来源：页注②

（2）技术特征比较。

市域轨道线路与一般地铁线路相比，其技术特征无论是在线路的形态、功能的定位、运营的组织上，还是在客流特征、运行速度、线路技术参数等方面，都存在较大

---

① 郑明远. 轨道交通时代的城市开发 [M]. 北京：中国铁道出版社，2006：1.
② 周翊民. 城市轨道交通的发展趋势及其动因分析 [J]. 城市轨道交通研究，2001（2）：1-4.

不同（表6-2）。只有充分把握此类轨道交通线路的技术特点才能准确的制定引导新城土地有序开发的措施，加之目前我国还未出台专门针对此类线路的设计标准，相关建设也大多参照国外经验或既有的地铁建设标准实施，更加体现出研究的必要性。

不同区域轨道交通的主要技术特征对比　　　　表6-2

类别	市域线	一般地铁
线路形态	贯穿城区，两端连接郊区组团或新城	在城区内沿客运走廊布设
功能定位	1. 城市公共交通； 2. 城区段解决既有客流的交通需求，老城改造提升，带动城市建设和发展； 3. 市郊段引导规划落实和沿线组团发展，有时超前投入并预留发展空间； 4. 通过大型换乘枢纽锚固网络结构	1. 城市公共交通； 2. 解决既有客流的交通需求； 3. 老城改造提升，带动城市建设和发展； 4. 有时城区段为市域线的一部分
客流	1. 城区段客流量大，郊区段为未来吸引客流，郊区客流组团与中心城的沟通和交流特征明显； 2. 全日客流分布相对均衡，高峰小时客流适中	1. 沿线已形成一定的客流规模； 2. 高峰小时客流量大，全日分布不均衡
选线布站	线路较长，市区段采用地下线，郊区段多采用高架或地面线，车站间距相对较大，平均站间距一般超过2km	线路长度适中，以地下线居多，车站间距1km左右
车站数量	较少	较多
运行速度	最高时速可超过100km，平均时速40～50km，全程走行时间大于1h，线路两端到主城区走行约40～50min	最高时速一般80km，平均时速35km，全程走行时间小于1h
车辆编组	一般6～8辆	一般4～6辆
运营组织	1. 可有多个交路套跑，并形成针对中心城和郊区段适应性行车间隔； 2. 若客流需求明显，可采取越行方式	单一交路居多，行车间隔小，可以小编组高密度
乘客间距	平均15～25km	平均5～15km
牵引供电	直流1500V或750V、架空接触网或三轨供电，牵引所间距1～4km也可采用电气化铁路的制式，即交流单相工频25kV方式，牵引所可结合主变电所一并设置，间距可达几十公里	直流1500V或750V、架空接触网或三轨供电，牵引所间距1～4km，一般单独设置主变电所以采集城市电网电源

6.1.3 轨道交通市域线速度目标值的发展趋势

轨道交通引导下的新城发展，得益于其与主城区快速、便捷的交通联系。失去了速度优势，新城的吸引力将大幅降低。同时，轨道交通的速度值也关系到站点的布设、站间距的选择，进而对轨道沿线尤其是站点影响区内的土地开发产生直接影响。因此，在把握轨道市域线功能定位与技术特征的基础上，对其速度目标值进行研究，探讨其发展趋势，才能更好的在轨道沿线的土地开发中发挥其优势并为未来留足空间。

以往研究，一般基于"满足到达中心城区1小时左右"的可达性原则，但从目前投入运营的情况来看，1小时到达的城区大多不是乘客出行的目的地，往往需要再次换乘周转，时间成本进一步提高。因此，"1小时"可达性原则在各领域的研究中都存在较多争议，但可以确定的是，提高轨道交通运行速度、减少到达市中心的时间成本是诸多出行者共同的心声。然而，速度值也是有限度的，较高的速度一方面会增加建设成本、加大设计难度，另一方面也会增加运营能耗、加大环境噪声，同时对路线的设计提出了更高的要求。因此，应综合权衡各因子的效能，从技术和经济的双重角度，选择最佳的速度目标值。

轨道交通最高运行速度与站间距的关系　　　　表 6-3

最高运行速度	1∶1动拖比[①]平均站间距	2∶1动拖比平均站间距
80km/h	1.5km	1.0km
90km/h	2.0km	1.5km
100km/h	2.5km	2.0km
110km/h	3.0km	2.5km
120km/h	3.5km	3.0km

数据来源：页注 ②

从国际发展经验来看，东京轨道交通市域线最高设计速度达到了130km/h，巴黎RER最高运行速度也在100～140km/h之间。而目前我国大多采用的是100～120km/h的设计速度，如上海地铁11号线南延线、广州三号线等。其中成都市域轨道交通成灌线，是成都轨道交通中投入运营的第一条线路，也是我国第一条市域铁路成灌铁路，其最高运营速度220km/h（其中成都中心城区至郫县段120 km/h，既有线），而160km/h为成灌线速度目标值的界点，决定了轨道交通线路的最小曲线半径，即速度目标值大于160km/h路段最小曲线半径为2200m，速度目标值小于160km/h

---

① 动拖比是衡量列车性能的重要指标，即所谓的 M/T 比，指一列固定编组的列车中，动力车与无动力车（拖车）的比例。当动拖比高时，编组中动车数量多，加速性能强，性能效率良好，然而消耗资源也高，反之亦然。
② 王少楠. 市域轨道交通技术指标及合理经济长度研究 [D]. 北京：北京交通大学, 2011：21.

路段最小曲线半径 800m。

影响轨道交通车速的方面有很多，表现最为突出且最直接的则是站点间距的设置（表6-3）。为保证一定的惰行时间（一般占总运行时间的1/3[1]）以及制动停车，站间距短，列车运行的最高速度和持续时间就比较低；反之，列车速度就高。因此，轨道交通站点的间距必须达到一定值才能充分发挥其技术性能（表6-4）。

轨道交通运行速度与站间距的参考范围　　　　　　　　表6-4

速度（km/h）	100	110	120	130	140
站间距（km）	1.8~2.3	2.2~2.8	2.6~3.3	3.0~3.9	3.5~4.5
列车起动加速及制动减速的最小距离（km）	0.6~0.8	0.7~0.9	0.9~1.1	1.0~1.3	1.2~1.5

数据来源：页注②

根据相关研究资料显示[3]：对于近郊新城（距主城区≤30~40km），轨道交通最高运行速度以100~120km/h为最佳选择，旅行速度约达到45~60km/h；而对于远郊新城（距主城区＞40km），列车运行速度则宜采用120~160km/h，旅行速度可达到60~70km/h。随着我国大都市区空间整合的进一步发展，市域轨道交通的功能地位日益凸显，结合我国国情及未来发展前景，可以得出，轨道交通市域线的运行速度目标值将达到120~160km/h，且随着科研技术的不断进步，速度目标值也不断得以突破，轨道交通站点的间距则成为发展调控的重点。

6.2　新城轨道交通站点的类型与影响区细化

大容量轨道交通对于新城及其沿线区域的发展具有强大的"生命线"作用，在发展市域快速轨道交通的过程中应深入研究其站点类型及其影响区，并对新城站点影响区进行细分，执行差异化、时序化的引导策略，进而以新城轨道交通站点为核心，促进整个沿线经济带的联动发展。

6.2.1　功能导向视角下新城轨道站点的分类

轨道站点类型的划分有多种形式，总结以往相关研究，主要存在以下几种：从轨道站点的自身定位出发，可划分为6类站点，即区域站、联运站、换乘站、中间

---

[1] 中国地铁工程咨询有限责任公司，宁波市规划设计研究院．宁波市余慈地区轨道交通线网规划最终报告，2009．
[2] 李媛媛．市域轨道交通快线的合理站间距研究［D］．北京：北京交通大学，2011：30．
[3] 欧阳全裕，李际胜等．城市轨道交通市郊线特点与线路技术参数研讨［J］．城市轨道交通研究，2008（9）：7-10．

站、终点站、枢纽站等；按站点所在区位的城市功能和与城市中心区的距离复合因素为划分依据，可分为城市中心站、市区普通站、城市区域中心站、城市郊区站、新城中心站等。综合各划分标准和轨道交通站点的功能导向，从轨道交通站点所在的线路性质和站点的职能两个角度去深入认识其发展特征，通过分析评价，预测其发展趋势（表6-5）。

轨道交通站点的分类、特征及评价　　　　　表6-5

划分依据	功能类型	主要特征	典型范例	整体评价
线路性质	市域通勤	联系外围组团与中心城区，主要为上下班客流，轨道线网以中心城区为圆心向外放射	北京地铁房山线天津地铁8号线	随着大都市区整体空间的网络化建设，轨道交通地位凸显，并呈现出复合化趋势，兼具服务市区和通勤客流的作用；代表：巴黎市郊快速轨道、上海R线等
	市区交通	一般建于中心城区内部	天津地铁1、2号线	
站点职能	综合枢纽	兼具城市对内换乘与对外出行的枢纽功能	北京南站、天津西站	该分类适合于城市以轨道交通为主的TOD发展模式研究，但是也存在一定的缺陷，即该划分模式强调的是站点职能，尚未统筹考虑所在地段的城市功能
	换乘枢纽	至少为3条线路提供换乘服务	上海地铁人民广场站	
	一般换乘站	为2条线路提供换乘服务	北京地铁东单站、雍和宫站	
	一般站	无换乘的站点	北京地铁木樨地站	

从分析中可以看出，仅仅通过轨道交通站点的交通功能进行类别划分，容易导致其与周边城市空间的具体关系发生隔离，并进一步影响到基于轨道交通的新城土地开发模式的研究，无法实现新城空间与轨道交通的一体化发展。因此，立足于轨道站点职能以及站点区域的城市定位，确立以功能为导向的站点类型划分模式将更切合新时期大都市区外围新城的发展实际（表6-6）。

基于功能导向的新城轨道站点分类及特征　　　　　表6-6

类型	站点所在区域特征
居住型	站点区域用地布局以住宅区为主，并配有一定规模与等级的公建设施，满足居民日常生活所需
中心型	站点区域用地功能以商务办公、大型商业为主，土地使用混合度较高，一般为区域发展中心
枢纽型	站点区域用地功能以满足交通需求为主，多种交通形式紧密衔接，实现城市对内或对外的出行换乘

6.2.2 新城轨道站点影响区的"四圈划分"

轨道站点合理影响区指的是轨道站点实际影响的区域，即人们能方便使用轨道交通的范围区，也可以理解为由轨道交通所串联的一系列功能混合、紧凑发展的区域。

在大都市区轨道交通的建设过程中，就其线路而言，它的影响范围在一个带形的区域内，而就其站点而言，其影响区通常确定在以轨道交通站点为圆心的圆圈内。针对影响区半径国内外学者行了大量研究，如美国学者Robert Cervero、Bernard L.Weinstein等对站点周围0.4km作为主要研究区域；国内相关研究也已取得突破性进展，如潘海啸[①]、郑文舍[②]等，在对轨道站点进行功能划分的同时，对上海轨道交通R1、R2、M3等线路站点周边0.5km范围内的区域也进行了重点研究，并运用聚类分析法对研究对象进行划分；同济大学叶霞飞教授等[③]通过对上海的调查证明，轨道交通站点的影响范围均接近于步行出行距离（步行5~15分钟的距离）；陆锡明、王祥提出了轨道交通与用地功能调整的"轨站四圈法"，即0~100m的顶盖开发、100~300m的出入口周边开发、300~600m直接服务区开发和600m~3km影响区开发[④]。

不同的地域环境其交通出行结构也有着很大不同，因此轨道交通站点影响区的具体范围并没有严格的界定标准。但实践活动已表明，站点的步行可达区是城市空间对轨道交通响应最激烈的区域，如北京在关于主城区交通出行方式的调查中，数据显示，进站前后步行交通方式的比例均达到65%以上（2005年）。结合既有研究成果，对轨道交通站点影响区的研究需统筹考虑以下几个方面：

（1）步行可达区：即根据出行者的生理和心理承受能力来划定的步行区域，是轨道交通站点的直接影响区。

（2）功能区：与轨道交通站点有功能联系的区域，如商务商业区、工业区等。

（3）开发边界：根据土地的再开发边界确定站点的影响区范围。

（4）接驳换乘的便利程度：即通过交通接驳所达到的最大影响区。

综上，轨道站点的影响区范围与站点的位置、接驳方式有着直接关系。因此，在研究轨道交通引导下的土地开发过程中，不能孤立的就轨道交通论轨道交通，而应根据轨道交通站点的功能定位、区域职能、人流集散量等，统筹考虑交通形式衔接的可能（表6-7）。组织好轨道站点影响区，将促使轨道交通吸引更多的人流，更好的发挥轨道交通的运输效能和引导作用。结合以往相关研究，可以从两个层面对轨道站点的影响区范围进行总结，即步行合理区和交通合理区。

---

① 潘海啸，任春洋.上海轨道交通对站点地区土地使用影响的实证研究[J].城市规划学刊，2007（4）：92-97.
② 郑文含.分类轨道交通站点地区用地布局探讨[C].2008中国城市规划年会论文集，2008：93-95.
③ 叶霞飞，胡志晖等.日本城市轨道交通建设融资模式与成功经验剖析[J].中国铁道科学，2002（4）：126-130.
④ 陆锡明，王祥.轨网功能性拓展引导空间紧凑型调整——上海新一轮综合交通体系规划主旋律[J].城市规划，2011（S1）：94-101.

各种轨道交通的主要接驳方式　　　　　表 6-7

轨道交通方式	主要接驳方式
有轨电车	步行、自行车
轻轨	步行、自行车、公共汽车、小汽车
地铁、城郊列车	步行、自行车、公共汽车、小汽车

（1）步行合理区

步行合理区即人们在生理和心理承受能力范围内步行至轨道交通站点所行走的距离。以往相关研究普遍采用了平均步行时间 10min 和步行速度 4km/h 的研究模式，依此提出步行可达区为以站点为圆心的 660m 区域，并把研究重点多集中于站点周旁 500m 范围内。然而，660m 的范围是一个理论化数值，尚未考虑到其他道路环境对出行的影响，对此已有学者从步行服务水平（舒适度、安全性、标志）、过街难易程度等方面对影响步行出行的诸多因素进行了探讨，并通过模型分析认为，假如轨道站点周旁设施较为完善且步行环境较为稳定，居民出行的步行合理区范围将达到 1km 甚至更大[①]。

对此，笔者选择了北京亦庄新城、房山新城为研究对象，以调查问卷的形式展开了大量调查。从对回收问卷的分析中发现，大量的居民认为步行控制在 15min 之内是其可以接受的最大范围，且通过步行前往轨道站点进行换乘出行的比例高达 76.3%（图 6-4）。结合相关研究与调查分析，本书统筹考虑步行速度、体力等多种因素，以步行时间 10～15min、步行速度 4km/h 计算，推荐合理步行区半径为 0.6～1km。此范围为轨道站点影响最直接的区域，通过改善步行环境，提升人性化设计水平，将延长居民步行距离，从而进一步扩大轨道站点的直接影响区。

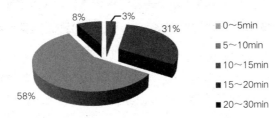

图 6-4　步行前往地铁站居民所能接受的最长时间调查（2012 年 7 月）

（2）交通合理区

以步行的合理时间 10～15min 为基准，可以从理论上计算出其他交通接驳方式的合理区服务半径，但在实际建设中较难达到这个理想的影响范围（表 6-8）。

轨道交通合理影响区分析　　　　　表 6-8

出行方式	速度（km/h）	最大影响半径（km）	最大影响面积（km²）
步行	4	0.6～1.0	3.1

---

① 戴洁，张宁等. 步行环境对轨道交通站点接驳范围的影响 [J]. 都市快轨交通，2009（5）: 46-49.

续表

出行方式	速度（km/h）	最大影响半径（km）	最大影响面积（km²）
自行车	11~14	1.8~3.5	10.2~38.5
公共汽车	16~25	2.7~6.3	22.9~124.6
小汽车	40~60	6.7~15	140.95~706.5

注：以步行合理时间 10～15min 为基准

综上，本研究将新城轨道交通站点的最大影响区域确定在 3.5km 半径以内（以自行车 14km/h 的速度行驶 15min 计），此范围内的主要交通接驳方式为自行车和公共汽车，其中 0~100m 为轨道站点上盖开发区，100~300m 为轨道站点核心发展区（按步行 5min 计算），300m~1km 为轨道站点直接影响区，1~3.5km 为轨道站点最大影响区。

6.2.3　基于新城优先发展的站点间距设计

新城作为连接大都市区主城与各中心城镇的枢纽，方便、快捷、高效的联系通道是体现其枢纽作用的一大前提。通过前文对外围轨道交通线路特点的分析，基于新城组团的优先发展，对大都市区轨道交通市域线的站点间距的设置进行探讨。

（1）合理设置站点间距对新城发展的重要性与必要性

新城的建设，是促进大都市区整体空间紧凑布局、集约发展和高密度建设的重要手段，伴随城镇化的快速推进及城市整体空间的重构，新城已成为众多大都市区实现区域化转型发展的新起点。而实现这一发展目标的前提之一，便是建立新城与主城区快速、直接的交通联系，市域轨道交通正是基于这一功能定位而建设。

然而目前大多市域轨道线路的衔接地点并不是主要客流集散点和郊区客流的目的地，站间距设置过小，造成很高比例的换乘，列车运行起动、制动频繁，速度无法达到预想值，导致了轨道交通的效能得不到充分发挥，从而进一步增加了新城居民出行的时间成本。失去了与主城区快速、便捷联系的优势，新城的吸引力就会大打折扣，进而对新城的快速、健康发展形成一定阻碍，并进一步影响到大都市区整体空间战略的实施。因此，市域轨道线路站间距的设置必须以新城的优先发展为前提，充分发挥其大运量、快捷的优势，促进新城与主城的高效互动。

（2）基于新城优先发展的站点间距设计

由于轨道站点对其周边土地的开发与利用具有直接带动作用，因此应在综合权衡城市开发与保护生态环境以及引导城市空间有序发展的基础上，合理设置轨道交通的站点间距。一般而言，主城区的轨道站点间距要综合考虑市民可达性和城市路网的要求，因此，在城市中心区大多数地区距城市轨道交通站的步行距离宜控制在 500m 以内（步行 10min），同时考虑城市街区多以 400m 方格网状布局，因此市区轨道交通站点间距一般考虑为 800～1200m[①]。

然而，与市区轨道交通站点的设置原则有所不同，主城区与新城之间的站点设置应积极考虑限制城市发展圈层，避免再次"摊大饼"，并形成以生态绿化包围建设区的地段格局。相对于市区站点间距，国外市域线站点间距普遍较大（如巴黎 RER 线的平均站距约 2.27km），轨道交通因此在效区段的行车速度才能得以提高，进而对新城的吸引力和规模建设影响更加显著。结合前文对新城轨道站点影响区的研究，市域轨道交通的直接影响圈层至少定位 1km 左右较为适合（步行合理区），而以其他交通工具接驳的最大影响区则在 2.7～6.3km 以内（公共汽车换乘）。为确保大都市区生态空间的完整性，按此分析主城区外围希望有绿带间隔的站点间的间距应控制在 2km 以上，而基于新城优先发展的新城与主城之间的线路站点的布设宜少不宜多，且应合理调控站点开通时序。笔者认为，当前要想实现我国大都市区新城的优先发展，生搬硬套国外市域站点间距的设计经验是不可行的，不同的国情背景、不同的城市化发展阶段，建设轨道交通与新城所要达到的近期、中期目标是不同的（目前北京亦庄线、房山线平均站间距分别为 1.76km、2.3km）。

结合上节对轨道交通速度与站间距关系及速度目标值发展趋势的研究，认为站点运行的间距可普遍控制在 6～10km。也就是说，以新城与主城区相距 30km 计算，中间宜开设 2～4 个站点（即主动控制发展），待新城发展到一定规模或已实现建设新城的初衷时，再加大沿线站点密度，开通建设之初预留的站点，此时，站间距宜控制在 3km 左右。如此即实现了新城优先发展的目标，促进了大都市区整体空间的健康架构，又在建设中合理调配沿线区域的发展时序，避免产能闲置和建设成本的初期浪费，这也是建设节约型社会和实现大都市区紧凑布局、高密度和谐发展的内在需求（图 6-5）。

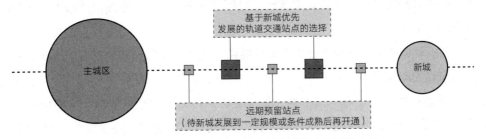

图 6-5 基于新城优先发展的市域轨道站点间距的布设

6.3 轨道交通导向的新城土地利用特征

土地是轨道交通发展的载体，也是新城发展最根本的物理基础，只有深入研究

---

① 施仲衡.科学制定城市轨道交通建设规划［J］.都市快轨交通，2004，17（2）：12-15.

轨道交通导向的新城土地使用特征，充分把握其发展规律，才能有效解决轨道交通引导下新城建设中各方面的利益和冲突，保证新城建设的顺利高效实施。这些导向特征主要体现在新城的空间布局、土地使用类型、开发强度以及土地利用价值等方面。

6.3.1 轨道交通与新城空间布局结构

国内外轨道建设与新城发展的经验证明，轨道交通是影响新城空间布局形态最为重要的要素。在轨道交通站点建设前新城土地的开发程度并不高，因此轨道交通的引入对新城区的带动作用非常明显。站点附近土地的开发多以居住业为主，公共设施往往集中布局于站点周旁的局部地段，呈现出围绕轨道站点进行土地开发的空间形态。

（1）集聚发展，推动新城公共中心的建设

轨道站点区域交通条件的改善推动了新城中心区土地的快速开发。大都市区往往是国际化劳动分工的重点区域，也是国家或地区较为活跃的经济中心。新城是大都市区实现城市空间跨越发展和城镇群高密度开发的重要组成单元，而新城中心则是新城建设中的核心地区。对于新城中心的发展而言，高效、快捷的公共交通是其健康可持续发展的基本条件。有数据表明，公共汽车系统的实际客运量最大只能达到单向20000人次/小时，而沿主要辐射走廊的客运量一旦达到或超过这个数值，便阻碍了中心区的健康发展[1]。轨道交通系统的引入，无疑能充分满足中心客运量需求并彻底解决这一矛盾，其及时准时、快捷安全的优势，能够促进新城公共中心继续生机勃勃的发展，吸引大都市区更多的人前来集聚，对保持一个强大、高密度的城市中心起到非常关键的作用。

同时，轨道交通可以有效促进新城公共中心发展的原因还表现在以下两点：一方面轨道交通为新城带来大量的人流、信息流等，有效促进了新城中心区商业、居住业以及公共活动的开展，而小汽车如大量进驻，则容易导致新城中心区交通拥挤、环境质量下降，新城吸引力也因此受到削弱，这也是西方诸多发达国家在新城开发之初，其中心区不景气的重要原因之一；另一方面，新城中心区的高强度开发，将集中大量的人流，常规公交的发展已无法满足其大运量需求，也无法实现新城与主城区以及与其他重要功能区之间的快捷联系，而轨道交通恰好可以满足这一交通需求（图6-6）。

---

[1] 边经卫.大城市空间发展与轨道交通[M].北京：中国建筑工业出版社，2006：99.

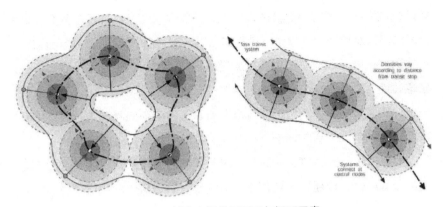

图 6-6 城市空间发展开环与闭环示意
资料来源：页注 ①

另外，轨道交通的建设有效推动了新城空间的立体化发展。结合站点进行地下空间的开发，是实现新城空间布局紧凑化、集约化的关键。随着我国经济的快速发展，使得大都市区空间容量的需求在不断扩大，而空间资源的稀缺则成为制约诸多功能区效能充分发挥的因素。结合新城轨道站点实现地下、地面空间的一体开发，能够有效提升新城的城市功能，提高土地价值，形成一系列用地集约、业态综合、交通便捷、环境舒适、充满活力的城市综合体，是新城功能拓展的重要空间资源。这也是轨道交通站点能成为新城重要节点的原因之一（图 6-7）。

图 6-7 依托轨道交通站点形成的新城公共空间

目前，我国绝大多数大都市区虽然已制定了"多中心"的城市空间发展战略，预改变以往"单中心"的空间发展结构，新城组团也被寄予厚望。然而，在发展中新城却很难形成主城区的"反磁力"单元，难以达到一定规模和较高的职能，其根本原因在于现有的交通方式无法支持新城中心区的活力，也难以促使新城组团形成区域的发展中心，因此也就难以将主城区与新城以及其他重要功能区形成一个整体。

（2）线路引领，促进新城空间发展轴的形成

轨道交通通过站点影响区引导着城市空间形态，形成沿轨道交通线路的高密度点

---

① 罗杰斯. 小小地球上的城市（仲得译）[M]. 北京：中国建筑工业出版社，2004.

状布局和连续性空间扩展结构。具体作用为：依托以轨道交通为骨架的公交联系通道集中进行房地产开发和产业区建设，在各站点组成高密度、紧凑的环形用地布局模式，避免城市的圈层扩展；同时由于轨道交通沿线各站点的可达性几乎一致，沿轨道轴线并以各轨道站点为核心，在诸多影响区内进行土地开发，将提升土地价值，并通过公共服务设施、交通设施的完善增加客流吸引力，这种内在的互动关系将成为新城土地开发与客运走廊可持续发展的基础条件。

另外，大都市区外围轨道交通的建设对于新城的土地效益、区域范围内居民的活动以及自然空间的保护都起着重要作用。新城通过轨道交通的廊道效应引导区位"势能"的转移，以大容量轨道交通为公交骨干形成"珠链状"的城市空间格局，不仅方便居民出行，强化了各功能组团之间的快捷联系，还有效降低了交通能耗以及增加新城绿地系统的生态效益，从而引导新城逐步迈向有序的可持续发展。而当前我国大都市区正处于快速发展时期，城市结构尤其是新城组团的发展尚不稳定，在这种发展背景下更应提前确立以轨道交通为导向的新城空间布局形态，围绕站点突出新城土地的混合使用与高密度建设特征（图6-8）。

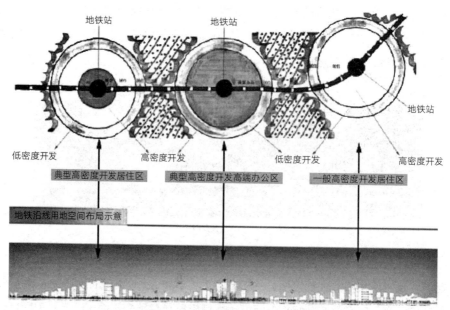

图6-8 轨道交通串联的"珠链状"高密度社区与绿化带

资料来源：页注①

6.3.2 轨道交通与新城土地使用类型

实践证明，由于市域轨道交通的建设提高了新城沿线区域的交通可达性，实现了

---

① 郑捷. 城市轨道交通与周边房地产价值研究 [D]. 北京：清华大学，2004.

新城与中心城区的快捷联系，从而使主城区居住、商业等功能用地在地域上趋向转移，促使居住、商业等用地沿轨道交通线路呈带状分布向边缘区或新城区疏散，结合轨道站点进行高密度开发，最终实现大都市区土地资源在经济环境方面的优化配置。但是，对于不同类型的土地，轨道交通的作用特征表现各异。

（1）轨道交通对新城居住、商业等用地有显著的磁铁效应和直接吸引力

借助其快捷安全、及时准时的优势，轨道交通缩短了大都市区各功能组团之间的时空距离，交通可达性的提高吸引了人们选择交通区位优势较为明显的轨道站点影响区作为居住地，从而沿线集聚形成高密度的居住组团。如2007年香港近41%的人口居住于轨道交通沿线500m范围内；美国圣迭戈在轨道交通与城市土地的开发中，其19个站点居住用地的比例都达到20%以上，且密度普遍较高。然而随着距离的增加，轨道交通的集聚力逐渐衰弱，需要通过其他公交方式进行补充以延展其交通影响力。

同时，轨道交通对商业（商务）用地有直接的吸引力。如前文所述，轨道交通将有效促进新城公共中心的开发，交通可达性与客流量对于新城公共中心的区位极为关键，充足的人流量和出行的便捷安全性是提升新城中心区发展活力和各项设施可持续发展的基本条件。如日本东京，其主要商业中心的布局中，有近96%的商业区紧邻JR线、地铁或私铁车站（表6-9）。另外，新城轨道站点对绿地、步行区等公共空间也有着间接吸引力，这一点在当前各大都市区的城市用地规划中都有所体现（表6-10）。围绕轨道站点寻求新城公共空间的特色塑造将成为新时期城市建设的重要领域。

日本六本木站周边土地利用情况　　　　表6-9

用地圈层	用地性质及布局	容积率
0~200m	商务办公、服务业、文化娱乐、商住混合用地	6~18
200~300m	高密度居住及服务业、娱乐用地	4~5
300~500m	住宅用地及少量商业用地	2~3

数据来源：京都都市整备局网站：http：//www.toshiseibi.metro.tokyo.jp/index.html

此外，轨道交通对居住、商业、金融等用地功能的吸引力在站点的步行合理区表现的较为明显，即轨道站点的直接影响区。一般而言，由于市场规律的影响，在轨道站点影响区范围内多布置大型公共建筑，区域交通条件的改善使得站点吸引力大幅提升，这也是轨道交通相对于道路建设可以带来更高的土地使用价值的主要原因。同时，通过轨道交通网络向外拓展以及与其他快速交通系统进行衔接，也使得大都市区范围内的商业、金融业、旅游业以及管理服务等第三产业在大都市区范围内的分散式集聚发展成为可能。

上海轨道交通 L1、L2、L3 号线站点 500m 范围内土地使用类型对比　表 6-10

轨道线路	用地构成（%）							
	居住用地	公共设施用地				工业仓储用地	绿地	道路交通
		商业	办公	其他	小计			
L1	34.7	17.5	4.5	7.5	29.5	2.0	12.6	16.4
L2	33.9	15.9	4.5	6.7	27.1	2.8	14.4	15.4
L3	42.0	9.2	2.1	8.3	19.6	8.7	4.1	23.2
内环线以内	37.9	16.1				6.2	5.0	19.1
外环线以内	28.9	9.6				22.9	6.1	13.6
规划用地（2020）	38.8	8.3				14.1	14.9	21.3

数据来源：页注①

（2）轨道站点影响区对工业用地的排斥性较为明显

由于轨道交通沿线区域尤其是轨道站点的直接影响区内，土地租金成本较高，使得城市土地在开发过程中更倾向于回报率更高的居住、商业服务等用地，而相对占地较大、对场地空间需求较高的工业用地，在土地的开发与运营方面就无法更快的满足市场要求，且容易影响到其他城市功能用地的开发与经营；同时工业用地在产品的生产与运输上需要快速便捷的对外联系通道，如铁路、高速公路、港口等，而城市交通，尤其是轨道交通对工业用地的价值影响相对较小。以上因素促使工业用地在大都市区的空间布局远离城市中心区。

以上海轨道明珠线为例（表 6-11），对轨道交通站点附近区域居住用地和工业用地的比例情况进行统计，从表中可以看出，在 500～1000m 的影响区范围内，1990 年居住用地达到 39.40%，工业用地约占 23.45%；而发展至 1999 年，居住用地比例达到了 55.37%，相对于 1990 年增加了近 45.49%；同期工业用地比例则下降至 11.39%，相对 1990 年减少了 51.32%。由此可见，轨道交通对区域不同类型的土地产生了不同程度上的影响，其中，对居住、商业用地具有较强的磁力效应，吸引该用地类型沿线紧凑布局，而对工业用地却有着明显的排斥性，起因于交通可达性的提高势必会引起地价上升，进而促使新城在开发土地时选择投资回收期短而收益较高的项目，迫使工厂企业逐渐迁往边缘区，以实现经济效益最大化。

上海轨道交通明珠线站点周旁居住与工业的用地比例情况　表 6-11

年份	影响区范围（m）	居住用地			工业用地		
		面积（hm²）	比例（%）	变化（%）	面积（ha）	比例（%）	变化（%）
1990	500	275.79	32.53	-	187.24	21.96	-
	500～1000	555.29	39.40	-	330.59	23.45	-

---

① 潘海啸，任春洋.上海轨道交通对站点地区土地使用影响的实证研究［J］.城市规划学刊，2007（4）：92-97.

续表

年份	影响区范围 (m)	居住用地			工业用地		
		面积（hm²）	比例（%）	变化（%）	面积（ha）	比例（%）	变化（%）
1990	1000~1500	406.07	41.73	-	243.87	25.06	-
1999	500	402.35	47.20	45.89	123.48	14.48	-34.05
	500~1000	780.50	55.37	40.56	160.59	11.39	-51.42
	1000~1500	553.0	56.83	36.18	101.59	10.47	-58.24

数据来源：页注 ①

综上，轨道交通引导下的新城土地开发，其站点周边区域尤其是在步行合理区内，宜高密度布置公共设施用地，如大型商业、商务办公、金融业、服务业等，并紧凑布置配套的公共开敞空间，向外圈层宜布置高密度的居住区，以方便新城居民通过步行和自行车慢性交通实现与轨道交通的换乘，提高以轨道交通为主体的公交出行比例，进而有力的推进大都市区公交优先的发展目标。

6.3.3 轨道交通与新城土地开发强度

随着区域城镇化和城镇高密度聚集化的不断发展，市域轨道交通已成为或即将成为各大都市区最为主要的公交方式之一。由于轨道交通的引入极大改善了新城站点周边区域的交通可达性，其强大的内聚力与导向性不仅仅作用于轨道沿线土地的使用类型与新城的空间布局结构，还极大的影响着新城站点周旁及沿线土地的开发强度。

（1）国内外轨道交通与土地开发强度的分析与总结

借鉴国内外较为成熟地区的轨道交通沿线各类用地开发强度的经验数据，由轨道交通引领下的沿线地块的开发强度比一般地区的同类型的地块高出约30%~100%（表6-12）。同时，从对东京不同地段轨道交通站点周围的土地使用性质与开发强度的关系分析中可以看出，开发强度随着站点等级以及用地类型的不同而发生变化。总体来讲，轨道站点影响区内公建用地的最大容积率可达15，居住用地则在10~12之间（表6-13）。

轨道沿线与一般地区商业办公、居住用地容积率对比　　表6-12

城市	商业办公等用地开发强度		居住用地开发强度	
	轨道沿线	一般地区	轨道沿线	一般地区
香港	8~15	5~8	5~9	3~4

---

① 李木秀. 轨道交通导向的边缘城市土地利用研究[D]. 上海：同济大学，2008.

续表

城市	商业办公等用地开发强度		居住用地开发强度	
	轨道沿线	一般地区	轨道沿线	一般地区
深圳	6	3~4	4	2~3
杭州	6	3~4	4	2

数据来源：页注 ①

东京轨道站点影响区与开发强度的关系　　表 6-13

地段	站点名称	站点周围土地用途	开发强度（商业）
一级中心	银座	商业、娱乐、零售为主	10~15
	新宿	商业、饮食、娱乐、文化为主	10~15
	涉谷	商业、饮食、娱乐、文化为主	9.5~12
	池袋	商业、饮食、娱乐、文化为主	10.5~12
二级中心	上野	商业、饮食为主	8~10
	浅草	商业、饮食为主	8~10
三级中心	中草	商业、饮食为主	5~8

数据来源：页注 ②

另外，轨道站点在不同的区域被赋予不同的职能，因而也就产生了不同程度上的作用力，这一点突出表现于土地的开发强度方面。如上海轨道线路 L1，其站点周旁土地的高强度开发占比近 40%，这与其沿线站点多建设于中心区域是分不开的；而对于中心区之外的线路，其沿线站点周旁土地的开发强度就相对较低，如上海地铁 L3，其站点周旁土地的中低强度开发高达 82.1%。可以看出，处于不同区位的轨道站点对土地开发的影响程度表现各异，处于中心区域的轨道交通站点，其集聚影响力相对较强，开发强度也相对较高（表 6-14 和图 6-9）。

上海市轨道交通 L1、L3 站点周边 500m 范围内土地开发强度　　表 6-14

轨道线路	低强度（%）	中强度（%）	高强度（%）
L1（中心区）	26.9	33.4	37.2
L3（边缘区）	43.6	38.5	16.8

数据来源：页注 ③

---
① 陈卫国.地铁车站周边地块合理开发强度之初探[J].现代城市研究，2006（8）44-50.
② 边经卫.城市轨道交通与土地控制规划研究[J].规划师，2005（21）：87-90.
③ 潘海啸，任春洋.上海轨道交通对站点地区土地使用影响的实证研究[J].城市规划学刊，2007（4）：92.

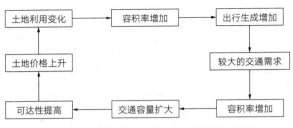

图 6-9　交通容量与容积率的循环反馈关系

根据土地经济学区位理论，城市密度的分布应确保土地开发价值的充分实现以及公共设施的有效利用，即利润最大化和福利最大化[1]。而土地的开发利润并不是与开发强度一味的成正比关系，在建设中存在使土地开发利润最大化的最佳容积率。对此，国内学者从经济学的角度对土地利润与开发强度的关系进行了研究，并以深圳市轨道交通 3 号线为例进行了定性分析（见表 6-15～表 6-17）。另有研究表明，轨道交通使用率与城市人口密度具有正相关关系，弹性系数约为 0.6，也就是意味着人口密度每提高 10%，轨道交通的使用率相应地就会上升 6%[2]（见图 6-10、图 6-11）。

深圳市轨道交通站点开发强度指引　　表 6-15

轨道站点分类	密度分区	楼层数	容积率
整体	高密度	34～40	7.48～8.80
整体	中密度	28～33	6.16～7.26
整体	低密度	23～27	5.06～5.94
综合站点	高密度	37～40	8.14～8.80
综合站点	中密度	31～33	6.82～7.26
综合站点	低密度	25～27	5.50～5.94
一般站点	高密度	34～37	7.48～8.14
一般站点	中密度	28～31	6.16～6.82
一般站点	低密度	23～25	5.06～5.50

数据来源：页注 ③

香港各类轨道站点周边土地开发强度统计　　表 6-16

地段	用途	商业	综合发展区	商住	高层住宅	高、中、低层住宅
一级商务中心	中环	12～15	10～12	8～10	6～8	—
二级商务中心	尖沙咀	12	—	—	6～7.5	5
二级商务中心	湾仔	10～12	—	10	8	6～8
零售商业中心	铜锣湾	—	—	12～15	7.5	5
新市镇中心	荃湾	9.5	5～9.5	7	6～6.5	5

---

[1] 唐子来，付磊. 城市密度分区研究——以深圳经济特区为例［J］. 城市规划汇刊，2003（4）：1-9.
[2] 颜月霞，王花兰. 快速轨道交通引导型卫星城市的规划及发展［J］. 兰州：兰州交通大学学报（自然科学版），2005（4）：133.
[3] 王京元，郑贤，莫一魁. 轨道交通 TOD 开发密度分区构建及容积率确定［J］. 城市规划，2011（4）：30-35.

续表

地段		用途	商业	综合发展区	商住	高层住宅	高、中、低层住宅
住宅区中心		九龙湾	12	—	6~7.5	5	—
一般性住宅区		奥运	8	6.5~9	—	—	6~7.5
		西湾河	—	5	6	5	—
		荔枝角	—	5	—	6~7.5	—

注：商住 -5F 以下为商业；高层住宅 -3F 以下为商业；高、中、低层住宅 -1F 可为商业；

数据来源：页注 ①

国际部分城市 TOD 开发强度标准　　　　表 6-17

城市	TOD 类型	最低居住密度（户/公顷）
圣地亚哥	城市型	63（45）
	社区型	45（30）
华盛顿特区	城市型	37（18）
	社区型	20（18）
波特兰	轨道交通服务的 TOD	75（0~200m 以内）
		60（200~400m 以内）
		30（400~800m 以内）
	公共汽车服务的 TOD	60（0~200m 以内）
		30（200~400m 以内）

注：表中括号外数据为轨道交通站点区的统计，括号内数据为公共汽车站点区的汇总；

数据来源：参考页注 ②

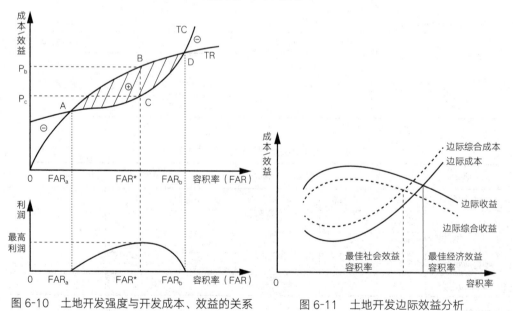

图 6-10　土地开发强度与开发成本、效益的关系　　　图 6-11　土地开发边际效益分析

---

① 张育南．北京城市轨道交通与城市空间整合发展问题研究［D］．北京：清华大学，2009：114．
② Community Design ＋ Architecture．2001．Model Transit-Oriented District Overlay Zoning Ordinance．Okland，California：Report prepared for Valley Connection．

（2）发展建议：轨道交通引导下我国新城土地开发强度的选择

通过对香港各类型轨道站点影响区城市建设特征的研究，结合香港大学温慧珊[①]（2007）及同济大学明瑞利[②]（2009）对轨道站点周边土地使用规律的分析，以及日本、美国等发达国家 TOD 模式的轨道交通与大都市区的空间整合经验，同时结合本书对新城轨道站点影响区的划分范围，对轨道交通站点周边土地的开发提出如下建议：

① 新城轨道交通站点周围步行 5 分钟即站点核心发展区范围内（约 300m），宜高强度、集中式开发，以功能混合的商业、休闲娱乐、商务办公、酒店式公寓等为主，其建筑容积率和建筑密度也较高。新城在该圈层的规划建设中，土地开发强度建议控制在 5～9.5。

② 新城轨道交通站点周围步行 5～15 分钟即站点直接影响区范围内（约 300m～1km），可较高密度的安排中高档住宅、商业与零售业以及学校用地，保证新城居民出行的便捷与交通可达性。该范围土地开发强度建议控制在 2～5（其中 300～600m 即步行 10 分钟范围内建议为 3～5，600m～1km 范围建议为 2～3）。

③ 新城轨道交通站点周围 1km 以外区域，以居住功能为主的大型社区，通过与轨道交通车站建立良好的驳运体系，在方便居民出行的同时，实现轨道交通的最大影响力。该区域开发强度相对较低，尤其是居住类用地开发需保持环境的舒适性，因此建筑密度不宜过高。

6.3.4 轨道交通与新城土地利用价值

（1）轨道站点影响区内土地价值的差异

如前文所述，轨道站点的影响区可划分为步行合理区和交通合理区。在新城的建设过程中，为充分发挥轨道交通的优势及提高其客流量，在对轨道交通站点区域进行缜密设计的同时，更需要在区域范围内实现其他交通方式与轨道交通的有效衔接以扩大轨道交通的辐射影响区。而在不同的区域、不同的交通衔接方式所产生的土地价值存在着较大差异（图 6-12）。

一般轨道站点对其周边区域的直接影响区在 1km 范围内，主要以步行和自行车慢行交通方式与轨道交通进行换乘衔接；而在 1～6km 范围内，即轨道交通的次级影响区，多采用常规公交或小汽车等交通方式进行衔接，出行成本相对高，便捷性也相对直接影响区小，导致轨道交通站点外围影响区范围内的土地利用价值要远远低于直接影响区，从而带来新城不同区域土地利用价值的相应变化。

---

① 温慧珊.Dynamics of the central business district of Hong Kong [D].The University of Hong Kong，2007.
② 明瑞利.城市轨道交通与沿线土地利用结合方法研究 [D].上海：同济大学，2009.

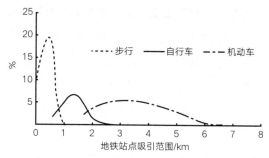

图6-12 城市轨道站点不同衔接方式的吸引范围

资料来源：页注①

（2）轨道交通沿线土地增值效应中的地租理论

由于大都市区外围新城非城市建设用地的比重较高，土地具有较好的可调性，因此，轨道交通引导下的新城建设，其土地价值的增值效应相对于主城区在绝对地租和级差地租方面表现的更为直接。

首先，在绝对地租方面，轨道交通引入新城，提高了新城社会劳动生产效率，形成区域新的经济增长点，进而提升了土地的绝对地租。而绝对地租的增长也引起新城空间的变化进而表现在土地使用上：一是新城内部空间布局结构得以改善，以轨道站点为核心的高密度空间发展效能提高，区位条件的改变成为推动绝对地租上升的根本原因；二是在新城区的土地转换中，大量的农业用地或闲置地被转变为居住或公建用地，有限需求的增加推动农业地租的调整，并进一步使新城土地绝对地租量得以提升。

其次，区域可达性的改善势必会拉动新城土地级差地租：一是由于轨道建设提升了新城的交通可达性，缩短了新城与主城区或其他城市功能组团之间的时空距离，带来了区位优势的提升，轨道沿线的产业发展及居民出行因出行成本的降低而获得较轨道交通未建设前更高的利润，尤其在轨道交通站点区，区位优势越明显，地价就相应越加高昂，因此级差地租也必然上升；二是轨道交通引导下的新城发展是一种高密度、集聚发展的土地利用模式，土地开发与建设运营的利润一般会与开发强度成正比，即容积率越高，超额利润就越高（图6-13）。

从对土地增值与距离轨道交通站点距离的关系分析中，以轨道交通站点为核心，随着距离的延伸，沿线土地利用的增值效应也在发生着较为规律的变化，即从站点向外，土地利用的增值效益逐渐增大，并在距离轨道交通站点800m左右的位置出现峰值，之后便逐渐减弱（图6-14）。而新城区域的车站不同于主城区，主城区区域站点附近的商业氛围基本已形成，其土地增值的周期相对较短，而新城区土地增值周期通常较长，随着区域交通网络的逐步完善，新城土地的增值将逐渐变缓（图6-15）。

---

① 潘海啸，任春洋.上海轨道交通对站点地区土地使用影响的实证研究[J].城市规划学刊.2007（4）：92-97.

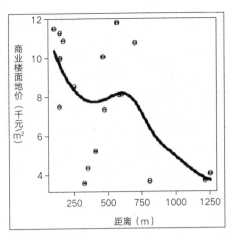 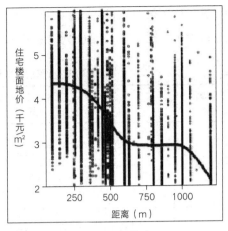

图 6-13 商业地价与住宅地价局部线性回归局部放大

资料来源：页注 ①

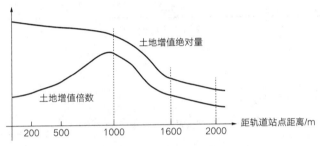

图 6-14 土地增值与距轨道站点距离的关系

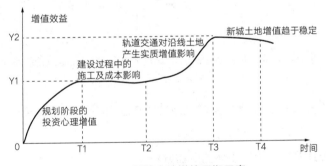

图 6-15 新城土地增值周期示意

资料来源：页注 ②

另外，作为新城活力的体现，人们流动的重要性与交流的必要性是新城健康发展的重要特征。建设新城的基本作用是促进人流集聚和高密度发展，轨道交通的引入促使时间成本与机会选择的变化是决定新城可达性的主要原因。因此，轨道交通线路作为大都市区重要的交通走廊，可以反映出城市活动的空间扩散与各功能组团的交流程

---

① 王京元，郑贤，莫一魁. 轨道交通 TOD 开发密度分区构建及容积率确定 [J]. 城市规划，2011（4）：30-35.
② 郑明远. 轨道交通时代的城市开发 [M]. 北京：中国铁道出版社，2006：1.

度，而土地价格则可以更直观的对这种活动的强弱以及新城土地开发中需求与供给的平衡点进行表达（表6-18、图6-16、图6-17）。

香港轨道交通对周边土地价值的影响　　　表6-18

轨道交通站点类型	物业类型	与轨道交通站点距离（m）	平均楼面地价（港元/m²）	地价提升幅度
商业服务型	商业	≤450	162922	59%
		>450	66629	
	办公	≤520	12583	10%
		>520	11302	
交通居住型	商业	≤450	104679	45%
		>450	57210	
	办公	≤520	7556	51%
		>520	3660	

数据来源：页注①

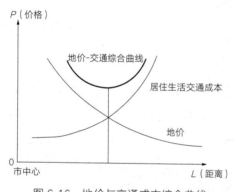

图6-16　地价与交通成本综合曲线

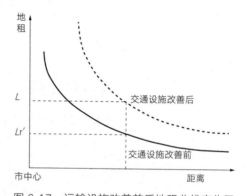

图6-17　运输设施改善前后地租曲线变化图

资料来源：页注②

实践证明，开展轨道交通与新城土地的一体化开发，将是解决轨道设施建设、运营以及后期维护资金来源问题的有效途径。

（3）轨道交通开发与沿线主体的受益分析

根据交通可达性理论、地租理论等，可以看出轨道交通与新城土地使用间联系的本质在于运输成本与土地价值间的互补。轨道交通引导下的新城开发，其土地区位的不同会产生不同的时间成本和经济成本，进而产生不同的地租。土地价值与交通设施建设之间具有很强的替代性，地价（以 Lr 表示）与交通运输成本（用 Tc 表示）之和即为阻力成本（常数），轨道交通的到来提高了运行速度与活动效率，减少了出行成本，降低了机会成本，由此交通运输成本降低至 Tc′，而地价则相对提高至 Lr′③（图6-18、图6-19）。

---

① 深圳市市政工程咨询中心.轨道交通沿线土地利用基础研究阶段报告.2003.
② 夏南凯.城市经济与城市开发[M].北京：中国建筑工业出版社，2003：251-290.
③ 何宁.城市快速轨道交通规划系统分析[D].上海：同济大学，1998.

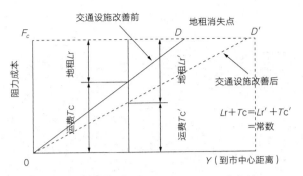

图 6-18 交通设施改善前后地租与运费的关系

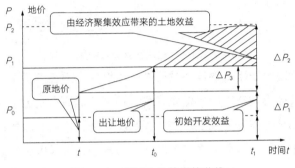

图 6-19 新城土地的增值曲线

轨道交通开发过程中地价的增值使得沿线居民、各类商家、企业、金融业等主体都得到不同程度的受益,但这一受益情况要远远低于轨道沿线土地所有者的受益程度。有研究证明,由轨道交通所带来的增值效益 70% 以上被土地所有者占有(见表 6-19),它与企业及沿线居民的受益份额总体呈现出 75∶15∶10 的格局。这一规律在国外相关领域的研究中已被广泛接受,对我国而言,虽然国情差异较大,受益主体及具体的数据会有所不同,然而因轨道交通开发影响沿线区域的发展规律基本是一致的(图 6-20)。

日本名古屋轨道沿线在不同阶段土地开发主体的受益变化　　表 6-19

运营阶段		0~5 年运营期	5~10 年运营期	10~15 年运营期
总受益情况(亿日元)		1858.57	2006.85	2075.34
受益主体	土地所有者	受益率高达 70%	受益率高达 73%	受益率高达 73%
	商业、企业等	受益率约为 13%	受益率约为 14%	受益率约为 15%
	居民	受益率约为 17%	受益率约为 13%	受益率约为 12%

数据来源:页注①

---

① 陆化普,朱军,王建伟. 城市轨道交通规划的研究与实践[M]. 北京:中国水利水电出版社,2001.

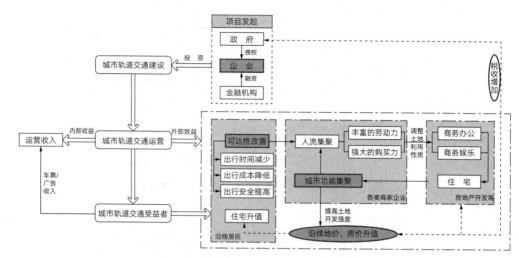

图 6-20　轨道交通沿线受益对象关系分析

此外,轨道交通对于新城建设中发展中低价格住宅及经济适用房也起到了积极的促进作用。由于交通运输成本的降低和联系便捷度的提高,轨道交通大大改善了大都市区外围区域受地理位置的牵制性,使居民在新城获得与中心城区联系便捷且价格相对低廉的住宅。可以说,轨道交通与新城的合力发展,不仅仅是拉近了外围组团与主城区的时空距离,还进一步提高了大都市区土地资源的高效利用,对解决当前住房制度改革中的市场供应问题起到了积极作用。

综上所述,区位条件决定了土地利用价值,且这种内在关系的发展多起因于可达性的改变。轨道交通在这一关系过程中是先导者,在规划之初即对新城沿线的土地价格产生重大影响,且随着轨道交通的建设运营逐渐增强。由于轨道交通开发后的社会效益远远高于它本身的经济效益,开通后的增值效益却多数由土地所有者(开发商)所获得。这些都给新城的可持续发展与轨道交通的顺利运营提出了挑战,也进一步反映出仅仅依靠政府补贴和票价收益是无法也根本不可能实现盈利,毕竟轨道交通的发展更多的是一种公益性产业。因此,在当前如火如荼的建设浪潮中,必须全面协调轨道交通与新城土地的联合开发,在建设时序、开发强度、空间布局等方面统筹引导,并通过产业功能的落位夯实新城对轨道交通的运营支撑。如果单方向的依靠政府来建设公益化的轨道交通项目,而后期高额利润的沿线土地开发交由个别房地产商来完成,势必会导致轨道交通与新城发展的脱节,增加社会财政负担,无法从根本上实现可持续发展。

6.4　本章小结

本章从功能定位、技术特征等方面对市区、市域轨道线路的特点进行了综合比较,在此基础上对新城轨道交通站点类型及其影响区范围进行了分析,并基于新城组团的优先发展，对轨道站点间距的设置进行了研究，然后分别从新城空间布局、土地使用类型、开发强度、土地利用价值等方面对轨道交通导向的新城土地使用特征进行了系统分析，提出了相应的开发建议。

轨道交通站点影响区的范围并没有严格或者明确的界限，而是与站点的位置、接驳换乘方式有着直接关系，应根据轨道站点的功能定位、人流集散量，选择合理、多样化的接驳方式。研究从两个层面对轨道交通站点的影响区范围进行了划定，即步行合理区和交通合理区，根据居民出行的生理和心理承受能力，把新城轨道交通的最大影响区确定在3.5km半径以内，此范围内的主要交通接驳方式为自行车和公共汽车，并对最大影响区进行了划分，0~100m为轨道站点上盖开发区，100~300m为轨道站点核心发展区，300m~1km为轨道站点直接影响区，1~3.5km为轨道站点最大影响区。其中0~1km是新城高密度发展的重点区域。

影响轨道交通车速最为突出且最直接的因素是站间距的设置，必须达到一定的距离值才能充分发挥轨道交通的技术性能。对于近郊新城（距主城区≤30~40km），运行速度以100~120km/h为最佳选择，对于远郊新城（距主城区＞40km），运行速度宜采用120~160km/h。随着技术的进步及市域轨道交通功能地位的凸显，市域轨道交通运行速度目标值将达到120~160km/h。

研究认为，基于新城优先发展的市域轨道交通线路站点的布设宜少不宜多，且应根据沿线功能组团的定位合理调控站点开通时序，提出市域线前期运行站点间距可普遍控制在6~10公里，预留站点的间距可控制在3~5公里。

新城轨道交通站点周边区域宜高密度布置公共设施用地，并紧凑布置配套的公共开敞空间，提高居民与轨道交通的换乘效率。轨道交通站点周围步行距离5分钟范围内（约300m），实施高强度、集中式、功能混合开发，土地开发强度建议控制在5~9.5；站点周围5~15min步行距离范围内（约300m~1km），较高密度的安排中高档住宅、商业与零售业以及学校用地，土地开发强度建议控制在2~5（其中300~600m即步行10min范围内建议为3~5，600m~1km范围建议为2~3）；站点周围1km以外区域，开发以居住功能为主的大型社区，通过与轨道交通车站建立良好的驳运体系，形成轨道站点最大影响区。该区域开发强度相对较低，尤其是居住类用地开发需保持环境的舒适性，因此建筑密度不宜过高。

第 7 章 功能成长是轨道交通与新城协调发展的根本

新城健康发展的难点是产业，关键也是产业，新城功能的成长必须要有强有力的产业作支撑，失去这一基础条件，新城与主城间轨道交通建设的意义也就不复存在。因此，要实现新城功能结构的升级与轨道交通建设价值的充分发挥，必须对轨道交通引导下新城的功能成长与产业组织进行深入研究，把握其发展规律与趋势，建立起大都市区整体发展思维下的新城发展观，研究合理的产业发展方式，培育新城与轨道交通协调发展的新型产业空间，这也是新城得以可持续发展的动力和内在需求。

7.1 轨道交通引导下新城功能的成长与组织

分析与总结当前轨道交通引导下新城功能成长的问题，对其产业功能的组织特征与发展动力进行研究，有助于在轨道交通的建设中充分把握新城功能成长的规律，实现新城功能的提升与产业空间的有序组织，进而实现产业效益的最大化。

7.1.1 新城各阶段成长内涵与特征

结合前文研究，新城建设的目的可归结如下：
（1）疏解中心城区过密的人口；
（2）优化城市产业结构，促进产业升级与转移，实现城市功能的转变；
（3）形成新的经济增长点，带动区域村镇发展，缩小城乡发展差距；
（4）成为解决居住环境与住宅条件问题的重要手段。

新城的发展并不是一蹴而就，而是一个长期、反复调整和逐渐完善的过程，与自然界的细胞生长类似，也需要从成型到成长再逐渐发展成熟三个阶段。在新城开发的初始阶段，其发展动力主要以"注入式"增长为主，大都市区通过主城资源的迁移和外部配置资源的培育，促使主城功能的外延扩张与新城的不断成长，在这一阶段，大都市区的发展重心逐渐由主城转向新城；在新城的成长阶段，其增长机制表现出"联动式"增长的特征，以主导产业推动区域内其他产业的发展，并通过公共服务设施的完善强化新城的综合吸引力，形成新的区域增长极带动周边区域经济增长，在与主城互动发展的同时，新城承担着更多的城市功能；在新城发展的成熟期阶段，其增长机制展现出反哺和整合的特点，通过设施补充、产业拉动以及功能种类的日益完善进行空间重组，缩小与主城区之间的位势梯度，形成与主城相辅相成的网络化格局，此时，新城通过功能的提升与空间的完善，有能力带动区域发展和促进主城城市结构的转型，实现大都市区深层次的空间整合与功能成长（表 7-1）。

新城成长内涵　　　　　　　　　　　　　表 7-1

阶段	定位	内涵	特征	与主城区关系
成型期	工业发展区	功能成长	通过产业发展推动和培育新的经济增长极	高度依赖与索取
成长期	功能综合区	活力塑造	通过增加公共服务设施强化新城的吸引力	相对依赖、紧密互动、梯度转移
成熟期	具备一定城市职能的区域增长极	空间整合	通过空间重组与功能提升，充分融入大都市区整体发展格局	整合、反哺

国内外新城建设的动因比较。国外发达大都市区的新城建设基本是源自对更高生活环境水平的追求，以区域快捷联系通道为基础，有着"主动性"特征；而我国大都市区与西方诸国不同，空间结构的调整更多的是在双重因素下进行发展：一是由于土地的市场化，人们对居住环境的追求和现有城区外地价的低廉，促使部分工薪阶层被动郊迁；二是由于主城区出现的"大城市病"和城市功能的不断外溢，促使大都市区主动发展新城以谋求新的发展之路（表 7-2）。

国内外新城发展的内涵差异　　　　　　　表 7-2

类别	西方发达国家	我国大都市区
发展动力	新城建设前大都市区城市化基本完成，为改善生活环境，中产阶级主动郊迁	新城建设大多是高度集权下的政府行为，在担当缓解大城市过度集聚而产生城市问题的载体的同时，更多的是承担振兴经济的职能
产业调整过程	新城发展伴随中心城区建设思路的调整而改变，即从最初大都市区郊区化下的外移，到中期应对各种城市问题，再到后期新城空间的完善与功能提升	① 居住郊区化滞后于工业郊区化，就业者往往居住于城区外围而工作在中心城区；② 中心城区吸引力远远大于边缘区，在"退二进三"的郊区化过程中并没有出现空心化现象
空间拓展的组织形式	新城空间伴随城市功能的演变，逐渐体现出综合特点	① 基础设施的滞后导致城市空间在近缘区扩散；② 功能空间的滞后导致城市不断蔓延

7.1.2 轨道交通引导下新城功能成长问题梳理

（1）新城功能的强化滞后于城市空间的扩散，导致新城空间无序发展

如前文分析，当前我国多数新城在建设之初由于缺乏产业发展动力或新城中心功能培育的滞后，造成在新城居住的人口与区域产业发展相脱节，使新城的功能多以提供居住场所为主，产业和公共服务设施空间不足导致新城的产业发展与城镇化缺乏互动，轨道交通虽然能实现新城与主城区的快捷联系，但新城功能的单一却引发了"潮汐式钟摆效应"，从而进一步加剧了主城区功能空间尤其是产业功能超负荷运转的压力。

（2）新城的产业功能开发过度，导致轨道交通功能的发挥空间有限

此类问题大多产生于"开发区重构型"新城。由于先期的开发对区域空间发展的前瞻性不足，造成新城单一的产业功能开发过度，新城空间的优势资源被工业区提前占用，导致新城发展的空间培育失去足够的吸引力，后期即使建设轨道交通，改善交通可达性以提升新城吸引力，优势空间的不足和产业区的挤占，导致轨道交通的功能效益无法得以充分发挥。如北京亦庄，在其新城的建设用地中，工业用地的比例达到44%且大多设置在区域核心地带，新城公共服务空间的缺乏导致其他功能的用地陷入被动，为适应新城的发展需求不得不散点布置。另外，亦庄新城主导功能的失衡导致本可以借助轨道交通快速发展的第三产业无法发挥集聚效应，从而影响了城市势能的培育。

（3）新城产业动力不足，导致城市空间低效分散

即使是在轨道站点直接影响区内，现阶段"马路经济"引导下的产业沿路布局模式仍占据主导地位，极易引起新城土地使用的低密度松散布局和产业功能区的散点分布，这不仅导致现有城市空间资源的低效使用，也增加了城市基础设施的投资成本。同时产业空间的过于分散，造成产业势能向城市势能转型的动力无法培育。

7.1.3 轨道交通引导下新城产业功能组织解析

新城的功能是在一定区域范围内的新城所担任的职能，是城市功能分配和再生的综合体现。作为满足大都市区高密度、多中心发展需求的重要单元，新城建设时间短，设施水平较之于主城还有很大的提升空间，更多的体现出人为干预的建设特征，需要很长一段时间的交替演进才能发展成熟。

（1）轨道交通引导下新城产业功能的演进与发展

新城产业门类伴随城市建设的不断发展呈现出不断更新的状态。新城城市功能从单一走向综合，从本质上讲是新城产业结构的不断优化与升级的结果。产业集中布局的规模效应和信息技术的不断革新，促使新城各类功能空间陆续出现，并逐步走向成熟，展现出紧密互动、竞争与协作并存的特征。新时期以高新技术产业、新兴产业、休闲产业等为政策导向的空间形态将在大都市区占据更高的地位（图7-1）。

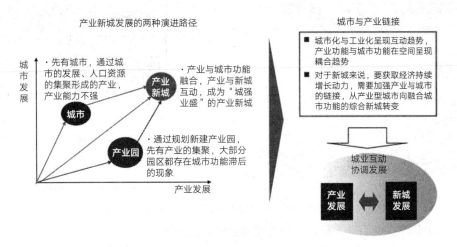

图7-1 产业发展与新城城市功能

主城产业升级对腹地新城的影响。从大都市区范围来看，主城区产业结构的升级会带来吸引力范围的扩大和城市集聚功能的加强，因而必然会产生被置换产业向城市外围新城扩散的趋势；而主城区要适应新产业结构的调整，其腹地新城的职能也必然要发生相应的改变，表现出农业、工业用地比重的下降和以服务业为主的第三产业比重逐渐上升的趋势。但这种渐进的变化在轨道交通的引导下不一定必然按照克拉克－配第的"三二一"模式演进，极易发生产业升级出现跳跃性发展。这是因为轨道交通促使新城交通可达性得以提高，实现了新城与主城区的有效连接，在具有高度的核心辐射能力的带动下，新城产业迅速发展，使传统的城市产业演进方式直接转换为以低耗能、高产出、重环保为最基本要求的功能拓展区，并成为新型城镇化阶段大都市区新城产业结构优化的核心内容。

轨道交通对新城产业结构及产业发展方向的影响。随着经济全球化、知识化以及休闲健康化的快速推进，轨道交通引导下的新城产业空间也逐渐确立以知识经济、现代服务、创意休闲、都市型工业等为主的建设路线，这也是我国大都市区走向国际化、提升城市综合影响力与吸引力的主推措施。当然，新城产业的跨越发展也与新城的区位、自然条件以及与城市功能区的交通半径密切相关，但轨道交通的介入使得新城产业结构的调整增加了超前发展的可能，不一定按照克拉克－配第的规律逐步演进。如西安市东南部新城引镇（距主城区约20km），由于少陵塬的阻隔以及与主城区缺乏快速通道，长期以来农业结构一直维持着主导地位。轨道交通西康线的建设、雁引路的开通使得新城与主城区交通通达性大大提高，加上优越的自然生态环境，促使引镇的产业结构快速形成以第三产业如物流、房地产业、金融业等为主导的新型产业发展模式，实现了新城区产业结构的跨越式升级（图7-2）。

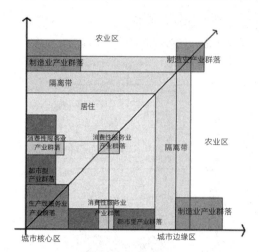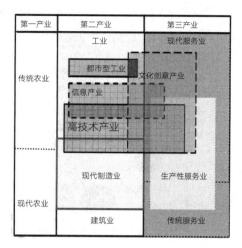

图7-2 大都市区产业群落空间有序分布与产业功能结构示意

（2）轨道交通引导下新城产业功能的空间成长特征

作为中心城市外移产业的主要发展平台区，以及各项优惠政策和企业自身发展空间急需拓展的现实需求下，新城成为大都市区土地开发与企业投资的主要区域。同时，作为衡量城市影响力的基础标准，新城各类产业功能空间的集聚度与互动效率，直接决定了新城对大都市区某一项或几项城市功能的担当能力，也在很大程度上影响到大都市区产业结构调整与多中心空间发展战略的实施。因此，新城在承接主城外迁产业的同时，应强化自身产业功能在空间上的集聚，提高交通可达性，建立紧密的合作关系，以提高新城对外界尤其是中心城区外迁产业的接纳能力。

新城产业功能的重要性表现在两个方面，一是通过提供新产业平台，吸引中心城区的重叠产业和功能，实现其高密度集聚中空间运行效能的提高；二是通过自身配套设施的完善，实现大都市中心区转移产业（新培育产业）在新城区的外延扩张，最终实现新城产业功能的成长。可以说新城功能空间的营建是立足于区域整体发展观下的重要举措，是疏解中心城区就业、人口压力的重要途径，可以推进大都市区产业空间结构的优化以及多中心空间体系的快速发展。

因此，新城产业区的建设动力应从大都市区整体产业结构的布局与整合的角度出发，统筹考虑区域大型经济项目的建设及各大功能区之间的快捷联系通道，以避免各类产业园区的"遍地开花"和后期发展的动力不足，也同时起到积极培育和发展新城主导产业，促进主城区产业有序转移和进一步发展的作用。在这一过程中，快捷联系通道成为外围新城产业功能空间成长的主要动力，逐渐促进新城工业经济向服务型经济的升级与转换（图7-3、图7-4）。

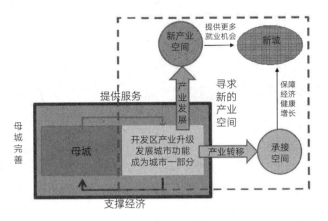

图 7-3 新城与主城产业功能组织示意

图 7-4 北京亦庄新城同仁医院与 BDA 小学的引入

7.2 轨道交通与新城产业发展的互动关系

大都市区以轨道交通为主体的交通技术的进步在新城产业空间的演进中有着不可替代的作用，时间成本与客货运交通成本的巨大节约是其对新城产业发展作用的直接反映，进而影响着大都市区产业空间的集聚经济。

7.2.1 轨道交通对新城产业发展的助推作用

当前区域一体化进程的加快和发展空间的有限促使主城区产业功能不断向外转移，聚焦轨道站点的趋势为新城在轨道交通引导下不断提升自身功能和完善产业空间提供支持。然而轨道交通的引入只是提高了新城交通可达性和人流活动强度，仅仅是新城尤其是站点地区高密度、功能混合的土地使用的必要条件，其本身并不能产生直接的"新增长"。但是在新城产业的发展中轨道交通却有显著的引领作用，成为大都市区产业空间有序、快速发展的重要条件。

轨道交通对新城产业空间的作用主要体现如下：

① 交通运输速度的提升使得人们出行的交通时间成本显著下降，这对新城产业空间的约束性降低，增加了新城产业空间布局的灵活性和弹性；

② 新城区域空间可达性的提高使得生产企业的对外交通联系更加快捷，信息资源的互动更为高效，这在很大程度上促进了新城企业的相对独立性，减少了对主城区的依赖，加上相对廉价的地租成本与更为宽阔的发展空间，有力的吸引一些工业企业向外围新城转移，从而为新城产业赢得发展；

③ 以轨道交通为主导的公交系统的快速发展，尤其是大都市区各种换乘系统的改善，激化了产业空间的集聚功能，进而使得新城产业空间逐渐提升其辐射力与集聚能力；

④ 轨道交通引导下的TOD发展模式，促进了新城高密度、高效率的土地空间一体化开发和新城土地的集约利用，交通的通达性则加速了大都市区整体空间的分异，带来了新城周边地区某些优势产业的集聚，形成产业规模效应，吸引更多的居民选择就业于新城，进而有效促进了区域城乡统筹发展。

⑤ 快捷、大运量的轨道交通可以支持新城中心的高密度建设，提供交通枢纽和集中开发带来的高效率，实现紧凑的土地使用形态和土地使用类型的多样化，并促进了大都市区范围的区际协作，因此，人流、物流和信息流的变化，为新城产业的发展带来较多的派生价值，增加与轨道交通共生的产业发展项目将有力促进新城与轨道交通的一体发展，如日本的多摩田园都市（Tama Garden City）、北京的通州新城等。

另外，轨道交通在线路上的发展呈现与其他道路交通不同的状况，由于轨道交通的廊道效应较为明显，且端点优势明显，因此在新城产业的空间发展中首先由端点与新城中心间形成空间联系，再以相关的中间制约型功能陆续填充，逐步形成新城产业与居住跨度在轨道交通沿线逐步缩短的状况。正如前文所述，在轨道交通站点周围，从内到外，最紧靠站点中心的部分是地段中开发强度最大的办公、商住等混合用途，中间是密度较高的住宅区，外围一般是普通密度的住宅区，再外围是与生活区相隔离的产业发展区等（图7-5）。

图7-5　基于可达性影响对城市轨道交通站旁建筑梯度变化的模拟

7.2.2 新城产业发展对轨道交通的空间响应

(1) 新城产业空间集聚模式的转变：由产业汇集走向生态集聚

就城市产业在空间上的活动规律，学者克鲁格曼曾展开过深入研究，并指出因规模效益的存在，其最为明显的规律便是区域同一类别产业的主动靠拢，待各种生产活动达到一定规模，企业所在地便以产业集聚区而存在。新城产业在开发初期的汇集，一般起因于其交通区位引导下的空间分布，在达到集聚区规模前，其效能潜力并未得以充分发挥，而是多表现于企业之间的资源共享或较为简单的分工，产业关系竞争远大于合作，进而导致空间资源未能得以高效利用，相反多以新城土地资源的消耗为代价，实现新城产业经济的发展，仍显现出粗放式发展的痕迹，加之一旦所在新城的区域政策环境不再具备吸引力，工业企业另选新址的概率将再度提高，导致大都市区出现产业空间多处汇集却不集聚的现象。

新城存在与发展的前提即是被赋予一定的城市功能，是大都市区新型的城市空间载体，在开发之初其产业空间多表现为外生性的梯度转移，然后通过空间引导与各项优惠政策的制定，诱发其根植于新城地域，实现产业功能内生性的增长，进而实现了新城产业功能空间集聚模式向就地化、生态化、可持续化的发展。当然，新城产业的生态集聚所带来的不单单是新城经济空间的健康发展，也不仅仅是大都市区空间结构的优化与重组，同时它也引领区域各个城市组团进行职能互补，促进区域功能的有序整合，进而影响大都市区整体功能空间的分布，并通过组团之间快速联系通道的构建，最终实现大都市区多个产业功能中心的紧密互动与高效运转（图7-6）。同时，联系通道的快捷性也在一定程度上实现了主城区产业功能的良性置换，时空距离的缩短促使新城产业空间更多的向高势能的新兴产业转变，尤其是以技术研发、知识经济、信息服务等为主的附加价值较高的产业。因此，未来新城产业的发展，应避免当前二产过于突出，对新型产业功能空间的培育应成为新城产业发展的主导方向[①]（图7-7）。

(2) 新城中心区的有效供给成为主城功能疏解的原动力

影响新城土地价值的因素较多，但在土地需求一定的前提下，区域交通可达性和各项设施的建设水平将起到决定性作用。例如当前在新城的土地市场中，轨道交通站点地段多是区域"地王"，区位优势的明显促使轨道交通站点影响区成为各个企业开发前的竞逐首选。这就导致"单中心"结构的城市中心区位必定是短缺的，只有通过提供充足的中心区位土地、创造便捷的交通条件以提高可达性等措施才能起到降低大都市区总体的土地价格水平（图7-8、图7-9）。

---
① 北京城市规划设计研究院.北京市城市总体规划实施评估—空间发展专题[R].北京：北京城市规划设计研究院，2010（6）：6-58.

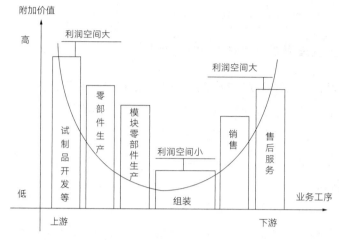

图 7-6 产业发展的微笑曲线

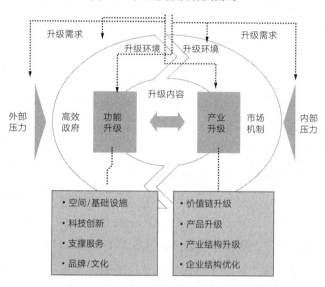

图 7-7 产业生态集聚模式培育新城功能

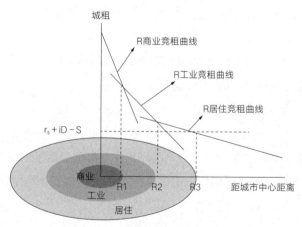

图 7-8 单中心城市功能与土地关系

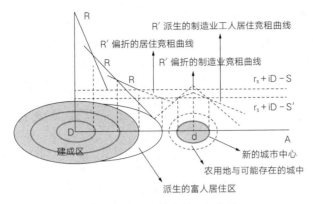

图 7-9 双中心的功能组织变化

资料来源：页注 ①

同样，这也从另一角度解释了以往的卫星城建设由于未有效提供充足的中心区位，只是解决城市边缘区功能的扩张，不但很难解决主城区过度拥堵的问题，而且增加了主城区的负担[②]。主城区土地价格的快速上涨，也可以说从某种程度上源于城市中心区土地空间的有效供给。这就要求大都市区在新城建设过程中，只有通过突出相对于主城区中心区位的空间供给，并借助轨道交通积极培育新的、强大的新城中心才能吸引中心城区的部分重叠功能前来集聚（图 7-10）。

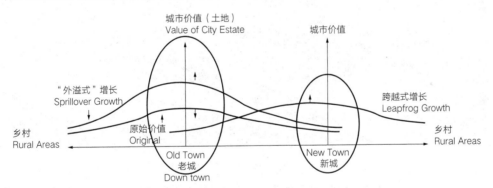

图 7-10 新城中心区的有效供给对大都市区土地价格上涨的抑制

可以说，新城中心区位的突出，对大都市区整体空间发展而言，有着举足轻重的地位，而新城中心交通可达性的快捷性则在这一环节中起到了决定性作用。

（3）轨道交通推动新城市空间的发展

轨道交通很大程度上改变了社会结构中的职业结构、文化结构、消费结构和观念结构，使人们获得更为广泛和更多交往自由的发展空间，并逐步建立起"基于轨道交通的快速出行的生活方式"，可以更轻松的在区域范围内共享各种资源。可以说轨道交通在拉近生活氛围距离的同时，成为一种新的公共空间，是地方文化形象对外展示和

---

① 洪世键, 张京祥. 交通基础设施与城市空间增长——基于城市经济学的视角 [J]. 城市规划, 2010（5）: 29-34.
② 赵燕菁. 空间结构与城市竞争的理论与实践 [J]. 规划师, 2004, 20（7）: 5-13

传播城市文化的重要窗口。如日本地方政府十分重视把轨道交通与文化遗产的继承有机的融合，营造出一种浓郁的文化氛围，使乘客在出行中理解和感受城市的传统和文化特色，有力提升了城市品质与市民的文化意识，并进一步产生积极的社会效应，带动了如国际旅游、商贸投资等产业的发展。巴黎地铁卢浮宫站月台设计尤显别出心裁，整个空间如同艺术品画廊一般，让人们在乘坐地铁的同时可以感受和欣赏艺术之都的风采。

南京地铁中华门站（图7-11），在装饰壁画设计中整体上采用文化墙的概念将地铁作为展示南京城市文化的一个平台，利用墙面的转折和建筑本身的凹凸变化，将传统雕刻、拱形城墙门有机融合，成功的将百年历史的沧桑展现在了地铁空间。北京地铁雍和宫站台采用与外部建筑群交相辉映的藏传佛教建筑以及红色系列的装饰风格，楼梯与扶手的设计也充分展示出中国古代建筑风格，全面的体现出该轨道交通站点特定的文化特征与空间环境。台湾地区学者杨子葆把轨道交通非常贴切的比喻为"可移动的文化餐宴"。可以说，利用轨道交通出行，不仅仅是一种出行方式，也是一种以快速为核心的城市文化（图7-12）。

图7-11 南京地铁中华门站与北京地铁雍和宫站

图7-12 巴黎卢浮宫站设计和东京新宿站动漫文化展示墙

资料来源：各城市地铁网

7.3 大都市区发展思维下新城产业的发展指向

以大都市区为特征的区域发展模式被证明是保证新城健康发展的有效模式，新城的出现及其在产业空间上的变化意味着大都市区空间资源的优化配置与企业组织的合理化。因此，新城产业的选择必须要抛弃"以城论城"的传统方式，不仅从新城自身的条件出发，根据其区域地理条件、资源禀赋特点、历史发展和现状等进行深入分析，更要与区域发展相统一，建立在大都市区整体经济结构和区域城镇间的职能分析基础之上，客观对待新城与区域产业发展的同构以及新城与主城产业发展之间的竞合关系（图7-13）。

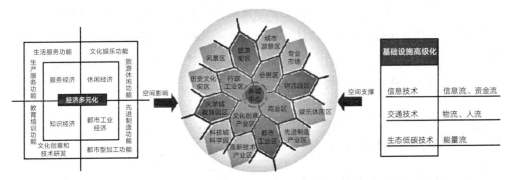

图 7-13　大都市区经济多元化与技术高级化对新城产业空间的影响

7.3.1 新城产业的发展原则

从我国宏观区域产业的发展来看，轨道交通引导下高密度、多中心、网络化的城市空间增长带来两个问题：城市间产业趋同现象和新城市空间（新城）的产业选择，后者在很大程度上是对第一个问题的解决。因此，新城的产业选择也就毫无疑问的成为大都市区空间整合中必须深入研究的重要课题。结合以往研究及现阶段我国大都市区新城建设与发展的规律，新城产业的发展原则可概括为以下几个方面：

（1）区域协调与一体化。新城是大都市区空间发展的重要组成单元，因此新城主导产业的选择必须立足于区域整体发展的视角，重在追求合理，即能最大限度的发挥整体优势。所以在研究新城的产业发展中，不能仅仅局限于行政区划，而应着眼于区域产业发展，统筹考虑新城与大都市区其他城镇组团之间的联系与分工，在产业选择、产业布局上与主城区及其他城市功能区之间形成良好、有序的协作关系，培植新城支柱产业体系，积极融入区域产业发展，成为大都市区重要的功能节点和产业新增长点。

（2）动态发展与可持续。新城产业发展的实质可以理解为该地区产业的形成、发展与更替过程，其可持续性不同于简单的产业变迁，而是随着为主城区服务以及自身功能、地位的提升而改变，并在大都市区整体产业的提升变化基础上实现新城产业的高级化。因此，新城的发展要始终与主城区发展相统一，努力承担一部分城市功能，并用动态发展的眼光来应对新城主导产业的交替，把握大都市区产业技术的发展方向，重视潜在的、有特色的优势产业的发掘和开拓。

（3）因地制宜与特色建设。新城产业的发展必须强调因地制宜，特色化发展与经营有助于提高新城竞争力。当前，各种类型的开发区、科技园区、生态园区正在成为新城经济发展的强大动力，在发展"园区经济"过程中，应当结合实际，扬长避短，发挥比较优势，与周围园区或城镇错位发展，才能培育和发展具有区域特色的高效益的规模经济。

（4）代表"主城"未来产业发展方向。新城产业的选择与结构调整就是在大都市区可选择下寻找最适合的产业，也是新城保证未来城市可持续发展的战略行为。因此，其主导产业应当是大都市区潜力产业逻辑性的后向性产业，即具有强劲发展潜力的新产业，是城市长期动态比较优势积累的结果。

7.3.2 新城产业的发展方向

（1）"新型城镇化"的客观要求

如前文所述，高效、便捷的交通体系所引导的多中心、网络化以及产业结构高级化是大都市区空间发展的基本态势。轨道交通有力推进了区域一体化建设，并在全球化、技术革命的共同作用下，促进了高新技术密集型的生产性服务业在新城的迅速崛起，推动传统制造业加速向都市型产业转型，农业产业化也在向都市农业的高级化形态转变（表7-3）。可以说，以知识经济、现代服务、绿色休闲和都市型工业为主的多元化产业空间逐步成为大都市区新城产业发展的方向，这也是落实新型城镇化阶段"推动信息化和工业化深度融合、工业化和城镇化良性互动、城镇化和农业现代化相互协调，促进工业化、信息化、城镇化、农业现代化同步发展"的客观要求（图7-14）。

技术革新影响下城市主导产业的演化特征　　　　表7-3

技术革新时间	主要标志	主导产业	发展特点	空间布局特征
18世纪60年代~19世纪中期	蒸汽动力	轻工业	劳动密集型	单中心集聚
19世纪下半叶~20世纪初	电力 新通信手段	重型工业	资本密集型	单中心集聚 集聚大于分散
20世纪40年代~60年代	电子计算机	航天 生物科技	技术密集型	单中心向多中心转变，集聚与扩散并存

续表

技术革新时间	主要标志	主导产业	发展特点	空间布局特征
20世纪70年代以后	新科技 新经济	新兴产业	知识密集型	多中心 集聚与分散并存

资料来源：页注①

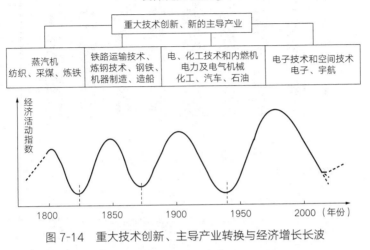

图 7-14　重大技术创新、主导产业转换与经济增长长波

资料来源：页注②

（2）大都市区产业结构高级化的影响

大都市区产业结构高级化的主要特征是区域产业向技术知识密集型、资本密集型梯度转移，即以高科技含量、高附加值、高集约化、高加工度化以及低能耗、低污染和自主创新能力强的产业为主要发展对象，以便捷的交通、完善的设施服务、高效的信息交流等要素为基础，以生态健康的生活环境、稳定良好的市场秩序和全面有力的社会保障为平台，高度融合于大都市区各级发展中心的新型产业体系（图 7-15、图 7-16）。可以说产业结构的优劣状况在很大程度上决定了大都市区的整体集聚和辐射能力，因此，大都市区空间整合必须重视现代化产业空间的构建，以促进区域经济的健康稳定发展（表 7-4）。

新时期我国主要大都市区如北京、上海等纷纷实施了以现代化产业体系促进区域产业结构升级的城市发展战略，在大都市区范围内引导各类功能空间有序布局，并结合外围新城组团建设新产业平台，同时根据用地结构的调整与空间部署，架构以轨道交通为主导的快速公交联系通道，实现各功能空间尤其是新城与主城区的高效互动。由此可以预测，各大都市区产业发展战略的制定以及中心城区产业的升级与转移将为城区之外各新城组团带来极大的发展契机，各新城组团只有积极与中心城市进行产业对接，在空间布局中进行密切配合与设施谋划，才能更好的化被动接纳为主动发展，实现新城产业空间的有序组织。

---

① 高军波等.试论新经济发展条件下城市产业结构演进与空间结构变迁[J].世界地理研究，2008（12）
② 闫小培.信息产业与城市发展[M].北京：科学出版社，1999.

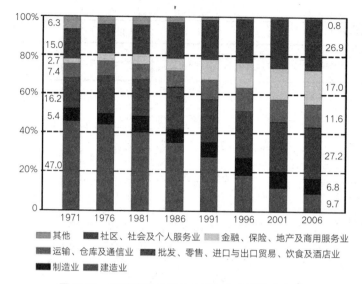

图 7-15 香港按行业划分的工作人口百分分布[①]

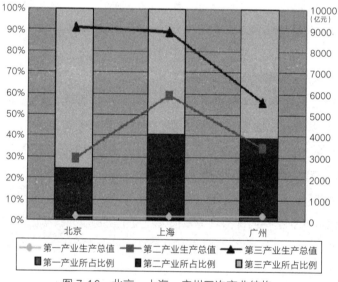

图 7-16 北京、上海、广州三次产业结构

"十二五"规划中我国部分大城市产业发展重点　　　　表 7-4

大都市区	主导产业	发展地位	发展特色	空间整合思路
北京	以服务经济、总部经济、知识经济、绿色经济的首都经济特征,建成具有全球影响力的科技创新中心,战略性新兴产业的支柱地位初步形成	服务业占78%以上	北京服务北京创造	构建"两城两带、六高四新"的创新和产业空间格局
上海	现代服务业为主、战略性新兴产业引领、先进制造业支撑的新型产业体系	服务业占65%左右	上海服务上海制造	构建三条现代服务业集聚带,优化产业结构,提升重大产业基地能级

---

① 李云,高艺.香港的产业结构调整与地域背景演进[J].理想空间,2011,6.

续表

大都市区	主导产业	发展地位	发展特色	空间整合思路
广州	构建以现代服务业为主导,以服务经济为主体,现代服务业、战略性新兴产业与先进制造业有机融合、互动发展的现代产业体系	服务业比重在65%以上	广州服务 广州创造 广州制造	中心城区大力发展现代服务业,外围城区加快发展先进制造业和战略性新兴产业

资料来源:根据各大城市"十二五"规划纲要整理绘制

7.3.3 新城与区域产业发展的同构

(1)新城与大都市区产业同构的正负效应分析

产业同构化的概念诠释。同构即相似,产业同构化可以理解为各城市体在产业体系的构建上存在行业门类、产业结构以及产业延伸或变换过程中的高度相似状态,一般从两个角度去诠释其概念:一是起因于人为干预,行政力量大于市场经济的调节力度,各城市组团产业发展趋同率较高,未能实现明确的职能分工以及职能互补,总结为"产业同构的同时主导产品也同构";二是由于产业分工细化、规模经济的影响,多个企业汇集并最终发展为产业聚集区,有利于减少信息成本,提高技术溢出效应,可以理解为"产业同构但主导产品不同构"。

基于此,新城与大都市区产业同构的结果并不能绝对化,即不能单方面的认为产业同构就会引发如产品过剩、生产设施闲置、企业效益下降等经济社会问题,而是存在着正负效应,应一分为二的去理解。具体体现在以下几方面:

首先,产业同构可能激发主导产品的创新功能。一定意义上的产业同构,虽然在一定程度上会引起同类产业之间的激烈竞争,使得产业发展处于优胜劣汰的大环境中,但正因为有危机感的存在才可以使各个企业不断提升自身影响力和吸引力,通过技术升级、发展创新等方式促进产业结构升级,提高产业内生变量,转向异质竞争、错位竞争。毫无竞争压力的发展环境极易导致某一类行业水平停滞不前,缺乏自我创新以及与时代同步的调整能力。

其次,产业同构有助于形成产业集群。随着竞争的不断加剧,各行业愈发重视产业集群价值链的分工优势效应,进行资源共享与优势互补,在对自身产业结构优化的同时,充分融入产业集聚区以提高资源配置效率,进而可以有效提高产品吸引力、融合力,在市场力的作用下不断升级,区域产业的竞争水平也在这一同构过程中得以提升。

(2)区域产业同构背景下新城产业的发展思路

世界发达国家的诸多实践活动已证明,新城若没有生命力较强的产业体系将无法实现自身发展的可持续,更不可能成为大都市区多中心空间结构中的有机单元。大都市区产业同构问题在所难免且正负效应并存,因此,产业同构背景下新城能否促进自身发展为一种相对独立的新型城市，其产业发展定位的准确与否起到了决定性作用。

1）同中求异。在新城开发建设前期，尤其是在产业规划阶段，基于同构正负效应的存在，对于新城产业空间的组织，既要充分融入产业竞争大环境，推进新城区域整体产业影响力，又要注重同中求异、创新求异，不断通过特色提升实现差异化发展，并通过各项鼓励措施、产权保护政策等提高各企业的创新实践与自我创新的积极性。

2）找准定位。在大都市区的产业发展中，无论哪一种结构的产业集群分工体系，其最重要的特征便是网络化，且是一种具有方向性和矢量的产业链网络。因此，新城产业的发展要从区域的高度进行分析，找准自身在集群网络中的位置，当产业网络均衡时，产品价值链上大量的企业之间形成激烈的竞争，而纵向分工的企业之间则分工协作完成产品生产的全过程。

3）借力助推。如前文所述，当前新城产业的发展一般是依托"类新城"时期以工业园形式的开发区模式，随着大都市区产业结构的优化调整，要维持新城产业在区域产业集群的发展，就必须在互利共赢的基础上建立创新机制，建立开放型的产业创新系统，通过与外界物流、信息流、人才流的互动，促使新城空间范围内的各种发展要素保持在一定水平。这种创新系统的关键因素之一便是科研院所和高等院校的智力支撑。如美国硅谷附近聚集了加州大学、斯坦福大学等著名学府；日本筑波科技城；英国剑桥大学城等。因此，新城在区域产业集群中需要采取相应措施加强创新体系的培育，借力助推，通过"产业园区＋科研文教区"的叠加模式在大都市区乃至更大范围内抢占新城未来市场竞争的制高点。

7.3.4 新城与主城产业发展的竞合

新城与主城产业之间的竞合发展经历了从错位竞争到合作竞争两个阶段，通过产业功能的优势互补、产业梯度的极化效应实现新城与主城区经济发展的"双赢"，并在大都市区圈层经济结构中寻求自身产业结构的升级。

（1）主城与新城产业的错位竞争

随着大都市中心城区"退二进三"产业调整战略的实施，主城自身更加致力于商业金融、商务办公以及服务业的发展。作为承接主城区以制造业为主体的第二产业的空间载体，"类新城"空间开始迅速出现，突出表现为诸多产业园区的建设。同时为控制主城区规模，大都市开始注重于边缘新城或住宅新区的建设以实现城市空间的拓展与人口疏散，"类新城"形式由此得到强化。在此基础上，部分大都市区积极兴建大学城、科技园区，如北京房山新城科教园区，通过教育资源的整合，既实现了新城教育功能的空间集聚，促进了以科技研发、教学等多种功能的一体化，又为"类新城"转变为独立型城市提供了动力支持。

错位竞争阶段的主要特征表现为[①]：一是"类新城"自身主体地位得到认同，产业结构不断完善；二是新城与主城之间的资源流向，由单向流动转换为双向流动，其竞争行为立足于区域功能协作与分工，通过不断创新强化自身竞争优势，优胜劣汰、纵深发展。但在这一阶段，两大功能区之间并没有合理有效的发挥竞争价值，加之规划前瞻性、整体性的不够，搬迁企业多数需二次搬迁，城市空间各项资源的配置仍显粗放。

（2）新城与主城产业发展的合作竞争

全球化、区域化背景下，以大都市为核心的地区之间的竞争日趋激烈，为巩固自身地位、提高城市影响力，各大城市不断加强外围功能组团的建设力度，促使"类新城"逐渐转化为新城，大城市或特大城市进而转型升级成为大都市区。在此过程中，新城与主城的互动性较以往更加提高，成为大都市区空间发展的有机单元，并从大都市区整体发展的角度协调各城市组团的功能，更加关注彼此在产业发展上的密切合作以获得竞争优势。合作竞争阶段的主要特征表现在两个方面：

首先是新城与主城演化为战略共同体，在大都市区整体发展定位与战略目标指引下，彼此产业结构进行调整与重组，并通过优势互补及产业梯度转移所产生的"溢出"动力，发挥"1+1＞2"的协同效应，从而提高区域竞争优势（图7-17）。

其次是新城与主城在产业布局上注重"网络协作"（图7-18），突破行政界线在更大的区域范围内优化产业构成，并通过二者的协同合作增强与外界的比较优势，由此新城、主城以及区域范围内以"乡镇"单元为主的功能区共同组成了网络化经济体都市区，促使各区域的市场联系与职能互动更加紧密，并在地理空间中围绕主城与新城形成"圈层"式布局[②]。

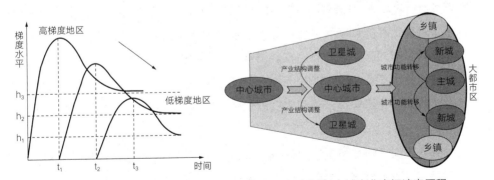

图7-17 产业梯度转移的"溢出"动力　　图7-18 新城与主城产业空间演变历程

（3）新城与主城产业竞合关系转型中新城产业的升级

通过新城与主城产业发展的合作竞争，一方面可以通过将主城区业已成熟的产业企业部门转移至新城，以实现新城区域较高起点的产业发展；另一方面假如主城区转

[①] 陈抗，郁明华. 城市边缘区与中心区的竞争合作关系演进研究 [J]. 现代城市研究，2006（6）：10-16.
[②] 张亚斌，黄吉林，曾铮. 城市群、"圈层"经济与产业结构升级 [J]. 中国工业经济，2006（12）：45-52.

移出的产业与新城发展不匹配,则可以选择通过将其转移至新城周边乡镇,为新城产业结构的优化与升级备足发展空间。

总之,新城在大都市区的产业同构背景下,必须充分融入区域大发展,与大都市区其他"多中心"组团进行差异互补,并通过快速联系通道如轨道交通等设施的建设实现彼此之间的紧密互动,增强区域整体竞争力。同时在同构过程中,注重差异化的塑造,通过创新求异、文化求异等方式,促进新城内部产业的梯度转移、动态优化,如此既保证了自身发展活力,又通过新城对大都市区某种职能的承担,促进区域经济的整体发展,进而逐步实现大都市区内部各层级产业结构的有序升级。

7.4 轨道交通引导下新城产业空间培育指南

新城的功能系统主要体现在如何通过产业空间建设促进主城区内部的功能梯度转移以及缺失功能的培育,从而实现主城功能内涵的提升与新城功能的外延扩张和成长,形成互补、互动、共赢的过程。因此,新城的发展不能仅仅局限于居住的集中地,只有与产业群的形成相结合,才能使人口、就业与轨道交通的发展相一致,进而使人们居住、工作和生活实现"属地化""主动流动化",这也是新城与轨道交通健康可持续发展的核心指向。

7.4.1 轨道交通与新城知识经济空间

知识经济概念诠释。如前文所述,第三次产业革命(新科技革命)之后城市产业形成了以信息服务、科技创新等为主的产业发展环境,知识经济由此而生,它是社会经济向高级阶段发展过程中的产物,在城市空间上不仅仅表现为城市产业的集聚化、分工化,更突出生产要素与产品的知识化[1]。从我国同步发展的"新四化"战略也可以看出,信息化、知识化已被提升至国家发展战略的高度,为新城知识经济空间的发展带来绝佳的政策支持。

轨道交通实现了新城与主城区的直接对话,缩短了大都市区各城市组团空间联系上的时空距离,为新城产业的发展带来大量的人流、信息流、资金流等,这是知识经济空间发展的前提与基础条件,依托轨道交通站点迅速形成以科技研发、教育培训、新闻传媒、文化交流、信息咨询等为核心的知识产业空间,改变了传统新城工业围绕着大企业来发展的格局(表7-5)。

---

[1] 郭力君. 知识经济时代的城市空间结构研究[M]. 天津:天津大学出版社,2008.

知识经济产业类型划分与主要特征　　　　　　　表 7-5

类型划分	主要特征
知识产业	主体：以作家、教师等为主的专业创作人员；产品拥有知识产权创作
新兴科技产业	主体：以各领域专业工程师为主的研究人员，产品拥有专利性，多以科技含量较高的精密仪器为主
科技化的传统产业	主体：以信息科研为主的专业技术人员，注重利用新科技、信息网络实现对传统产业的创新升级
生产性服务业	主体：以科学研究人员为主，通过对产品的研发、设计，以包装和营销促进城市产业的网络化与自动化

资料来源：参考页注①

轨道交通导向的新城知识经济产业的空间布局不同于以往以工业经济为主导的产业布局结构，后者是以工业发展为中心，工业用地占据了城市建设的主要位置；而前者则是以科技建设与人文关怀为核心，高新技术、教育、研发、培训等成为知识经济发展的主要动力（图 7-19）。如当前诸多大学城的建设，其周旁往往汇集了很多以知识为内涵、以科技为动力的高技术产业，借助良好的知识经济氛围构建产、学、研为一体的新型产业区。

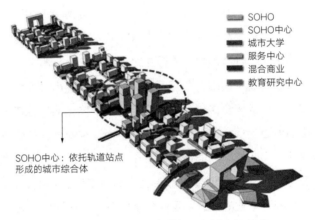

图 7-19　轨道交通导向的知识经济空间示意

知识经济与农业经济、工业经济的核心内容比较如表 7-6 所示：

知识经济与农业经济和工业经济的比较　　　　　　表 7-6

比较内容	农业经济	工业经济	知识经济
主要产业	种植业、牧业	制造业、工矿业	信息业、服务业
核心生产要素	土地、农业劳动力	有形资产、资本和工业劳动力	无形资产、知识和知识型人才
交通工具	马车、步行	火车（物料输送为主）、汽车、轮船、飞机	市域轨道（以人的出行为主）、高铁、磁悬浮列车、飞机、汽车

① 高雪莲.超大城市产业空间形态的生成与发展研究［M］.北京：经济科学出版社，2007.

续表

比较内容	农业经济	工业经济	知识经济
动力	风、水和人畜力	蒸汽机、石油、天然气、电力	核能、太阳能、新型能源
生产方式	分散的家庭作坊式	机械化大生产	柔性化产业集群
通信工具	信鸽、快马、狼烟	电话、电报	移动电话、互联网
生活方式	分散居住	集中居住	分散与集中居住并存
产品特征	手工产品	工业产品	服务和信息产品
产业结构特征	第一产业为主	第二产业为主	第三产业为主
技术特征	原始农业技术	工业技术	信息技术、智能科技
市场特征	地方性	相对稳定的全国性	全球化、多样化、多变性
流通特征	市井交换	中介的市场	非中介电子商务

资料来源：参考页注①

7.4.2 轨道交通与新城现代服务空间

现代服务经济概念释义。通常对现代服务经济概念的解释可以从两个角度去理解，一是通过服务业产值在国民生产总值中的比重来认知，二是通过服务业就业规模在全国民经济就业规模中的比重来解释，两者的相对比重都需达到60%以上②。有学者易仑曾在《走向服务经济新时代》中指出，西方多数发达国家大都市区现代服务业比重已超过七成。由此可以推测，在经济全球化、信息化和区域一体化的快速推进中，大都市区的空间发展将不可阻挡地迈向现代服务经济的时代，而这种新产业的快速成长必须建立在各发展组团之间快捷、高效的联系通道基础之上（图7-20）。轨道交通在这一发展过程中也将起到重要的激化作用，在促进大都市区空间网络化、多中心、高密度的建设中，实现新城与主城区传统服务业的升级以及现代服务业的快速发展（表7-7）。

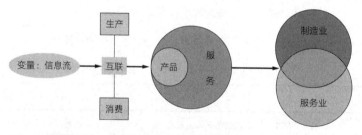

图7-20 信息时代产业边界模糊化及经济服务化

资料来源：参考页注③

---

① 高雪莲.超大城市产业空间形态的生成与发展研究[M].北京：经济科学出版社，2007.
② 易仑.城市发展：走向服务经济新时代[J].改革与开放，2007（9）：1.
③ 周振华.信息化与产业融合[M].上海：上海人民出版社，2003（210）.

服务业的类型划分与概念范围　　　　　表 7-7

类型划分	概念范围界定
传统性服务业	以餐饮、零售、理发、住宿等生活性服务为主
第三产业服务业	除包含餐饮、住宿等传统服务业外，还涵盖政府办公、文化展示、金融业等内容
近三产服务业	内容接近第三产业服务业，但不涵盖政府、法律等服务内容
现代服务业	以商业金融、信息服务、现代物流等为主的新型服务产业

国际化大都市区的发展经验已表明，轨道交通引领下的服务经济格局，现代服务业将逐步替代传统的制造业成为大都市区经济发展的主要动力和创新源泉，这种取代不仅仅是就业结构和产值的变化，更是一种生产方式的转型和城市空间的重新整合[①]。在新城交通可达性得以改善的前提下，重大技术的创新催生了主导产业的转换，如当前发展迅速的现代化金融商务空间、文化创意产业空间、教育研发空间、博览会展空间、旅游休闲空间等新产业空间形态，不仅在大都市区的现代产业体系构建中承担新经济空间发展载体的作用，更为新城产业功能空间的提升带来强大的动力支持。伴随大都市区经济的快速发展与城市产业的不断升级，轨道交通助推了现代服务空间由城市核心区域向外围区域扩展的趋势，这也给新城的产业发展带来更多的选择（图 7-21）。

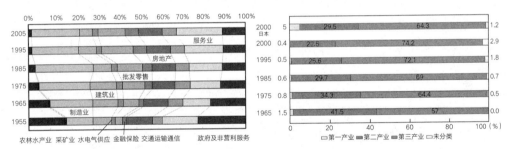

图 7-21　日本产业结构变化（左）与东京三次产业结构变动（右）
资料来源：页注 ②

7.4.3　轨道交通与新城创意休闲空间

随着城市经济的快速发展与社会的不断进步，休闲已成为一种新的概念和现象，并成为城乡居民日常生活的重要内容，且伴随城市多样化空间的出现，为休闲而进行的各种生产性和服务性活动已日益成为社会经济发展的重要因素。特别是在大都市区，其休闲活动已成为城市整体经济空间得以运行的最基本条件，许多以休闲为主题的新型城市空间，对大都市区空间的合理配置起到了强有力的推动作用。

---

① 马昊斌.上海中心城区生产性服务业多中心空间结构研究［D］.上海：上海师范大学，2009.
② 刘长全.国际大都市产业结构与工业布局演变趋势［J］.海经济研究，2005（12）：45-50.

（1）新时期大都市区休闲空间的变化与发展趋势

1）以追求健康为核心的休闲时间的增加

休闲时间的增加与经济支出能力的提升是大都市区休闲经济得以兴起的前提条件，并在人们消费结构的不断升级过程中，呈现出快速增长趋势。回顾我国节假日的变化，可以反映出社会经济的进步与人民生活水平的提高。

在1949～1994年间，工作人员每周日休息1天（即六休一），加上元旦1天、"五一"1天、"十一"2天、春节3天，全年节假日共计59天；1995～1998年由于双休日工作制的实施，节假日增加至111天；1999～2007年，国务院发布《全国年节及纪念日放假办法》，对原有法定节假日进行调整，将"五一""十一"各增加至3天，全年节假日增加至114天；2008年推出"清明""端午""中秋"三个传统节日，并将"五一"由3天调整为1天，全年的节假日共计115天，约占全年的1/3。

可以说休假制度的变迁改变了人们的生活方式，也从侧面反映出单一的黄金周旅游方式已不适应新时期人们的休闲需求，从"不会休闲""盲目休闲"再到"学会休闲""健康休闲"是人们对休闲概念发生的转变（图7-22）。虽然只是起步，但它却昭示着城市休闲经济正在悄然崛起，成为社会进步与经济发展的助推器。2013年2月18日国务院正式发布了《国民旅游休闲纲要（2013～2020年）》，提出国民旅游休闲发展目标[①]，这一纲要的制定又进一步改善了旅游休闲环境，保障了国民旅游休闲时间，有力推进了国民旅游休闲基础设施建设，如休闲公园、休闲街区、环城市游憩带、特色旅游村镇建设等，为大都市外围新城区休闲空间的发展带来绝佳的机遇和政策支持。

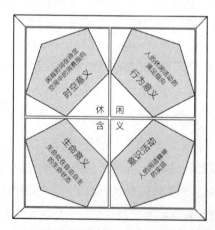 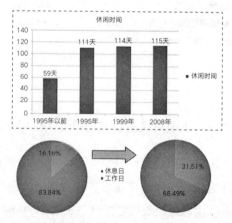

图 7-22 休闲含义示意及我国大众休闲活动的变化

数据来源：页注 ②

---

① 到2020年，职工带薪年休假制度基本得到落实，城乡居民旅游休闲消费水平大幅增长，国民旅游休闲质量显著提高，与小康社会相适应的现代国民旅游休闲体系基本建成。
② 郭旭，郭恩章，陈旸．论休闲经济与城市休闲空间的发展[J]．城市规划，2008（12）：79-86．

2）大都市外围区成为市民休闲消费的首选

随着我国城市经济的发展以及对环保认知程度的提高，人们在选择休闲场地时更多的会关注其生态环境质量，以确保在休闲娱乐的同时，获取的不仅仅是心理上的需求，更多的是有益于身体健康。这也是今后新城休闲产业发展的主流，也是对全球发展低碳经济的空间响应（图7-23）。

图7-23 房山新城CSD休闲产业空间示意

新型休闲产业空间的出现。面对休闲市场的新需求，大都市区不断进行空间资源的整合，开发以休闲为核心、以创意为引擎的各项休闲功能，各种新型休闲产业空间不断出现。与中心城区相比，新城有其特有的资源优势，如开敞的空间、与大自然接触的机会、良好的景观环境、廉价的地租等，加之区域交通网络的不断完善，新城的交通可达性逐渐提高，进一步促进了新城休闲产业的发展。如近几年来，随着北京地铁网络的日益完善，中心城区与新城之间通过轨道交通得以快捷的联系，有力促进了京郊新城以农业观光休闲、民俗文化休闲、休闲度假等为主的休闲空间的出现。在对北京市都市休闲意向的问卷调查中发现，每年参与各种休闲旅游活动的家庭占到3/4以上，其中约有1/4郊区休闲4~5次。可以看出，大都市外围区已成为大多数北京城区市民的主要休闲场所。

因此，新城在产业的建设中应充分把握这一发展趋势，其休闲空间的发展不仅仅需要满足市民更高层次的需求，更要适应不同社会群体提出的越来越多的休闲要求。与大都市区的其他功能，如交通功能、商业功能、文化教育功能等相结合，形成前后关联的产业链以产生直接的经济效益，将是大都市区新城休闲空间的重点发展方向，这是大都市区社会经济进入更高阶段的推动力量之一（表7-8）。

消费社会特点总结　　　　　　　　　　　表7-8

元素	特点与趋势
生产力水平	由于社会生产力水平的提高，商品消费在生产体系循环和城市经济增长中发挥主导作用，并已基本克服匮乏而进入丰盛社会阶段

续表

元素	特点与趋势
消费活动	消费的重点开始从物质商品向非物质商品转变，尤其体现于情感体验、自我价值建构、追求健康的休闲活动
商品的流通	生产者根据当前社会发展的市场需求以及消费群体的心理需要，营造各种"时尚"以加速商品的流通，有意识的培养人们消费的欲望和自我价值的建构

（2）轨道交通引导下新城休闲空间的发展

新城作为大都市区空间发展的重要载体，借助其特有的空间资源优势，成为城市休闲经济发展的拓展区和新起点。伴随区域交通条件的逐渐提升，尤其是以轨道交通为主体的公交系统的不断完善，快捷、轻松、低成本的交通优势将快速推动新城休闲产业的发展，这也是在大都市区城市经济发展的高级阶段，人们对以健康为主题的休闲行为越来越重视的新经济导向。

1）以休闲为主的功能区

大都市外围以休闲为主的功能区。为适应大都市区休闲经济的发展，满足人们对休闲空间的多元需求，在大都市区多中心城市空间结构的整合中形成以生态休闲、运动休闲等为主兼具购物休闲、商务交流等功能的健康主题区。通过前文对西方发达国家诸多发展较为成熟的新城研究，可以看出其中的五个共性要素，即交通区位便捷，基础设施完善，生态环境宜居，产业特色鲜明，休闲功能突出，如千叶新城、玛尔－拉－瓦雷新城等，这些发展要素都将成为现阶段我国大都市区新城建设中的主要研究对象。

案例研究：北京市房山新城CSD休闲产业区

以北京市房山新城为例，作为首都西南门户和"两轴－两带－多中心"空间结构的重要组成部分，在北京"十二五"期间被赋予"现代生态休闲新城"的定位。虽然当前北京其余10个新城在发展定位上都具备休闲功能，但从"首都主题休闲空间"的高度去评比，各新城休闲产业的建设还有相当大的差距，而这也从现实需求的角度为房山新城大力发展现代生态休闲产业提供了机遇，也是北京大都市区建设主题休闲空间的大势所趋。结合区域资源条件，房山新城在休闲产业的布局中注重与城市轨道交通建设相结合，落实了《北京市城市总体规划（2004～2020年）》中确定的新城"以公共交通特别是轨道交通为导向的城市发展模式"，构建了以现代生态休闲为主题、以超大规模商业中心、主题公园、大型酒店餐饮娱乐业为主要业态的全新功能区，即CSD中央休闲购物区（Central Shopping District）。

房山新城CSD简介。房山CSD是一种全新的休闲方式，也是北京休闲产业进入发展新纪元的重要标志。其起步区与核心区位于京西南地区第一条轨道交通房山线的长阳站所在地，房山新城中央休闲购物区构建了以户外运动、会展服务、特色旅游为主体的休闲体系，发展中借鉴巴黎玛尔—拉—瓦雷新城建设经验，以重大项目"奥特莱斯"设施建设为引擎带动区域经济发展，并以生态健康为主题，在塑造休闲购物空间的同时，注重对区域自然资源的保护和利用，促进新城从规划到建设到运营的可持续。

休闲职能的凸显。北京大学首都发展研究院李国平教授认为，现代生态休闲新城的核心在于休闲。同中求异和文化求异在休闲产业的发展中起到重要的导向作用，在诸多新城大力进行土地开发实现区域经济增长的过程中，需要一种全新的产业空间提升新城的吸引力和竞争力，笔者认为，在北京大都市区多中心的空间体系架构中，以健康为主题的特色休闲应是房山新城在未来需要也必须承担的城市职能之一，这是北京走向国际化、建设世界城市的客观需求，更是大都市区发展走向生活化、本源化的必要条件。房山CSD休闲中心的构建，为新城居民创造了多元化的创业、就业平台，同时也让京津冀地区的人们多了一个短期度假的选择。可以说房山CSD中央休闲购物区的规划与建设在促进新城休闲服务产业的发展中实现了突破，并以主题文化展示为基础，在推动新型城镇化发展的过程中实现了体制创新，其规划的核心理念是"健康、生态、融合"，合理发挥新城区的资源优势，借助以轨道交通为核心的区域交通优势，创造可持续发展的经济模式的战略性规划。

2）体验式主题休闲空间

随着大都市区休闲娱乐经济的快速发展，以及人们休闲时间的增加和对生态、自然、健康等内容的愈发重视，休闲产业中以主动参与、亲身感受为核心的体验式服务经济正在迅速崛起，并衍生出以体验为主题的新型休闲空间，如"欢乐谷"、迪士尼乐园（Disneyland）等以人工景观为主的主题公园，以自然生态景观为主的农业休闲空间等。这些特色化的体验式休闲空间往往与交通、餐饮、购物等功能相结合，极大促进了区域经济的增长。随着大都市区交通系统的日益完善，尤其是市域轨道交通线网的发展，区域范围内的时空距离在不断缩减，新城以体验为主题的休闲空间的吸引力在不断提升，这将有力促进新城综合效益的提高和城市竞争力的增强。

同时，区域一体化、新型城镇化战略决策的实施，对以休闲为主的农业发展提供了政策支持。农业产业化在向都市农业的高级形态演变过程中，间接地促进了以现代服务业、高新技术产业、都市旅游业、文化创意产业等相关新兴产业的产生和发展，也映射出都市休闲农业向创意农业转型将是未来新城休闲农业空间的发展方向。总之，在未来二三十年内，大都市区以体验主题的休闲空间将成为新城较高层次的休闲场所，并随着人们休闲观念的不断提升以及生活水平的日益提高，将呈现出良好的发展态势。

3）新型特色休闲社区

以休闲为主的功能区和体验式主题休闲空间是新时期休闲经济在大都市区空间整合与城市功能重组以及关注人们身心健康与体验需求等方面对城市空间进行的重塑，并逐渐衍生出新的休闲空间类型，使人们的心理意识和精神需求发生变化，开始讲求生活品位的健康生活方式，追求充实的精神生活，促使文化创意产业区，尤其是以具有艺术特色和深厚文化内涵的休闲社区得以出现并快速发展,这是大都市区经济发展进入新阶段、人民生活全面转型、消费结构升级的内在要求和必然结果,是新城创意休闲空间在建设中应重点关注的领域(图7-24、图7-25)。

图 7-24　首尔 Heyri 艺术村、美国亚历山大鱼雷工厂艺术中心及意大利托尔托纳

图 7-25　北京丰台二七厂 1897 科创城

(3)案例研究:轨道交通导向的通州新城宋庄文化创意产业区规划①:

以北京市通州新城为例。通州新城的规划建设成为面向区域的可持续发展的综合服务新城,强调高端现代服务业的培植与发展,宋庄文化创意产业区便是其主要的经济功能区之一,也是北京市 2006 年底首批认定的十个文化创意产业集聚区之一,是打造"文化产业基地"的重要载体。

1)通州新城宋庄文化创意产业区建设优势

通州新城宋庄文化创意产业园区的发展优势主要体现在资源环境、人才构成、平台搭建以及市场和政策方面。北京有丰厚的历史和文化资源,为文化创意产业的发展提供了土壤;作为国家文化中心和国际交往中心,北京对人才的聚集具有非常大的吸引力,为产业园区提供了充足的人才支持;同时宋庄与北京若即若离的地理位置,使其一方面继承北京的资源与才人优势,另一方面生活成本较低,加之优越的自然、交通条件,形成了理想的创作空间与宽松的创作环境;另外,近十年国家相关政策的制定也充分体现出文化创意产业在社会经济发展中占据越来越重要的地位。

2)基于轨道交通的创意休闲空间发展策略

在宋庄文化创意产业区的空间引导策略中,以轻轨和主要公共交通线网为轴,以交通站点为核,形成点轴式开发模式,充分发挥公共交通的效率,并在此基础上通过大型公共设施(艺术品交易中心、博物馆、多媒体馆等)与生态景观廊道(水体、绿化、

---

① 德国佩西规划建筑设计公司.《宋庄文化创意产业园区战略规划》,2012.

农田等）的引导，形成 SOD ＋ EOD ＋ TOD 的 "SET" 空间引导策略（图 7-26）。

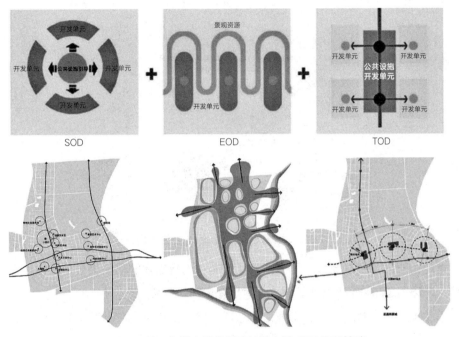

图 7-26　基于轨道交通的创意休闲空间 SET 发展策略

3）基于轨道交通的创意休闲空间布局

在创意休闲空间的布局中，以轨道交通站点触媒，形成宋庄的核心区，带动周边区域的发展。同时，通过巴士、BRT 等与轨道交通共同构建四通八达的公交网络，满足人们选择最合适的交通方式便捷出行的同时，串联每个区域内可以为后续开发带来联动效应的重要项目节点，以实现产业区的协调有序发展（图 7-27）。

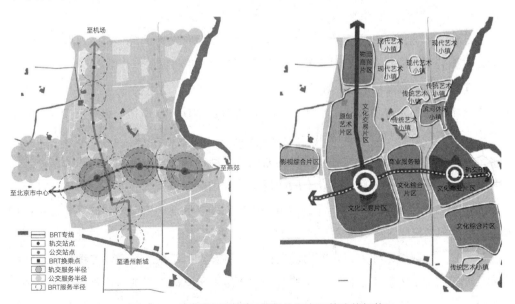

图 7-27　轨道交通引导下创意休闲空间的功能架构

同时，结合轨道交通站点的设置，在组团内部依据不同的功能布局（图7-28），形成了五个圈层：

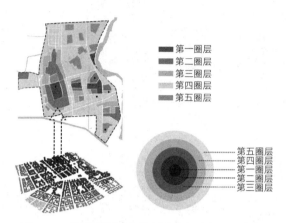

图 7-28 轨道交通导向的创意休闲空间圈层布局

第一圈层为创意增长核，是组团几何核心，也是组团的功能极核，其中设置绿地广场，广场周边布置商业休闲设置，作为组团内部的公共活动中心；

第二圈层为创意发展带，主要为创意产业用地及特色公共创意空间，作为组团内部的公共活动中心；

第三圈层为活力工作坊，靠近隔离绿带处，距离组团核心公共活动中心相对较远，主要设置混合用地或居住用地，提升该区域活力；

第四圈层为培养孵化器，在组团最外围，为旧城区、旧村落、旧厂房、公租房区。保留部分现状建筑作为艺术培养皿，创意产业发展的孵化器；

第五圈层为生态居住区，在外围环境较好的区域，布局居住片区。

4）文化创意产业园区建设动态

2009年，创意产业园区启动土地一级开发，总投资7700万元、建筑面积1.3万m^2的公共服务平台项目主体工程完工。目前已有三辰动漫创意和制作中心（A地块）、北京宋庄时尚创意谷项目（国家时尚创意中心，B/C地块）、北京世贸中心项目（E地块）、中国艺术品交易中心项目（F地块）、六合新村（D地块）已取得一级开发授权批复以及规划意见书的批复。随着区域一体化进程的加快，面对中心城区较大的发展压力与诸多新城市问题的出现，大都市区外围新城将得到快速的建设与发展。轨道交通则因其投资大、建设周期长等特点，一般会迟于产业区的建设步伐，此时，新城在产业体系的构建中更应理性的审视与评价自身的发展基础，合理的安排发展时序，重点在建设中结合规划布局，严格对轨道交通的建设空间进行预留，有序引导周边土地的开发。

总之，大都市区休闲空间的出现是社会经济发展的结果，其建设过程也是一种经济发展的过程。大都市区经济结构的调整必将激发出与时俱进的城市功能区，对城市的社会、经济、文化等产生巨大冲击，并在彼此不断的适应过程中对城市空间环境提出新的要求，需要新的空间模式与之相适应，这也是我国大都市区高密度城镇群与多中心城市网络出现的根本原因。

7.4.4 轨道交通与新城都市型工业空间

"新型城镇化"战略路线的提出，为有着特殊区位和城乡地缘优势的新城带来了发展机遇。城镇化蕴含着巨大的内需潜力，是现代化建设和工业化转型发展的载体，要实现新城产业发展与城镇化建设融合，推进"以人为核心"的城镇化才是对现阶段城乡突出矛盾的一次求解。伴随城市区域化、区域城市化的快速推进，大都市区以轨道交通为主导的公交体系得以快速发展，交通可达性的提高使新城成为中心城区以信息流、资金流、人才流以及技术流等社会资源为依托的产业实现空间拓展与功能重塑的重要平台，都市型工业作为其中的有机组成部分，也在这一过程中发生了新变化。

（1）都市型工业的概念诠释与发展特征

1）概念总结。都市型工业在发达国家已有近20年的发展历程，而我国直到1998年才在上海首次正式提出，本质上是20世纪90年代以来为协调我国工业化与城市化快速发展产生的内城空间矛盾而提出的产业发展观，是工业升级与城市空间整合相互融合的产物，是以强大、集中、多样化的信息、技术等发展要素为资本，以技术服务、产品创新等为主题，以商业楼宇、产业集聚区为活动载体，高效益、低耗能、重环保、增值快的新型产业空间，与传统工业企业、高新技术产业等一起构成现代大都市区经济体系的重要组成部分。

2）发展特征。都市型工业不简单的等同于劳动密集型产业和技术密集型产业，也不同于基础产业、支柱产业和新兴产业，而是与诸多产业紧密相连，借助各种资源要素的高度集聚，生存于城市中心区域的工业形式，具有"新""轻""软"的新型产业结构特征，是城市集聚与扩散双重作用的结果（此时城市整体仍处于单核心集聚阶段）。从纽约1981~2001年之间制造业就业区位商的变化中可以看出，随着大都市区产业体系的不断完善与升级，中心城区制造业的衰落是一种必然趋势，但以都市型工业为主的产业却依旧兴盛，并在中心区域高度集聚成为新的产业空间（图7-29）。

都市型工业的空间形态：都市型工业园区和工业楼宇。都市型工业空间的集聚形态大多以工业园区和工业楼宇两种类型为载体，前者一般是以政府统一规划的园区形态存在，既有新建案例又有通过技术升级对既有工业园区进行的改造，后者更多的发展于单栋建筑。因此，都市型工业总体呈现出数量大、规模较小的特征，空间布置相对灵活，对创造就业岗位、减少交通流量、保持区域发展活力等方面起到重要作用，在生产资料方面的投入也相对较少，产品特点多具有终端性。由于中心城区以土地为核心的基本生产要素价格较高，为尽量减少生产、管理以及运输成本，都市型工业企业产业化分工倾向较为明显，产业链清晰，集聚效应和规模效应凸显，因此多数都市型工业企业具有"一栋楼就是一个园区"的独特现象，是大都市区新兴经济形态的重要组成部分。

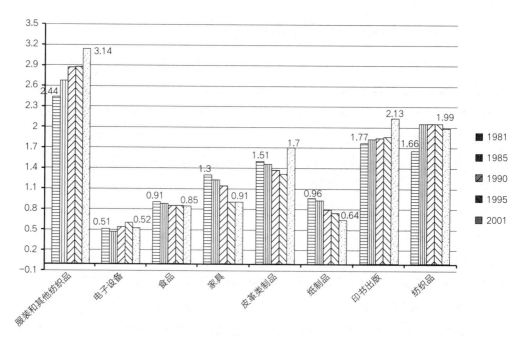

图 7-29　1981～2001 年美国纽约制造业就业区位商演化分析
数据来源：根据 U.S.Census Bureau.2000 整理绘制

（2）轨道交通引导下都市型工业空间发展的新变化

新形势下都市型工业发展面临更大的竞争。如前文所述，由于都市型工业能适应中心城区土地高价位带来的经营成本压力和高标准形象要求所带来的环境压力，在减缓大都市特有的就业压力上起到了不可替代的作用，使其能更好的满足城市功能和居民生活多样化的服务需求，成为保持中心城区经济稳定与发展活力的重要途径。然而，在经济全球化、区域城市化背景下各种新兴产业得以快速发展，人们收入水平的提高、余暇时间的增加、社会、经济因素的诸多变化引起都市消费市场发生深刻变化，一是产品需求的高级化、个性化、多样化，二是消费方式的休闲化、分散化、旅游化，加之各项发展政策的倾斜，都市型工业逐渐淡出人们的视野，未来都市型工业将面临各种新型行业空间的竞争。如北京市各阶段的五年规划纲要，"十五"曾提出"积极发展以……为主的都市型工业"，"十一五"对此不再强调，代之以"大力发展高新技术产业"，而在"十二五""十三五"期间，针对都市型工业的发展仍未作为指示，重点提出了构建"高精尖"经济结构，提升总部经济服务水平，突出高端化、服务化、集聚化、融合化、低碳化，大力发展服务经济、知识经济、绿色经济，并大力发展电子信息、生物医药、航空航天、新能源、新材料和节能环保等战略性新兴产业，推动绿色制造智能制造发展，同时转变农业发展方式，加快发展都市型现代农业，引导推动高耗水农业生产功能外迁等。可以说，新时期都市型工业的角色正逐渐被弱化，立足对中心城区既有产业改造的经济效应已体现出负值特点，虽然可以带动较多的就业岗位，但也因此而为中心城市带去更多的城市问题，如交通压力、人口压力等。因此，体现新兴产业特征、融入现代制造业体系并在更广的范围内选择对应的空间载体以实现自身的突破将成为都市型工业未来发展的重要趋势。

轨道交通引导下都市型工业的发展契机。新时期以轨道交通为主导的公交系统得以快速发展，直接推动了大都市区多中心、高密度集聚，并促使都市型工业空间在更大的范围内剧烈重组，新城作为多中心空间体系的有机组成部分，借助于区域交通可达性的不断提升，特别是轨道交通网络的日益完善，逐渐具备了信息流、人才流等一些都市型工业建设中所必需的要素资源，加之相对中心城区充足的产业空间与低廉的土地成本，成为都市型工业空间实现转型与重构的主要平台。以北京大都市区为例，都市型工业企业数量及就业人数的分布情况如图 7-30、图 7-31 所示：

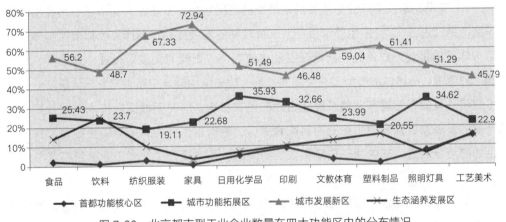

图 7-30　北京都市型工业企业数量在四大功能区内的分布情况

数据来源：《北京经济普查年鉴 2008》

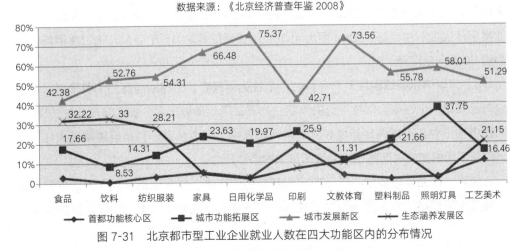

图 7-31　北京都市型工业企业就业人数在四大功能区内的分布情况

数据来源：《北京经济普查年鉴 2008》

从数据分析中可以看出，在北京当前的企业分布和就业人数上，城市发展新区占有绝对优势，其次是城市功能拓展区。较之于国际化大都市区都市型工业各细分行业的比重，目前其在此领域的建设中主要存在两个问题：一是都市型工业虽然总体规模占据不小的比重，但各细分行业的关联性、集聚度不高；二是空间布局较为分散，发展特征表现出匀质性、重点不突出，侧面反映出对土地资源的低效使用，这些也是我国各大都市区普遍存在的问题。

（3）轨道交通引导下新城发展都市型工业的价值与必要性

轨道交通背景下新城发展都市型工业的价值主要表现在以下几个方面：

1）产业空间调整与新城可持续发展的要求。发展都市型工业有助于新城在产业发展之初即可有效避免传统产业对土地资源的消耗、节约利用新城资源，从源头上推动新城地区产业结构的优化与升级，进而可以有力降低产业开发对新城环境的破坏，实现新城产业空间与生态环境的健康相处，这也是新城应对大都市区未来产业可持续发展要求及迈向国际化的需要。

2）实现高新技术产业与新城其他产业的匹配互补。虽然各大都市区纷纷提出中心城区"退二进三"、外围组团承接产业梯度转移的发展战略，但作为大都市区整体空间结构体系的重要组成单元，新城在工业化进程中，更要避免重蹈以往"先污染、后治理"的覆辙，应通过都市型工业空间的发展，优先架构起连接新兴产业与传统产业的过渡纽带，有助于新城产业体系形成合理的层次结构。同时新城高新技术产业及其支柱产业的发展需要众多中小企业为其配套服务，都市型工业的发展可以更好地发挥中小企业的活跃因素，在快速形成集聚效应的同时，有效提升了此类工业区所在区域的城市活力。

3）可以创造出更多的就业机会和就业岗位，利于新城职住的就地平衡。都市型工业较之于其他行业，其就业容量相对较大，可以更快的适应新城区的功能需求，可以吸纳新城区域更多的剩余劳动力，促进城乡居民的就业互动。据统计，上海都市型工业楼宇（园区）中，每 $100m^2$ 用地可增加就业岗位数达 4~5 个，入驻企业年均销售额约 50 万~60 万元[①]。

4）可以满足新城居民消费多样性、个性化的需要。新时期居民的消费水平在逐步趋向品牌化、个性化，传统工业的批量生产无法满足新城居民个性化与多样性的需求，而都市型工业则可以满足新城居民此种消费愿望，这也从另一种角度缓解了大都市区外围居民因消费购物而前往中心城区带来的各种压力。

总之，作为城市要素与工业发展相互融合的产物，借助轨道交通大力发展都市型工业是实现新城产业化空间可持续建设的内在要求，发展都市型工业可以更好的使新

---

① 曹芳萍，秦涛. 国际大城市发展都市型工业的模式与经验 [J]. 郑州航空工业管理学院学报，2007（6）：46.

城在全球价值链中寻求城市和工业发展应有的位置。因此，新城的产业布局应给予都市型工业足够的重视，前瞻性做好都市型工业的空间规划并在用地上给予落实，引导都市型工业走向个性化、集聚化、规模化，延伸产业链条，拓宽其筹资渠道，提供配套金融支持。可以说，新城都市型工业是区域产业体系中的有机组成单元，是新城经济发展的重要增长点，对快速集聚新城人气、提升城市吸引力和竞争力有着极为关键的作用。

7.5 本章小结

本章首先对轨道交通引导下新城功能成长的问题进行了梳理，对其产业功能的组织特征与发展动力进行了分析，在此基础上探寻轨道交通与新城产业发展之间的互动关系，并建立起大都市区整体发展思维下的新城发展观，研究合理的产业发展方式，然后通过与区域产业、主城产业发展关系的研究，基于新城可持续发展的动力和内在需求提出了轨道交通导向的新型产业空间培育指南。

轨道交通引导下新城的功能成长主要体现在如何通过产业空间建设促进主城区内部的功能梯度转移以及缺失功能的培育，应从大都市区整体产业结构的布局与整合的角度出发，统筹考虑区域功能区之间的快捷联系，主动承接主城区转移产业，积极培育新城现代化产业，逐渐实现新城工业经济向服务型经济的升级与转换，从而实现主城功能内涵的提升与新城功能的外延扩张和成长。

新城中心区的有效供给是主城功能疏解的原动力，发挥轨道交通的通达优势，培育新的、强大的新城中心才能实现主城区功能空间重叠的有机疏解。同时轨道交通有效促进了高新技术密集型的生产性服务业在新城的迅速崛起，以知识经济、现代服务、绿色休闲和都市型工业为主的多元化产业空间成为大都市区新城产业发展的方向。

需要指出的是，随着经济全球化、信息化的迅速推进，国家间、地区间、城市间的联系日益紧密，各层次上产业结构的调整既需要统筹考虑本区域的职能分工，又要置身于全球国际化分工体系中。因此，从大都市区角度看，新城的产业结构变动必然受到国际分工的影响，其产业变动也可能会波及大都市区甚至全球的其他区域；从未来的发展看，这种基于区域分工基础上的全球化产业结构体是相互影响、相互依存，且日益明显和深化的。

因此，新城的产业选择要顺应经济全球化背景下的产业价值链，寻找适合自身发展的位置。而当前我国许多大都市的主导产业仍处于全球产业链的低端，向高端迈进成为城市尤其是大都市区经济发展的首要目标之一。某种程度上，新城产业的发展担负着这一重任，应选择发展潜力大、附加值高、技术进步速度快的产业作为地区主导产业，依靠大都市区本身的优势，形成新的增长极，带动区域乃至大都市区整体的发展，而不能盲目借助轨道交通的影响力肆意建设，或者仅仅是单一的承担吸纳主城区外移产业的职能。

下 篇
评价与策略

　　本篇在上篇与中篇的研究基础之上，通过明确轨道交通与新城协调发展的目标，对相应指标体系进行了筛选与构建，提出二者之间的协调评价方法，对空间系统的协调发展状态进行研究。同时就轨道交通与新城协调发展的建设时机、内在关系和功能成长等展开了全面而系统的归纳，分别从区域与新城两个层面提出相应的整合策略与规划方法，并对相关的制度改革方向进行了探讨。

第8章 大都市区轨道交通与新城空间的协调关系评价

轨道交通引导下新城空间的组织与发展直接决定了大都市区多中心、高密度空间体系的形成以及区域一体化建设。而长期以来我国大都市区交通与土地的规划发展一直存在较大的矛盾，在轨道交通与新城建设中，突出表现在新城轨道站点影响区与轨道沿线区域。评价轨道交通与新城的协调发展度，揭示矛盾成因，是整合二者关系的重要基础，尝试性的构建了大都市区轨道交通与新城空间组织的协调发展评价体系，并进行了实证研究，这也为建立与之相匹配的管理制度与调控手段提供了分析思路。

8.1 轨道交通与新城空间协调发展的目标体系

通过明确轨道交通与新城空间发展的目标，构建相应的指标体系和理论方法对空间系统的协调发展状态和过程进行评价，是整合二者关系的重要出发点，进而为揭示矛盾成因和协调管理提供分析基础。

8.1.1 目标体系的多维度导向

基于轨道交通的新城空间发展的总体目标是建立以轨道交通站点为核心的高密度紧凑空间，通过公共交通与城市土地的一体化开发，建设引领区域城镇一体化发展的商务商业中心、创新基地、健康宜人和谐区、生态可持续环境友好区，成为知识经济、现代服务、创意休闲、都市型工业等主体产业的物质空间载体，是实现主城区高度重叠功能在空间上的分解与专门化的重点区域。

空间整合导向：基于轨道交通与新城土地一体化发展的多维度协调。从轨道交通导向的新城空间整合的总体目标可以看出，轨道交通与新城空间的一体发展体现出产业、文化、生态、健康以及创新的特征，同时借助轨道交通在物质空间上体现出空间紧凑化、功能复合化、交通网络化、景观场所化、街区尺度弹性化、邻里单元多元化的特征（图 8-1）。因此，基于轨道交通的新城空间组织，应建立多维协调视角下的目标体系，深入分析影响轨道交通与新城空间协调发展的因素，为轨道交通与新城的规划建设形成更为清晰的发展指南。

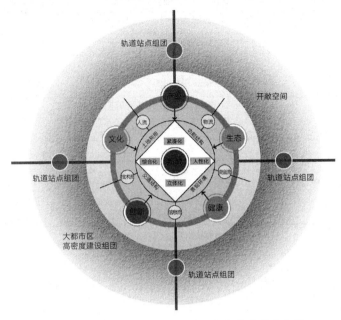

图 8-1　轨道交通引导下新城空间组织的多维度构想

8.1.2　目标体系的模块化构建

模块化是一种将复杂系统分解为更好的可管理模块的方式，也可以理解为把系统逐层划分成若干反映其内部特性模块的过程。在目标体系的多维度导引下，轨道交通引导下新城空间整合目标体系的构建从新城的产业、创新、生态、文化、健康五个角度出发，以土地形态、功能结构、交通系统、景观环境四个模块为整合对象并加以细化，提出优化目标并提炼选取引导新城空间发展的目标因子，为轨道交通与新城空间的协调互动提供更为具体的指导（表 8-1）。

基于轨道交通的新城空间模块化目标体系　　　　表 8-1

模块	优化目标	导向因子
土地形态	紧凑发展、密度分区	容积率
		建筑密度
		人口密度
	提高新城土地利用率	投入—产出比
		新城单位土地面积所提供的就业数
		土地闲置率

续表

模块	优化目标	导向因子
功能结构	实现新城用地的混合	各类用地面积和总用地比值
	促进城市功能的复合	各类用地的容积率和建筑密度比值
	轨道沿线节点的功能互补	教育、医疗等大型设施的分布
	构建多元化的新产业空间	现代服务、知识经济、创意休闲、都市型工业等产业空间的培育
交通系统	保障轨道交通的可达性	轨道交通站点间距
		轨道交通线路密度
		交通换乘便利度
		新城居民平均通勤距离
	提升公共交通的运行效率	公交线路密度
		公交站点密度
		公共交通的分担率
		乘坐公共交通的舒适度
	促进街区地块的通达性	道路面积密度
		道路网密度
		出入口密度
		新城公共服务设施的步行可达性
景观环境	构建层次分明、有秩序感的建筑轮廓线	建筑高度（城市设计）
	高密度下宜人的街道空间	两侧建筑与街道宽度高宽比
	创造更多的自然开敞空间	绿地率
	形成多元平衡的邻里空间	不同社会群体的环境需求
	突出新城的文化多样性	地域文化、风俗习惯、轨道站点风格、沿线特色

8.2 轨道交通与新城空间协调发展的评价体系

实践证明，只有实施新城与轨道交通的一体化开发，才能更好的推动大都市区多中心空间的有序发展。对二者之间的协调关系进行评价是了解其协调发展过程、描述其发展状态、揭示其发展规律、引导其发展有效运行的基本手段。建构评价指标体系的关键在于研究思路的正确性，选择标准的合理性以及评价方法的适应性和综合性，这是对轨道交通与新城空间协调发展进行评价的必要前提。

8.2.1 评价指标体系的功能分析

在大都市区空间整合过程中，对于轨道交通与新城的空间组织而言，构建的协调发展评价指标体系的功能可以从五个角度去阐述，分别是描述功能、评价功能、解释功能、预警功能以及决策功能（表 8-2）。

轨道交通与新城空间协调发展评价指标体系的功能 　　　　表 8-2

功能	内　　容
描述功能	对轨道交通与新城空间发展的各个方面以及在任一时刻的变化趋势，反映多层次、多领域、多属性的组织结构、运行机制和协调程度等
评价功能	根据评价指标体系，利用合理的评价方法，对轨道交通与新城空间组织的发展状态加以评价
解释功能	对轨道交通与新城空间发展的描述和评价给予相应的解释
预警功能	经描述、评价与解释后，与新城规划目标进行对比，得出客观评价，以明确轨道交通与新城现状发展中的关键问题、解读其发展趋势并及时制定决策
决策功能	综合以上四种功能，为促进轨道交通与新城空间的协调发展提供支持

8.2.2　评价指标的选取原则

基于轨道交通引导新城发展的核心思想，以及两者协调发展的系统性与复杂性，评价指标的选取应建立在可操作性强、能客观表达我国大都市区轨道交通与新城空间协调化指数的基础上，通过对现状发展要素的评价可以找出建设中存在的关键问题，进而可以明确发展中需优化调整的对象。评价指标的选取具体应遵循以下四个原则。

（1）科学性

以科学发展观为指针，遵循"以人为本"原则，明确指标内涵，最大限度地反映新城居民的需求与城市发展情况，科学、客观的反映轨道交通与新城空间协调发展目标的实现程度。

（2）系统性

立足大都市区整体空间发展目标，统筹协调轨道交通与新城空间的组织，系统、全面的反映二者协调发展的状态，并对不同的层次采用不同的指标，体现其针对性、差异性、可比性和实用性的特点。

（3）动态可持续性

轨道交通与新城空间的协调发展既是一个理想目标，又是一个动态发展的过程，针对特定的发展阶段建立适用于动态跟踪、评价特定发展问题的体系，以反映协调发展的特征与趋势，并为解决问题提供决策参考。

（4）简明可操作性

选取的评价指标应简便实用、不重复且有代表性，不仅要求数据来源易获取、可靠性高，且要求数据处理过程尽量简单、不失真，处理结果可以最大限度的反映实际。同时，在无法达到可计量的情况下采取定性与定量指标相结合的方法，提高可操作性。

8.2.3 评价指标体系的构建与筛选

建立轨道交通与新城空间的协调性评价指标体系，有助于在规划与建设中从更为具体的微观要素入手，以定量的方式表达二者之间的协调水平，并针对问题适时采取相应的对策，以更好的维持整体发展空间的有序。具体可分三个步骤：评价指标体系的初始构建、评价指标的筛选及最终评价指标体系的确定。

（1）评价指标体系的初始构建

轨道交通与新城空间的协调发展是一个多目标、多因素、多层次的复杂系统，也是一个动态调整的长期过程。轨道交通引导下的新城空间应具有紧凑发展的内涵，主要表现为多样化的空间混合与功能复合、多模式与网络化的公交系统、可达性与舒适化的步行系统、多元化与场所化的街区环境等，这些总体构成了高密度、高效率的新城市空间。可以从交通条件、环境水平、功能结构、土地利用、人口分布等子系统对轨道交通与新城空间的协调度进行评价，分析子系统相互之间的关联，得出整体表现，并重点考虑空间引导与功能协调，初步建立子系统间的协调发展评价指标体系（图8-2）。

图 8-2 轨道交通与新城空间协调评价指标体系框架

结合前文研究，借鉴已有文献[1]~[4]对相应问题评价时所选取的评价指标，本文从交通条件、环境水平、功能结构、土地利用、人口分布五个角度入手，确定初始的轨道交通与新城空间协调发展子系统的具体评价指标（表8-3）。

轨道交通与新城空间协调发展评价指标体系（初始） 表 8-3

指标划分	评价内容
交通条件	新城居民出行高峰期轨道交通的分担率
	新城居民出行的平均通勤时间（含换乘时间）
	新城居民出行的平均通勤距离
	新城平均事故发生率
	新城轨道站点的步行可达性
	新城公共服务设施的步行可达性

---

[1] 袁奇峰，郭晟，邹天赐.轨道交通与城市协调发展的探索[J].城市规划汇刊，2003（6）：49-51.
[2] 林国鑫等.城市轨道交通与常规公交系统协调评价探讨[J].交通运输系统工程与信息，2006（3）：89-93.
[3] 马书红.中心城市与城市新区间交通协调发展理论与方法研究[D].西安：长安大学，2008.
[4] 郝记秀.城市公共交通与土地利用一体化发展（IPTLU）研究[D].西安：长安大学，2009.

续表

指标划分	评 价 内 容
交通条件	高峰期新城与主城联系通道轨道交通的分担率
	轨道交通乘坐舒适度（人/单位面积）
环境水平	新城规划区内绿地率
	新城居民出行单位距离平均所产生的能耗
	新城居民出行交通事故发生率
	新城居民步行出行环境满意度（个人出行满意度）
功能结构	轨道站点直接影响区单位面积所提供的就业岗位数
	轨道站点直接影响区单位面积国民生产总值的产出
	轨道交通运营的盈亏情况
	轨道交通设施投融资渠道中，来自周边物业的比率
土地利用	新城用地规模
	新城与主城之间的距离
	轨道站点直接影响区土地利用平均混合程度
	轨道站点直接影响区土地利用平均开发强度
人口分布	新城与主城联系通道平均人口密度
	轨道站点直接影响区平均人口密度
	新城居住社区平均人口密度

此外，在轨道交通与新城土地的开发中，涉及政府管理部门、新城开发商、轨道交通运营商以及新城居民四种不同的利益集团，每一参与方都在其中承担着相应职能并各自发挥着作用（表 8-4）。在轨道交通与新城的协调发展评价体系中应紧密考虑各方利益主体的需求，从不同角度对子系统进行细化、深化。

轨道交通与新城空间协调发展过程中各利益主体的职责　　表 8-4

利益主体	职责与作用
政府部门	对新城土地所有权进行支配，负责新城市政设施的建设与维护，资金来源主要来自土地使用权的出让以及税收等
新城开发商	在取得新城土地使用权后，通过不同类型土地的开发与物业经营，获取地租收益
轨道交通运营商	拥有轨道交通站点、线路及沿线配套设施的使用权，负责设施维护、设备更新以及线路运营，资金来源主要来自票价和政府补贴
新城居民	轨道交通及新城土地利用参与者的服务主体，是衡量轨道交通与新城空间协调程度的根本指标

（2）评价指标的筛选

本文从交通条件、环境水平、功能结构、土地利用和人口分布五个角度出发，结合前文对轨道交通与新城空间目标导向的研究，初步进行了评价指标划分并形成较为全面的指标内容。但各项内容还有待研究论证和邀请相关领域专家进行审核，多源于工程实践意识难免存在偏差，且在协同发展评价体系中某些指标所占数值相对较大，但操作性却较低。为检验整个指标体系的重要性、必要性和完整性，在已有相关指标体系研究的基础上，采用专家评价、模糊数学分析以及德尔菲法相结合的方法对各项内容进行评价和筛选。

隶属函数是模糊数学中最基本的概念之一，基于隶属函数的分析是针对研究对象进行定量分析的重要方法，可以理解为对研究对象中隶属于某一条件集合的内容进行的关联度分析，其计算方法可表示如下：

$$P_i = N_i/N$$

式中——N 表示专家数量；N_i 表示各审核专家选择第 i 个指标的次数；P_i 表示评价隶属度，P_i 值的大小表示 i 指标与条件集合的关联度，P_i 值相对较大的将会被选取，反之将会被淘汰。

郝记秀博士在城市公共交通与土地利用一体化发展的研究中，通过对 TOD 课题组 42 位专家人员的问卷调查，进行了多轮全面的指标筛选，得出了较为科学的指标体系。借鉴其筛选方法并在其研究成果的基础上，专门针对大都市区轨道交通与新城空间的组织对相关指标进行细分，并通过对交通规划与经济专家、中国大学交通专业及城市规划专业的教授、中国城市规划政府管理人员等共计 26 位专家的咨询，选取他们认为最能对轨道交通与新城空间的协调发展进行评价的指标，然后将所选指标反馈给专家再次进行筛选，最终通过隶属度计算，得出筛选结果（表 8-5）。

评价指标反馈意见隶属度分析　　　　　　　　　　　　表 8-5

评 价 指 标	隶属度	筛选结论
新城交通出行高峰期轨道交通的分担率	0.962	保留
新城居民的平均通勤时间（含换乘时间）	0.923	保留
新城居民的平均通勤距离	0.885	保留
新城平均事故发生率	0.115	剔除
新城轨道站点的步行可达性	0.962	保留
新城公共服务设施的步行可达性	0.192	剔除
高峰期新城与主城联系通道轨道交通的分担率	0.962	保留
轨道交通乘坐舒适度（人/单位面积）	0.769	保留
新城绿地率	0.192	剔除
新城居民出行平均单位距离所产生的能耗	0.142	剔除
新城居民出行交通事故发生率	0.109	剔除
新城居民出行步行环境满意度（个人出行满意度）	0.261	剔除

续表

评价指标	隶属度	筛选结论
轨道站点直接影响区单位面积所提供的就业岗位数	0.923	保留
轨道站点直接影响区单位面积所创造的GDP	0.154	剔除
轨道交通运营的盈亏情况	0.077	剔除
轨道交通设施投融资渠道中，来自周边物业的比率	0.962	保留
新城用地规模	0.846	保留
新城与主城区之间的距离	0.923	保留
轨道站点直接影响区土地利用的平均混合程度	0.808	保留
轨道站点直接影响区土地利用的平均开发强度	0.885	保留
新城与主城联系通道平均人口密度	0.769	保留
轨道站点直接影响区平均人口密度	0.962	保留
新城居住社区平均人口密度	0.115	剔除

8.2.4 评价指标体系的确定与解释

（1）协调性评价指标体系的建立

结合上文对初始指标内容的评价与筛选，本文选取三个子系统、十四项评价指标，以此为依据并采用定性与定量相结合的方式对评价体系进行了架构。这三个子系统分别是功能协调系统、环境协调系统、经济协调系统（图8-3）。

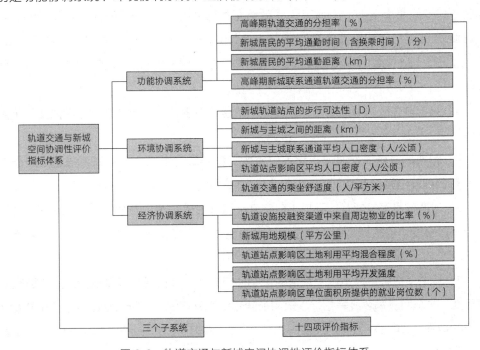

图8-3 轨道交通与新城空间协调性评价指标体系

以上各项指标都是从某一方面反映了轨道交通与新城空间组织的协调状况，但是，任何单一指标的改善，并不一定意味着轨道交通与新城空间协调程度的提高，只有结合新城自身发展定位，综合运用这些指标体系，才能对轨道交通与新城空间的协调性做出全面评价。

需指出的是，在评价指标体系中，对于在某些时段无法达到可计量的情况下，如轨道交通乘坐舒适度（人／单位面积），可采用定量与定性指标相结合的方法，建立指标评价的备选集，如 D ＝｛好，较好，一般，较差，差｝，备选集对应的模糊子集 D ＝｛D_1，D_2，D_3，D_4｝，对上述非数量化指标量化，即：D ＝｛好（0.8～1.0），较好（0.6～0.8），一般（0.4～0.6），较差（0.2～0.4），差（0～0.2）｝，以提高评价体系的可操作性。

（2）评价指标的解释

1）高峰期轨道交通的分担率：新城居民在高峰时段的出行方式中选择轨道交通的出行量占总出行量的比率。该指标从内涵上反映了新城轨道交通为主体的公交系统的发展水平。

2）新城居民平均通勤时间：新城居民从居住区到达工作地的平均出行时间。

3）新城居民的平均通勤距离：新城居民从居住区到达工作地的平均出行距离。

4）高峰期新城与主城联系通道轨道交通的分担率：高峰小时内，新城与主城联系线路 1km 范围内居民的出行方式选择轨道交通的出行量占总出行量的比率。

5）新城轨道交通站点的步行可达性：新城居民步行至最近轨道交通站点的便利程度（即步行距离是否在生理和心理承受能力范围内）。以步行时间 10～15min、步行速度 4km/h 计算，推荐合理步行区半径为 0.6～1km，评价中对该指标量化，即：D ＝｛好（0.8～1.0），较好（0.6～0.8），一般（0.4～0.6），较差（0.2～0.4），差（0～0.2）｝。

6）新城与主城之间的距离：新城边缘轨道站与主城区边缘轨道站之间的实际距离（km）。

7）新城与主城联系通道平均人口密度：在新城与主城之间的联系通道线路走向 1km 范围内单位面积土地上所拥有的居住人口数量。

8）轨道站点直接影响区平均人口密度：指以轨道交通站点为核心，1km 圈层内的平均人口密度。该指标是评价以轨道交通为主体的公交发展模式建设基础的重要指标之一。

9）轨道交通乘坐舒适度：综合轨道交通与其他公共交通的换乘便利度、轨道交通拥挤度、发车间隔满意度等指标，对问卷调查结果进行统计分析后给出一个介于 0 和 1 之间的数值，即：D ＝｛好（0.8～1.0），较好（0.6～0.8），一般（0.4～0.6），较差（0.2～0.4），差（0～0.2）｝。

10）轨道设施投融资渠道中来自周边物业的比率：轨道交通在一定时期内非车票收入在营业额中所占的比例，包括物业出租、管理及发展的利润，具体可以分为三类：附着在地铁线路上的经济资源（地铁经营）；沿线未出让土地、地铁上盖及地下空间用地的增值（效益返还）；沿线已出让土地和物业的增值（效益返还）。

11）新城用地规模：新城规划区范围内，依据新城人口规模和国家规定的人均建设用地标准而赋予了一定用途和功能的城市建设用地总量。

12）轨道站点直接影响区土地利用平均开发强度：以轨道交通站点为核心、1km圈层内新城建设空间占该区域总用地规模的比例。

13）轨道站点直接影响区土地利用平均混合程度：以轨道交通站点为核心、1km圈层内新城不同属性的土地混合利用的总体情况。该指标反映了多类型的土地利用性质及其区位因素决定的就业岗位因子，需特别指出的是，由于土地利用的区位因素决定的就业岗位强度，仅仅依靠新城土地利用的用地规模及其类别并不能准确反映该指标，而是依据人口与就业岗位密度的熵指数模型来表达[①]：

$$Phh = Abs(RKMD \times \lg(RKMD)) + \sum_{k=t}^{3} Abs(EM_k \times \lg(EM_k))$$

式中——Phh 表示新城地块土地利用混合率；$RKMD$ 表示地块人口密度（人/公顷）；Abs 表示数值的绝对值运算符；EM_k 表示地块内第 k 类的就业岗位密度（个/公顷）。

14）轨道站点直接影响区单位面积土地所提供的就业岗位数：以轨道站点为核心，1km 圈层内新城单位面积土地上所提供的就业岗位数。该指标很大程度上反映了新城土地利用的混合程度。

8.2.5 评价方法与评价模型

在建立轨道交通与新城空间协调度评价指标体系之后，首先要进行的就是指标属性值的规范化，即通过某一效用函数对指标评价矩阵 $X = (x_{ij})_{n \times m}$ 进行无量纲化处理，使之映射在区间 [0, 1] 内以便于提取与应用。假定通过规范化后的指标矩阵为 $Y = (y_{ij})_{n \times m}$，对于任何类型的指标属性而言，其数值越大则表明协调度越好。在此之后便是评价方法的选择，即根据大都市区空间体系的发展情况确定与之相匹配的评价方法。总体来看，目前国内外多以经济分析法、专家评价法、运筹学和以数据包络分析、模糊综合评价等的数学方法为主，每种方法均有一定的优缺点[②]，在具体的评价问题中，需根据实际情况来选择更为贴切的评价方法。

（1）评价方法的选择：基于 DEA 的互适综合评价

2007 年北京交通大学杨励雅博士、2009 年长安大学郝记秀博士分别利用 DEA 评

[①] 钱林波.城市土地利用混合程度与居民出行空间分布——以南京主城为例[J].现代城市研究，2000（3）：7-10.
[②] 潘承仕.城市功能综合评价研究[D].重庆：重庆大学，2004：47.

价方法对城市交通与土地利用的协调发展、城市公共交通与土地利用的一体化发展进行了评价分析。在已有研究成果的基础上，本文立足于我国大都市区多中心、高密度的开发特征，从大都市区轨道交通与新城土地使用的角度入手，提出基于 DEA 的互适综合评价方法，即是以数据包络分析法为基础，综合专家知识与经验并通过层次分析与数据统计，评价确定各决策单元（Decision Make Unit，DMU）的有效性，并用投影方法解答评价结论得出的缘由及需改进的方向和程度。为减少决策过程中主观意识的影响，基于 DEA 的互适综合评价，不需要预先对各指标进行赋值，这在简化程序、减少误差等方面有着较大优势[①]，也克服了模糊性与随机性的不良干扰。通过分析评价，表达出 DMU 无效或低效的原因，可以明了、快捷的确定目前建设过程中有待提升的关键领域，进而可以针对问题制定下一阶段的整改对策，推进新城空间与轨道交通的一体化发展进程。需特别指出的是，轨道交通与新城空间的协调性评价是一个相对值，具有时效性和动态性的特点，即在某一阶段轨道交通与新城空间的协调性能满足发展要求并不意味着在下一个发展期两者仍能互相适应。但是，只要向轨道交通与新城土地紧密互动的方向不断努力，就能在可预见的未来实现二者的一体运营。

（2）评价指标的分类：一体化贡献值的反向助推

与公共交通与土地利用的一体化评价相类似，轨道交通与新城空间协调性评价也是从轨道交通和新城土地利用的一体发展入手，相关输入输出的评价指标可互换角色，通过对空间协调发展贡献值的反向助推，取其平均值作为轨道交通与新城空间组织的协调水平。然而这一评价过程并非单一对新城空间进行评价，而是应立足于大都市区视角对城市整体进行评价。具体分类如下：

首先，在大都市区层面，轨道交通与新城的协调发展需要综合考虑主城、新城以及轨道沿线城市组团的一体发展，在评价内容上主要包含新城与主城之间的距离、新城的用地规模、高峰期新城与主城联系通道轨道交通的分担率、新城与主城联系通道平均人口密度等。

其次，在新城层面，轨道交通与新城的发展关系评价可以根据"公共交通与土地开发"的评价思路进行细化，从轨道交通与新城土地利用两个角度进行展开，其中在轨道交通评价领域，主要包含新城交通出行高峰期轨道交通的分担率、新城居民的平均通勤时间、平均通勤距离、新城轨道站点的步行可达性以及乘坐的舒适度等，在新城土地利用评价领域主要包含轨道站点直接影响区内土地利用的平均混合程度、开发强度、单位面积土地上所提供的就业岗位数以及轨道交通设施投融资渠道中，来自周边物业的比率等（表 8-6）。

---

① 魏权龄. 数据包络分析 [M]. 北京：科学出版社，2006.

轨道交通与新城空间协调发展评价指标的分类　　表 8-6

指标类别	指标内容		指标代码
新城层面	轨道交通评价	新城交通出行高峰期轨道交通的分担率	A1
		新城居民的平均通勤时间	A2
		新城居民的平均通勤距离	A3
		新城轨道站点的步行可达性	A4
		轨道交通乘坐舒适度	A5
	土地利用评价	轨道站点直接影响区土地利用平均混合程度	B1
		轨道站点直接影响区土地利用平均开发强度	B2
		轨道站点直接影响区单位面积土地上所提供的就业岗位数	B3
		轨道交通设施投融资渠道中，来自周边物业的比率	B4
		轨道站点直接影响区平均人口密度	B5
大都市区层面		新城与主城之间的距离	H1
		新城用地规模	H2
		高峰期新城与主城联系通道轨道交通的分担率	H3
		新城与主城联系通道平均人口密度	H4

（3）评价模型的建立[①~④]

基于 DEA 的互适综合评价选取非阿基米德无穷小的 C^2R 模型进行有效性判定。其中，$\varepsilon > 0$ 但小于任何正数，即非阿基米德无穷小量。C^2R 模型如下：

$$(P_\varepsilon) \begin{cases} \max \mu^T Y^0 = V_{P_\varepsilon} \\ s.t \ w^T X_j - \mu^T Y_j \geq 0, j=1,2, \text{L} n \\ w^T X_0 = 1 \\ w \geq \varepsilon \hat{e}, \mu \geq \varepsilon e \end{cases}$$

在引入剩余变量 s^+ 和松弛变量 s^- 后，其对偶问题就可以得出：

$$(D_\varepsilon) \begin{cases} \min [\theta - \varepsilon(\hat{e}^T s^- + e^T s^+)] = V_{D_\varepsilon} \\ s.t \sum_{j=1}^n X_j \lambda_j + s^- = \theta X_0 \\ \sum_{j=1}^n Y_j \lambda_j - s^+ = Y_0 \\ \lambda_j \geq 0, j=1,2,\text{L}, n \\ s^- \geq 0, s^+ \geq 0 \end{cases}$$

---

① 殷阿娜，王厚双．我国技术创新绩效评价与国际比较［J］．工业技术经济，2011（9）：105-109．
② 黄朝峰．基于模糊 DEA 的高校办学效益评价方法及应用研究［D］．长沙：国防科学技术大学，2005．
③ 郝记秀．城市公共交通与土地利用一体化发展（IPTLU）研究［D］．西安：长安大学，2009．
④ 马立杰．DEA 理论及应用研究［D］．山东大学，2007．

其中——$e^T = (1, 1L, 1) \in E^s$, $\hat{e}^T = (1, 1L, 1) \in E^m$；$\theta_0$ 为决策单元投入相对于产出的有效性，即协调发展指数；λ^0 为 n 个决策单元的组合系数；假设模型最优解为：λ^0, s^{+0}, s^{-0}, θ_0，则其有效性可判断如下：

① 若 $\theta_0 = 1$，且 $s^{-0} + s^{+0} = 0$，则决策单元 DMU_0 的分析有效，且输入输出因子（轨道交通、土地利用）处于技术有效和规模有效，协调度好。

② 若 $\theta_0 = 1$，但 $s^{-0} + s^{+0} > 0$，则决策单元 DMU_0 的有效性较低，需在保持输入或输出因子一方不变的情况下，对另一变量进行调整优化以提高协调度。

③ 若 $\theta_0 < 1$，则决策单元 DMU_0 为无效，此时存在产出不足或投入冗余问题。

1）新城层面的评价。在模型建立之后，将轨道交通的各项评价指标 X1＝（A1，A2，A3，A4，A5）作为输入变量，新城土地利用的各项评价指标 Y1＝（B1，B2，B3，B4，B5）作为输出变量，计算结果为轨道交通对"新城与轨道交通协调发展"的贡献值，以 $\theta^1 = (\theta^1_1, \theta^1_2, \theta^1_3, \theta^1_4, \theta^1_5)$ 表示；反之，对输入输出变量进行角色调换，则计算结果就是土地利用对"新城与轨道交通协调发展"的贡献值，以 $\theta^2 = (\theta^2_1, \theta^2_2, \theta^2_3, \theta^2_4, \theta^2_5)$ 表示。则最终该决策单元对新城层面的协调度评价水平为 $\theta = (\theta^1 + \theta^2)/2$。

2）大都市区层面的评价。设大都市区范围内新城的数量为 n，每个新城与其他新城的联系通道数量为 $n-1$（该指标可 ≥0）。在大都市区层面对新城与轨道交通的协调发展的评价，主要采用对新城层面的评价结果进行加权取均值的方式，具体计算公式为：

$$H^i = \frac{1}{n-1} \sum_{j=1}^{n-1} \frac{H_{2j}}{H_{1j}}, i = (1, 2, \cdots, n)$$

通过综合以上两种层面的评价结果，得出轨道交通与新城空间的协调发展水平 F：

$$F = \sum_{i=1}^{n} \theta_i H^i$$

8.2.6 评价影响分析与案例模拟

基于 DEA 的互适综合评价，最终目的是在判读轨道交通与新城空间组织是否协调的过程中，对于发现的问题知道如何去解决，即找出导致 DMU 决策单元低效或无效的原因，从而可以有目的地加以改进。

(1) 评价体系中某一指标的影响分析

以某一轨道交通评价指标对新城土地利用的协调发展的作用水平为例，用 Z 表示该评价指标体系，Z^i 表示评价体系中去掉第 i 个指标后的新体系，θ_j 表示第 j 个 DMU 决策单元的新城土地使用的一体化指数，通过数据包络分析[1]，可以得出：

---

[1] 魏权龄. 数据包络分析 [M]. 北京：科学出版社，2006.

$$\theta_j(Z) - \theta_j(Z^i) \geq 0, j=1,2,\cdots,n$$

$$S_j(i) = \frac{\theta_j(Z) - \theta_j(Z^i)}{\theta_j(Z^i)}, j=1,2,\cdots,n, i=1,2,\cdots,t$$

对于满足 $S_{j0}(i) = \max S_j(i)$ 的决策单元 DMU_{j0} 而言，假若去掉第 i 指标后协调发展指数相对减少最大，则有两种判读结果：一是 i 指标领域的建设问题较为突出，需及时加以改进，也可能是该指标内容相对于其他评价因子更具有优势。

（2）无效决策单元的形成原因分析

对于分析无效的决策单元（即 $\theta_{j0}(Z) < 1$ 或 $\theta'_{j0}(Z) < 1$，以 DMU_{j0} 表示），假设第 i_0 和第 i_1 指标分别满足 $S_{j0}(i_0) = \max S_{j0}(i)$ 和 $S_{j0}(i_1) = \min S_{j0}(i)$，则第 i_0 和第 i_1 指标分别是对 DMU 评价结果影响最小和最大的指标，如此制约轨道交通与新城空间协调发展的关键性因素就可以通过模拟分析而得出，这也是应用 DEA 进行互适综合评价的价值所在。

（3）案例评价模拟

我国大都市区依托轨道交通发展较为成熟的新城比较少，大多仍在建设中，选取北京房山新城、亦庄新城为模拟案例，并以法国巴黎玛尔－拉－瓦雷新城为有效生产前沿面[①]，从新城与大都市区两种层面入手，对两个新城进行 DEA 综合评价（图 8-4）。

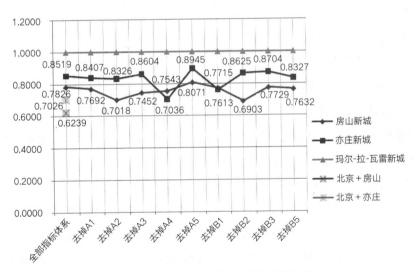

图 8-4 基于 DEA 的综合评价模拟分析

对于有效生产前沿面玛尔－拉－瓦雷新城，前文以及附录部分已有详细说明，此处不再赘述。在新城层面，目前由于我国特殊的国情体制，轨道交通与周边物业的开发尚未形成统一模式，导致 B4 数据搜集较为困难，暂时无法在评价体系中对此加以量化，因此本次模拟分析对这一指标暂不考虑，但这并不影响对新城整体发展趋势的评估。同时这也不意味着 B4 在整个评价体系构成中处于弱势地位，相反，随着我国轨道

---

① 有效生产前沿是满足最优化条件的曲线，可以看成可行区域的边界。

交通与周边物业一体化开发趋势的加强，新体制与投融资机制下，B4 将成为不可替代的重要评价指标（目前北京地铁 4 号线已在尝试新的投融资机制，轨道交通与周边物业一体设计的相关研究机构也在建设中）；在大都市区层面，采取将北京中心城区分别与房山、亦庄两个新城组成一个区域进行分析。总体评价情况见表 8-7：

DEA 综合评价结果　　　　　表 8-7

指标体系		协调发展指数		
		房山新城	亦庄新城	玛尔—拉—瓦雷新城
新城层面	全部指标体系	0.7826	0.8519	1.0000
	去掉 A1	0.7692	0.8407	1.0000
	去掉 A2	0.7018	0.8326	1.0000
	去掉 A3	0.7452	0.8604	1.0000
	去掉 A4	0.7543	0.7036	1.0000
	去掉 A5	0.8071	0.8945	1.0000
	去掉 B1	0.7715	0.7613	1.0000
	去掉 B2	0.6903	0.8625	1.0000
	去掉 B3	0.7729	0.8704	1.0000
	去掉 B5	0.7632	0.8327	1.0000
	去掉 B4	—	—	1.0000
大都市区层面	—	0.6239	0.7026	1.0000

1）评价结果分析之共性问题：

从协调发展指数综合来看，亦庄新城的协调发展水平较高于房山新城，但相比于有效前沿面玛尔-拉-瓦雷新城，两个新城的协调水平都不高。当前轨道交通房山线、亦庄线周边的土地开发正在进行，轨道站点影响区内土地利用的混合度、单位面积所提供的就业岗位数、人口密度指标等都不理想，高峰期轨道交通的分担率以及轨道站点的步行可达性等指标也相对较低，但在出行乘坐舒适度上二者都具有明显的优势。因此，加快轨道站点影响区产业空间培育、提高土地功能复合度以提高就业率，减少车次间隔时间、优化换乘方式、对沿线站点功能进行优势互补以及尽快实施轨道交通与周边物业的联合开发模式，成为二者在新城发展中提升协调化水平的重点工作。

2）评价结果分析之差异引导：

亦庄新城是在原有工业开发区组团基础上发展起来的新城，从协调发展指数来看，虽然功能分区系数明显要高，正因如此才导致轨道站点影响区内的土地混合程度不高，依托轨道站点发展的 TOD 社区的步行可达性也相对较低。因此，提高站点区域的土地混合功能，尽快协调站点区域的居住社区建设并在规划布局上加以引导，以提高轨道交通出行步行可达性成为亦庄新城未来建设中的首要任务。

房山新城是在原有郊区城镇组团基础上发展起来的新城，共分东西两大片区（西部以老城组团为主，东部以新发展区为主）。从评价结果来看，房山新城与中心城区的快速联系通道的缺乏或相对不足是该区域发展的瓶颈，导致在大都市区层面的评价结果要明显低于有效前沿面甚至是亦庄新城。同时新区与老区之间以及房山新城与其他新城之间联系通道的不便捷严重影响了整体协调度。因此，该地区亟需从大都市区层面对新城空间加以优化，加快轨道交通建设、完善轨道交通在新城两大组团间的线路并提高轨道站点区域的开发强度，同时增设新城与主城区及其他重要功能组团之间的联系通道成为房山新城未来发展的当务之急。

8.3 本章小结

对轨道交通与新城空间的协调发展进行评价是认识与反映其协调发展过程、描述其发展状态、揭示其发展规律、引导其发展有效运行的基本手段。本章通过对相应指标体系的筛选与构建，提出了二者之间的协调评价方法，对空间系统的协调发展状态进行评价分析，进而为揭示矛盾成因和协调管理提供分析基础。

首先，从新城的产业、创新、生态、文化、健康五个角度出发，建立了多维协调视角下的目标体系，以土地形态、功能结构、交通系统、景观环境四个模块为整合对象加以细化，提出优化目标并提炼选取引导新城空间发展的目标因子，为轨道交通与新城空间的协调互动提供更为具体的指导。

其次，结合轨道交通与新城土地开发涉及的不同主体参与方的利益，按照评价指标确定的原则，在综合专家评价、模糊数学分析以及德尔菲法等基础上，对相关指标内容进行评价和筛选，并确定由三个子系统、十四项评价指标组成的评价体系，提出了基于DEA的互适综合分析方法，并给出了案例模拟分析。

第 9 章　促进大都市区轨道交通与新城协调发展的对策与建议

就轨道交通与新城的发展而言，从效能角度分析，规划从根本上决定。轨道交通与新城空间结构的高度吻合是大都市区多中心、高密度空间效能发挥的根本，加强二者之间的协调度，使其在用地功能、交通系统、居住就业人口等内容上协调一致，并通过对生态环境、社会公平和人性化的公共空间等进行协调与平衡，才能更好的提升当前高密度城镇组团的运行效能，这也是借助轨道交通促进新城健康、有序发展的基础。

9.1　区域视角下轨道交通与新城协调发展策略

基于轨道交通的大都市区空间整合思想在很大程度上是对有机疏散理论的借鉴，但两者有着很大不同。有机疏散的着眼点在于城市的整体发展，尤其是指基于中心城区（母城）基础上的空间引导与扩展行为，侧重于单向思维。而轨道交通导向的大都市区空间整合思想的主要立足点是城市外围新城组团，其整合的对象一方面包括建构新城与主城之间的有机关系，强调从大都市区整体发展的角度，统筹考察两者物质空间上的构成关系；另一方面也包括建构新城内部各空间单元的有机关系，强调在新城内部形成有序的协调关系，将不同的功能空间及不同的功能个性整合到一个和谐健康的整体中去，并加强大都市区这个新生城市肌体的有机性与活性，是一个双向过程。

9.1.1　鼓励轨道交通导向性和超前性的城市开发

相对于建设条件而言，轨道交通建设时机的选择是一个更为重要的问题。由于轨道交通的特殊性，其对城市空间结构的影响与其他交通方式相比存在很大差异，并突出反映在人口密度高、规模大的亚洲大型城市中。一旦轨道交通建设时机过晚，将极大地影响其引导城市空间形态发展的作用的发挥，并大大降低轨道交通组织和集散城市交通网络的能力以及整合城市时空资源的能力。因此，轨道交通未来的发展必须从"客流追随"转向"主动引导"，尤其是在外围新城组团尚未聚集大量人流的阶段，更应增强轨道交通在引导新城空间结构发展中的作用，这才是未来轨道交通在大都市区交通网络中的发展任务所在。目前，北京地铁房山线、大兴线、亦庄线、昌平线等从规划到建设到投入运营，已表现出对城市空间的引导性，且这种趋势会随着市域线的快速发展变得更加明显。

结合我国人多地少的现实条件和交通发展趋势，鼓励中心城区外围轨道交通导向性和超前性的城市开发，才能有效的实现大都市区多中心空间体系的建构和新城的快速发展，避免形成机动化过度发展而带来的城市空间增长与交通拥堵的恶性循环。从目前我国各大都市区轨道交通的建设情况来看，城市轨道网规模虽然与其他发达国家相比并不逊色，但郊区线部分仍相差悬殊，有待进一步强化。而当前在外围城市用地功能尚待调整的阶段，更应提前进行战略谋划和轨道交通的建设，把握建设时机，高度重视在小汽车大量进入家庭之前，确立新城公共交通尤其是轨道交通的主体地位。错过这一时机，将很难改变新城的出行行为和空间布局，轨道交通的引领作用也更难得到全面发挥。也只有这样才能化"被动建设"为"主动引导"，才能从根本上实现新城与主城区的协调、互动和一体发展。

另外，在规划实施层面，大都市区市域轨道交通网络的组织应以保证新城出行的快捷为首要目标，优先建设新城与中心城区的线路，并对轨道沿线站点的开发合理引导，完善换乘体系，同时对新城与其他新城或重要功能区之间的快速路联系进行疏导，提前筹划转换为轨道线路的可能；待新城区域运营相对成熟后再对沿线站点区进行开发，并提高轨道网络密度。轨道站点的建设可考虑在原有城镇化水平较高的区域或规划中的新城区选址，逐步发展为区域经济增长极，促进新城中心区的活力提升以及紧凑、高密度空间布局的形成。总之，只有轨道交通网络得到进一步完善，新城才有条件大力发展步行交通。

9.1.2 动态匹配轨道沿线运力与站点功能

如前文所分析，"串珠式"的发展不能盲目应用于新城与主城之间的轨道交通线路，不宜在二者之间设较多站，只有保证新城到主城区的快捷，才能发挥出轨道交通对新城的引领作用。因此，轨道交通线路规划应以实现新城优先发展为前提，从宏观视角对轨道交通的整体运行及沿线功能组团进行引导，动态把握沿线土地的开发和轨道线路运力的匹配，合理调控站点间距与敷设方式以及站点周旁用地的开发时序，从城市规划角度认真考虑城市空间布局对线路的影响，并在线路规划建设之中和建成后，对沿线土地的开发加强规划与监管，也只有这样才能有效避免因客流预测失准而引发的线路运力紧张的现象。

（1）动态匹配线路运力与站点功能

结合本文对轨道交通线路特点的分析，认为轨道交通线路的客流需求与线路运力的匹配可以从三点出发：一是线路站点自身的混合开发；二是区段内功能的混合；三是沿线站点功能的互补变化。规划建设之初，需要对各因素进行平衡与整合，强化轨道交通沿线功能的互补与动态匹配，以提高轨道交通与新城协调发展的效能。此外，为缓解当前部分站点较大居住区人们同时出行造成的拥堵，可采用根据沿线不同的功能区进行购房优惠、错时上班等相关政策进行引导，并在今后的规划布局中，加强基础服务设施与轨道线路的联系性，如教育机构的布局与轨道交通站点的设置紧密协调，通过错时引导，避开交通晚高峰期，这样在轨道线路上，学生、家长、教师以及学校的资源就可以相互流通，使教育资源在地理空间上更灵活地分布，这也进一步促进教育资源在不同区域及不同的人群中更合理的分配，进而也加强了主城区优质基础教育资源向郊区新城扩散的进程，促进优质资源规模化发展以及更好的体现其在公平之上的灵活性（图9-1）。

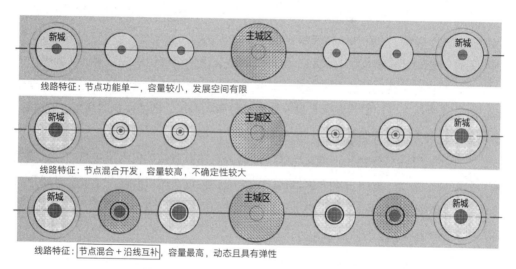

图 9-1　轨道交通线路运力与节点功能的匹配

（2）合理调控站点间距与开发时序

与市区轨道交通站点的设置原则有所不同，主城与新城之间的站点设置应积极考虑限制城市发展圈层，避免再次"摊大饼"，并形成以生态绿化包围建设区的地段格局。相对于市区站点间距，国外市域线站点间距普遍较大。如巴黎 RER 线的平均站距约 2.27km；东京都市圈市域轨道交通线路平均站间距约 1.5km。市域线的站点间距较大，才能提高轨道交通在效区段的行车速度，对新城的吸引力和规模建设影响显著。结合前文对巴黎、东京等国外大都市区市域线站点间距及新城轨道站点影响区的研究，笔者认为市域轨道交通的直接影响圈层至少定位 1km 左右较为适宜（步行合理区），而以其他交通工具接驳的最大影响区则在 2.7～6.3km 以内（公共汽车换乘）。

当然，站点间距的确定与其所处城市地段的区位条件相关，也与大都市区整体聚集引力与扩散要求以及城市管理部门的监管和控制能力相关。一般来讲，与主城区结合较为紧密的郊区站点，最可能受到城市空间扩张影响的冲击，因此，为确保大都市区生态空间的完整性，在这一区域的站点设置中更需要与主城区保持充足的距离。从前文对轨道交通直接影响圈层（r = 1km）进行推算，主城区外围希望有绿带间隔的站点间的间距应控制在 2km 以上，而基于新城优先发展的新城与主城之间的线路站点的布设宜少不宜多，且应合理调控站点开通时序。

笔者认为，当前要想实现我国大都市区新城的优先发展，生搬硬套国外市域站点间距的设计经验是不可行的，不同的国情背景、不同的城市化发展阶段，建设轨道交通与新城所要达到的近期、中期目标是不同的。结合本文对轨道交通运行速度与站点间距关系及其速度目标值发展趋势的判读（120～160km/h），认为站点运行的间距可普遍控制在 6～10km，待新城发展到一定规模时，再对预留的站点空间进行开发，如此既实现了新城优先发展的目标，推动了大都市区主城城市功能和人口向新城的转移，又在建设中避免了产能闲置和建设成本的初期浪费。同时，对于主城外围线路采用快慢车组合以及交替跳站的运行模式也将是轨道交通市域线路优化的重点方向。

9.1.3　强化轨道交通导向的新城功能核心的培育

轨道交通可以实现人流、信息流的大量、高效互动，其建设的根本是为实现以人为本的新城市空间。无法正确的引导交通流、实现大区域的平衡发展也是与可持续发展和新型城镇化路线相悖的。因此，轨道交通引导下的新城建设要重点协调居住与产业的发展，并优先解决产业落位问题，在符合新城整体定位与产业发展目标的前提下，借助轨道交通积极培育新城知识经济空间、现代服务空间、创意休闲空间以及都市型工业空间等，主动发展与中心城区产业类别相同并与"主城"未来产业发展方向一致的产业，为有迁居于新城倾向的居民提供同类型的就业岗位。

（1）积极引导主城区城市功能的转移植入

新城中心区位的有效供给通过"内生"机制将主城中心区功能作为一个整体嵌入并高速繁殖，在短时间内借助轨道交通形成强大的辐射力，配以完善的公共服务基础设施，从而逐渐完成大都市区发展重心的转移，这一过程扭转了主城"外溢式"增长所产生的巨大惯性，也保证了新城跨越式发展与多中心、高密度空间模式的彻底实施。主城需转移和限制发展且能发挥"内生"机制的功能要素，主要包括行政办公功能、高等教育机构以及能吸引交通流的大型功能区等，这类功能要素应避免过度集中于主城，可以通过政策来引导其在新城的超前发展，以增强新城吸引力，避免人口与附加产业向主城区的进一步聚集（表 9-1）。

新城与主城中心区功能要素培育指南   表 9-1

功 能 要 素	主　　城	新　　城
行政办公	→	★
商务办公	★	★
大型商业中心	★	★
市级文化机构	☆	★
市级医疗机构	☆	★
特色功能区（娱乐）	☆	★
会展中心	→	★
大型体育设施（承担赛事）	→	★
高校园区	→	★
金融中心	★	☆
物流	☆	★
工业（含都市型工业）	☆	★

备注：★—应主动发展的功能　☆—有选择性发展的功能　→—需转移和限制发展的功能

（2）注重发挥轨道交通的端点与节点效应

由于目前我国大都市区基本处于城市单核心结构向多中心空间形态的演化阶段，轨道交通线路客流不均衡性较大，因此在推进新城发展的过程中，应积极考虑利用多条放射型线路的端点和轨道交通与其他廊道交汇点的节点效应，形成功能核心，努力提升节点在区域范围内的影响力，积极引导城市产业功能向新城转移。总之，新城各项发展政策与实施细则的制定都应以发展新城产业为中心，努力发挥新城产业的先驱先导作用，在轨道交通带来大量人流、信息流的过程中避免"先居后业"的建设模式，其中强有力的政府介入和政策引导是必不可少的。

9.1.4 架构层次性、网络化的区域联系通道

从国际化大都市区"多中心"空间结构的组织来看，以轨道交通为主导的公交体系是区域各城市组团实现紧密互动、快捷联系的最有力的支撑条件。基于前文的分析与研究，新城对外交通应具有层次性，建构起"层次分明、网络互补"的交通体系，具体如下：

（1）首要交通需求：新城、主城间的直接对话

为有力承载大都市区的多中心、高密度空间结构转型，新城需有效承担和吸引主城区的人口和产业转移，并与主城区职能互补，因此城市功能的释放及新平台的构建与成长需要二者之间的高效互动。如前文所述，中心城区高度集聚且重叠的功能区在城市发展到一定阶段后，其影响力将开始下降，为保持城市经济的持续增长，不得不寻找新的发展空间并进行转型升级以适应新时期大都市区发展需求。这些重叠功能主要集中在行政办公、商贸金融、文体科研、医疗服务等领域，在实现区域联系快捷、安全、及时准时的前提下，新城有能力承接此类功能并实现其快速成长，轨道交通无疑成为实现这一目标的最佳选择。有学者也指出，新城与主城之间必须保证两条或三条快速联系通道的运行，且以发展轨道交通优先，有轨道支撑，才能进一步谈及多中心体系下新城空间的区域可达性[①]，并指出在建设条件尚未成熟的情况下，可以低速磁悬浮公交系统代之，其造价和噪声影响较之于地铁相对较低，可以在建筑群中穿插行进；最后当选建设最方便的快速巴士系统（BRT）。总之，大都市新城应快速架构起以轨道交通为主、辅以地面快速公交构成的快速公共交通线网，把可达性与可靠性做好，并在关注居住和就业平衡的同时适度控制小汽车的发展，才能增强新城的反磁力。

（2）次要交通需求：新城与其他新城及区域重大功能区之间的高效互动

大都市区多中心、高密度城市空间体系的构建，除实现新城与主城之间的快捷互动之外，还应架构起新城与其他新城以及区域重大功能区之间的快速联系通道，新城功能的快速成长很大程度上也得益于各级中心之间的高效互动，且在新城功能的逐渐完善中，后者发挥着日益重要的作用。总体来看，新城与其他新城或重要功能区之间在满足以下两点的情况下宜通过建设快速公交（BRT）实现快捷联系：① 组团中心之间的联系通道与大都市区多中心空间结构的组织相吻合；② 组团之间的城市功能存在紧密协作的互补关系。

总之，在大都市区多中心建设背景下，新城的健康发展应以快速、便捷的轨道交通支撑为前提，以其他公交方式的高效换乘为建设路径，树立起区域发展观，架构层次性、网络化的快速联系通道才能实现"多中心"空间的有序、稳定和可持续发展，也只有这样，才能更好的疏解主城区人口、交通压力，实现主城区重叠功能的主动外迁与再发展。

9.1.5 基于区域效能优化的"HDL"空间调控

"紧凑又开敞"的区域空间布局是大都市区多中心、高密度建设的终极目标，以轨

---

① 仇保兴.卫星城规划建设若干要点——以北京卫星城市规划为例[J].城市规划，2006（3）：10.

道交通为主体的快速公交系统则是支持整个理想状态的最佳手段。结合本文对轨道交通与新城土地使用特征的相关研究,通过分析不同层次的空间要素对城市运行效率的影响,笔者认为轨道交通导向的大都市区与新城空间的组织,应至少确立三种发展策略,即控制型站点高强度开发(High intensity)、引导型沿线多样性开发(Diversity)以及限制型生态低冲击开发(Low impact),三种策略同时展开、相互补充,通过"HDL"的分层调控促进轨道交通与新城空间的一体化发展。

(1)控制型站点高强度开发(High intensity)

在新城应围绕轨道站点树立高强度开发的理念,架构起以轨道交通为主体的"公共交通导向开发(TOD)"模式。在区域视角下借助轨道交通引导新城土地的高密度、紧凑发展,将土地开发与公共交通系统紧密结合来组织优化新城的空间结构,此时新城人口密度的增加可以大大提高轨道交通设施的利用率,为建立高效的大都市区公交系统和紧密互动的城镇空间体系提供支撑条件。

(2)引导型沿线多样性开发(Diversity)

首先,在轨道沿线站点功能的设置与土地开发中,由于在线路的端点优势较为明显,因此应借助大型居住区的开发带动相关产业的发展,并在各功能组团的布局中强调多样化的混合发展,通过公共交通和地块有机组织清晰便于识别的边界。其次,在轨道沿线适当的节点调整站点功能,强化各站点功能的互补,实现沿线蛙跳式发展与线路中制约型产业对轨道站点间奏的调整(即站点功能定位与站点间距设计相补充),实现由长距离的"职住互补"逐步转化为短距离的出行行为。

(3)限制型生态低冲击开发[①](Low impact)

为减轻轨道交通与新城开发过程中对区域生态环境的冲击与破坏,建设中引入"低冲击"发展理念,具体可从以下两个方面着手:

首先,应制定新城清晰的发展边界。人口众多、土地资源短缺的基本国情决定了我国新城的建设必须采取集约的土地开发模式,反映在大都市区层面即为新城空间的高密度、紧凑布局。这就要求新城在建设与发展中应充分利用城市资源,严格保护农田和开敞空间等环境资源,集中布局城市各种功能要素,建立在生态、资源和谐基础上的人类活动与城市空间互为作用与影响的共进关系,使新城边界更为可识别、新城发展更加可持续。同时新城一般是在原有城镇的基础上进行的建设,应有意识地整合现状城市化地区,在空间上实现连贯,以保持区域城市化发展在空间上的延续性。

---

① 低冲击开发(Low Impact Development)是近年从北美引进的一个新颖议题,作为一种全新的模式,其初始的提出是对暴雨所产生的径流和污染进行控制。随着理论的应用与深化,外延不断拓展,"低冲击"已上升为城市发展中具有可持续性价值的新理念,它是城市与自然和谐相处的一种城市开发模式,既强调发展又注重生态保护,核心思想体现于采取相关措施减轻对生态环境的冲击和破坏,恢复和重建自然生态。面对当前高速发展的城市建设与日益严峻的环境保护之间的挑战,在新城规划和建设中引入"低冲击"的开发理念将具有重大意义,这也是城市规划领域中的重大变革。

其次，要控制新城与主城及其他功能组团联系通道的土地开发。联系通道是主城与新城以及各新城之间的空间联系纽带，联系通道的走廊效应会迅速引发其周边土地的快速开发与集中式发展，进而迅速带来客流的迅猛增加，在加大联系通道交通压力的同时，无形中打破了新城相对独立于主城的空间秩序。因此，在轨道交通的建设中，及时建立对联系通道严格控制的土地利用规划机制、对联系通道沿线土地的开发总量进行控制是实现大都市区公共交通与土地利用一体化发展的关键环节。

9.2 新城视角下轨道交通与城市空间的协调方法

加拿大不列颠哥伦比亚大学教授 Aprodicio A.Laquian 在首届世界规划院校大会开幕式主题发言中指出：限制和控制城市扩张是极其困难的。受经济、自然等因素的影响，城市空间的扩张是存在极限的，解决这个问题的一个方法是要通过规划来引导城市开发。轨道交通导向的新城空间形态表现出了站点综合区、沿线经济带、城市综合体等多样化的高密度形态特征，其内部空间构成要素的协调度决定了整体效能的发挥，主要表现在空间形态、土地结构、交通系统、景观环境、节点间奏、成长驱动六个方面，结合前文对轨道交通与新城发展关系的相关研究，基于新城视角针对不同的空间要素提出相应的组织策略。

9.2.1 基于紧凑发展的密度分区与用地布局

国内外轨道交通建设与新城发展的经验证明，轨道交通是影响新城空间布局形态最为重要的要素。在其引导下，新城空间形态呈现出高密度的发展特点，这也是新城紧凑布局在土地使用上的典型特征。高密度的土地开发模式能够遏制新城空间的无序蔓延、保护新城周边的开敞空间，具有降低能源消耗、保护土地资源的双重意义。同时，高密度集聚能够提高轨道交通设施的利用效率，在新城有限的空间界域内可以容纳更多的城市活动，倡导城市土地功能的混合与复合，并以轨道交通站点为核心，在站点影响区内实施高密度开发，缩短出行距离，优化出行环境，提高新城居民选择步行出行的积极性（图9-2）。

建立与交通区位条件相适应的"密度分区"管理机制。以轨道交通站点为核心的密度分区，是一种确保新城土地价值得到充分实现（即利润最大化）和公共设施得到有效利用（即福利最大化）的制度[①]。根据陆锡明等"轨站四圈法"的规划构想，结

---

① 丁成日.城市密度及其形成机制：城市发展静态和动态模型[J].国外城市规划，2005（4）：7-10.

合前文对轨道交通站点影响区范围的研究,以及轨道交通对新城土地开发强度的影响分析,针对新城区本文提出高度紧凑型、适度紧凑型和控制紧凑型三类发展区的划分模式,并针对每一分区提出开发引导策略,进而有助于形成疏密有致的丰富空间体系。

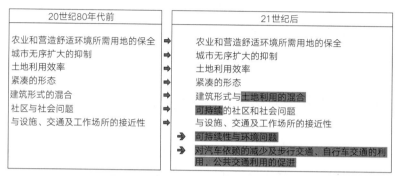

图 9-2 大都市区的高密度发展指向

资料来源:参考页注 ①(灰色区域为新增加或调整的发展内容)

（1）高度紧凑型发展区

新城轨道站点核心发展区,以站点为圆心、半径约 300m 范围内,实现高强度、集中式开发,以功能混合的商业、休闲娱乐、商务办公、酒店式公寓等为主,其建筑容积率和建筑密度也较高,土地开发强度建议控制在 5～9.5。

（2）适度紧凑型发展区

新城轨道站点直接影响区（约 300m～1km）,可较高密度的安排中高档住宅、商业与零售业以及学校用地,保证新城居民出行的便捷与交通可达性。该范围土地开发强度建议控制在 2～5（其中 300～600m 即步行 10 分钟距离范围内开发强度建议为 3～5,600m～1km 范围建议为 2～3）。

（3）控制紧凑型发展区

新城轨道站点最大服务区（约 1～3.5km）,以居住功能的大型社区开发为主,通过与轨道交通车站建立良好的驳运体系,在方便居民出行的同时,实现轨道交通的最大辐射力。该区域开发强度相对较低,尤其是居住类用地开发需保持环境的舒适性,因此建筑密度不宜过高。

总之,在轨道交通引导下,不论是新城的高密度紧凑式空间布局还是大都市区的多中心空间互动,其目的都是为了促进交通与土地的协调一体开发以实现城市的可持续发展。区域层面的适度紧凑与新城内部空间的密度分区建设互为基础,互为条件,必须同步推进,才能促进大都市区多中心空间体系的架构及新城紧凑、集约空间形态的形成（图 9-3）。

---

① 海道清信. 紧凑型城市的规划与设计（苏利英译）[M]. 北京:中国建筑工业出版社,2010:68-69.

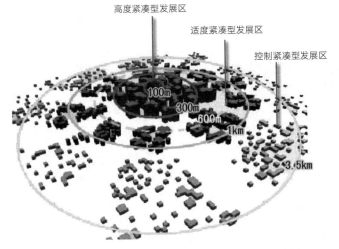

图 9-3 以轨道站点为核心的密度分区引导策略

9.2.2 基于四维空间的活力提升与功能复合

单一功能的城市地块难以体现新城空间的活力,也难以实现土地价值的最大化,而地域功能专业化的清晰结构必然会促使新城不同地段和时段的用地承担差别明显的功能,所以从"三维空间"转向"四维空间",以"多用途"的角度来协调每一块建设用地,将在保证各种功能用地得到有效配置的同时,又可以使各种功能具有变化弹性并有机融合,即新城的规划用地要具有一定兼容性。

借鉴国际大都市区新城发展经验,轨道交通引导下我国新城内部空间的用地结构应鼓励复合型的土地使用方式,倡导城市空间的混合与城市功能的复合,为创造充满活力的新城社区提供机会,这也是体现新城地块活力最直接、最有效的途径。

(1)引导适中功能混合的空间开发

土地功能的混合使用不是对城市空间各种形体的简单罗列,而是各种功能在四维空间协调发展的复合形态。其物质空间特征表现为小尺度的街区,各类城市活动不相冲突,并在空间联系上相互协作与补充,进而产生巨大的综合集聚效应。目前在大多数城市土地的开发中,土地性质正逐渐多样化,混合性趋势也日益明显,但空间混合的异质性较小,多为不同居住、商贸办公、商业休闲、创意产业等之间的混合(图9-4)。另外,柯比西埃的城市功能分区理念在很长一段时间里对我国的城市建设产生着重大影响,但从当前的发展形势来看,大量钟摆型交通导致了城市空间的低效率使用,交通出行压力日益膨胀,因此,在大都市区多中心空间体系的架构中,对于新城内部空间的组织,应客观对待将生活、休闲、工作和交通功能截然分开的开发模式。借鉴新加坡新城发展经验,新城内部的空间组织应注重对各项城市功能的有机复合,在适度土地空间混合的基础上,引导相关联、兼容共存的功能集聚(图9-5)。

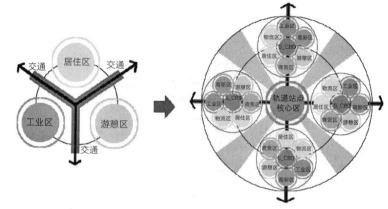

图 9-4 以轨道交通站点为核心的多元化复合空间示意

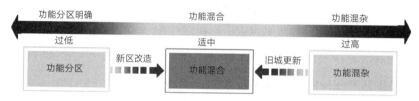

图 9-5 引导适中功能混合的空间开发模式示意

（2）新城功能的复合：从平面组合走向立体化

随着轨道交通与公交干线的设置，新城土地价值急剧上升，推动了新城空间的立体混合发展（图 9-6），在创造一个多功能、富有活力的城市空间的同时，一定程度上可以避免工作地与居住区之间的钟摆式交通，对于缓解大都市区交通压力，降低交通能耗有着积极意义。其开发模式大致可分为四种类型：

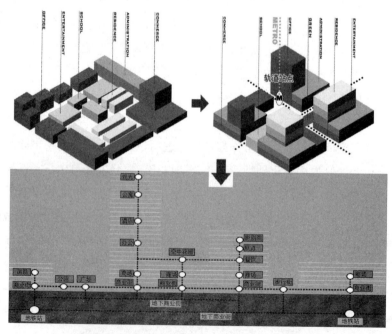

图 9-6 轨道站点区域新城土地的混合开发设计

1）商业零售、商务办公、创意研发的复合；
2）商业零售、综合办公及服务式公寓的复合；
3）商业零售、文化娱乐、商务办公的复合；
4）商业零售、服务式公寓的复合。

轨道交通引导下新城土地结构内就某一个特定范围或地块的功能混合开发而言，可以在空间上分为水平混合、垂直混合以及综合混合三类。水平混合与垂直混合的区别在于前者注重开发地块水平空间的混合布局，后者则主要是对地上、地下空间的功能混合，是一种立体化的发展模式；综合混合即为上述两类开发模式的综合形式，主要表现为在街区或地块中将功能混合的建筑综合体与拥有其他城市功能的建筑及其外部空间混合布局的方式。对以往单一的功能分区进行空间整合，促使土地结构从平面混合走向立体化的适度混合模式可以有效提高土地利用率，综合布局进而促进新城空间的有效与高效混合（图9-7）。

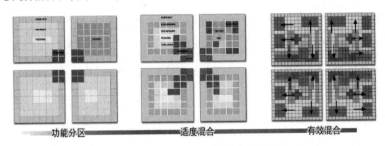

图 9-7 新城土地混合开发模式的发展趋势

"立体社区"①概念的提出是对居住、商业功能的建筑重新组合，是土地功能复合的水平化、垂直化和综合化的典型代表，它把拥有不同功能的建筑通过连廊相互连接成为建筑综合体，对功能关联度小的建筑则进行重新组合，各功能区主要以步行方式进行联系，并通过各层级中心的带动，提高区域发展活力，促进社区功能的混合与复合，对增加社区居民交流机会、建设人性化生活环境起到积极的作用（图9-8）。

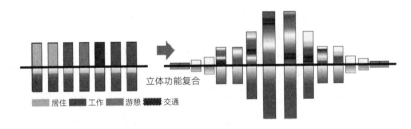

图 9-8 轨道交通引导下新城空间的立体化功能复合结构

（3）从三维空间到四维复合

新时期轨道交通引导下新城空间的功能组织表现出四维化特点（图9-9），即在三维空间中对同一区域融入时间概念，在不同的时间区域表达不同的城市功能，其特征

---

① 仇保兴.生态城改造分级关键技术［J］.城市规划学刊，2010（3）：1-13.

主要体现在时间点复合、时间段复合以及时间轴复合三方面：

时间点复合：新城空间内同一空间在不同时间节点上的功能转换或共享，如家庭办公的 SOHO 形式在不同的时间内进行居住和休憩等活动，用于商业贸易、会展博览的城市空间则可以在不同的时间内体现文体休闲、论坛交流等功能；

时间段复合：新城某一地块的功能在不同的时间段体现出不同的特点。如某些街区在白天以商业贸易、商务办公为主，夜晚则表现为文化娱乐、休闲服务等业态，从而以一种新产业空间的形式丰富新城活力；

时间轴复合：某一街区或建筑的主导功能在一个较长的时间范围内可能发生变更，如一些历史性地段（街区）或建筑在新时期被赋予新的使用功能从而继续发挥其价值[①]，基于功能复合的开发使其转换为新产业空间，进一步提升了区域活力，也体现出城市空间发展的动态特征。

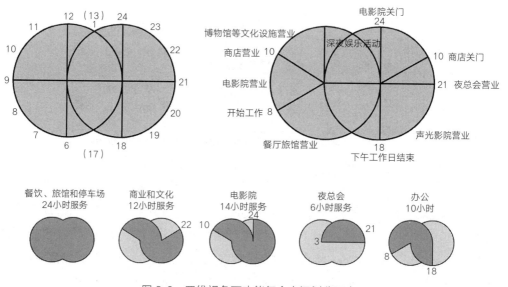

图 9-9　四维视角下功能复合空间划分示意

资料来源：页注 ②

9.2.3　基于耦合效应的换乘优化与中心带动

借鉴新加坡大都市区空间整合与新城建设经验，构建以轨道交通为主导、轻轨和巴士线路等作为接驳的多模式、网络化公交体系。轨道交通较其他交通方式虽有大运量、快捷、舒适、安全、准时等优势，但同样也存在诸多弱点，主要表现在工程造价高、一次性投入大等方面，导致轨道线网无法顾及新城每一区域。通过对换乘方式的优化以及改进轨道交通接驳方式，实现区域范围内公交网络与新城土地开发的一体发

---

① 翟强.城市街区混合功能开发规划研究［D］.武汉：华中科技大学，2010.
② 侯寰宇.CBD（中央商务区）外部空间形态探析［D］.天津：天津大学，2004，6.

展可以提高整个公交系统的运行效能。

(1) 优化换乘关系

轨道交通换乘距离过长固然会损失乘客出行的舒适性，城市效率也会因此而降低，但在强调换乘安全的前提下，需要在换乘的便捷性与安全性之间取得平衡，实现兼顾安全与效率的换乘方式。目前，多数轨道站点的换乘空间较为烦琐，人性化设计还有很大的提升空间。换乘效率的低下会降低人们选择公交出行的积极主动性，只有立足减少整体出行的"时间成本"，优化换乘关系，努力创造条件强化换乘空间的人性化设计，才能吸引更多的乘客选择地铁出行。借鉴香港同台换乘建设经验，可以将轨道沿线两个相邻的换乘站作为一个放大的城市节点统一考虑，保证整个换乘时耗控制在1分钟之内，如此将有效提升轨道出行效率。

另外，由于人们的出行习惯和出行方式正在改变，需要及时根据人们的出行特点，综合考虑新城轨道交通的近远期发展计划，与交通工程专业人士协作，对新城不同换乘方式进行深入研究，积极进行接驳换乘的人性化设计，加强各种交通方式之间进行一体化换乘的整体设计。总而言之，人性化的新城交通是使生活在新城中的交通参与者以最少的时间与经济成本、最低的身心消耗和最愉快的体验方式实现他们出行目的的一种交通状态。

在此需特别指出的是，P+R换乘模式对于新城确定以轨道交通为主导的土地开发模式存在两方面的威胁：一是轨道站点周旁的停车场在空间上把车站和周围具有开发潜力的地区分割开来；二是停车场客观上为小汽车使用者提供换乘轨道交通的方便，吸引的是远离站点的郊区人口，创造的是对小汽车交通有利的空间环境而不是轨道交通运营中所倡导的步行环境。因此，为改变这种布局模式，必须限制小汽车换乘轨道交通的发展趋势，鼓励步行和骑自行车换乘，减少站点周旁机动车停车规模，并取消免费停车制度，将大量土地用于商业和公共设施开发，保证轨道交通站点周围的活力，即形成"Walk-and-Ride"换乘模式（美国波特兰），这是新城轨道交通TOD开发模式转变的关键（图9-10）。

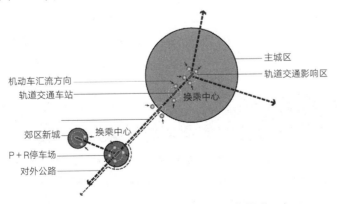

图 9-10 新城 Park and Ride 规划结构模式示意

（2）改进接驳方式

较之于国际化大都市区，我国多数大都市区公交体系的发展推进相对缓慢，很大一部分原因是轨道交通与常规公交之间的接驳方式的整合不足。要确立轨道交通在新城综合交通体系中的核心地位，必须处理好轨道交通与其他交通形式的衔接与换乘，如常规公交、出租车、自行车、铁路枢纽站、飞机和小汽车等，尤其是与常规公交的协调。"P＋R模式"（Park and Ride）是目前发达国家城市普遍采取的缓解私人机动交通占用过多交通时空资源的主要方式，当与公共交通特别是轨道交通系统形成良性滚动发展时，可以促进交通方式向公交为主的方向转变，从而能够最大限度地降低私人机动交通的负面影响，也使得私人机动交通最大程度上向公共交通转化（图9-11）。其具体可概括为以下几种措施：

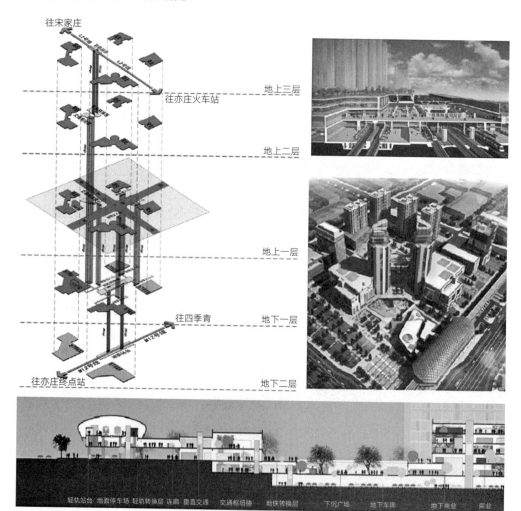

图9-11 北京亦庄新城立体交通网络的构建

一是结合新城轨道交通线路的走向与站点设置，调整常规公交线路的走向（尽可能减少平行线路），加强为轨道交通输送与分解客流的能力，避免客流竞争；

二是通过增加、调整常规公交站点位置，使其与新城轨道交通站点出入口紧密结合，在减少人们出行换乘时间成本的同时，可以提高人们选择公交出行的积极性。总之，新城轨道交通与区域常规公交的关系应是协调共处、相互补充。

三是围绕站点建立立体化换乘体系。在新城一些集散量较大区域的换乘枢纽（多位于新城核心），围绕站点构建立体化的换乘空间，使乘客在3~5min之内可以完成不同交通方式之间的换乘，每个枢纽站均配备多条始发公交线路，乘客通过一次换乘可到达主城区以及相邻的新城。但在建设中应谨慎处理与轨道交通、城市干道、高速公路等交通线的交织和穿越，使多种形式有机衔接。

四是提高常规公交尤其是出租车的品质和数量。联合国人居署"亚洲都市景观奖－荣誉奖"获得者丁学俊在第53期文汇讲堂中曾指出，1辆出租车1天的交通贡献值等同于11辆私家车平均两小时的需求值。私家车之所以越来越多并成为交通出行的主体，很大一部分原因是公交出行的不便利，出租车等待时间较长，尤其是在出行高峰期或天气不佳时段，"打车难"的现象已再平常不过。因此，对于我国多数已十分拥堵的大都市而言，加快完善轨道交通网络，改进公交出行接驳方式，尤其注重对出租车品质和数量的提高，将有效改观当前依赖私家车出行的局面。

（3）BRT联系通道：轨道交通资源短缺下的替代方案

国际化大都市区空间演变的现实已表明，人口规模的迅速集聚以及产业发展对土地的需求是城市不断向前发展的客观反映，而大都市区多中心空间体系有序发展的前提条件之一即是这些功能空间的相对平衡发展。根据前文研究可知，快捷、准时的轨道交通是实现这一目标的基础条件，也是未来大都市区公交发展的主导方向。然而，与其他公交方式相比，轨道交通虽具有诸多优势，但其建设的长期性、资金的高投入性与大都市区空间的迅速扩张以及外围城市组团对外交通联系的迫切性产生了尖锐矛盾。

当然，在大都市区空间发展战略上，以轨道交通为主体的公交先导的城市发展模式是不能改变的。在大都市区外围轨道交通网络尚不完善的现实条件下，面对近期无法解决的矛盾，可以借鉴新加坡大都市区BRT公交发展经验，它不仅可以在轨道资源短缺情况下实现新城与其他功能组团之间的快捷联系，成为维持区域互动关系的关键纽带，更重要的是，BRT可以根据多中心的空间整合目标引导大都市区土地的有序开发，进而为后期轨道交通线路的组织奠定基础。

（4）重视轨道交通枢纽与新城各级中心的耦合关系

轨道交通枢纽在承担多种交通方式换乘功能的同时，也集大型居住、商业、商务办公、娱乐等功能于一体，形成交通与区域服务并举的综合性功能。因此，轨道交通换乘枢纽在建设中应充分考虑与新城各级中心的耦合，以轨道站点作为各级中心的增长极，并通过"无缝接驳"方式，使乘客便捷地到达目的地。

另外，对于主城和新城各自轨道交通的组织也应区别化对待。前者应以便捷为先，使通勤者能通过步行快捷抵达站点；后者则以服务范围为首要考虑因素，并围绕着轨道站点建设公交或轻轨换乘枢纽，在以不牺牲轨道交通运送效率的前提下有效扩展轨道站点的空间服务范围，并在这种"搭接式"公交生长过程中，注重对轨道沿线站点尤其是具有枢纽功能的远端站点的功能传递，在新城核心积极培育中心极功能，引领区域空间的功能整合与新城市化地区的发展（表9-2）。

轨道站点交通空间耦合途径分类指南　　　　表9-2

类型划分	建设定位	功能空间耦合途径	站点空间示意
中心型	区域经济增长极	围绕轨道站点强化区域中心功能，大力发展行政办公、商务金融、文体娱乐等，积极引入文化创意产业，集聚人气；完善公交换乘体系；实施密度分区发展策略，有序引导站点影响区内各类功能区的建设	
居住型	新城宜人住区	以轨道站点为核心，以步行可达性为出发点，合理布置各组团中心、公共绿地，提高公建设施服务水平，强化公共空间的人性化设计	
枢纽型	快速联系通道换乘枢纽区	以满足居民快速出行为根本，对客流进行有机疏散；注重站点空间的功能复合；合理组织站点区域开场空间	

9.2.4 基于生态安全的边界保护与场所精神

把自然引入城内是新城生态景观与人居环境超越中心城的最主要手段，而高品质的景观与人文环境是新城焕发活力与魅力，实现新城可持续发展、提升城市综合影响力的根本保障。为协调新城生态环境保护与土地开发之间的矛盾，通过各项政策对新城空间增长边界加以控制成为各级政府管理方式的首选，这也是维持新城高密度、紧凑发展的重要措施之一。

（1）以控制轨道沿线站点区间增长边界为手段保护区域生态空间

低密度的城市开发因占用过多的土地而使得生态服务体系的完整性难以得到保证，轨道交通引导下的高密度新城开发则可以成就数百米以上的成体系的生态绿化空间，对于调节城市微气候、隔绝城市热岛现象、保持水土和提升新城整体景观环境起到关键作用，真正实现了大都市区回归自然的愿景。可以说控制增长边界是决定新城能否对主城形成反磁力的重要因素之一。

在轨道交通与新城的规划编制中具体体现在以下三点：一是对区域内的生态环境资源条件进行评估，确立新城与主城区快速联系通道范围内的重要生态保护区，以及主要的生态廊道及斑块，充分保护与合理利用区域生态资源，对涉及城市生态安全的区域如基本农田、风景资源以及其他自然斑痕的强制性保护来防止发展中的新城与主城建成区在地理空间上融合成片，减少新城的热岛效应和污染集聚；二是结合站点功能区的设置预留生态空间廊道，并对新城绿地规划边界严格保护；三是对经评估后有可利用价值的生态区进行修复，逐渐融入区域生态大环境。在当大都市区空间发展出现以轨道交通为核心的高密度集聚态势时，如前文所述，轨道交通引领的"珠链式"空间布局促进了紧凑发展的城市空间形态，进而会将站点外围更多的空间留给自然，如中国香港、新加坡、巴西库里蒂巴等都是大容量轨道交通高密度建设与生态环境发展相结合的优秀案例，在其新城的建设中，一般都呈现出自然绿地包裹城市建筑群的空间形态（图9-12）。

图9-12　中国香港九龙将军澳线周边城市空间形态

资料来源：Google Earth

（2）以轨道交通网络化建设促进"步行＋公共交通＋高密度"的发展模式

轨道交通引导下的新城内部景观环境应该向生态、自然回归，空间环境要达到自然环境与人工环境的完美复合,使新城的城市建设在创新、包容、求实、开放的思想境界中与周边自然环境相融合,具体可以表现为以下几点:一是要尊重和充分利用新城现有自然资源,深入挖掘人文特色,倡导城市建设与自然环境的和谐共处;二是围绕轨道站点区域更多地创造自然开敞空间,通过城市设计来实现新城高密度的建筑群落与宽敞的生态空间的有机结合,促进新城现代化生活条件与田园休闲风光的珠联璧合;三是建立生物多样性的新城生态系统,尽可能地还原生态环境的本来面目,突出新城在发展过程中的生态优先原则。

大都市区构建多中心的城市空间体系,就是为了避免各城市组团最终连片发展,造成更大范围的蔓延,这就对轨道交通沿线站点的开发控制提出了更高要求。而我国大都市区的新城选址,大多建设于外围的县城区,这些区域一般具有较好的生态本底,但其交通网络化水平和建设密度普遍较低,因而轨道交通对沿线土地开发的影响圈层较大,加之新城建设经济导向性强,"重经济、轻环境"的开发方式极易促成规模化住宅区的开发,一旦不加以严格控制,极易导致新城区域生态失衡和城市建成区的肆意扩展。实践活动也证明,只有尽快实现轨道交通的网络化发展,才能实现"步行+公共交通"的主导出行模式,以维护大都市区的生态绿地空间免于开发,轨道交通对城市空间的引导作用也才能得以充分发挥,只有这样,新城才能更好的适应高密度、紧凑的空间布局模式。

笔者认为:由于主城区不可阻挡的发展态势,人口日益膨胀,用地紧张。应首先选择在外围新城区,与轨道交通建设紧密衔接,围绕站点树立"高密度+公共交通"的开发模式,疏散主城区城市功能,缓解用地紧张、人口过度、环境污染、就业压力等现实中迫切需要解决的问题,"高密度+公共交通"的开发模式可以为大都市区生态系统提供更多的开敞空间。而作为新城增长边界,外围绿色空间的设置既是出于新城空间发展的需要,又符合大都市区未来空间要求,因此,建设中必须以法律的形式加以保障,保证轨道交通沿线组团的紧凑发展并避免无序蔓延或连接成片,以维持有序的多中心空间形态和良好的生态环境。当然,仅仅依靠单一的新城建设是无法实现这一目标的,需要在大都市区整体发展的视角下,统筹协调轨道交通与站点的综合开发,才能实现新城在宏观尺度上的生态安全格局。

(3)围绕新城站点塑造多样化的文化空间以表达场所精神

新城轨道交通站点区的景观环境应向历史、人文回归。"新"城虽然是对以往城市空间发展模式的突破,但并不意味着脱离历史、丢弃区域文化特色。新城所在区域的民族文化、产业文化等历史积淀是人们物质和精神文化的长久结晶,具有继承性和不可替代性。因此新城轨道站点区景观环境的组织,应做到对新城多元文化的传达,保持地域特色的延续性,体现新城区域的人文历史背景,展现出不同的企业文化观和独特的场所精神,实现多样化的城市景观(图9-13)。具体可以四点进行表达:

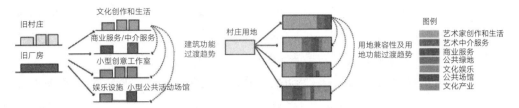

图 9-13 新城用地的兼容性示意

一是在新城建设思路上要严格限制房地产商对大片土地的独立开发，若不能体现新城景观的多样性，新城也就会成为单调的水泥森林而失去城市魅力，如香港新城在建设中，尽管其建筑密度相对主城港岛中环一带较低，但因其建筑多样性和景观多样性较差，多数楼盘外观雷同，景观识别性较弱，导致新城对国际投资者的吸引力要远远落后于中环一带；

二是要突出轨道站点区的城市设计以掩盖原有建成区的缺陷，大都市区多数新城是在老县城基础上发展而来，原有的规划开发水平已不适应现代化新城的建设标准；

三是对原有的特色区域或文化建筑进行保护以留存记忆，表现在新城用地的兼容性、建筑功能的过渡等（图 9-14）。如在通州新城宋庄文化产业园区，首先保留现有的民居建筑作为艺术家工作室，并兼容艺术中介服务和商业服务，随着艺术村建设的日趋成熟，逐渐兼容更多功能，如公共绿地、文化娱乐、公共场馆、小型创意工作室等；在建筑功能过渡方面，对于保留的民居建筑及厂房，其功能可保留一定的弹性，兼容艺术家的创作和生活、商业、创意工作室、娱乐设施等不同功能。

图 9-14 新城原有建筑的功能过渡

四是强化线路风格与站点特色。如前文所述，轨道交通与新城的建设是一项长期工程，其发展具有动态与不确定性。但轨道交通一旦运行，其沿线站点都需要同步完成。同时，为全方位展示新城风貌，提升新城吸引力，考虑方便乘客对不同站点的区位识别，在整体风格指导下针对各站点进行专门设计，突出差异与特色，呈现出与站点所在区域相适应的空间感，即实现"一线一色"和"一站一品"的有机结合[①]。如北

---

① 蔡蔚，韩国军，叶霞飞等.轨道交通车站与城市建筑物的一体化[J].城市轨道交通研究，2000（1）：55-58.

京地铁 5 号线、10 号线等（适逢奥运），轨道交通的站内空间已成为城市空间的有机组成部分。又如意大利那不勒斯 Toledo 站，项目的宗旨是将地站点打造成艺术圣地吧，主题是水和光，乘客出行如沐浴星海；圣彼得堡 Avtovo 站、柏林 Heidelberger Platz 站、斯德哥尔摩 Stadion 站、T-Centralen 站、慕尼黑 Westfriedhof 站、基辅 Zoloti Vorota 站、伦敦 Westminster 站、法兰克福 Bockenheimer Warte 站等站内设计特色都较为突出，成为展示区域文化的一大亮点（图 9-15～图 9-21）。

图 9-15　北京地铁 5 号线

图 9-16　北京地铁奥运支线

图 9-17 圣彼得堡 Avtovo 站与柏林 Heidelberger Platz 站

图 9-18 意大利 Toledo 站

图 9-19 斯德哥尔摩 Stadion 站与 T-Centralen 站

图 9-20　慕尼黑 Westfriedhof 站与基辅 Zoloti Vorota 站

图 9-21　伦敦 Westminster 站与法兰克福 Bockenheimer Warte 站（入口）

9.2.5　基于效能优化的节点间奏与街区尺度

轨道交通导向的国际大都市区多中心、高密度的新城开发，不论是追求新城运转的效率（如香港）还是向往新城的特质环境与文化氛围（如巴黎），其共同之处在于发挥轨道交通与整体化的基础设施建设共同引导大都市区高密度、紧凑的空间布局。借鉴其发展经验，在我国轨道交通与新城的建设过程中，应从整体视角协调轨道沿线配套设施的分布，合理控制节点间奏并对沿线站点功能进行差异互补，这将有益于大都市区动静空间的布局优化，促进沿线城市空间的渐进式调节。

（1）强化轨道沿线节点的功能互补

相较于主城轨道交通沿线的"熟地"效应，新城土地的开发与功能引导有其弹性优势，对新城沿线各个站点区域的功能进行空间互补，可以实现以轨道走向为交通集散流的动态间奏，有利于平衡上下车辆的人流，引导过去工作地点与居住区的长距离出行，逐渐演变为短距离互补，实现轨道沿线功能的渐进式调节，由此更容易接近沿线城市空间的职住平衡，并有利于在有限的配套设施资金下实现便民服务。目前政府管理与规划建设部门已对此有一定的认识，如天津地铁 2、3、5、6 号线待开发站点的功能设置以及北京地铁 9 号线的沿线布局，都对沿线 2、3、5、6 站点功能的节奏变化进行了相关探讨。

笔者认为，当前在大都市区以新城建设为发展特征的多中心空间体系的构建中，充分发挥行政、办公、教育、医疗、较高档次特色商业服务等配套设施的影响力对于促进轨道交通与新城的协调发展具有长远意义。主城区以教育、医疗为主体的功能区向外围新城的迁移已成为新时期大都市区空间整合的现实需求，这些设施的选址可以与轨道站点紧密协调，借助区位条件的改变，提高其功能影响力，拓展其服务范围，进而有利于实现轨道站点与基础设施的协调建设、共同成长，并根据出行需求的"顺道"原则，分析新城居民轨道出行规律，围绕交通流设置各种功能区，即以轨道交通为导向、以最大化满足出行需求为目标，实现各类服务设施在新城空间的均质布局，这也在很大程度上促进公共交通事业的发展，为轨道交通的运行尤其是在非高峰期提供客流。

同时，针对主城与新城或郊区组团教育资源不平等的社会分化现象，虽然强有力的政策干预是不可缺少的，但加强政策与技术手段的结合，将更有利于缓解这一问题，即在轨道沿线设置与其人口规模相应的高档次教育服务区，促进交通出行与教育服务的充分融合，使轨道交通不仅成为在大都市区传递教育资源的公共领域，还可以在降低高峰时段选择小汽车方式交通出行概率的同时，增加非高峰期轨道交通的运营效益，并有利于主城区用地条件紧张的优质教育资源向新城扩散。

（2）弹性阶段扭转街区尺度

根据前文分析，大都市区轨道交通网络化的发展趋势与步行的结合更为紧密。而从新城总体规划和控制性详细规划的编制中可以看出，其强制性内容一般多立足于整体发展方向、重大设施的布局以及建设用地的开发强度等，在道路交通上也主要约束城市主干道的走向、轨道交通的线路走向和大型停车场的布局等，而对于与之紧密衔接又发挥着不可替代作用的其他交通空间却仅以"建议"的形式出现，导致新城街区地块在开发过程中极易受到开发主体以利益为核心的建设冲击，由此产生了当前绝大多数街区"大尺度、多绕行"的真实写照，也为实现以轨道交通为主导的"公共交通＋步行"的出行方式设置了障碍。

相较于主城几近完善的街区地块，新城从选址到规划到建设是一个长期过程，因而也附加了诸多不确定性因素，如政策支持的持久度、招商引资的进展情况、开发时序的先后等等，进而使得新城建设在不违反强制性规定的情形下长期处于一种弹性发展阶段，这就为新城建设及时发现问题、适时调整以解决问题提供了缓冲条件。随着大都市区轨道交通的进一步发展以及各种换乘方式服务水平的不断提高，城市出行空间越来越注重对步行尺度的体现（表9-3）。基于此，为实现以轨道交通为主体的新城内部交通出行的有序组织，在新城发展的弹性阶段，轨道交通与街区地块的协调发展需考虑以下几方面：

国内外大都市中心区街区地块尺度对比　　　　　　　　表9-3

中心区	街区长边（m）	街区短边（m）	支路红线（m）	典型地块规模（hm²）	轨道交通建成时间
东京	65~230	50~75	12~15	0.3~1.7	1927
香港	50~110	40~70	12~25	0.2~0.8	1979
纽约	120	60	18~25	0.7~1.0	1904
柏林	115~180	75~80	20~25	0.9~1.5	1902
巴塞罗那	125~175	120~135	20~25	1.4~2.7	1924
北京金融街	140~200	70~140	20	2.0~3.0	1969

数据来源：页注①

一是应满足新城中心区的高密度发展需要。在公共交通网络日益完善的情形下，尽管新城居民可以通过轨道交通解决长距离通勤出行，但新城高密度功能区仍需要轨道交通与步行或机动交通的转换来实现商务、办公以及其他活动的出行要求，因此，无论新城轨道交通体系如何发达，与其配合的道路系统和城市街区是必不可少的；

二是需考虑新城居民出行安全的要求。由于轨道交通的出现，围绕轨道站点对新城土地实施了高强度、高密度的城市开发，以及不同城市功能的混合发展，因此，基于城市空间的安全运营，必须建构多元化的出行通道，保证轨道站点影响区的交通可达性。

三是应适度增加街区路网密度。实践证明，相对密集的街区网格在增加交通出行选择的同时，可以更好的支撑高密度的土地开发。人性化的街区尺度可以更好的应对新城建设中因时代演化成分的不足而带来的空间冲击，国内外许多历史性的大都市中心区，其路网规模大致相同（140~150米见方），由于新城轨道交通快捷、大容量的交通方式提高了新城建设密度而形成高密度紧凑发展的形态，因此，在一定程度上，小尺度街区减少了绕行，进而减少了步行到达轨道站点或公交站点的时间成本。

四是要合理引导住区建设规模。控制居住单元规模，促进区域职住的相对平衡，是判读轨道站点空间发展是否协调的核心标准。由于居住用地与轨道站间的联系受步行圈层影响较大，因此站点周边的居住区更容易形成高密度的空间格局，街区路网也会适当加密以方便步行。但居住区不同于新城中心区，其管理相对简单，规模化发展、集中式服务才有利于形成生活氛围。通过前文对新加坡居住空间体系的研究，结合我国当前的建设实践，建议各新城居住区在建设中宜设置层次分明、不同规模等级的新镇、小区、邻里"三级结构"，并在规模上突破现有居住区规范对各级单元的规模控制，即在新镇层次人口规模可控制在15万~30万人，用地规模约5~10平方公里（大多由8~12个小区组成）；小区层次人口规模控制在1.5~2万人，用地规模约60~100

---

① 张育南.北京城市轨道交通与城市空间整合发展问题研究[D].北京：清华大学，2009：101.

公顷（多由8~10个邻里组成）；而邻里层次人口规模为1500~3000人。这样可以有效避免市场经济背景下小区独立开发产生的诸多问题，便于形成较为明确的公共中心和一定规模的"群聚效应"，更好的适应轨道交通导向的复合型、社会性、高密度集聚的新城发展模式。

9.2.6 基于功能成长的空间培育与多元平衡

通过前文对新城功能成长问题的研究可以看出，轨道交通引导下大都市区多中心空间体系的建构，只有实现新城中心区位的有效供给，才能实现主城区高度重叠的功能在空间上的分解与专门化。新城中心区功能的培育也需要新核心的带动来优化与整合空间，因此，有意识的培育新城功能，既是促进主城区单中心功能的有机疏散以实现自身功能内涵的提升，又是实现新城功能成长、促进城市空间有序发展的原动力。具体可分为两种模式：一是主城区功能的转移和植入；二是新城缺失功能的培育与升级。

（1）依托轨道站点建构强大的新城核心与清晰的空间发展轴

新城应确立"以轨道交通为主体的公共交通引导新城开发"的策略，加强新城土地利用与公共交通的协同发展，新城空间的整合与拓展要紧密结合轨道交通与道路交通条件，商业、居住、办公、休闲娱乐等功能，围绕轨道站点、沿轨道交通线轴向混合布置，结合端点优势与节点效应进行高密度、高强度开发，形成新城核心功能带，并在轨道站点影响区内着重配备较为完善、建设标准高于主城区的公共服务、交通市政、公共安全设施，以更好的提升新城吸引力，在大都市区内形成新的增长集核，对主城区形成"反磁力"，使更多集聚于主城区的居民选择在新城工作与生活，实现对中心城区人口和城市功能的有机疏解，进而促进多中心、网络化城市格局的实现（图9-22）。

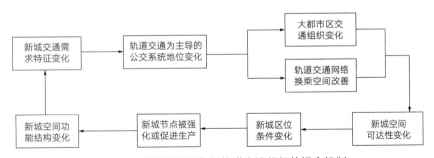

图9-22 新城空间结构与轨道交通组织的耦合机制

（2）注重新城产业空间的培育

新城产业培育的价值主要体现在实现主城区功能内涵的提升以及新城功能的外延扩张和成长。具体可从以下两个方面着手：

首先，应紧密围绕新城发展定位制定详细严格的产业准入政策。新城在发展初期大多存在"急功近利"的倾向，因此，新城在产业规划的编制中应结合上位规划对自身发展的要求，明确新城可以发展、鼓励发展以及禁止发展的产业门类，并出台严格的准入政策以及实施有效的监督机制。

其次，新城应实行错位发展并大力发展与之相匹配的新经济[①]。从区域角度出发，新城应尊重市场经济原则，与其他城市组团职能互补，但这并不意味着新城在产业选择中单一的排除其他功能区已有的产业门类，而是也可以从已有产业的更高层次或衔接度较为密切的领域赢得发展空间，如为大都市区重要功能区提供商务交流、功能拓展等新型配套服务，也可以对既有产品进行新开发，寻找创新突破口，延伸产业链条、推动产业升级。

（3）注重新城地域文化空间的培育

文化兴，则经济兴，社会兴[②]。高品质的新城空间应充满丰富的城市文化，这不仅有利于提升新城综合竞争力，还能提升新城的文化品位与建设水平。目前我国的新城选址大多位于有一定人口规模和发展基础的传统县城或小城镇，其城镇发展的历史与悠久的文化不应该被新时期的土地开发而抹杀。因此，为培育新城文化空间氛围，可以从以下几点入手：首先新城规划之初，应针对所处地域的社会文化进行充分研究，尊重地方文化民俗风情，深入挖掘富有地域特色的城市文化，并在新城的规划设计中有所保持、有所发展、有所创新；其次，在新城建设过程中应在内部空间的组织上为新城各种文化活动尤其是民间文化活动提供必要的展示空间；第三，在新城投入运营阶段，应充分利用新城公共空间的公益性价值，如在景观小品的设计中充分体现地域文化元素，围绕轨道线路在地铁内形成与新城文化风格相适宜的空间环境，在图形、色彩的设计中对新城文化给予宣传，增强新城居民的可感知度，构建出别具文化特色的动态空间。

（4）营建多元平衡的邻里街区，防止社会分层

新城是大都市区多中心、高密度城市空间体系的有机单元，更是一种多元化、矛盾化的集合体。新城吸引了来自不同地域空间的人口和产业迁入，多元化的空间需求如不加以引导极易激发社会矛盾与恶性竞争。城市终究是为人的需求而建，脱离了社会发展规律新城空间也就失去存在的意义，因此，为更有利于新城的长期稳定、和谐发展，新城区域的产业培育与城市化推进应统一、互动，作为融入区域发展格局的新经济体而不是人为的将主城、新城以及郊区城镇割裂开来。具体体现在：

首先，汲取巴黎新城因社会分层严重而导致骚乱事件时有发生的发展教训，在新城的规划布局中应杜绝形成大规模、低收入阶层的居住空间，并充分整合邻里空间，倡导新城土地紧凑式、步行友好的混合空间，并设计多种类型的户型供不同阶层、不

---

① 谭仲池.城市发展新论［M］.北京：中国经济出版社，2005：6.
② 林晓光.基于生态优先的新城规划［D］.重庆：重庆大学，2007.

同年龄和职业的居民来选择。

其次,从居民置业的心理需求出发,大力发展高水平的教育文化与卫生设施。子女的教育、家庭的医疗是大都市区居民置业定居的首要考虑因素,为更好的提升新城吸引力与竞争力,其内部教育卫生设施的建设不能仅仅满足于基本需求,而是应鼓励优质、声誉较高的机构在新城建立分院或分校,以吸引主城区高收入家庭的迁入,从而避免新城居民被边缘化的现象,进而形成合理的人口和产业结构,逐步形成社会各阶层的混居社区,真正的实现新城健康、和谐的社会氛围。

(5)确立以大型公共设施为导向的新城高密度开发模式

以重大项目带动发展是大都市区构建多中心空间体系的重要战略,也是促进轨道交通与新城协调可持续发展的重要条件。从目前我国各大都市区轨道交通与新城的建设情况来看,城市建设规模和轨道网规模虽然与其他发达国家相比并不逊色,但市郊铁路部分仍相差悬殊,新城与轨道交通之间的协调也有待进一步强化。特别是在外围城市用地功能尚待调整的阶段,更应提前进行战略谋划和轨道交通的建设,尽早建设与城市总体规划相适应的市郊铁路,并鼓励各类投资者建设市郊铁路。

借鉴巴黎新城的建设经验,我国新城的发展对于建设资金的利用应避免"撒芝麻"式的平均分配使用,采用有选择性的重点建设模式,对关系新城发展命脉以及区域发展需求的大型公共设施优先建设。同时为了在短期内形成具有一定规模的新城中心,以吸引人口和产业集聚,建设中围绕轨道交通站点,先期集中建设大型商业、办公、服务、科研等公共设施,快速的改善原有地区的城镇面貌和设施环境,利用市场的联动效应,充分发挥新城中心的集聚和辐射功能,提供更多的就业岗位,逐步引导新城土地的开发,促进新城的有序发展。如此,轨道交通与新城的开发遵循了由积蓄客流到反馈交通的过程,实现了轨道站点周边土地价值的最大化(图9-23)。具体可分三个阶段进行引导:

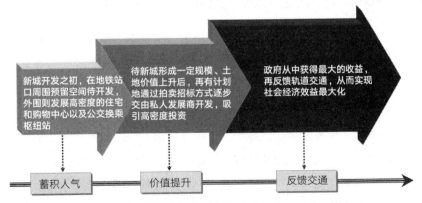

图9-23 轨道交通与新城开发过程中土地价值最大化的实现

第一阶段:起步谋划阶段。应着力于配套设施和轨道站点区域开发,并在土地出让策略上遵循土地价值最大化准则,对站点周边即高度紧凑型发展区(半径约300m)

进行土地储备，预留发展空间，在其周边安排较高密度的住宅区，并通过教育、医疗等设施的配套建设，提升新城土地价值，并保证一定的轨道交通客流，待各功能区发展较为成熟后，再对储备土地进行高密度开发。

第二阶段：快速"提升"阶段。进一步完善公共设施与服务，推动消费市场和新城人气基础的形成，培育新兴产业空间，由重点项目带动片区整体开发。需特别注意的是，过于依赖重大项目的单一类型的产业有较大的脆弱性，新城产业类型应向多元化发展，即围绕某一类主导产业发展新城特色产业集群。

第三阶段：完善成熟阶段。全面均衡新城空间，进一步提升以轨道交通站点为核心的新城中心区，落实新城空间布局、交通系统、产业发展、社会发展等各项规划，以最大的收益反馈于轨道交通，从而实现社会经济效益最大化，促进新城经济、社会、环境协调均衡发展。

9.3 促进轨道交通与新城协调发展的政策建议

经济学家吴敬琏先生有一个著名论断——"制度重于技术"。轨道交通与新城协调开发的制度体系建设是新城发展顺利进行及确立"公交优先"地位的关键环节，不仅关系到新城空间的有序组织，且关系到大都市区多中心空间体系的健康发展。因此，在轨道交通与新城规划建设之初，必须对制度体系进行前瞻性的把握并在规划中加以落实，建立起适时跟进的管理制度与调控手段，从组织管理体系、投融资机制、经营模式等入手，进行促进轨道交通与新城可持续发展的制度改革。

9.3.1 呼吁立法支持，建立高效统一的新城规划协调机制

实现轨道交通与新城空间的协调发展，必须要有完善的法律法规来保障，这对于解决市场经济转型过程中市场失灵以及实现新城外部经济的内部化和促进新城规划的顺利实施，都是至关重要的。而到目前为止，国内尚未出台专门针对新城开发的法律法规，更未涉及"轨道＋土地"这种开发模式的规范文件，《城乡规划法》的颁布与实施，虽然充分体现了城乡统筹、区域统筹、和谐发展、可持续发展的精神，为实现城乡规划的系统性、科学性、前瞻性和权威性提供了法律保障，但是这并不意味着过去阻碍我国城乡协调发展的众多制度性症结都已迎刃而解，相反却可能引起更为剧烈且持续时间较长的新旧体制碰撞冲突。在新城建设中要进行"轨道＋土地"模式的联合开发，从审批立项到项目实施，都缺乏针对性的法律支持和政策依据。这一漏洞成为限制促进轨道交通与新城协调发展措施创新的重要障碍，也在一定程度上助长了众多规

划之间"打架"现象的发生。因此,及时进行专门的立法支持,融合各领域相关规划,进一步完善保障体系势在必行。

(1) 大都市区新城的开发与建设必须有一定形式的立法授权

有必要在国家层面完善新城开发建设的法律,研究制定《新城开发法》,或在现有的城市规划相关法律中增加关于新城开发的相关条款,从新城开发建设的基本原则、开发目标、开发主体、主导机构、运作机构、投融资方式等方面,对目前新城开发中存在的一些空白地带予以明确,以使新城开发有法可依。同时确定在建设过程中各级政府、机构与开发实体的相关权利和义务,以确保在新城开发的各个阶段分工明确、有序协调。在这方面,可借鉴英国《新城开发法》(1952)、美国《新城开发法》(1968)、日本《新城市规划法》(1968)等国家的相关成功经验。

(2) 建立科学合理的规划控制体系,从"多规约束"到"多规融合",新城开发编制的各项规划应紧密互补且各阶段的规划都应具有与之相匹配的法律效力

从宏观层面来看,在大都市区空间发展战略中既要为新城未来的发展留出足够的弹性,又要对新城的建设行为作出综合性部署,为在控制实施层面上作出各项规划与建设的具体安排提供依据,建立各个阶段规划建设工作的"技术规则"体系,为市场化的多元开发提供政策支持与依据。在微观领域,加强新城总体规划侧重于"物质空间"分区定性研究与轨道交通规划中以"模型测算"为旗帜的人口定量分析的紧密融合,及时制定新城建设计划,利用基础设施导向控制新城人口与生产力布局,突出新城以轨道交通为主导的公共交通系统与新城土地的一体化建设。同时必须改变以往"先总体规划后交通设计"的编制模式,使轨道交通规划的地位从"从属与被动"走向"一体和主动",对新城发展目标进行整体、系统、全面的交通引导并及时进行比较和信息反馈,并超前建立新城轨道交通沿线土地的收购储备制度,这是加快新城经济发展与城镇化进程、保障新城健康开发与可持续的客观要求。

近年来,我国各大城市纷纷开展了各种不同形式的规划协调活动,寻求"区域全覆盖、城乡一张图"的统筹规划方法,从区内规划到跨区协调,有关三规合一乃至多规合一的实践活动不断出现,为我国城市规划体系的革新提供了宝贵素材。然而"多规融合"涉及面很广,如制度和体制、政府管理、方法和技术等,未来需要深入研究与完善的地方还很多,但不可否认的是,在新城的开发中政府必须通过集众多规划能量于一身的有形手段——新城土地利用规划,才能真正的发挥引导调控作用。

(3) 重视新城与轨道交通开发过程中的督导与检查

依据新城法律法规,及时建立新城实施的监督体系,通过公众参与规划的制定、实施和监督,确保新城的开发建设与轨道交通的运营按照规划预期的方案执行。

9.3.2 创新融资渠道,实行"政府+运营商+开发商"联合开发

鉴于轨道交通的自身特性与发展需求,轨道交通引导下的新城开发,必须建立良性的、长效的投融资机制,实现土地储备、新城开发、规划设计与轨道交通建设紧密结合,形成"土地储备—增值收益—轨道建设"的良性循环才能实现轨道交通与新城土地利用的一体化发展。而联合开发正是一体化建设中最主要的开发特征,其关键点是"如何从政府的角度出发,制定出合理的政策来保障政府、新城开发商和轨道交通运营商三者之间的利益协调,从而实现新城资源优势的最大化",其经济特征则是通过轨道交通站点周边土地利用的开发,补偿轨道交通建设的资金缺口,并通过可持续的土地收益补贴轨道交通的正常运营(图9-24)。

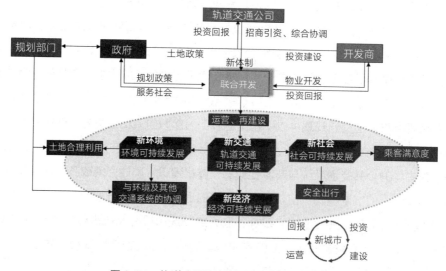

图9-24 轨道交通与新城土地联合开发流程

而我国新城土地市场的招牌挂制度,在土地出让后就没有一体化相应的约束机制,使得轨道交通与新城土地的联合开发无法付诸实施,这一现象也直接映射出土地出让后的经营体制在法律体系中无法得以保障。为此,针对轨道交通与新城的开发建设,可从特别立法等措施来保障,明确各利益主体的分工与职责,如前期由地铁公司取得轨道沿线土地的经营权,并负责土地的一级开发工作,同时将地铁沿线土地定为特别鼓励发展的项目用地,以"经营性用地"协议出让给轨道交通运营公司等,在这一领域香港轨道交通沿线土地开发模式值得借鉴(表9-4)。

北京地铁4号线便是国内轨道交通领域第一个PPP[①]项目,该项目成功实施的意义在于:减少政府投资46亿元(约占4号线项目总投资的30%);引进了先进的港铁运

[①] PPP(Public-Private-Partnership)融资模式也称"公私合作"融资模式,指政府、营利性企业和非营利性企业基于某个公共基础设施建设形成良好的合作伙伴关系的一种模式。

营管理经验；推进形成适度的市场机制；降低了投资管理风险。

联合开发模式下轨道交通与新城开发各利益主体的职责指南　　表 9-4

主体	土地出让	物业规划设计及公开招标	物业开发监理及销售	物业经营及管理
政府部门	1 制订总体规划 2 评估土地价值 3 协商、确定土地出让量、土地出让价格、地块四至界线	1 审核并调整规划 2 重估土地价值 3 对地块开发商征收"交通用地"到"经营性用地"的补交地价		
政府角色	主导者	协调者		
地铁公司	1 盘点土地资源 2 预测土地需求量 3 协商、确定土地出让量、土地出让价格、地块位置	1 统一物业规划 2 提出设计要求 3 制订招标文件 4 公开招标 5 甄选开发商、签订开发协议	1 对物业建设进度把控，与地铁建设进度相协调 2 监管地铁建设与物业建设的技术等方面的难点	1 物业利润分成 2 经营性物业移交 3 经营所接收物业 4 对地铁物业进行管理
地铁公司角色	协调者	主导者	监管者	主导者
开发商		1 递交投标文件 2 签订协议、取得物业开发权 3 补交地价	1 进行物业开发 2 资金投入、监理 3 物业竣工验收 4 物业营销	1 物业利润分成 2 经营性物业移交
开发商角色		参与者	主导者	参与者

9.3.3　健全管理机制，构建长效开放的规划实施监督体系

我国大都市区轨道交通与新城的开发建设，应在政府主导、市场化运作、投资多元化下建立有专门的协调机构统筹新城与轨道交通的开发和管理。虽然目前我国各地已纷纷成立新城管理委员会，也确实积累了不少的成功经验，实践证明是行之有效的。但需要重点注意的是，管委会的管理经验大多主要来自于以往开发区的工业管理领域，在服务业比重更大、综合性更强的新城开发中，仅仅依靠新城管委会是远远不够的，尤其是对于轨道交通与新城土地的一体化开发，在管理体制上需要创新的空间还很大。结合前文研究，要保障轨道交通与新城建设的可持续，必须建立行之有效的领导和协调机制，具体可从三个角度入手，包括全程的规划实施联合机制、科学的决策机制和开放的公众参与机制。

（1）构建长效的规划实施联合机制

我国大都市区新城与轨道交通的开发建设应成立实体性、商业化运作、专门的市级规划实施管理机构，实现有序的开发和统筹建设。借鉴法国巴黎玛尔-拉-瓦雷新城的管理经验，建议在开发之初构建长效的规划实施联合机制，如成立专门针对"轨

道交通＋新城"的规划实施机构（Planning and Implementation Agencies of the Rail transportand New towns，简称"RNPIA"），负责轨道交通与新城开发建设中的诸多事宜，并注重于新城以轨道交通为主导的公共交通体系的建设与运营，以及与新城土地的一体化开发。RNPIA机构人员构成以规划人员为核心，包括规划、交通、建筑、景观、经济学、社会学等各个领域的专家和社区代表，在新城的初期开发中（一般需10~20年），各成员一起工作、密切配合，针对每个发展阶段和具体的地块建设进行认真研讨，直至新城中心区的开发建设与轨道交通的空间引导轴线基本成型。这种基于区域整体发展和各部门合作的新城管理模式对协调新城与轨道交通的开发建设、保持区域整体发展将起到重要作用。

（2）建立科学透明的决策体系

科学透明的决策是新城与轨道交通顺利开发与经营的前提。新城的开发与轨道交通的建设因其浓重的政策性和特殊的阶段性而使得其规划与决策常带有一定的主观性。然而就新城与轨道交通建设而言，投资动辄数亿乃至上百亿，涉及众多利益主体，而新城的未来发展又有诸多不确定性，因此，在相关规划编制过程中，就需要更加重视决策的科学性。

首先，在决策过程中，要充分重视调查研究。从新城的选址、轨道线路的走向、站点的设置、可行性评估到规划和开发建设的各个环节，都要进行缜密的研究论证，并在征询公众意见尤其是当地风俗民意的基础上，统筹协调各相关利益主体的需求，并妥善处理它们之间的利益矛盾，做出科学合理的决策。

其次，在科学决策基础上，要保证决策的稳定性与权威性，防止"朝令夕改"。在大都市区内部环境未发展重大变革情况下，经充分论证后的政策方案应遵循。

最后，应建立严格的决策执行体系。新城与轨道交通诸多规划编制与审批的目的既是在法律法规的保障体系中科学合理的协调二者之间的建设与发展，因此约束性较强，需加强规划管理，依法严格执行，防止规划布局或指标控制因地产开发商的干涉而让管理部门被动冠以"弹性调整、与时俱进"的大帽。

（3）提高公众参与有效度，引入"不可行性"研究

公众既是消费者，也是政府与市场的最大监督者，更是城市发展各个阶段最有发言权的问题反馈者。现阶段，调查、听证和评议是社会各界参与政府决策的主要体现，建立健全公众参与机制，切实落实法律所赋予公众的参与权与知情权，将是新城开发与轨道交通建设过程中需重点执行的工作，并应贯彻始终。

结合前文研究，为提高公众参与的有效度，避免相关编制机构的多数研究和论证成为帮助地方领导做指定答案的"证明题"，新城建设在进行可行性论证的同时，应积极引入"不可行性"研究，并提高其在发展决策中的地位，具体可从两方面入手：

一是完善调查、听证和评议制度。新城开发建设是一个涉及社会各个方面、复杂

的利益博弈的过程，如果新城的立法和建设中的各项决策不能实现各相关利益主体需求的相对平衡，极易导致社会利益失衡，社会矛盾激化。

二是开放和平衡规划提案权。开放规划提案权是允许社会各阶层、群体表达对新城规划意志的有效途径。由社会提出多种规划草案，政府和公众共同来选择，会极大拓宽政府决策的视野，思路的开阔使得创造经典工程和精品工程的可能性更大。当然，开放提案权并不会自动实现提案机会的均等化。政府需有意识的对弱势群体代表的提案、非知名人士个人的提案、反对项目可行性的不可行性论证的提案等进行合理的保护和鼓励，切实保障公众参与影响决策的机会，实现真正意义上的发展"参与"。

9.4 本章小结

本章在前文分析研究的基础上，就轨道交通与新城协调发展的建设时机、内在关系和功能成长等展开了全面而系统的归纳，分别从宏观与微观两种层面对大都市区轨道交通与新城的空间组织提出了相应的整合策略与规划方法，并从组织管理体系、投融资模式、经营模式等方面入手，提出了促进轨道交通与新城协调发展的政策建议。

首先，在大都市区层面，要注重轨道交通建设时机与新城发展的关系，鼓励中心城区外围轨道交通导向性和超前性的城市开发；注重效能平衡，"串珠式"的发展不能盲目应用于新城与主城之间的轨道交通线路，不宜在二者之间设很多站，应从宏观视角对轨道交通的整体运行及各功能组团的发展进行引导，动态把握沿线土地的开发和轨道线路运力的匹配，合理调控站点间距与敷设方式以及站点周旁用地的开发时序；要积极引导主城中心区功能的转移植入，注重发挥轨道交通的端点与节点效应，大力培育新城知识经济空间、现代服务空间、创意休闲空间以及都市型工业空间等；新城对外交通应具有层次性，建构起"层次分明、网络互补"的交通体系，应快速架构起以轨道交通为主、辅以地面快速公交构成的快速公共交通线网，实现新城与主城及其他新城和重大功能区之间的高效互动；轨道交通与新城空间的组织应至少确立三种发展策略，即控制型站点高强度开发、引导型沿线多样性开发及限制型生态低冲击开发，只有通过全面统筹、分层调控才能促进二者之间的协调发展。

其次，在新城层面，其内部空间构成要素的协调度决定了整体效能的发挥，主要表现在空间形态、土地结构、交通系统、景观环境、节点间奏、成长驱动六个方面。提出高度紧凑型、适度紧凑型和控制紧凑型三类发展区的划分模式，对新城空间进行密度分区引导；鼓励复合型的新城土地使用方式，倡导城市空间的混合与城市功能的复合，从平面组合走向立体化，从三维模式走向四维空间；在交通组织上，应构建以轨道交通为主导、轻轨和巴士线路等作为接驳的多模式、网络化公交体系，注重轨道交通枢纽与新城各级中心的耦合关系，通过优化换乘关系、改进接驳方式、围绕站点建立立体化换乘体系，促进公交网络与新城土地开发的一体发展；要重视新城生态环境的保护与场所精神的表达，围绕新城站点塑造多样化的文化空间，并以控制轨道沿线站点区间增长边界为手段保护区域生态空间，以轨道交通网络化建设促进"步行＋公共交通＋高密度"的发展模式；应从整体视角协调轨道沿线配套设施的分布，合理控制节点间奏并对沿线站点功能进行差异互补；层次分明、不同规模等级的新镇、小区、邻里"三级结构"，可以更好的适应轨道交通导向的复合型、社会性、高密度集聚的新城发展模式；应注重新城功能空间的建设，依托轨道交通建构强大的新城核心与清晰的空间发展轴，积极培育多元化的产业空间与文化空间，营建多元平衡的邻里街区，防止社会分层；对于建设资金的利用应避免"撒芝麻"式的平均分配使用，采用有选择性的重点建设模式，对关系新城发展命脉以及区域发展需求的大型公共设施优先建设，并围绕轨道交通站点，遵循由积蓄客流到反馈交通的过程，先期集中建设大型商业、办公、服务、科研等公共设施，快速的改善原有地区的城镇面貌和设施环境，逐步引导新城土地的开发，实现站点周边土地价值的最大化。

最后，对大都市区轨道交通与新城协调发展的制度改革方向进行了探讨。新城的开发与建设必须有一定形式的立法授权，需建立科学合理的规划控制体系，从"多规约束"到"多规融合"，新城开发编制的各项规划应紧密互补，各阶段的规划都应具有与之相匹配的法律效力；应创新融资渠道，引导"政府＋运营商＋开发商"联合开发，实现土地储备、新城开发、规划设计与轨道交通建设紧密结合，形成"土地储备—增值收益—轨道建设"的良性循环；健全管理机制，构建长效开放的规划实施监督体系，建立科学透明的决策体系，提高公众参与的有效度。

第10章 结论与展望

本文以我国大都市区多中心、高密度建设背景下的新城为研究对象，立足我国大都市区发展特征，在国内外相关研究综述的基础上寻找研究突破口，强调方法的创新，从城市空间规划与交通工程领域角度，提出了若干轨道交通与新城空间相互关系的理论与方法。研究成果主要体现如下：

10.1 研究的主要结论

（1）详细界定与阐述了大都市区与新城的概念和内涵

大都市区是城市规模和城市化水平发展到一定程度后，聚集于中心城市的非农产业活动与城市其他功能对外围地区的影响力不断加强，促使在区域范围内形成以经济发达的首位城市为核心，以具有一定功能的中心城市或城镇群体为腹地，形成具有一体化倾向、彼此联系密切，表现为集聚与扩散双向互动的，存在较强通勤交通联系的城市功能地域；新城则是应大都市区空间发展需求，以城市总体规划为依据，在原有城市建成区一定的时空距离外，形成具有一定城市功能和特性，与主城区在经济、社会、文化等领域密切联系又相对独立的新型集聚区，是大都市区架构"多中心"空间发展格局的有机组成部分。

（2）分析归纳了国内外大都市区新城建设与发展的总体特征及其实现途径

国外大都市区新城发展的背景相似，都面临着如大都市人口膨胀、交通拥挤、环境恶化等城市问题，虽然各自的量级、区位等有所不同，但从城市规模的生长性质来看都具有"同构性"。国内新城的建设共经历了四个发展阶段，即殖民地时期的租界区建设、20世纪50年代初期的"工业卫星镇"、改革开放后至20世纪90年代中期的开发区建设以及90年代后的新城建设。本研究在对国内外大都市区新城发展的历程进行回顾与认知的基础上，对其实现途径进行了阐述与分析。

（3）总结了世界轨道交通与城市发展的历程，探讨了轨道交通对大都市区空间组织的作用，总结了大都市区多中心空间结构演变的规律与特征

轨道交通在不同的城市发展阶段，表现出不同的建设特征。通过对世界轨道交通建设的基本规律进行分析，总结轨道交通引导下国际大都市区空间发展的规律与特征，具体体现在五个方面：集聚与扩散并存是大都市区空间区位变迁的基本态势；多中心、网络化是大都市区空间形态演变的基本阶段；产业结构高级化是大都市区空间结构发展的基本动力；规模化、高强度混合化是大都市区核心组团的基本特征；高效、便捷的交通体系是大都市区空间整合的必要条件。

（4）对我国大都市区轨道交通与新城发展的主导现象与问题进行了梳理

我国大都市区轨道交通与新城发展的现实困境主要表现在六个方面：问题追随型的建设动机与历史欠账（建设时机的选择问题）；对轨道沿线"串珠式"发展的质疑（内在关系的协调问题）；过度房地产化引发出的新城市问题（功能空间的成长问题）；同心换乘导致主城区压力再度激化（区域空间的组织问题）；市场经济下现行经营体制亟须优化（投融资机制问题）；一部《城乡规划法》难以确保新城规划权威性（制度保障问题）。

（5）分析了轨道交通引导下日本东京、法国巴黎、新加坡等国外大都市区新城发展的过程，及其对我国大都市区轨道交通与新城建设的若干启示

通过深入分析和研究日本东京、法国巴黎、新加坡已有的相关建设活动，研究其发展模式、建设内容和实现途径，得到以下启示：

1）日本东京——战略整合中树立了四个导向：轨道交通是向多中心空间结构演变的必要条件；新城的发展需要轨道交通的支持，市郊铁路建设应提前谋划；新城开发与轨道交通建设需在建设时序上紧密配合；轨道交通引导下新城功能应差异互补。

2）法国巴黎——规划实施中坚持了五个策略：从区域视角下权衡新城的职能定位；发挥轨道交通的骨架作用引领新城发展；实行轨道交通导向的分区开发模式，并充分发挥市场联动效应，以重大项目带动新城发展；依托中心城市整合原有城镇的建设，注重轨道交通导向的土地高密度开发与混合使用；成立专门的新城规划实施机构，并以积极的政府介入为保障。

3）新加坡——建设运营中把握住四个重点；多维平衡——轨道交通引导下的城市空间整合要具有层次性；无缝换乘——建立以轨道交通为主导的多模式、网络化公交系统；空间借用——强化"高密度+公共交通"的土地混合使用；法制交通——通过行政、经济等措施联合管理并注重人性化服务。

（6）对大都市区轨道交通与新城发展的相关条件和时机协调进行了讨论

从新城的建设目标、轨道交通的特性及其与城市规模的关系等方面对新城的建设条件、轨道交通的建设时机、建设类型进行综合探讨，其中的重点则是为轨道交通与

新城在建设时机的选择和配合上提供不同状态下的协调对策。

总体来看，发展新城是大都市区空间整合的必然趋势，但建设前需对其"可行性"进行全面论证，并对相关决策进行"不可行性"研究；轨道交通发展的经济可行性是制约其建设的重要因素，轨道交通建设的准入条件与城市人口规模并无直接的控制关系，而判定轨道交通建设的重点应为不同城市规模、不同区域影响下的轨道交通系统选型，并建立起轨道交通与城市人口规模的对应关系；轨道交通与新城的发展必须充分考虑二者之间的联合开发，合理确定轨道交通导向的新城土地开发时序：在规划阶段主要以吸纳人口和控制开发范围为主，在建设阶段以设施的配套与产业开发为主，在轨道交通试运营阶段则以土地开发的升级与整体协调为发展路线，到轨道交通运营成熟阶段应以新城功能的拓展与提升为建设目标。

（7）分析了轨道交通线路的特点与发展趋势，提出了基于新城优先发展的轨道交通建设思路

与市区轨道交通线路相比，市域轨道交通有其自身的定位与技术特征。

1）轨道交通站点影响区：新城轨道交通站点影响区的范围并没有严格或者明确的界限，而是与站点的位置、接驳换乘方式有着直接关系，应根据轨道交通站点的功能定位、人流集散量，选择合理、多样化的接驳方式。研究从两个层面对轨道交通站点的影响区范围进行了划定，即步行合理区和交通合理区，结合现场调研情况，根据居民出行的生理和心理承受能力，把新城轨道交通的最大影响区域确定在3.5km半径以内，并对此区域进行了细分，即0～100m为轨道站点上盖开发区，100～300m为轨道站点核心发展区，300m～1km为轨道站点直接影响区，1～3.5km为轨道站点最大影响区。其中0～1km是新城高密度发展的重点区域。

2）速度值：影响轨道交通车速最为突出且最直接的因素是站间距的设置，必须达到一定的距离值才能充分发挥轨道交通的技术性能。对于近郊新城（距主城区≤30～40km），运行速度以100～120km/h为最佳选择，对于远郊新城（距主城区＞40km），运行速度宜采用120～160km/h。随着技术的进步及市域轨道交通的功能地位的凸显，其速度目标值将达到120～160km/h。

3）站间距：研究认为，基于新城优先发展的市域轨道交通线路站点的布设宜少不宜多，且应根据沿线功能组团的定位合理调控站点开通时序，市域线前期运行站点间距可普遍控制在6～10公里，预留站点的间距可控制在3～5公里。

（8）分析了轨道交通引导下新城土地利用的特征，及其土地开发建议

轨道交通对新城土地使用的影响主要表现于用地的空间布局、使用类型、开发强度、土地利用价值等方面。研究认为，新城轨道站点周边区域宜高密度布置公共设施用地，并紧凑布置配套的公共开敞空间，提高居民与轨道交通的换乘效率。轨道交通站点周围步行距离5分钟范围内（约300m），实施高强度、集中式、功能

混合开发,土地开发强度建议控制在 5~9.5;站点周围 5~15 分钟步行距离范围内（约 300m~1km）,较高密度的安排中高档住宅、商业与零售业以及学校用地,土地开发强度建议控制在 2~5（其中 300~600m 即步行 10 分钟范围内建议为 3~5,600m~1km 范围建议为 2~3）;站点周围 1km 以外区域,开发以居住功能为主的大型社区,通过与轨道交通车站建立良好的驳运体系,形成轨道站点最大影响区。该区域开发强度相对较低,尤其是居住类用地开发需保持环境的舒适性,因此建筑密度不宜过高。

（9）提出并论述了大都市区整体发展思维下的新城产业发展方向,以及轨道交通引导下新城产业空间的培育

研究认为,新城的功能系统主要体现在如何通过产业空间建设促进主城区内部的功能梯度转移以及缺失功能的培育,从而实现主城功能内涵的提升与新城功能的外延扩张和成长。以知识经济、现代服务、绿色休闲和都市型工业为主的多元化产业空间逐步成为大都市区新城产业发展的方向,体现在:依托轨道交通站点迅速形成以科技研发、教育培训、新闻传媒、文化交流、信息咨询等为核心的知识产业空间;轨道交通助推了现代服务空间由城市核心区向外围区域扩展;轨道交通促进了以休闲为主的功能区、体验式主题休闲空间、新型特色休闲社区为主要内容的新产业空间;轨道交通网络的完善使新城具备了都市型工业发展所要依托的物流、资金流、人才流、信息流等优势资源,促使其成为都市型工业空间实现转型与重构的主要平台。

（10）建构了多维目标导向的轨道交通与新城空间协调发展评价体系

本研究从新城的产业、创新、生态、文化、健康五个角度出发,建立了多维协调视角下的目标体系,以土地形态、功能结构、交通系统、景观环境四个方面为整合对象加以细化,提出优化目标并提炼选取引导新城空间发展的目标因子,并结合轨道交通与新城土地开发涉及的不同主体参与方的利益,按照评价指标确定的原则,采用专家评价、模糊数学分析以及德尔菲法相结合的方法对评价指标进行筛选,最终确定评价指标体系,并给出了案例模拟分析。

（11）建构并论述了区域视角下轨道交通与新城协调发展的五个导向

区域视角下轨道交通与新城协调发展的五个导向为:

1）鼓励轨道交通导向性和超前性的城市开发。把握时机,化"被动建设"为"主动引导",注重轨道交通建设时机与新城发展的关系,鼓励中心城区外围轨道交通导向性和超前性的城市开发;

2）动态匹配轨道沿线运力与站点功能。注重效能平衡,"串珠式"的发展不能盲目应用于新城与主城之间的轨道交通线路,不宜在二者之间设很多站,应从宏观视角对轨道交通的整体运行及沿线城市组团的功能进行引导,动态把握沿线土地的开发和轨道线路运力的匹配,合理调控站点间距与敷设方式以及站点周旁用地的开发时序;

3）强化轨道交通导向的新城功能核心的培育。要积极引导主城中心区功能的转移植入，注重发挥轨道交通的端点与节点效应，大力培育新城知识经济空间、现代服务空间、创意休闲空间以及都市型工业空间等；

4）架构层次性、网络化的区域联系通道。新城对外交通应具有层次性，建构起"层次分明、网络互补"的交通体系，应快速架构起以轨道交通为主、辅以地面快速公交构成的快速公共交通线网，实现新城与主城及其他新城和重大功能区之间的高效互动；

5）基于区域效能优化的"HDL"空间调控。轨道交通与新城空间的组织应至少确立三种发展策略，即控制型站点高强度开发（High intensity）、引导型沿线多样性开发（Diversity）及限制型生态低冲击开发（Low impact），只有通过全面统筹、分层调控才能促进二者之间的协调发展。

（12）提出并论述了轨道交通导向下新城空间组织的六个策略

在新城层面，其内部空间构成要素的协调度决定了整体效能的发挥，主要表现在空间形态、土地结构、交通系统、景观环境、节点间奏、成长驱动六个方面。

1）空间形态——基于紧凑发展的密度分区与用地布局：提出高度紧凑型、适度紧凑型和控制紧凑型三类发展区的划分模式，对新城空间进行密度分区引导；

2）土地结构——基于四维空间的活力提升与功能复合：鼓励复合型的新城土地使用方式，倡导城市空间的混合与城市功能的复合，从平面组合走向立体化，从三维模式走向四维空间；

3）交通系统——基于耦合效应的换乘优化与中心带动：在交通组织上，应构建以轨道交通为主导、轻轨和巴士线路等作为接驳的多模式、网络化公交体系，注重轨道交通枢纽与新城各级中心的耦合关系，通过优化换乘关系、改进接驳方式、围绕站点建立立体化换乘体系，促进公交网络与新城土地开发的一体发展；

4）景观环境——基于生态安全的边界保护与场所精神：要重视新城生态环境的保护与场所精神的表达，围绕新城站点塑造多样化的文化空间，并以控制轨道沿线站点区间增长边界为手段保护区域生态空间，以轨道交通网络化建设促进"步行＋公共交通＋高密度"的发展模式；

5）节点间奏——基于效能优化的节点间奏与街区尺度：应从整体视角协调轨道沿线配套设施的分布，合理控制节点间奏并对沿线站点功能进行差异互补，层次分明、不同规模等级的新镇、小区、邻里"三级结构"，可以更好的适应轨道交通导向的复合型、社会性、高密度集聚的新城发展模式；

6）成长驱动——基于功能成长的空间培育与多元平衡：应注重新城功能空间的建设，依托轨道交通建构强大的新城核心与清晰的空间发展轴，积极培育多元化的产业空间与文化空间，营建多元平衡的邻里街区，防止社会分层。

（13）提出了促进大都市区轨道交通与新城协调发展的制度改革方向

研究对大都市区轨道交通与新城协调发展的制度改革方向进行了探讨，包含三方面内容：

1）呼吁立法支持，建立高效统一的新城规划协调机制。大都市区新城的开发与建设必须有一定形式的立法授权；建立科学合理的规划控制体系，从"多规约束"到"多规融合"，新城开发编制的各项规划应紧密互补且各阶段的规划都应具有与之相匹配的法律效力；应重视新城与轨道交通开发后期的督导与检查。

2）创新融资渠道，实行"政府＋运营商＋开发商"联合开发。轨道交通引导下的新城开发，必须建立良性的、长效的投融资机制，实现土地储备、新城开发、规划设计与轨道交通建设紧密结合，形成"土地储备—增值收益—轨道建设"的良性循环才能实现轨道交通与新城土地利用的一体化发展。

3）健全管理机制，构建长效开放的规划实施监督体系。构建长效的规划实施联合机制，建立科学透明的决策体系，完善调查、听证和评议制度，开放和平衡规划提案权，针对各项决策引入"不可行性"研究，提高公众参与的有效度。

10.2　思考与展望

轨道交通与新城的协调发展是大都市区多中心、高密度建设过程中一个非常重要的领域，研究二者之间的协调关系有着非常重要的理论意义和实践价值。由于个人能力和精力有限，本研究还存在着诸多遗留问题：

（1）应进一步细化和探讨轨道站点影响区范围内新城的规划设计方法，并针对不同的站点类型、不同新城定位制定出具有更加符合地方实际的规划导则和规划标准，使之能够灵活应用并具有现实指导性。

（2）提出的轨道交通与新城空间的协调评价方法，在无法通过个人手段获取部分出行指标数据的情况下，借用了2012年《北京市第四次交通综合调查出行辅助调查分析报告》和《北京市2011年上半年交通运行分析报告》中的数据，同时对于不同时段居民出行换乘的成本消耗有着不确定性，可能有许多更远距离和长时间通勤的状况出现，且所选取的有效前沿面的合理性有待商榷，应进一步加强数据搜集工作并进行更深入的研究。即便如此，笔者认为这些情况在实际影响上都会进一步降低协调发展指数，更说明轨道交通与新城空间整合的迫切性。

（3）在经济全球化、城市区域化发展过程中，空间分隔与社会分异问题在我国各大都市区的空间扩展中不同程度的存在，这也成为我国推动新型城镇化进程、统筹城乡发展的一大障碍。对此，可借鉴法国"大巴黎"计划，倡导"跨界规划"与"跨线设计",扩大对轨道交通与新城发展关系的研究视角,从都市圈或城市群的角度,研究高密度城镇群建设背景下区域内多种运输方式与新城空间的关系,以使得新城可以更准确的把握未来发展方向。

(4)大都市区轨道交通与新城发展问题亟待多学科的综合研究。新城是大都市区多中心空间体系的重要组成部分,是大都市区发展最为活跃、多种矛盾交织的区域,轨道交通的进驻在给新城带来出行便捷性的同时更是催生了诸多社会问题的产生。尤其是在经济快速增长、社会日益分化、市场化进程不断加快的现阶段,如何以新型城镇化思路和"五位一体"[①] 总体要求合理发展轨道交通与新城,是亟待研究的课题。由于轨道交通与新城的发展研究涉及空间、经济、社会、心理、环境等多元因素,还有许多问题有待进一步的深入研究。

---

① 十八大报告提出"把生态文明建设放在突出地位,融入经济建设、政治建设、文化建设、社会建设各方面和全过程,努力建设美丽中国,实现中华民族永续发展",从而明确了中国特色社会主义事业的"五位一体"总体布局,标志着我国社会主义现代化建设进入了新阶段。

附录

附录 1 调查问卷

调查问卷结构分析　　　　　　　　　　　　附表 1-1

调查内容	调查需求意见
A. 居住情况及未来需求	21 您是否满意目前住处的环境条件？ 22 您选择在新城置业的主要原因是？ 23 您认为如何提升目前新城的环境条件？
B. 交通现状及未来需求	7 您的通勤距离是？ 9 步行前往地铁站，您认为能接受的最长时间是？ 10 如果您是乘地铁前往工作地点，通勤时间是？（含换乘时间） 11 前往工作地点您一般的换乘次数是？ 14 您对目前的轨道交通及其他公交设施是否满意？ 15 您对当前地铁出行环境的评价是？ 17 您认为造成高峰时段地铁拥挤异常的原因是？ 18 您认为缓解高峰时段拥挤异常的措施是？ 19 目前您前往北京其他郊县或新城，主要通过哪种交通方式？ 20 您认为应从哪几方面改善目前新城的交通状况？
C. 就业现状及未来需求	12 如果新城可提供同类型就业岗位，您会重新在新城择业吗？ 13 您认为未来新城应重点发展哪些行业？
D. 购物、娱乐、教育、医疗等设施的配套情况及未来需求	24 您认为目前购物（主要指日常用品）方便吗？ 25 您希望增加那些类型的商业设施？ 27 您的子女目前就读的学校位于？ 28 如果规划新建一所条件较好的小学或幼儿园（规模增大，距离会适当增加），您认为能接受的最大距离是多少？ 30 您认为如何完善医疗设施服务？

尊敬的女士／先生：

您好！当前我们正在进行一项关于轨道交通与新城发展的相关研究，广泛征求各方意见，希望通过以下问卷得到您的帮助，为建设美好舒适的生活环境献计献策！

问卷说明：

本答卷无需填写您的姓名，所有回答仅用于学术研究之用，请放心填写。

问卷答案并无"对"与"错"之分，请表达出您的真实意愿。

请在您认为恰当的选项后 □ 上划"√"或在"＿＿"填写相关内容。

对您的热心协助和支持，我们表示衷心感谢！

1．您的性别：☐男　　　　　☐女

2．您的年龄：

☐20岁以下　　　☐20～29岁　　　☐30～39岁

☐40～49岁　　　☐50～59岁　　　☐60岁及以上

3．您的学历：

☐初中及以下　　☐高中或中专　　☐大专

☐本科　　　　　☐研究生及以上

4．您的工作类型：

☐机关/事业单位干部　　　　　　☐机关/事业单位办事员

☐国有/集体企业管理人员　　　　☐国有/集体企业一般员工

☐私营/三资企业管理人员　　　　☐私营/三资企业一般员工

☐专业人员/技术人员/教师/医生/律师　　☐私营业主/个体户

☐自由职业者　　☐农民　　　　　☐学生

☐军人　　　　　☐离退休者　　　☐其他（请注明：_____）

5．您目前的主要居住地点：

☐北京主城区　　☐房山新城　　　☐亦庄新城　　　☐其他新城

☐其他_____

6．您目前的工作地点：

☐北京主城区　　☐房山新城　　　☐亦庄新城　　　☐其他新城

☐其他_____

7．您的通勤距离是：

☐0～2km　　　☐2～5km　　　☐5～10km

☐10～20km　　☐20～40km　　☐40km以上

8．您目前的主要通勤方式：

☐步行　　　　　☐自行车　　　　☐出租

☐地铁　　　　　☐公交　　　　　☐自驾车

9．步行前往地铁站，您认为能接受的最长时间是：

☐0～5分钟　　　☐5～10分钟　　☐10～15分钟

☐15～20分钟　　☐20～30分钟

10．如果您是乘地铁前往工作地点，通勤时间是（包括换乘时间）：

☐0～20分钟　　☐20～40分钟　　☐40～60分钟

☐60～90分钟　　☐90分钟以上

11．前往工作地点您一般的换乘次数是：

☐无需换乘，直达　　☐一次　　☐两次　　☐三次或更多

12．如果新城可提供同类型的就业岗位，您会重新在新城择业吗？
☐会　　　　　　　　☐不会

13．您认为未来新城应重点发展哪些行业？（可多选）
☐工业（制造业）　　☐休闲旅游业　　　　　☐现代服务业
☐新兴产业（文化创意）　☐都市型工业园区和工业楼宇　☐其他_____

14．您对目前的轨道交通及其他公交设施是否满意？
☐满意　　☐一般　　☐不满意

15．您对当前地铁出行环境的评价：
☐舒适　　☐饱和　　☐过度拥挤

16．您有没有在高峰时段挤不上地铁的经历：
☐有　　　☐没有

17．您认为造成高峰时段地铁拥挤异常的原因是（可多选）：
☐轨道沿线自起始站开始多为上车客流，直到主城或换乘枢纽才有下车客流
☐轨道沿线站点多为大型居住区，未配套产业发展区，就业岗位严重缺乏
☐轨道沿线站点开发过度，交通流向单一

18．您认为缓解高峰时段拥挤异常的措施是（可多选）：
☐对轨道沿线站点功能进行差异互补，提供就业岗位，以平均沿线上下客流
☐错开工业企业上班时间　　☐减少站点，增大站间距　　☐提高运行速度
☐提高票价　　　　　　　　☐增加地铁或其他快速公交线路

19．目前您前往北京其他郊县或新城，主要通过哪种交通方式：
☐乘坐地铁直达　　☐先乘坐地铁至中心城区再换乘前往　　☐私家车
☐出租车　　　　　☐地面公交直达或换乘　　　　　　　　☐其他_____

20．您认为应从哪几方面改善目前新城的交通状况？
☐增设客运站　　☐完善轨道站点区停车场　　☐增加公交线路
☐建设新城与其他新城的快速公交联系通道（地铁或BRT）　☐其他_____

21．您是否满意目前住处的环境条件？
☐满意　　　　　☐不满意（不满意原因：_____）

22．您选择在新城置业的主要原因是？
☐价格便宜　　　☐交通便利　　　☐父母养老
☐周末度假　　　☐投资升值　　　☐其他_____

23．您认为如何提升目前新城的环境条件（可多选）？
☐增加城市特色　　☐增加社区归属感　　☐增加公共交往空间
☐限制私家车，提高公交出行分担率　　☐注重居民出行安全

24．您认为目前购物（主要指日常用品）方便吗？

□方便 　　　　　□一般 　　　　　□不方便（不方便的原因_____）

25．您希望增加哪些类型的商业设施？（可多选，最多 3 项）
□24 小时便利店 　　□中小型超市 　　□购物商场 　　□大型超市
□专业市场 　　　　□商业步行街

26．您的子女目前就读于：
□幼儿园 　　□小学 　　□初中 　　□高中 　　□无上学的子女 　　□其他_____

27．您的子女目前就读的学校位于：
□北京主城 　　□新城 　　□北京市域其他县市 　　□无上学的子女 　　□其他_____

28．如果规划新建一所条件较好的小学或幼儿园（学校规模增大，距离会适当增加），您认为能接受的最大距离是：
□500m（约步行 5 分钟） 　　□1km 　　□1.5km 　　□2km 　　□3km

29．您平时选择就医的医院是：
□北京主城医院 　　□北京市域其他县市医院 　　□新城卫生院
□其他_____

30．您认为如何完善医疗设施服务？
□扩大现有医院/卫生所规模 　　□增设医院 　　□增设卫生所 　　□其他_____

31．您对新城的公共服务设施是否还有其他意见或建议？
_____

再次感谢您的支持与配合！祝愿您及家人幸福快乐！

附录 2 轨道交通引导下国际大都市区多中心空间体系的建设

选取东京、巴黎、新加坡作为研究大都市区多中心空间体系建设的个案,分析轨道交通引导下三大都市区空间演变的特征,探讨多中心视角下轨道交通与新城的协调组织,对其如何以最大限度的发挥轨道交通的作用、解决城市空间发展问题的根本手段进行了总结,并对我国大都市区的空间整合与新城发展提出了建议。

附 2.1 东京大都市区多中心空间体系的建设与发展

日本东京(Tokyo)位于上海以东 1760km 的太平洋西岸,是全球最大的经济中心之一、世界上轨道交通最发达的城市之一,也是实施基于轨道交通的城市空间发展模式最成功的城市之一。东京大都市区内主要的城市副中心以及新城的发展都是依托轨道交通的支撑而形成的,是多中心、高密度、网络化城市发展的典型。

附 2.1.1 东京大都市区空间范围的界定

东京大都市区概况。东京作为一个别具影响力的大都市,其影响范围已远远超出其行政范围,即通常所提到的"东京都"[①]概念。如前文所述,日本 1960 年正式提出的"都市圈"概念是该国城市空间发展的主导形式,其研究范围是以通勤交通为标准,即以东京中心地铁站为圆心、半径为 50km 的区域,包括东京都(除岛屿以外)以及与琦玉、神奈川、千叶县接壤的区域(图附 2-1)。通过对北京、上海、天津与东京大都市区在土地规模、人口及人口密度方面的对比,可以发现,东京都 23 个区土地面积大致相当于北京、上海、天津主城区规模,而其城市交通范围

---

① 东京都即东京市行政辖区范围,包括 23 个区,26 个市,5 个町,8 个村,由东京区部、多摩地区和岛屿区三部分组成,面积达 2187km²,约占全国总用地的 0.6%;人口 1257.66 万,约占日本人口的 10%,整体空间像一个长(东西方向)87km、宽(南北方向)44km 的长方形。

即都市圈区域大致等同于北京、上海、天津行政辖区范围（表附 2-1）。因此，为研究需要，对东京、巴黎等大都市区轨道交通与新城的研究将在其"都市圈"区域进行展开。

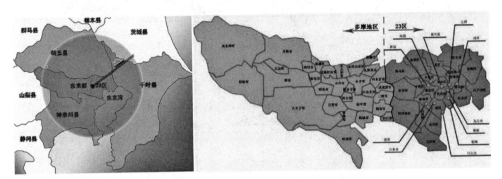

图附 2-1　东京大都市区与东京都空间范围示意

2016 年东京与北京、上海、天津的土地面积、总人口、人口密度的比较　　表附 2-1

城市	区域范围	面积（km²）	总人口（万人）	人口密度（人/km²）
东京	东京 23 个区	621	926	14911
	行政辖区	2155	1351	6269
	城市交通范围	13500	3670	2718
北京	主城区	1381	1247.5	9033
	行政辖区	16410	2172.9	1324
上海	主城区	660	1239.6	18781
	行政辖区	6340.5	2419.7	3816
天津	主城区	173	492.53	28470
	行政辖区	11946	1562.12	1308

注：北京、上海、天津主城区面积为 2017 年各中心城市建成区统计数据
数据来源：2010 年第六次全国人口普查数据、中华人民共和国国家统计局公布数据及各大城市 2017 年国民经济和社会发展统计公报

附 2.1.2　轨道交通引导下东京大都市区空间结构的演变

日本东京是世界上典型的借助轨道交通引导城市空间有序发展的大都市，轨道交通已成为城市中先进的公共产品，是东京大都市区供给设施的重要组成部分。借助其强大的运输能力和准时、快速、安全、环保等优点，形成了城市人口不断向轨道交通沿线区域进行聚集的状态；而城市人口分布的特点，促使各种城市设施随之兴建或改善，从而在不断的发展变化中促进城市空间结构的调整，并实现了城市用地的集约化和空间联系的网络化（图附 2-2）。轨道交通引导下东京大都市区空间结构的演变总体可概括为以下几个阶段：

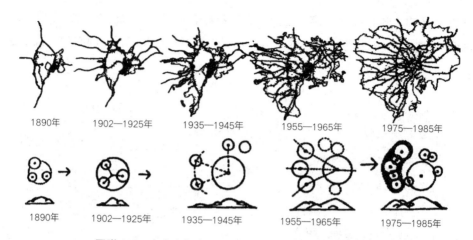

图附 2-2　东京大都市区轨道交通与城市空间形态的变迁

资料来源：页注 ①

（1）1897 年以前轨道交通发展初期的单中心空间聚集阶段

这一时期城市化区域主要集中于山手线[②]以内，整个城市范围较小，且轨网密度低，市内多以马车、马车铁道为主，市郊以放射状环形蒸汽铁道为联系通道，人们日常的活动区域受到很大限制，城市活动基本上以步行为主，中心城区土地使用情况主要由住宅构成，功能较为单一，城市交通与人们的生活尚未建立密切关系，因此这一阶段以城市中心作为商业中心的城市空间发展模式并没有得到人们的重视。

（2）1900~1920 年轨道交通快速普及时期的城市空间拓展阶段

这一阶段是东京城市空间向外拓展的重要阶段，以徒步为主要联系方式的东京市区交通发生了很大变化，城市发展开始重视修建轨道交通以连接城市与周边地区，如新建了川越、东武等四条蒸汽铁道，同时新建了大量低速电车，并将原中央本线、山手线（新桥—新宿—上野）等蒸汽铁道线路改建为高速电车线。1919 年轨道交通将新宿、上野、品川、东京、中野等连接起来，并在东京站与中央线相连，城市发展得到极大提高。但此时东京城市化区域仍限于山手线以内，市内交通以路面电车替代马车及马车铁道，路网密度得到增大，在市区与郊外之间也出现了私营铁路，整个东京都市圈不断向外扩展。到 1920 年，由政府商业化运营的有轨电车线路已长达 140km[③]。与此同时，第一次世界大战后，由于重工业和化工产业的快速发展，东京、大阪等大

---

① 川上秀光，吕斌. 多中心城市结构论与东京的再开发 [J]. 城市规划，1988（6）：27.
② 日本在明治时代（1868~1912）初期向西方开放时，其领导人承担了将江户现代化的任务，江户是当时的封建首都，后来改名为东京。一个重要的步骤是建立可与巴黎或伦敦相比的运输网络。政府和当时的国家铁路公司开始建造山手线，最早的南北段在 1885 年开始，1925 年整条线路完工。开始，它把北部东北干线与东海道干线和南部的横滨港连接起来，横滨港是多数商品和制成品的进出口港。这种经济功能解释了它的原始路线为什么穿过当时的城市郊区以及数不清的小块土地（编组列车场、仓库、终点站等），这些沿线地区当时还未实现城市化。自 19 世纪以来，山手线一直是动态的交通轴线，支持并刺激了东京城市的现代化。
③ 舒慧琴，石小法. 东京都市圈轨道交通系统对城市空间结构发展的影响 [J]. 国际城市规划，2008（3）：106.

城市出现明显的人口和财富聚集,并导致城市空间迅速扩张,对交通压力也随之增加,城市空间与轨道交通的发展面临着再次转型。

(3) 1921～1950年间轨道交通网络化发展的城市空间郊区化阶段

这一阶段是东京城市空间形态基本雏形的形成期,轨道干线网络已基本完成,连接中心城区与郊区的支线网络也得到很大发展,城市化区域也已突破山手线在更大的范围内围绕轨道站点进行集聚。1923年关东大地震为东京城市空间的发展带来了一次更大的转机,市区遭受的巨大破坏导致大量人口向郊区转移,加之私营铁路的发展,促使了东京城市空间很快地沿着轨道向外延伸。1930年东京轨道线路迅速发展到210km,日均乘客达130万人。

需要关注的是,在这一时期,中心城区已建成高层建筑街(商业区),并作为城市服务中心随市区的扩展而发展;另外,新宿、涉谷等腹地也逐步开始建设大型基础设施和服务设施,吸引人口集聚并带动区域发展,这些基础设施成为东京选取城市副中心对象的最直接性因素。随着轨道交通网的全面发展,东京多中心城市空间结构及具有特色的中心正在逐步形成(图附2-3、图附2-4)。

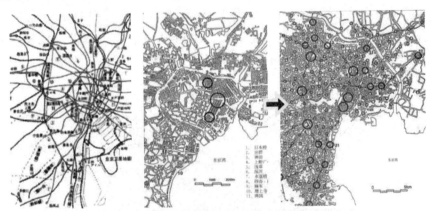

图附2-3 轨道交通引导的东京多核心结构重组

资料来源:页注①

图附2-4 新宿中心商务区示意图

---

① 胡宝哲.东京的商业中心[M].天津:天津大学出版社,2001.

（4）1955年至今轨道交通导向的城市空间多中心网络化阶段

进入20世纪60年代，随着东京社会经济的高速发展，城市空间在不断拓展，人口与产业的发展越来越集中于轨道交通沿线。与此同时东京作为首都功能的不断增加以及大城市功能的集聚，导致城市空间结构上的不协调，加之人口与产业的过度集中，各种城市问题也明显地表现出来。因此，为合理、有效、全面的发挥东京大都市的功能，战后有关东京城市空间结构的发展研究，一直是以"控制大城市规模、将城市结构从单一的中心转换为多中心结构"为基调展开的。如1932年自第一条轨道交通线路建成以后，东京中央政府多次制定大都市区域规划，通过山手线、银座线等轨道交通线路的引导，在轨道站点周边形成了包括银座、新宿、池袋、涉谷等在内的多个城市公共中心；1946年"帝国复兴规划"与1958年"第一次首都圈总体规划"，采用分散集中于城区的商业中心区（CBD）的活动以及借助轨道交通的引领作用促进城市副中心（新宿、涉谷、池袋）形成的方针；之后在1963年东京大都市再开发问题的研讨会上，又明确提出了东京多中心城市空间结构的概念，并依此规划了由城市中心、城市副中心以及新城市化区（新城组团）构建的东京大都市区空间结构，各中心组团主要围绕着铁路与高速公路网系统的交叉点进行发展；至1980年，公共中心的数量较之轨道交通建设之前增加了近8倍，城市空间结构成功的由单中心"棋盘状"形态转变为多中心"主轴—网络状"形态（图附2-5）。

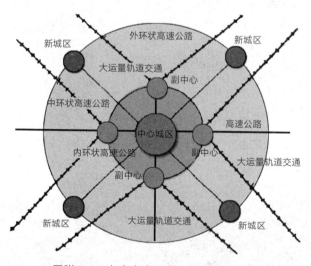

图附2-5　东京多中心空间开发概念示意

然而，从对1980~1990年东京中心区车辆平均行驶时速的变化研究中可以看出，这一阶段东京中心区交通的拥挤有增无减，十年内平均时速由22.2km减至15.8km[①]（图附2-6）。为此，东京中央政府在之后的几十年里通过开发新城来疏导中心城区的交通压力，而轨道交通的建设在引导东京中心城区人口的有机疏散以及新城的发展中起

---
① 舒慧琴，石小法.东京都市圈轨道交通系统对城市空间结构发展的影响[J].国际城市规划，2008（3）：106.

到了主导作用。

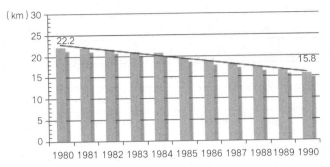

图附 2-6　1980—1990 年东京中心区车辆平均时速变化

截至 1996 年东京形成了轨道交通三大系统，完成客运量 89 亿乘次，线路总长达 2000km。而在之后的十年即 1996～2005 年间，轨道交通得到进一步的发展，线路总长已增至 2800km，其中地铁线路建成 12 条，约 292km，私铁线路约 1147km，JR 铁路约 1117km。轨道交通在城市交通系统中的地位与作用得到进一步凸显（表附 2-2）。

东京轨道交通客运量比重（1996 年）　　　　　　表附 2-2

系统	客运量（亿乘次）	比重（%）
地铁	25.4	20.9
私营铁路	28.5	23.5
JR	35.2	29.0
轨道交通合计	89.1	73.4

注：所占比重指在整个交通运输系统中包括公共汽车、私家车等方式在内的轨道交通系统所占比重。
数据来源：参考页注①

另外，在交通出行方面，东京中心城区轨道交通全天出行比重约占 58%，其中在工作日全天时段进入中央三区的机动化出行方式构成中，轨道交通约占到 86%，而在早高峰时段（7:00～10:00）这一比重高达 91%。这些数据更直观的反映出轨道交通在东京大都市区交通系统中不可替代的作用（图附 2-7、表附 2-3）。

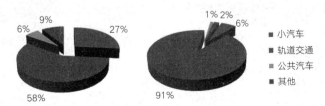

图附 2-7　东京全天交通方式构成与中心区高峰小时交通方式构成情况
数据来源：页注②

---

① 陆锡明.综合交通规划[M].上海：同济大学出版社，2003，4.
② 陆化普.解析城市交通[M].北京：中国水利水电出版社，2001：9.

东京都区部及都市圈各种轨道交通客运量情况   表附 2-3

范围	年份	各种交通方式运量占总运量的比重（%）					总运量（万人次/天）
		国铁	私铁	地铁	轨道交通小计	其他交通方式	
都区部	1970	32.8	26.4	17.1	76.3	23.7	2121.6
	1975	33.7	27.5	21.2	82.4	17.6	2265.7
	1980	30.3	29.0	23.8	83.1	16.9	2255.8
	1982	30.2	29.5	24.4	84.1	15.9	2330.7
	1996	31.0	30.0	25.5	86.5	13.5	3005.8
大都市区	1970	24.7	22.0	10.3	57.0	43.0	3944.7
	1975	25.5	22.6	11.1	59.7	40.3	4349.3
	1980	23.1	23.0	11.9	58.0	42.0	4670.2
	1985	23.1	23.0	13.0	59.1	40.9	5123.2
	1990	22.6	21.1	12.9	56.6	43.4	6233.5
	1992	22.4	20.3	12.9	55.6	44.4	6554.1

数据来源：页注①

如今东京大都市区已形成轨道交通网维系的多中心空间发展结构，其中，中心城区范围主要形成"一核七心"的城市结构（图附2-8），即以东京站所在区域为核心，依托轨道交通山手线并在其外围建立了新宿、涉谷、上野、池袋、大崎、锦丝町和临海等7个副中心；而在大都市区范围则形成了以轨道网络为骨架的都市圈多中心结构，即是以东京站所在地为核心区，东京都市区为发展中心，以山手线、武藏野铁路环线及其他JR线路构成的轨道交通为纽带的网络化空间形态（图附2-9）。

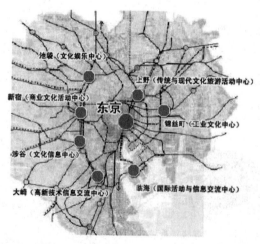
图附 2-8　东京都"一核七心"城市空间结构

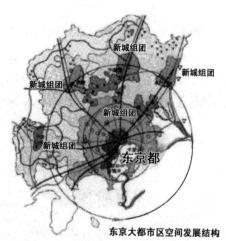
图附 2-9　东京大都市区空间结构示意

---

① 顾保南，叶霞飞，曹仲明. 东京轨道交通的发展及其启示[J]. 城市轨道交通研究，1998（1）：67-72.

从东京大都市区轨道交通引导下城市空间结构演变过程中可以看出，轨道交通对城市空间的引导表现在它对城市土地开发的刺激，而土地开发活动又是通过轨道交通良好的可达性来实现的，很大程度上轨道交通促进了东京城市中心功能的集中，以及居住和工作的分离与分区，解决了外围次中心与中心城区之间的联系不便问题，促进了各分区之间交通的快速化，自然也就强化了东京集中的空间格局，对于商业的集聚和新城市中心的形成与发展起到了极为明显的推动作用。随着城市规模的不断扩大，在土地机制与城市规划的双重作用下，轨道交通作用的发挥变得更为重要。而多中心的城市格局、高效率的轨道交通网络使东京的城市潜力进一步得到释放（表附2-4）。

东京大都市区人口与城市用地规模分布　　　　表附2-4

区域	用地规模（km²）	人口规模（人）
东京都	2186.62	11773605
神奈川	2413.58	8245900
琦玉	3797.28	6759311
千叶	5155.98	5797782
茨城	6093.75	2955530
一都四县总计	19647.21	35532128

资料来源：页注①

附2.1.3 轨道交通引导下东京多中心空间发展策略分析

综合来看，东京大都市区注重依靠轨道交通来引导"副都心"及新城组团的发展，并形成了多中心的城市空间形态。依托各个交通枢纽中心把各个"新城组团"通过轨道交通连接起来，然后以此为起点，修建多条呈放射状、向近郊或邻近地区延伸的轻轨线，并在站点地区有选择性的发展新的中小城市或产业中心，即新城市化地区。如此，东京中心城区、近郊生活就业区以及远郊卫星城镇在轨道交通的作用下紧密联系起来，并引导了城市空间从向心集聚到离心分散的转变，使城市中心出现了"职住分离"现象。

需着重指出的是，轨道交通导向的东京"多中心"空间结构，既强调每个"副都心"及新城的综合服务功能，又注重各发展组团之间的功能互补。而新发展组团的确定一般位于交通节点、有大量未利用的土地、有发展潜力的地区，它不仅是区域商业中心，而且将发展为高度独立的、多功能于一体的地区综合中心。通过实施"多中心"空间发展战略，东京大都市区形成了分工明确、协调互补、发展有序的网络化城市格局，

---

① 陆锡明.综合交通规划[M].同济大学出版社，2003，4.

一定程度上实现了控制城市规模过度扩张、集中国际功能、扩散城市次级功能以及建设世界城市的目标。

而从城市功能来看,目前东京大都市区正在形成东京都心—副都心新城—郊区新城—邻县中心组团构成的多中心格局,各级中心虽然都具有综合性功能,但各具特色,互为补充。如距东京都中心 10 公里范围内的新宿、池袋等城市组团,主要以发展商务办公、信息、娱乐以及商业为主的综合服务功能;距东京都中心约 30 公里范围内的八王子、立川等新城组团,多以居住功能为主;距东京都中心约 50 公里的外围县如千叶、筑波等中心组团,以突出的专业化、特色化为基础,产业集聚发展的同时带动区域发展。如位于茨城县的筑波新城,自 1963 年起,只接纳从东京都建成区迁出的科研教育机构,发展为以研发为主的"科学城"(图附 2-10)。

图附 2-10　东京中心城区鸟瞰图

附 2.1.4　轨道交通引导下东京典型新城的建设与发展

鉴于我国目前较为缺乏轨道交通与新城开发过程中各行为主体的建设时序、与土地开发的配合以及与中心城区交通的换乘方式等方面的成熟经验,选取东京其中的三个新城即多摩田园新城、多摩新城、千叶新城作为研究对象,通过新城与轨道交通关系的对比研究,总结其中的经验与教训,以期为研究的深入开展及给我国新城发展与轨道交通的建设带来一些有益的启示。

其中,在选取的三个新城中,多摩田园新城是发展速度最快、最成功的新城,基本完成了原有的规划目标;多摩新城、千叶新城分别是东京建设规模最大的新城和最晚的新城之一。三个新城轨道交通的开通基本与新城开业时间一致或推后几年(多摩新城),然而后两者在新城开业 20 年后实际入住率不足规划目标的一半。不同的发展基础及开发策略使三者的实际建设效果产生了很大不同。以下将结合新城发展中的相关经验与教训,分别从轨道交通与新城的开发主体、建设时序以及轨道交通与新城土地开发的结合模式等方面,分析轨道交通在新城发展中所起的作用(表附 2-5 和图附 2-11)。

表附 2-5   东京三个典型新城的基本情况

新城	到都心距离（km）	规划面积（km²）	规划人口（万人）	开业时期	轨道交通开通时期	新城开业 20 年入住率（实际人口/规划人口）(%)
多摩田园新城	15～35	31.6	42.0	1966	1966	95.0
多摩新城	25～35	29.8	34.2	1971	1974	41.3
千叶新城	25～45	19.3	19.3	1979	1979	49.8

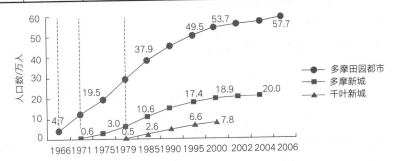

图附 2-11 东京三个典型新城人口变化情况

数据来源：页注 ①

（1）多摩田园新城

多摩田园新城是东京最早的新城，也是东京大都市区公认的建设最为成功的新城。它位于东京都西南部，于 1953 年规划，由东京急行电铁公司开发。经过 20 多年的发展，新城规模已远远超出规划目标。2006 年其开发面积已达到 50km²，居住人口约 57.7 万，人口密度高达 11500 人/km²。多摩田园都市轨道交通线的建设成为新城发展最有力的支撑点，不仅实现了新城与中心城市的快捷联系，还连接了横滨市营地铁线和 JR 东横滨线，方便了多摩田园都市与东京西北部区域及横滨的联系，成为新城居民日常通勤最主要的交通工具（图附 2-12、图附 2-13）。

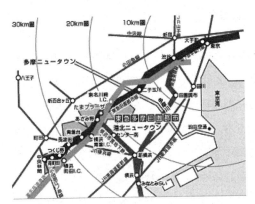

图附 2-12 多摩田园新城位置示意图
资料来源：东急电铁网

图附 2-13 多摩田园新城轨道交通沿线商业中心分布
资料来源：东急电铁网

---

① 谭瑜, 叶霞飞. 东京新城发展与轨道交通建设的相互关系研究[J]. 城市轨道交通研究, 2009(3): 1-5.

1）新城与轨道交通的开发主体

多摩田园新城的顺利发展得益于新城与轨道交通"田园都市线"的建设为同一开发主体，即东京急行电铁公司，因此它能够从兼顾新城与轨道交通建设的投资效益出发，协调配合两者在建设中的需求，保证轨道交通与新城同步规划、同步发展。

2）新城与轨道交通的建设时序

由于开发主体的同一性，使得新城与轨道交通开发的一体化程度较高。因此，新城居住区的建设并不是单独开发，而是与轨道交通线路同步建设、同步开通。1966年6月多摩田园新城在开业的同时，开通了梶谷站—长津田站约13.4km的轨道线路，并紧密配合新城土地开发的扩大，陆续开通长津田站以西的车站。一直到1984年轨道交通田园都市线才全线开通。这种同步规划、同步开发、同步实施的方式让新城土地一开始就具有交通便利的优势，因此土地的价值也相对较高，未来发展潜力较大，不断吸引人口集聚；而人口的增加也同时保障了轨道交通的顺利运营，实现了新城与轨道交通的相互促进和良性循环发展。

3）轨道交通与新城土地开发的结合

多摩田园新城的城市空间主要沿轨道交通线路呈轴向发展，多集中于梶谷站至中央林间站约20km的轨道线两侧。在建设过程中，新城土地的开发充分利用了轨道交通的可达性优势，并在用地构成上重视轨道交通产生的负面因素如噪声、震动等，在轨道站点周围以开发商业、办公等功能用地为主，并注重环境品质的打造，以绿地、公园等用地提升区域吸引力。同时为保证居民方便快捷的到达轨道交通站，在一定范围内建设了高密度住宅，并在主要车站周围开发了大型商业设施、综合办公设施等，形成了不同级别的产业发展核心，在方便居民生活需求的同时，有力支持了新城的高密度开发，促进了站点周旁用地功能的充分发挥。

（2）多摩新城

1）新城发展概况

多摩新城位于东京市西部，东北距离新宿副都心约20公里，距离横滨市中心约25公里，是东京政府投资建设的规模最大的新城（图附2-14）。它于1965年得到批准，1966年开始建设，并于1971年3月完成一期工程。最初多摩新城规划面积约30km^2、人口约37万人，建设的目的是作为东京的"卧城"并追求人与环境的共生发展。20世纪70年代在东京多中心和新城协调发展的理念指导下，新城的发展目标调整为实现职住平衡的都市区，目的在于将东京都的单中心集聚状态转化为多中心分散结构，并把多摩新城定位成东京都多极结构发展中的次核心。然而多摩新城发展较为缓慢，新城入住率在20年后（2006年）仅达到41.3%，人口密度约为6700人/km^2，近5年人口基本保持不变甚至有减少的趋势。

多摩新城与东京都中心的交通联系主要有"京王"和"小田急"两条轨道交通线路，

图附 2-14　多摩新城位置示意和新城丘陵风貌

分别于 1974 年 10 月和 1975 年 4 月通车，是私营电气化电路。另有一条独轨线路向北连接于北立川，为新城南北向的客流服务。三条轨道交通汇聚于多摩中心车站，并依此发展为新城综合中心（图附 2-15）。

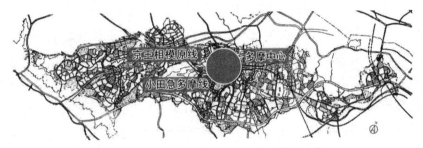

图附 2-15　多摩新城中心与轨道交通线分布

2）新城与轨道交通的建设主体

日本许多以轨道交通为导向的新城（镇）建设都是由政府部门来发起的，多摩新城便是最著名的项目之一。该新城由东京都政府、国家住房与城市发展公司（HUDC）和私营铁路企业联合开发，而新城轨道交通的建设主体则是京王电铁公司和小田急电铁公司。多个开发主体的存在导致新城土地开发与轨道交通的建设很难在时间和空间上进行紧密的配合，从而很大程度上影响到新城开发的效率，这也是多摩新城在某种程度上发展不理想的重要因素。

3）新城与轨道交通的建设时序

较之于多摩田园新城，多摩新城因有多个开发主体的存在，在新城土地开发与轨道交通建设的时序安排上很难达成一致。轨道交通在新城正式开业之后的第 3 年才开始运营，而在此之前，联系中心城市与新城的唯一交通方式便是乘坐公共汽车，且多次换乘，出行极为不便。在轨道交通开通以后，其大运量、准时、快捷的优势完全体现出来，新城的可达性得到质的飞跃，由此吸引了大量人口进驻新城。通过对多摩新城不同时期相关建设的回顾，可以看出，新城土地开发与轨道交通建设之间的脱节与无序导致了两者无法相互支持，各建设主体并未在开发过程中实现共赢，相反，开发效益都受到不同程度的损害。

4）轨道交通与新城土地开发的结合模式

土地利用是交通生成的主要决定因素，土地利用的强度影响交通方式的选择。把新城土地利用与轨道交通建设相结合，引导新城组团式的空间布局成为指导多摩新城开发建设的理念。由于地处于丘陵地带，地形地貌条件对多摩新城土地的使用产生了限制。因此新城住宅根据地形采取了行列式的均匀布置方式，在规划范围内设置了 23 个近邻住区，每个住区规划人口约 1.2 万人，约 3300 户[①]。这种组团式的布局不仅集约化、高强度利用土地，而且产生了密集的公共交通客流，很大程度上促进了轨道交通的发展。

同时，为了给居民提供多样化、稳定的就业机会，实现居住与工作的相对平衡，在新城中心即多摩火车站地区，集中建设了政府机关、学校、银行、企业、事务所、文化娱乐、商场等设施。同时为保证新城行人的步行安全，采取非完全分离的交通方式，注重轨道交通站点立体化空间的建设，并在其中设置步行专用道路，实现了车站、广场、公园以及商业设施等不同场所的无缝衔接。

另外，多摩新城在土地的征购与对农民生活的引导中做法较为灵活。土地被征购，新城范围内的农民就会因失去生产资料而"被城市化"。在土地被征购之后到正式开发建设这段可能很长的等待时间内，为了有效利用这些暂时闲置的土地，同时又不与新城的规划与未来建设相抵触，日本对这类"控制区"和"使用性质已明确"的土地进行了立法规定：在规划期间将留出 5～10 年的时间让农民逐步体验和适应城市生活，并要求其必须继续在暂未开发的土地上从事农业生产活动。5～10 年后，希望在城市生活的人和希望继续从事农业生产的人将分别设置在新城内功能各异的独立地带中，前者会在新城选择更多的就业机会，真正的走向"城市化"；而后者将会卖掉自己的原有土地，迁到独立的农业地带。

（3）千叶新城

千叶新城位于东京都东北部，距离东京都中心约 35km，是日本发展的最晚的新城之一（图附 2-16）。它由千叶县与住宅都市整备公团住宅部联合开发，而新城内部的轨道交通"北总线"则由住宅都市整备公团轨道部负责建设与运营，也是仅有的一条连接东京市中心的轨道交通线路。千叶新城最初规划人口规模约 29 万人，然而在新城建成后五年内实际迁入的人数不足两万人，为此政府不得不再次审视新城的发展，并多次对建设规模进行变更（表附 2-6）。

1）新城与轨道交通的建设主体

千叶新城的建设主体是其所在区域的千叶县企业厅以及住宅都市整备公团，而轨道交通"北总线"的开发主体则是由京成电铁、住宅都市整备公团和千叶县等机构共同出资，其中京成电铁在轨道交通的出资中占到 50% 的份额。新城与轨道交通的开发主体虽然较多但有直接性的关联，这一因素保证了两者在开发建设中一定程度上的协调与配合。

---

① 陈劲松.新城模式：国际大都市发展实证案例[M].北京：机械工业出版社，2006：135.

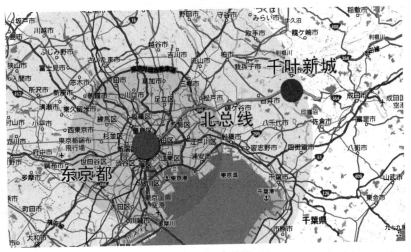

图附 2-16　千叶新城与东京都心的区位关系

东京千叶新城规划变更情况　　　　　　　　　表附 2-6

时间节点	规划面积（km²）	规划人口（万人）
1966 年 5 月	29.1	34.0
1986 年 12 月	19.3	17.6
1993 年 1 月	19.3	19.4
2004 年 3 月	19.3	15.3

注：因 1988 年后新城人口增速较快，1993 年变更规划时增加了人口规模

数据来源：页注 ①

2）新城与轨道交通的建设时序

在新城与轨道交通的开发时序上，千叶新城与多摩田园新城相似，北总线各路段的开通时间与沿线土地开发进行了紧密配合。在新城开业的同时，为支持轨道交通沿线土地开发，北总线开通了其西面 3 个车站，并取得了良好的效果（图附 2-17）。但后来新城的开发由于没按规划实施，导致了轨道交通建设的进程推迟，发展规模也遭遇

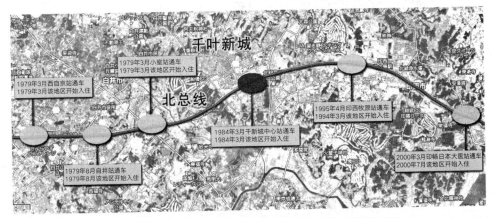

图附 2-17　千叶新城轨道交通开通与沿线土地开发的关系

---

① 谭瑜，叶霞飞. 东京新城发展与轨道交通建设的相互关系研究 [J]. 城市轨道交通研究，2009（3）：1-5.

大幅度缩减，所以新城中轨道交通的客流量远远低于预测值，无法顺利经营以致亏损严重。在此情形下，开发主体为收回成本，采取了票价近乎翻倍的方式，给居民出行增加了票价负担，客流量再次减少，更进一步恶化了千叶新城的发展。新城轨道交通北总线规划预计运营10年后客流量将达到5亿，而实际发展中直到2007年2月才实现这一目标，足足推迟了近20年[①]。

3）轨道交通与新城土地开发的结合模式

千叶新城在建设过程中也把土地开发与轨道交通站点的建设进行了紧密衔接，围绕着6个车站进行圈层式发展，并在中间车站圈布置大型商业设施等，以此为基点向外分别为集合式住宅、独立式住宅、教育设施和绿地等，充分利用了轨道交通站点的可达性优势，方便居民乘车出行。然而千叶新城轨道交通站点之间的距离相对较大，约为3.3km（田园多摩新城平均站间距为1.2km、多摩新城平均间距为2.5km），一定程度上降低了居民乘坐轨道交通的便利度。

附2.1.5 对我国大都市区多中心空间体系建设的启示

通过分析轨道交通引导下东京大都市区多中心空间结构演变的历程以及对典型新城发展的相关研究，得到以下启示：

（1）轨道交通是向多中心空间结构演变的必要条件

应坚定地沿着"发展以轨道交通为主体的公共交通"的道路走下去。在实施"多中心"空间发展战略过程中，注重依靠轨道交通来引导"副中心"和新城的发展，也只有明确了城市功能才能合理的做出土地利用的前景。同时，在强调两者综合服务功能的基础上，更要注重相互之间的功能配合，以形成分工明确、协调互补、发展有序的多中心网络化格局。

（2）新城的发展需要快速轨道交通的支持

解决居民的出行问题是影响新城发展的关键所在。提供连接新城与中心城区的轨道交通能满足大规模、中长距离的出行要求，更具有准时、快捷的优势，对主城区人口疏散至新城起极大的促进作用。同时新城轨道交通线路应与中心城区轨道交通实现有效衔接，方便居民换乘，如此可以充分发挥其快速优势，保证新城居民对中心城区有良好的速达性。

（3）市郊铁路的发展应与中心城区轨道建设并重，甚至先于后者开发

在实施"多中心"空间发展战略过程中，市郊铁路有利于解决目前大城市向外迅速扩展过程中新城与中心城区的交通拥挤问题，进而提高新城吸引力，刺激城市进一步发展。而一旦由中心城区到外围新城组团的快速联系通道（如轻轨、全封闭的快速路、

---

① 谭瑜，叶霞飞.东京新城发展与轨道交通建设的相互关系研究[J].城市轨道交通研究，2009（3）：1-5.

市郊铁路等）未能及时形成，则新城与主城之间的联系不得不依靠普通道路来解决，快速捷运系统的缺乏使得新城吸引力大幅下降，并可能导致城市空间沿交通干线再次蔓延，而这就与新城发展的目的背道而驰。从目前我国各大都市区轨道交通的建设情况来看，城市轨道网规模虽然与其他发达国家相比并不逊色，但市郊铁路部分仍相差悬殊，有待进一步强化。因此尽早建设与城市总体规划相适应的市郊铁路，尤其是在外围城市用地功能尚待调整的阶段，更应提前进行战略谋划和轨道交通的建设，并鼓励各类投资者建设市郊铁路。

（4）新城开发与轨道交通建设要注意在时间和空间上相配合

一方建设的滞后极易导致城市空间发展与交通的恶性循环，新城与轨道交通的建设主体应根据发展实际与市场变化恰当、及时的协调新城土地开发与轨道交通建设时机，如此既能提供可达性较好的交通条件促使土地开发效率的提高，又可以增加新城的吸引力，为轨道交通的顺利运营带来充足的客流，从而形成良性循环。

（5）拓宽融资渠道，丰富优惠政策，提升新城吸引力

拓宽轨道交通与新城建设的投资渠道，制定各种优惠政策，吸引各类投资者于轨道交通和新城的开发。同时轨道交通票价的制定要充分考虑到新城居民的承受能力。高票价容易降低轨道交通的优势和吸引力，不利于轨道交通自身和新城的发展。

附 2.2 巴黎大都市区多中心空间结构的演变与发展

立足于区域整体发展的视角，充分发挥轨道交通的引领作用，全面统筹大都市区多中心体系下各功能组团的协调发展，是巴黎大都市区空间整合过程中的主体思想。

附 2.2.1 轨道交通导向的多中心空间结构

（1）研究范围

巴黎位于巴黎盆地中央的塞纳河畔，属于法兰西岛大区，是法国的首都和政治文化中心，也是世界时尚中心之一，同时与纽约、东京、伦敦并列，是四大世界级城市之一。巴黎大都市区（大巴黎地区）则是以巴黎市为中心，包括分布在市区周围、与巴黎连成一片的上塞纳省（Hauts-de-Seine）、瓦勒德瓦兹省（Val-d'Oise）、塞纳—马恩省（Seine-et-Marne）等地区，总面积约 12000 平方公里（约占法国全域面积的 2.2%），人口约 1100 万（约占全国人口的 18.8%），是具有世界影响的大都市发展区（图附 2-18）。

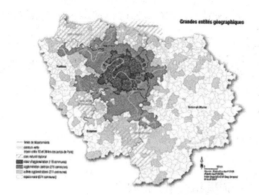
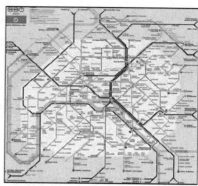

图附 2-18　巴黎大都市区空间范围示意与市域轨道交通体系

资料来源：http://www.voyages-sncf.com/

（2）规划历程与空间演变

PROST 规划出台。在 20 世纪 60 年代以前，巴黎城市空间结构是以市区为中心逐渐向郊区方向扩展。中心区城市功能集聚度较高，边缘地区则主要是结构简单、单调的住宅群。受工业革命的影响及小汽车的发展，巴黎城市空间进入迅速扩张阶段，并产生了严重的交通拥挤、郊区扩散和环境污染等问题。为迎合当时盛行的汽车交通需求，控制无序的郊区蔓延以保护大片的森林和绿地，1934 年 PROST 规划[①] 正式出台，对巴黎城市建设用地的范围进行了界定，对土地使用进行了分类，以规范化城市建设和进行用地储备。同时为联系首都及周旁城市，提出了放射与环形道路相结合的道路结构形态，使得巴黎与区域发展紧密一体，这也成为巴黎大都市区各城市组团相互联系的依托（图附 2-19）。

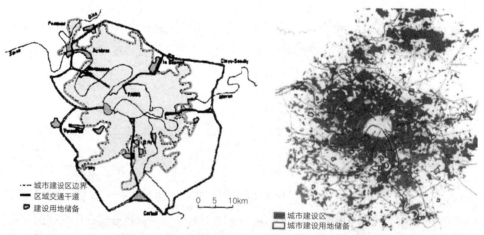

图附 2-19　1934 年 PROST 规划示意　　　图附 2-20　1956 年 PARP 规划示意

新国土开发规划—PARP 规划。1956 年，为减轻因人口和经济发展的不均衡分布

---

① 根据 1932 年的法令，法国政府邀请规划师亨利·普罗斯特（H.Prost）代为制定巴黎地区的空间规划，由 Prost 和 Dautry 共同主持完成，习惯上被称为 PROST 规划。

给巴黎带来的压力和负担,在 PROST 规划基础上,法国政府制定和颁布了新的国土开发计划,即 PARP 规划(图附 2-20)。在限制城市空间无序扩展的同时,致力于降低中心城区密度以及提高郊区密度。通过疏散中心区的人口和不适宜的工业企业,在城市聚集区外缘建设卫星城,配以良好的公共服务设施,并利用大片的农用地与中心城区进行隔离,又通过郊区铁路和公路与之产生紧密联系,以此来促进巴黎区域的均衡、稳定发展。

PADOG 规划的诞生。在 PARP 规划实施后,由于政策的倾向与支持,城市建设尤其是大型住宅区的快速发展致使巴黎中心区的空间蔓延并没有表现出丝毫减缓的趋势。政府以及城市规划者等也逐渐的认识到巴黎未来的发展重点不是空间上的限制或者扩展,而是对现有建成区的调整,否则无法真正的实现区域均衡以及城市空间的有序发展。由此 1960 年《巴黎地区国土开发与空间组织总体计》(即 PADOG 规划)诞生(图附 2-21)。新规划也是围绕着实现区域整体发展为目标,将中心多极化作为疏解巴黎中心城区人口以及相关产业活动的主要方式,通过改造旧城区以及建立新的城市发展极核来重构城市整体空间形态,并鼓励周边城市的适度发展或在城区外围建设卫星城以辐射附近区域尤其是激活农村地区的发展。

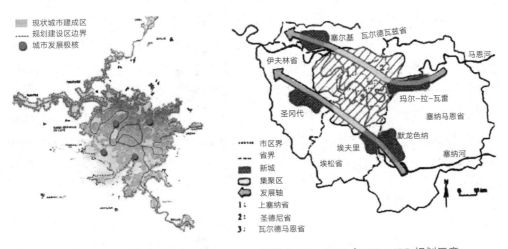

图附 2-21 1960 年 PADOG 规划示意　　图附 2-22 1965 年 SDAURP 规划示意

巴黎外围区发展新纲要:SDAURP 规划与 SDAURIF 规划。1965 年为巴黎大都市区空间发展的转折点。新成立的巴黎大区政府有意识地在巴黎外围地区提供可能的新的城市化发展空间,制定和颁布了《巴黎大区国土开发与城市规划指导纲要(1965—2000)》,即 SDAURP 规划(图附 2-22)。由于单一的新中心在短期内很难形成规模,建成后在相当长的一段时间内也难与中心城区相抗衡,且容易导致城市交通陷入恶性循环,因此规划者认为在郊区和新城市化地区内沿重要交通线路尤其是轨道交通(郊区铁路 RER)应建设多个城市功能中心以打破原有的单中心发展模式,并提出在塞纳、马恩和瓦兹河谷划定的两条平行的城市空间发展轴线上设立多个新城作为新的地区发展中心。1976年在此基础上又颁布了《法兰西之岛地区国土开发与城市规划指导纲要(1975—2000)》即SDAURIF规划，对多中心的空间发展格局进行深入研究，并提出应以综合性和多样化的功能引领为原则，通过完善区域交通线路尤其是轨道交通的建设以促进多中心的区域空间联系（图附2-23）。

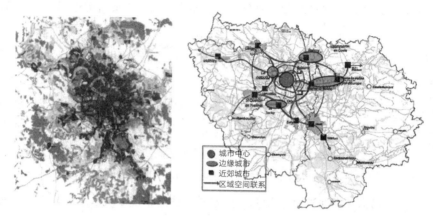

图附2-23　1976年SDAURIF规划示意与多中心的区域空间布局

（3）全球化下巴黎大都市区空间发展新趋势

进入20世纪80年代，全球经济结构出现了重大调整，经济一体化进程也在不断加快，全球竞争日趋激烈，新的国际形势给巴黎大都市区的发展提出了新课题。在这一形势下，巴黎开始重视区内不同城市组团之间的均衡发展，并在全国范围内合理分配产业空间及就业人员，同时更加强调大都市区不同层次城市极核在城市规模、功能以及区位关系上的多样性和相互之间的互补与协作，实现合理、有序、可行、可持续的区域空间结构，并通过铁路、公路以及区域快速轨道交通网（RER）保持对外交通联系，尤其是与巴黎中心城区的空间联系，以提高巴黎大都市区整体的吸引力和竞争力（图附2-24）。

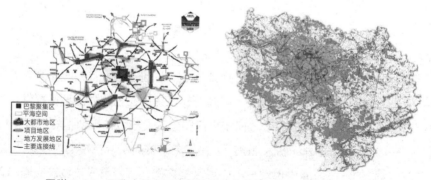

图附2-24　巴黎大都市区网络化发展构想与多中心的城市土地使用

资料来源：页注①

---

① Ludovic Halbert. The Polycentric City Region That Never Was: the Paris Agglomeration, Bassin Parisien and Spatial Planning Strategies in France. Built. Environment, 2006(2): 185-193.

20世纪90年代后国际大都市区外城与内城的规模比较。通过对90年代初伦敦、巴黎、纽约、东京在城市中央商务区（CBD）、内城区、外城区、郊区和周边地区五个功能区域的城市规模和人口规模的比较可以发现，除东京外，其他三个大都市外城区的居住人口规模都高于内城区（图附2-25）。其中，巴黎、东京外城区的人口增长主要是通过轨道交通引导的新城建设而产生的（表附2-7、表附2-8）。

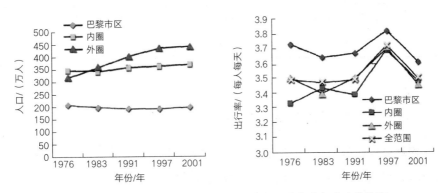

图附2-25　巴黎大都市区人口增长及各圈层人均出行率变化情况

数据来源：页注①

伦敦、巴黎、纽约、东京城市用地规模与人口规模分布　　　　表附2-7

城市用地规模分布（km²）					
城市	CBD	内城区	外城区	郊区	周边地区
伦敦	27	294	1257	9651	15996
巴黎	23	82	650	11257	145645
纽约	22	160	618	9285	18627
东京	42	539	1564	9160	23323
城市居住人口规模分布（万人）					
城市	CBD	内城区	外城区	郊区	周边地区
伦敦	17	217	405	551	489
巴黎	25	215	399	452	1066
纽约	54	269	463	818	402
东京	30	786	369	808	760

数据来源：页注②

---

① 孙颖，林航飞．巴黎轨道交通对我国的启示[J]．交通科技与经济，2010（1）：34．
② Llewelyn-Davies. Four World Cities: A comparative study of London, Paris, New York and Tokyo [J]. University College London, Comedia, 1996: 327.

巴黎公共交通年运送量（单位：亿人次/年）　　　　　表附 2-8

交通模式	2005 年	2006 年	增长率
地铁	13730	14100	＋2.7%
RATP 管辖范围的 RER A 和 RER B	4440	4520	＋1.7%
公共汽车	3350	3300	－1.4%
SNCF 所管辖的 RER 和市郊铁路	6560	6670	＋1.6%
有轨电车	620	640	＋4.1%

数据来源：页注 ①

附 2.2.2　多中心视角下巴黎新城的成长路径

（1）新城成长基础：以低收入家庭的不断迁入并带动就业发展

与伦敦、纽约等大都市区不同，巴黎新城建设的动因不单单是为应对中心城区日益膨胀的人口及城市空间的无序蔓延，更主要的是源于其特殊的城市文化环境。作为国际化大都市的巴黎，始终未形成真正意义上的工业城市，一直都是文化之都的消费型城市，第三产业的高度集聚发展吸引着中产阶级或者上流社会的集聚，并使得低收入者被迫外迁。这也是法国社会动乱不同于美国的动乱多指向城市而多发生于郊区的主要内因②。因此，巴黎新城的成长可以理解为低收入家庭的不断迁入并带动就业的过程，其建设目的旨在解决巴黎中心城区第三产业高度集聚与无限膨胀的困境。所以它不同于英美国家的新城发展，是以第三产业的集聚和一些工业企业的附带为主。

（2）新城发展主导策略分析

埃夫里新城：新城中心的优先发展。巴黎新城在选址上一般选择在原有城镇较为密集的地区率先发展，并结合各自的区位与地形条件，逐渐培育自身独特的新城空间。而新城的建设与发展大多自始至终都与中心城区通过轨道交通进行紧密的联系。如位于巴黎城区南部约 30km 的埃夫里新城，通过市域快速铁路（RER）和快速巴士与中心城区实现便捷的交通联系。政府希望率先通过新城中心的建立来增加社区居民的信心，重点建设配套集合式住宅、公共设施和大学城等，并通过选择大型国家工程来带动新城发展。

玛尔拉新城：重大项目的带动。与埃夫里新城不同，玛尔拉新城是在原有 26 个分散的小镇基础上建设而成，依托马恩河谷和市域快速铁路呈轴线带状发展。新城最初规划人口规模为 35 万，用地规模约 150 平方公里，1990 年居民已达到 21 万③。然而，

---

① 孙颖，林航飞.巴黎轨道交通系统初探［J］.轨道交通，2009（14）：106.
② 米歇尔·米绍等.法国城市规划 40 年［M］.北京：社会科学文献出版社，2007：112.
③ 赵学彬.巴黎新城规划建设及其发展历程［J］.规划师，2006（11）：95-97.

玛尔拉新城在建设之初由于未能充分考虑产业发展的平衡问题，导致新城就业岗位严重不足，并引发一系列的新的城市问题。为此，政府开始着手加大力度引入项目以提供就业岗位，并严格控制住宅区建设。迪斯尼①便是其中一个典型的成功案例，玛尔拉新城也逐渐形成以科技研究、休闲娱乐为主体的产业特征。

圣康旦新城：多元产业的平衡发展。与玛尔拉新城相类似，圣康旦新城由 7 个村庄发展而成，最初人口约 2 万人。由于毗邻凡尔赛宫，因此新城的发展对人文资源与自然资源进行了重点开发，大力发展高品质住宅和旅游业。圣康旦新城在建设过程中全力吸纳巴黎中心城区的办公外迁，并主力推动大型跨国公司落户于此。如著名的雷诺汽车研发中心便是圣康旦最主要的一个产业引擎。同时新城利用自身区位及资源条件，大力发展休闲旅游业，培育现代服务业，多领域提供就业岗位，促进新城建设与产业发展的平衡。2006 年新城服务业就业比重已达到总就业岗位的 70%并在逐年增多②。

赛尔基新城：公众参与和特色环境的构建。距离巴黎中心城区约 40km 的赛尔基新城较为特殊，规划人口为 30 万～40 万，其建设的主要目的是形成巴黎城区外围别具特色和吸引力的公共艺术文化中心，并由 EPA（新城国土开发公共规划机构）负责新城的规划、策划与运作。值得推崇的是，新城在建设的每一个阶段都与市民进行紧密的互动，并根据反馈意见不断调整思路，宁可推迟开发建设的时间，也不轻易做出草率的决断。另外，赛尔基新城在产业发展中强化文化创新和旅游度假的概念，创建大学城、国际新城规划研究中心等，并始终贯彻环境保护理念，强调"环境是新城的生命线"，优美独特的新城环境吸引了众多国内外游客，并逐渐形成以旅游业为主导的产业体系（表附 2-9）。

巴黎新城的开发规模与开发节奏　　　　表附 2-9

新城名称	始建年代	规划面积（km²）	规划人口（千人）	1991 年居住人口（千人）
赛尔基－篷杜瓦兹（Gergy Pototise）	1965	80	200-220	159
埃夫里（Ivry）	1965	41	100	73
圣康旦－伊弗里尼（Saint-Quentin-Yvelines）	1968	75	320	139（1993 年）
默伦－塞纳尔（Melun-Senart）	1969	118	300	82
玛尔－拉－瓦雷（Marne-La-Vallee）	1969	150	400	211

数据来源：参考页注③

---

① 迪斯尼于 2000 年进驻玛尔拉新城，在推动新城开发进程的同时，还提供了近 2 万个就业岗位。
② 赵学彬.巴黎新城规划建设及其发展历程[J].规划师，2006（11）：95-97.
③ 周晓华.新城模式——国际大都市发展实证案例[M].北京：机械工业出版社，2007：10.

附 2.2.3 基于轨道交通的巴黎典型新城研究

从集聚的单中心巴黎密集区到分散的多中心结构的巴黎大都市区，是大都市地区发展的内在规律。毋庸置疑，巴黎大都市区进行的空间战略调整和新城实践对于巩固其在全球城市体系中的地位起到了重要作用，对我国当前大都市地区的空间发展有着重要启示意义。选取巴黎较为典型的玛尔－拉－瓦雷新城为研究对象，深入分析与总结其发展特点和开发建设的成功经验，对于即将开展或正处于启动阶段的我国大都市区新城建设大有裨益。

（1）玛尔－拉－瓦雷新城总体概况

玛尔－拉－瓦雷新城的建设在 1969 年正式启动，是最晚被并入巴黎新城发展计划的区域，也是典型的沿轨道交通发展的新城，同时也是公认的巴黎新城中发展最快、最为成功的一个。它位于巴黎大都市区东部，处于北部空间发展轴线的东端，用地规模约 152km²。在新城计划启动以前，区域绝大部分土地为农田，伴有少量的村庄散布其中，因此玛尔－拉－瓦雷新城具备大都市"边缘城市"的特性和城乡结合部的属性。1972 年，新城国土开发公共机构（EPA）针对新城的土地开发、交通建设、市政配套等展开了全面的规划研究，标志着新城开发进入到实质性建设阶段（图附 2-26）。

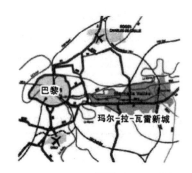 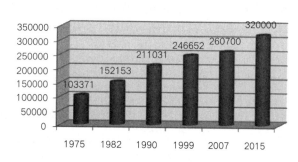

图附 2-26　玛尔－拉－瓦雷新城区位及新城人口增长预测情况

数据来源：页注 ①

（2）区域视角下的职能定位

新城不同的功能定位，决定了它从选址到规划布局等各方面的差别。玛尔－拉－瓦雷新城在规划之初定位为新的地区城市中心，由于选址于城乡交错地带，为避免人口向中心城区过度集聚，新城既要服务于新城市化地区，又要面向现状半城市化地区，同时缓解郊区设施配备缺乏、就业岗位不足的矛盾，促进巴黎大都市区东部的重新平衡发展。而在新城内部的空间布局中，土地的开发围绕着轨道交通站点组织城市空间，

---

① 韩林飞. 北京 VS 巴黎—中法新城发展对比与思考［J］. 北京规划建设，2009（6）：109.

并在规划区最西端建设新城中心。新城始终从巴黎大都市区整体发展的角度审视自身的定位与发展，并与中心城区及其他新城组团形成合理分工的等级化交通体系，成为东部具有凝聚力的城市组团。

（3）轨道交通导向的土地开发时序

玛尔-拉-瓦雷新城在土地开发过程中，充分体现了对自然资源的保护和对轨道交通的利用。新城北拥马恩河、南靠森林区，特定的自然条件决定了新城空间只能在二者之间呈线型展开。然而与传统的城市建成区空间连绵发展的形态截然不同，新城选择了以轨道交通为优先发展轴的开发模式，在新城最西端即距离巴黎中心城最近的区域建设新城中心，由西向东沿线展开，并形成功能各异的城市组团，依托轨道交通站点建设组团级城市中心，与新城其他交通干道及南北绿色空间相衔接，形成串珠状且空间不连续的用地布局模式，这也是玛尔-拉-瓦雷新城规划的独创之处（图附2-27）。

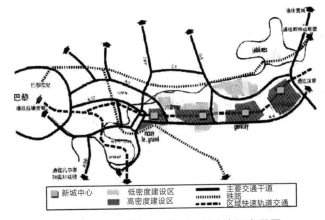

图附2-27　新城交通体系与城市空间布局图

从新城空间布局及各组团内部的功能来看，整体空间以轨道交通站点为核心呈圈层状发展，人口密度、开发强度以及建筑密度由中心向外缘逐步降低，多种城市功能如公共服务设施、商务办公等围绕着轨道交通核心紧密布局，形成相对集中的城市中心。这种布局方式缩短了住宅与交通枢纽、工作地点、服务设施以及自然空间的距离，使就业与生活功能高度集聚，在减少新城内部对私家车交通需求的同时，提高了组团中心各种功能设施的集聚效益，从而增强了新城各发展单元的吸引力和凝聚力（图附2-28）。

我国香港地区新城开发成功的一个重要原因也是其土地开发的时序布置，将新城与轨道交通建设及公屋政策紧密结合，首先兴建公屋对人口进行重新布局，接着依托轨道交通建设配套设施，吸引人口集聚，并逐步开发产业用地，促进新城内部职住平衡，然后进一步推进商业开发和私人住宅的建设，导入更多的人口与企业，形成了新城发展的良性循环。

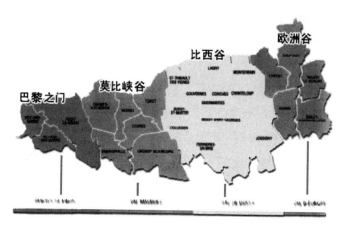

图附 2-28 新城规划分区

（4）轨道交通导向的土地使用特征

如上文所述，玛尔-拉-瓦雷新城共分四个片区进行分期建设，每个分区内设置 4 个居住单元（其中 3 个都是选址于轨道站点附近，每个单元用地规模约 3500 公顷，可容纳 10~15 万人居住），并在组团内部优先考虑公共交通的发展，围绕着交通站点进行圈层式空间布局（表附 2-10），第一圈层空间服务半径约 400 米，开发强度大，住宅密度高，步行至轨道交通站点约 5 分钟；第二圈层空间服务半径约 800 米，开发强度相对较大，住宅密度中等，步行至站点的时间控制在 10 分钟之内；第三圈层空间服务半径在 800 米以上，建筑密度较低，主要以公共汽车的方式连接轨道交通站。这种布局形式促进了以公共交通特别是轨道交通为导向的新城发展模式，具有良好的可持续性（图附 2-29、图附 2-30）。

玛尔-拉-瓦雷新城分区及人口变化情况 表附 2-10

新城分区	市镇数量（个）	用地规模（km²）	规划人口（万人）	实际人口（万人）			
			2006 年	1975 年	1982 年	1990 年	1999 年
巴黎之门	3	21	10.66	6.12	7.44	9.06	9.97
莫比埃古	6	38	8.66	1.57	4.70	7.90	8.51
比西谷	12	61	7.42	2.40	2.74	3.62	4.98
欧洲谷	5	32	4.05	0.25	0.33	0.52	1.19
合计	26	152	30.70	10.31	15.22	21.10	21.65

数据来源：参考页注①

---

① 刘健，马恩拉瓦莱：从新城到欧洲中心——巴黎地区新城建设回顾[J].国外城市规划，2002（1）：29.

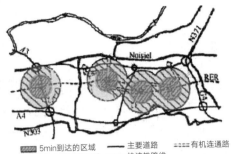

图附 2-29 新城土地使用特征示意

图附 2-30 新城换乘中心及大型商业中心鸟瞰

（5）新城规划实施机构的成立

玛尔-拉-瓦雷新城在建设之初，为有效推动新城的开发与规划目标的实现，专门成立了 EPA 机构（新城规划实施机构），负责新城规划与建设中的诸多事宜。机构人员构成是以规划人员为核心，包括规划、建筑、景观、经济学等各个领域的专家和社区代表，在新城的初期开发中（一般需 10~20 年），EPA 成员一起工作、密切配合，针对每个发展阶段和具体的地块建设进行认真研讨，直至新城中心区的开发建设基本成型。这种基于区域整体发展和各部门合作的城市管理模式对协调新城建设、保持新城的整体发展起到了重要作用，也是形成巴黎新城独有特色的重要制度原因。

另外，政府的积极介入也同时表现于其他方面，如针对新城的土地开发制定相关的法规制度和规范、重点扶持关系新城发展命脉的大型公共设施建设（特别是交通基础设施和科研机构）等。

（6）多元产业的支撑与市场联动效应的发挥

玛尔-拉-瓦雷新城在发展中不是单纯的作为巴黎中心城区外溢功能的接纳地，而是更注重于新城的创新功能，以多元化的产业支撑新城的建设与发展，如迪士尼乐园和古斯塔夫埃菲尔商务园的开发，前者不仅是提供了 1 万多个就业岗位，每年吸引近 1200 万国内外游客前来休闲娱乐，更重要的是它丰富了新城的产业文化、提升了新城发展的功能空间；而后者则吸引了众多巴黎大都市区内的商务办公业及其他服务业企业的入驻，已逐渐发展为巴黎大都市区东部的娱乐中心和物流中心。

另外，为吸引工商业外迁至新城，在产业发展政策的制定上，巴黎政府从 20 世纪 60 年代就开始对市内企业征收"拥挤费"，对外迁占地 500 平方米以上的企业，给予 60% 的拆迁补偿费用；对从巴黎中心城区迁至新城的各类机构，给予 15%~20% 的投资津贴，同时施行在新城建设办公楼不收特别税的优惠政策，很大程度上吸引了中心城区工厂、企业及办公单位的外迁，促进了新城人口、产业集聚，对新城的发展起到了重要作用。

附 2.2.4　对我国大都市区多中心空间体系建设的启示

在巴黎新城 30 多年的发展过程中，巴黎将其作为整个大都市区的一个发展极（磁极），在规划之初便确定了要将中心城区内的一些行政机关、事务所及服务设施等吸引出来，在区域范围内促进职能分工的相对平衡，并重视通过轨道交通取得新城与中心城区的便捷联系，以提升新城的吸引力，在某种层次上产生可与巴黎中心城区相抗衡的力量，实现巴黎大都市区的整体平衡。目前新城已显现出较高的综合开发效益，并逐步承担起区域中心城市的职能，对促进巴黎大都市区的空间整合与协调发展起到了重要作用。这一方面得益于在规划建设和管理方面的成功探索，另一方面也得益于区域发展战略的正确指导，尤其是对区域轨道交通的建设、新城职能定位、管理机制、产业政策以及新城与主城之间的协调发展等方面的重视。

（1）从区域高度权衡新城的职能定位，重质不重量

随着区域发展观的兴起、区域规划的实践，审视新城发展的范围也在不断扩大，并在新城规划与发展中得以体现。如巴黎新城自诞生之日起便作为区域整体空间的有机组成单元，而不是游离在中心城区之外的孤立个体，新城建设也一直秉持区域发展观，将自身的建设纳入区域整体发展战略。因此，新城的发展无论是在城市功能、产业发展还是在空间组织与交通运输等方面，始终与区域内的其他城市组团，尤其是作为中心城市的巴黎及巴黎郊区密切相关。在区域职能上，如前文所述，巴黎新城主要是吸纳中心城区日益膨胀的第三产业和大都市区的新增人口，特别是吸引新城建设与产业的发展在现状半城市化地区集聚，形成新的区域性城市组团，从而缓解主城区的增长压力，促进大都市区的整体、均衡发展。在这一过程中，新城特定区域功能的赋予，有效避免了各地区间的无为竞争，在促进巴黎大都市区整体发展的同时，一定程度上弥补了巴黎新城规模增长的不足，有效提高了新城发展的可持续性。而正是这种区域整体发展的规划思想，才保证了巴黎大都市区持久的繁荣和国际竞争力的长盛不衰。

（2）依托中心城市整合原有城镇的建设

与伦敦多数新城是在一片处女地上逐步发展起来的路径所不同，巴黎新城的建设基本是在半城市化地区。通过发挥新城中心的辐射作用，吸引一定范围内的居住、企业以及休闲、娱乐等设施的集聚，通过建设密度的提高以及对原有城镇空间的整合，逐步走向完全城市化。在发展中，巴黎新城始终与主城区保持在功能、空间上的密切联系。因此在新城建设过程中，尤其在新城开发之初，新城能得到主城区在人力资源、经济生产、技术服务等方面的大力支持，借助中心城市的辐射效应在短时间内形成一定规模，轨道交通的建设与发展在这一过程中起到了不可替代的作用。同时，巴黎新城在建设中更加注重规模效益的发挥,强调与中心城区在空间上的连续性。因此巴黎新城与主城区之间并没有人为设置的隔离地带,而是依托轨道交通促进新城与中心城市之间的交流与对话,在城市发展空间上基本没有明显的分界。当然需要特别指出的是,巴黎大都市区这种有结构的连片发展和此前无结构的城市蔓延在本质上截然不同。

(3)发挥轨道交通的骨架作用引领新城发展

交通基础设施对城市空间的布局具有强力的引导作用,在新城与主城区之间建立起非常便捷的交通联系,将极大提高各城市组团之间人员物资的可动性,对促进外围新城的快速发展起到积极作用,同时也可以有效促进大都市区整体空间的健康、有序发展。巴黎新城在规划之初便以交通基础设施为先导(1965年SDAURP规划),从完善区域整体空间结构的角度出发,大力发展区域快速轨道交通网以及由四条环路和若干放射路共同组成的区域道路网,促进区域均衡发展,巴黎5座新城便是全部依托区域交通干道布局而发展起来的。

另外,在巴黎大都市区空间整合与新城的发展中,充分发挥了轨道交通的引领作用,对不同类别的城市空间进行了针对性的引导,如在宏观层面根据区域交通来确定新城的空间布局,中观层面依托轨道交通线路组织新城的开发建设,微观层面则围绕轨道交通站点大力发展城市组团和新城中心。大运量的轨道交通促进了相对紧凑的高密度空间开发,而这种相对集中的空间发展方式也保证了每个新城组团都可以达到相对较高的建设密度和人口密度,从而确保了轨道交通的运输效率,使得新城具有更高的资源利用率和更大的发展可持续性。但在新城内部结构却较为松散,以新城公共服务中心作为片区中心,内部交通主要依赖私家交通。因此,在今后的建设中对新城的内部空间如何借助轨道交通的特点进行优化值得深入研究。

(4)发挥市场联动效应,以重大项目带动新城发展

以重大项目带动发展是大都市区空间整合与新城建设中的重要战略。由于大城市问题的不断出现,巴黎新城的建设被赋予了很高的历史使命。但是在新城的发展中,对于建设资金的利用并不是"撒芝麻"式的平均分配使用,而是普遍采用了有选择性的重点建设方针,对关系新城发展命脉以及区域发展需求的大型公共设施优先建设。同时为了在短期内形成具有一定规模的新城中心,以吸引人口和产业集聚,建设中围绕轨道交通站点,先期集中建设大型商业、办公、服务、科研等公共设施,快速的改善原有地区的城镇面貌和设施环境,利用市场的联动效应,充分发挥新城中心的集聚和辐射功能,提供更多的就业岗位,逐步引导新城土地的开发,促进新城的有序发展。而大型公共设施的建设也对促进新城就业与居住的平衡起到了积极作用。如上海嘉定、安亭,由于有了国际汽车城、F1方程式赛事等所带动的相关产业支撑,已呈现出良好的发展势头;而其他一些确定的新城,由于缺乏产业的有力支撑,发展相对迟缓。

但从长期来看,过于依赖单一类型的产业有较大的脆弱性,产业类型应向多元化

发展，即围绕某一类主导产业发展新城特色产业集群。

（5）成立专门的规划实施机构，以积极的政府介入为保障

新城规划目标的实现是一项复杂的、动态的系统工程，为促进新城规划实施的顺利开展，以积极的政府介入为保障，成立专门的管理机构将有效提高新城的建设效率。巴黎在新城的规划实施中，特别成立了"EPA（新城国土开发公共规划机构，Establishment Public é'Amanagement de la region）"机构[1]，全面负责新城的社会管理、政策落实以及城市规划的编制与管理、建筑设计的招投标和市政公共设施的管理等各类事宜。严密的新城规划建设操作体系（EPA）一直伴随新城的成长与发展，对新城的建设起着至关重要的作用。

在我国大都市区新城规划的实施模式中也开始出现管理体制和运行机制上的创新，如上海松江新城确立了"一个街道、四个公司"的开发管理体制，由新城管委会独立负责新城的开发管理，而其他的后勤城市事务如社保、社区与人口管理等则交由街道办事处来处理，如此形成了多方位、共赢友好的新城开发模式，并实现了突进式开发的初步目标[2]。

（6）新城与副中心协同建设，注重对主城区风貌的保护

大都市区整体空间的有序发展离不开各城市组团在功能、空间等方面的协调与配合。因为城市主中心的活力再强，其辐射带动的范围也还是有限的。因此，大都市区新城与城市副中心的建设，将被赋予传递承担城市主中心的辐射带动功能。而单纯的依靠某一方来促进区域发展是远远不够的，也往往顾此失彼，大都市区的空间提升需要新城与副中心的协调建设来完成。而作为城市副中心和新城，首要的条件就是要有便捷的交通（尤其是通往中心城区的交通一定要很便捷），又要与主城区拉开一定距离，各项配套较为完善。巴黎大都市区在空间整合中注重高标准建设新城和"副中心"，构建多中心的新型城市结构，以疏解中心城区的压力和强化新城与副中心的功能辐射。9个副中心基本位于新城与主城之间，其中塞纳尔新城（位于巴黎市东南郊，距离巴黎市约30公里）和拉德方斯"副中心"（位于巴黎市西北塞纳省的塞纳河畔）就是典型案例（图附2-31）。

塞纳尔新城在建设中更多的表现于其空间规划上的大胆创新，对立体空间进行了充分利用，如通过开辟城市多平面的交通系统，在地下解决了快速交通、轨道交通以及综合管廊等的交叉，为新区保留充分的地面开敞空间和街面的完整性，围绕轨道交通站点形成了一个立体的三维城市客厅空间；而拉德方斯则主要体现在通过对城市活力的提升，促进了主城区风貌的保护。正是通过新城的建设承载了新的城市功能，提供了充足的发展机会和空间，才有效减轻了老城破坏的压力，使得巴黎老城免于开

---

[1] Sassen Saskia.Cities in a Global Economy [J].Thousand Oaks, 2006 (5): 56.
[2] 孙施文，周宇.城市规划实施评价的理论与方法 [J].城市规划汇刊, 2003 (2): 90.

发，同时巩固了巴黎作为商业、文化和交通中心的重要地位，在保证整个城市非常完整的同时，使巴黎充满了实践与创新的活力。然而在新城城市设计方面，新老建筑尺度和风格差别较大，虽然活泼但不协调，空间割裂严重，住宅安全感较低，因此后期新城的建设开始偏向传统风格[①]。我国在新城建设与主城区风貌保护中也付诸了较多实践，并取得了较好的效果。随着社会经济的快速发展，这一理念更应得到重视（图附2-32）。

图附2-31　巴黎拉德方斯新城区与主城区的协调共生

资料来源：http://hhshh009.blog.sohu.com/121480947.html

图附2-32　苏州古城的保护与新城建设

资料来源：http://www.gaoloumi.com/archiver/?tid-139439.html

（7）注重轨道交通导向的土地开发时序和土地混合使用

巴黎新城在土地开发过程中，选择了"人口—交通—产业—商务功能—综合体"的开发路径，在吸引中心城区第三产业等迁入新城的同时，大力建设轨道交通，以保证新城与主城之间的快捷联系，并在新城建设前期围绕着轨道交通站点预留潜力地块供后期商业发展，多种城市功能围绕着轨道交通核心进行紧密布局，促使住宅、就业与其他生活功能高度聚集，从而增强了组团作为新城发展单元的凝聚力和吸引力。

另外，在土地利用方面，轨道交通导向的土地混合使用功能的发挥对新城中心的

---

① 张捷，赵民. 新城规划的理论与实践—田园城市思想的世纪演绎[M]. 北京：中国建筑工业出版社，2005：127-131.

建设起到了关键作用。在新城土地使用的布局中，巴黎新城不再重视传统的功能分区，而是在空间布局中采取相对集中或者独立的建设方式，多项设施综合集中于新城中心区，形成一个综合的、功能全面的现代新城核心，与轨道交通相结合，新城建设秉持以公共交通为导向的土地开发模式。而我国土地资源的稀缺性也决定了我国大都市区空间发展必须选择一种以公共交通为导向的拓展方式，如何在保持新城与主城紧密联系的同时，促进新城自身的综合发展方面，巴黎新城的建设为我们提供了很好的借鉴。

附2.3 新加坡轨道交通与多中心空间体系的发展

在全球化、区域化及持续快速城镇化背景下，我国大都市区正面临着城市空间急需拓展和土地资源急需控制之间的矛盾，必须通过宏观的土地集约利用政策和高效的公交系统建设促进城市空间的可持续发展。作为高密度发展的城市国家，新加坡多中心空间体系的成功建设与其建立以轨道交通为主导的开发模式，并最大程度的实现轨道交通与新城的协调发展是分不开的。

附2.3.1 新加坡多中心城市空间体系的建立

(1) 新加坡概况

新加坡是一个城市岛国，由新加坡本岛与54个小岛组成，国土面积约714.3平方公里（其中本岛约694平方公里），是继美国纽约、英国伦敦和中国香港之后的第四大世界金融中心，因其城市保洁与生态环境建设方面的突出成绩，故有"花园城市"之美称。截至2012年底，新加坡总人口531万，人口密度约7422人/平方公里，是世界上人口最稠密的国家之一。由于其地域规模特点，新加坡在行政区划上并无省市之分，而是以符合都市规划的方式将全国划分为五个社区，即中心商务区、东部片区、东北片区、北部片区和西部片区，并由相应的社区发展理事会（简称社理会）管理。

(2) 新加坡多中心空间发展历程

针对新加坡典型的人地矛盾，在城市发展的每一阶段政府都对每一寸土地的利用和空间组织进行了缜密考虑，采用了理性的规划引导和灵活的开发控制方式。规划发展历程可划分为三个阶段，即20世纪50～60年代的单层次"总体规划"、70～80年代的"概念规划＋总体规划"以及90年代以后的"概念规划—发展指导规划滚动修订总体规划"（图附2-33）。

第一个阶段突出了对土地利用区划、开发强度的控制，并很好的对未来公共事业的发展空间进行了土地预留，但这一阶段未能充分的认识到新加坡快速增长的发展背景。

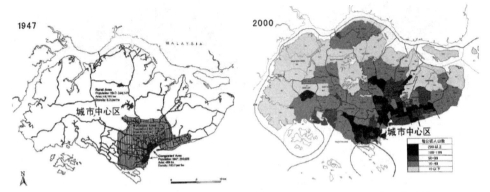

图附 2-33　新加坡 1947 年城市建成区空间分布与 2000 年人口密度分布情况
资料来源：页注 ①

第二阶段引入了非法定性的概念规划以适应快速的经济增长，并侧重于解决城市宏观层面的问题，倡导以城市主城区为核心，在区域范围内分层次、分等级的建设居住区和产业发展区，每个片区都设有紧密的多功能中心，以提高其辐射影响力，有序的分散中心城区日益膨胀的人口和抑制城市空间无序的蔓延，并提出通过大运量、及时快捷的轨道交通网络来组织新加坡各个区域的空间关系，这一阶段外围新城成为城市人口增加的主要区域，中心城区用地边界基本稳定，有效避免了"摊大饼"的蔓延趋势。可以说，这一阶段为新加坡建构有序的、多中心的城市空间奠定了关键性思想基础。

第三个阶段主要针对城市规划的修订方式进行了升级，采用了发展指导规划以滚动修订总体规划的方式，发展指导规划一经批准即代替原有部分成为新的法定性规划，如此不仅缩短了规划编制周期，且可以有效、及时的针对出现的问题提出相应的解决方案。同时，为应对知识经济时代产业之间界限越来越模糊的变化，2001 版新加坡概念规划提出了采用"以影响为基础"的区划建议，即商务活动、产业发展依据它们对周旁区域的影响加以组织，引导商务活动在不同用途的建筑体内进行，这在很大程度上促进了城市土地功能的混合使用和人口密度呈现廊道式的均匀分布（图附 2-34）。

2008 版新加坡总体规划结合公众反馈意见，在用地布局上进行了落实，选取了部分新镇中心设立区域中心、次区域中心和边缘中心，从三个层次来进一步指导城市功能的扩散和再集聚，由此奠定了新加坡多等级、分层次、多中心的城市空间体系，最终形成"1356"的城市空间结构，即 1 个城市中心、3 个区域中心、5 个次区域中心

---

① Tai-Chee Wong, Lian-Ho Adriel Yap. Four decades of transformation: land use in Singapore, 1960-2000 [M]. Singapore: Eastern Universities Press, 2004.

和 6 个边缘中心。

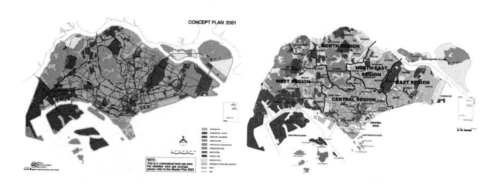

图附 2-34　新加坡 2001 版概念规划和 2008 版总体规划
资料来源：新加坡国家发展部网站 http://app.mnd.gov.sg/

功能中心与职住空间的均衡分布。在新加坡多中心的城市空间体系中，更强调居住与工作的均衡分布，以减少钟摆式交通带来的交通压力（图附 2-35）。1 个城市中心即新加坡中心商务区，是城市功能的核心区；3 个区域中心即裕廊东（Jurong East）、兀兰（Woodlands）、淡宾尼（Tampines），分别位于连接市中心的三条放射型轨道交通的沿线，且各自都拥有齐备的商业服务设施和大量的就业岗位，从而有效减少了区域通勤需求；同时，为提高轨道交通站点的换乘效率和服务范围，选取了 5 个次区域中心，即实龙岗（Serangoon）、波那维斯达（Buona Vista）、璧山（Bishan）、马林百列（Marine Parade）、巴耶利巴（Paya Lebar），它们全部位于市中心与区域中心之间的轨道交通环线上，使城市空间得到进一步的提升，并在功能上更好地辐射周旁地区。由此，新加坡全岛的主要功能中心通过轨道交通实现了高效、快捷和更为直接的联系。

图附 2-35　新加坡多中心城市空间结构与轨道交通体系
资料来源：新加坡国家发展部网站 http://app.mnd.gov.sg/

多中心的城市空间体系对新加坡主城与新城的交通组织起到了决定性指导作用，也是轨道交通建设与发展的基础和直接依据，轨道交通只有充分的支持多中心城市空间结构才能使其运输效率达到最优。

附 2.3.2　多中心空间战略下新加坡轨道交通的组织

据广东城市公共交通协会的调查数据显示，自 1987 年新加坡轨道交通建成投入使用至 2012 年 3 月，其总长度已达到 178 公里，其中地铁营运里程 149 公里，车站 99 座，轻轨营运里程 29 公里，车站 43 座，公共交通客运量达到 673 万人次／日（其中地铁轻轨 240 万人次／日、出租汽车 93 万人次／日、公共巴士 340 万人次／日）。轨道交通在整个交通体系中发挥了骨干作用，尤其是长距离的出行优势表现的更为明显。

（1）轨道交通引导下城市空间组织的层次性

在新加坡 2009 年 10 月的公交乘客满意度的调查中，对公交系统服务表示满意的比重高达 93.8%[①]。这与其以人为本、建立以轨道交通为导向的都市综合交通体系以及公共交通与土地使用一体化发展的策略是分不开的，这也是解决新加坡机动化和集约交通用地的内在要求。其中轨道交通主要由地铁（Mass Rapid Transit，简称 MRT）和轻轨（Light Rail Transit，简称 LRT）组成，每一个站点都是重要的连接点，将购物中心、住宅区、公共设施以及交通中心和广场密切结合，并通过站距的区分和换乘枢纽的建设来实现轨道交通组织的层次性：宏观层面由"半放射状加环形"的轨道交通进行组织，以主城区为集聚点，向外联系位于本岛西部、北部和东部的 3 个新镇，也是城市中心与区域中心之间的直接联系；中观层面则由 LRT 和巴士系统共同承担，通过公交换乘枢纽的建设来提高轨道交通站点的服务范围，以有效补充和支撑起中观层面的空间需求；微观层面主要是通过良好的步行环境和以人为本的交通设施布置进行有序组织。

（2）轨道交通导向的土地使用强度的层次性

通过对新加坡总体规划（2008）的解读，选取了 8 个典型轨道交通站点进行对比分析，归纳其周边土地的使用特征，可以发展轨道交通引导下的土地使用强度表现出较为明显的层次性。

从对各级城市中心轨道交通站点周围 250 米半径圈和 250～500 米环带内商业、住宅容积率的比较中可以看出，各项用地总体呈现出较为有序的开发特征与用地布局，以站点为核心向外依次为商业中心区、商务办公区、居住区、工业发展区；核心区以商业和办公用地为主，区域中心则主要是商业与综合用地，各个次级中心轨道交通站点周围用地因既有开发情况而存在差异，主要体现在新建站点区域和已有的站点整合区两方面，前者土地使用特征与区域中心较为接近，后者则受到既有土地使用结构的影响，站点周围用地布局和街区分布具有传统道路交通下的用地特点。另外，在轨道

---

① Annual Report 2009/2010: Moving Your World [R]. Singapore: Land Transport Authority, 2010.

交通站点周围土地的开发强度方面，城市中心区呈现出高强度开发特点，容积率多在12左右；而区域中心、次级区域中心的容积率在4.2~5.6之间，且商业、商务办公用地紧密围绕轨道交通站点250米范围内，其外围的住宅区容积率也普遍在2.8左右。

附2.3.3 新加坡轨道交通与新城可持续发展的策略研究

（1）从区域高度确定轨道交通站点与新城公共中心的定位

新城在建设之前必须编制区域空间发展规划，从城市整体发展的视角确定新城的选址、用地布局、产业发展以及人口集聚的措施等，这将有利于充分发挥轨道交通的引导作用，促进两者之间的良性发展，并有利于将轨道交通建设和新城开发纳入区域整体有序发展的大环境中，促进新城及轨道交通的健康发展。新加坡在1963年结合城市发展情况对人口增长的可能性重新进行了评估，并否定了十年前提出的"环形＋放射式"空间发展结构，调整为依托轨道交通发展的"项链式"空间布局结构，即以中心城区为核心，在区域范围内设置多个新城（镇），并结合轨道交通站点设置不同等级的城市中心，分为区域中心、次区域中心和边缘中心（组团中心）。公共中心的等级越高，设置的数量越少，其腹地范围越广，距离中心城区也越远。结合公共中心，通过土地混合开发，使购物、休闲、工作、居住等活动大多集中在新城区域内，以减少交通出行。同时在空间分布上，各新城中心均有快速轨道交通和快速干道相连接，使得新城大部分居民可以在30~45分钟时间内到达中央商务区或城市级产业园区上班，实现了城市整体空间的网络化一体发展。因此，从区域高度对新城公共中心进行区别化设置，不仅实现了中心城区部分非必要功能空间转移，而且使得中心城区的城市功能得到进一步优化与提升的空间，这将有效扩大其辐射范围，影响各区域中心及新加坡以外地区的发展。

（2）制定了层次分明的新城居住空间体系

新加坡多中心的城市空间体系是以新城模式结合轨道交通进行串联式发展。各新城居住区在建设中均设置了层次分明、不同规模等级的新镇、小区、邻里"三级结构"。其中新镇层次人口规模控制在15万~30万人，用地规模约5~10平方公里，大多由8~12个小区组成；小区层次人口规模控制在1.5万~2万人，用地规模约60~100公顷，多由8~10个邻里组成；而邻里层次人口规模约为1500~3000人。按不同层次的梯度要求设置各级中心，其区位、规模、等级、交通要求都较规范严格。

（3）建立了以轨道交通为主导的多模式、网络化公交系统

轨道交通作用的充分发挥与新加坡多模式的公交系统是分不开的，其最重要的特征和优势便是公交系统一体化和网络化，在大力发展轨道交通的同时注重搭接式公交体系的引导，即轨道交通与巴士、出租车等共同组成新加坡的公共交通系统

（图附 2-36）。

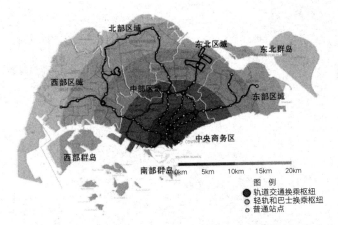

图附 2-36 新加坡各类型轨道交通站点空间分布情况

在公交网络化发展中，地铁提供骨干线服务，覆盖区域主要的城市发展中心，尤其是市中心与新城中心之间的联系，主要服务于中长距离出行；轻轨系统则是地铁的拓展，用于连接地铁站点与主要的商业区和居住区，且每个轻轨站点与其附近的主要居住区之间的最大步行距离控制在 400m 以内；作为轨道交通的补充，巴士系统与轨道网络形成了紧密结合，用于填补私人交通与公共交通之间的空白，既包括为轨道交通服务的接驳巴士，也包含联系各城镇组团的交通线路，同时在线路布置上既允许与轨道交通走廊平行，也体现在对地铁覆盖不足地区的补充。

截至 2012 年 3 月，新加坡共有巴士服务路线 344 条，营运车辆 4112 辆，几乎所有新城居民都居住在距离巴士车站步行 5 分钟覆盖范围内，充分展示了"一体"和"补充"的协调发展理念；而出租车则主要服务于时间紧急或高消费人员的出行。如此多种公交方式相互配合，形成了新加坡多模式的公交网络，而轨道交通在"搭接式"公交生长过程中，通过对远端的换乘枢纽和线路节点效应的叠加和一系列交通线路的连接传递，牵引和带动了新城发展，引导大都市区空间有序发展，并不断形成新的城市次中心（图附 2-37、图附 2-38）。

图附 2-37 新加坡公共巴士站点空间分布

图附 2-38　新加坡轨道交通站点与公交巴士的无缝衔接

（4）多方共赢的轨道交通经营模式

新加坡轨道交通建设与土地储备相结合，建立了良性的、长效的投融资机制，成为全球少有的轨道交通盈利的大都市之一（香港也属于此类）。其轨道交通的成功发展得益于充分认识到轨道交通的双重属性，由政府承担其公益性的投入，经营性的特点由市场行为来体现。新加坡将轨道交通的基建投资与日常运营分开，即政府支出轨道交通的建设资金，但明确要求经营公司进行商业化运作并自负盈亏。同时政府实施土地储备和轨道交通建设相结合的政策，在站点周围圈地作为预留空间，其外围则发展高强度、高密度的住宅和商业设施以及公交换乘站等，发展商依赖商业场所出租、地产销售、物业管理等获取长期稳定的收益，而待站点周边区域建设成熟，预留地的增值收益归政府所有。

有类似经营模式的还有中国香港地区，政府在审批轨道交通规划时，将其周边土地的开发权授予轨道运营公司，后者以公开竞拍的方式出让土地，通过地产交易筹集轨道交通的建设资金，在很大程度上解决了建设筹资问题[①]；上海市也采用"政府主导、市场运作"操作模式，土地储备与市域轨道交通建设相结合，由政府、轨道交通建设单位、土地储备机构三方联手合作，且每个运作主体都有各自的职能分工[②]，实现优势组合，最大限度的发挥了轨道交通建设的整体效益以及实现了土地增值收益的最大化，形成"土地储备—增值收益—轨道建设"的良性循环。

---

① 马忠，罗晓敏. 香港地铁的投融资体制与收益分析［J］. 城市轨道交通研究，2003（1）：6-9.
② 轨道交通建设单位作为投资建设的主体，其主要职能是实施投资建设，保证政府对建设投资的收益平衡；土地储备部门主要发挥其专项职能，确保投入轨道交通建设活动中的土地收益能还原于轨道交通的投资；政府的职能主要是将用于投资轨道交通带来的政策性收益和获得的土地增值收益纳入土地储备专项资金，还原于轨道交通建设和对城市重大工程、市政基础设施的建设投资。三方合作的优势主要体现在建设单位对设施开发和投资管理行业上的优势、土地储备部门对土地储备与运作上的优势、政府在组织实施和政策支持方面的优势。

(5)法制化交通管理和人性化服务模式

由于地域资源因素，新加坡采取了高密度发展模式，且是以公共交通，特别是以轨道交通为主导的高密度开发模式，形成了多元化、网络化、现代化的公共交通体系，建立了较为成熟的交通管理体制，在中心区道路狭窄、开发强度大的情况下仍然能保持交通顺畅，这是其实施行政、经济等措施相结合的法制化交通管理的结果。如针对市中心道路较为狭窄的现状，组织单向交通体系，并建立电脑化交通控制系统，实行市区交通限制制度，并制定"全面控制交通法"，配以惩罚性的机动车限制措施，强化交通管理，达到限制私人小汽车和扶持公共交通尤其是轨道交通发展的目的。

同时新加坡在轨道交通建设过程中，通过独立的监管机构对运营公司进行监督，尤其是服务质量，十分重视出行者的意见并尽力做好协调和宣传工作，树立以人为本的发展理念和满足不同需求的社会公平性意识，提升轨道交通发展的合理性和实施水平。如在每个轨道站点免费发放出行便利手册（如各站点周旁拥有的购物、景点、美食、设施等，以及交通换乘路线和相关信息等），并在手册最后附服务质量反馈表格，乘客可在填写后将其交到任一站点客服中心。由此很大程度上提升了轨道交通服务质量以及乘客选择公交出行的意愿。

另外，在公交体系的建设中，无障碍设计更能展现出其人性化原则。对有特殊流动需求的乘客，如老人、视障人士、轮椅使用者、文盲等，所有的轨道交通站点均设置了相应的无障碍设施，如升降电梯、可按颜色准确识别线路的导引图、显示换乘公交是否为无障碍车辆以及预计到达时间的电子显示屏等（图附2-39）。

图附2-39　无障碍设计

（左图：巴士轮椅区，轮椅可以靠在红色的椅垫上，下面备有安全带，前方有专用服务按铃；
右图：过马路用的按钮，几乎每一个可以让行人通过的路口都会设置）

(6) 轨道交通导向的高密度开发与空间借用模式

土地资源的有限与城市人口的不断增加，势必会导致土地价格的上升。而土地供给的途径只有两种，一是扩张，一是提高开发密度。前者容易导致城市空间的蔓延和对生态资源的破坏，进而导致城市竞争力和整体价值下降；而后者则通过紧凑的、高密度的土地开发模式实现城市空间形态的集约化成长。几乎所有的大都市区如法国巴黎、日本东京、中国香港、新加坡等都通过实践确定了这种城市发展道路。通过大疏大密的空间布局，新加坡避免了因城市蔓延发展对生态环境的破坏，并针对人多地少的矛盾，倡导空间借用的理念，也是高密度开发过程中土地功能混合使用的发展模式。

同时，为支撑紧缩城市布局模式下新城的健康发展、提高土地使用效率，通过轨道交通与步行的结合强化其在新加坡公交系统中的地位，不仅有益于降低交通发展引起的能源消耗和环境污染，还为城市的自然生态系统争取了更加充分的发展空间[1]。而反观我国部分大都市区大多实践了"城市占领自然"的发展模式，如深圳，建设用地、耕地保有量以及可建设用地的比例达到了76.65∶3.68∶19.67[2]，空间发展的无序蔓延和生态空间的减少使深圳的带状组团式布局形态逐渐失去了特色。

附2.3.4 对我国大都市区轨道交通与新城发展的启示

我国的城镇化在"十二五"期间处于一个关键转型期，促进大都市区外围新城的健康发展是我国城镇化布局的主体战略和空间导向。同时，我国大都市区正面临着区域快速城市化、城乡发展一体化以及大量保障性住宅建设的机遇和挑战，整合城乡空间布局、统筹全域设施建设、大力开展以轨道交通为导向的新城建设将是包括北京、天津、上海在内的大都市区提升城市综合竞争力、缓解中心城区压力以及提高高密度空间运行效能、构建和谐社区、改善人居环境的重要发展战略。通过对新加坡轨道交通与新城发展的相关研究，得到以下启示：

（1）多维平衡——轨道交通导向的城市空间整合应具有层次性

基于轨道交通的城市空间整合，应树立区域一体化发展理念，建立宏观、中观、微观三种视角的引导策略，对新城的职能定位和公共中心进行差异化引导：在宏观层面形成以轨道交通连接各城市中心、其他交通方式紧密衔接的空间结构；中观层面围绕着轨道站点形成规模合理、功能明确、组织有序的城市化地区；微观层面则通过加强步行空间的连续性，提高整体运行效率，在步行、公交和轨道交通之间寻找平衡，并重视对节点地块的开发引导和土地的系统化储备。

---

[1] John Gowdya, T, Jon Erickson.Commentary Ecological economics at a crossroads [J]. Ecological Economics, 2005: 17-20.

[2] 陆大道. 区域发展及其空间结构 [M]. 北京：科学出版社，1995：137.

（2）无缝换乘——建立以轨道交通为主导的多模式、网络化公交系统

轨道交通因其造价高、建设周期长等弱点，导致轨道线网不可能顾及每一区域。因此，为提高整体空间的运行效能，可以选择以轨道交通为主导、轻轨和巴士线路等作为接驳的网络化发展模式，通过运营管理一体化、票制票价一体化、设施建设一体化等措施鼓励乘客在各种公交方式间换乘出行。同时，要重视无障碍设施建设及公众的有效参与，建设高品质的公交服务环境。

（3）空间借用——强化"高密度＋公共交通"的土地混合开发

新加坡人多地少、耕地资源稀缺的国情与我国类似，然而不同的是，我国当前正处于工业化、城镇化快速发展时期，用地需求刚性上升，城市与农村争地、工业与农业争地的现象非常突出，各项事业的同步推进导致建设用地供需矛盾集中爆发。因此，切实保护耕地、集约高效用地成为大都市区空间整合与新城可持续发展的最根本要求。在建设中一方面应鼓励和提高新城混合型土地使用的密度，有层次、有步骤的建设有生命力的新城中心和组团中心；另一方面，打破较为单一的运输体系，建立多层次、网络化的交通体系，尤其是确立以轨道交通为主导的公交发展模式，强化"高密度＋公共交通"的土地开发，有序推进公共交通与新城土地的一体化建设。

（4）制度保障——创建规范化、法制化的交通管理模式

为强化对公共交通尤其是轨道交通的扶持，建议通过成立一个相对独立的监管机构，明确其职责分工及与其他部门的协调机制，为实现公交优先发展提供政策和制度保障。这一措施在我国部分大都市已开始实践并在一定程度上缓解了中心城区的交通压力，但与新加坡所不同的是，后者并没有把交通管制从城市中孤立，而是将土地开发与公交系统相结合，并在对待公共交通与其他交通方式的出行方面格外分明。

（5）机制融合——建立与市场经济体制相融合的土地开发政策

在市场经济体制下，应尽快健全新城土地开发政策，将土地储备和轨道交通建设相结合，通过政府、轨道交通运营商和新城开发商三种主体的联合开发，建立长效、良性的轨道交通投融资机制，并通过立法、政策、制度设计等措施来保障，这将有助于处理区域层面的发展问题，推动轨道交通与新城土地利用的一体化发展。过度或单方面依赖政府，易导致新城失去自组织的活力，并带来大量的财政负担，影响城市功能的整体运转。

主要参考文献

中文文献

专（译）著

[1] 吕拉昌.中国大都市的空间创新[M].北京：科学出版社，2009.

[2] 陈前虎.多中心城市区域空间协调发展研究——以长三角为例[M].杭州：浙江大学出版社，2010.

[3] 范恒山，陶良虎.中国城市化进程[M].北京：人民出版社，2009.

[4] 陈清泰.迎接中国汽车社会[M].北京：中国发展出版社，2004.

[5] 边经卫.大城市空间发展与轨道交通[M].北京：中国建筑工业出版社，2006.

[6] 王旭.美国城市发展模式：从城市化到大都市区化[M].北京：清华大学出版社，2006.

[7] 李国平等.首都圈——结构、分工与营建战略[M].北京：中国城市出版社，2004.

[8] 周一星.城市地理学[M].北京：商务印书馆，1995.

[9] 姚士谋等.中国城市群[M].合肥：中国科学技术大学出版社，2001.

[10] 不列颠百科全书（国际中文版第12卷）[M].北京：中国大百科全书出版社，1999.

[11] 陈劲松.新城模式——国际大都市发展实证案例[M].北京：机械工业出版社，2006.

[12] 顾朝林，甄峰，张京祥.集聚与扩散—城市空间结构新论[M].南京：东南大学出版社，2000.

[13] 邢海峰.新城有机生长规划论：工业开发先导型新城规划实践的理论分析[M].北京：新华出版社，2004.

[14] 张捷，赵民.新城规划的理论与实践——田园城市思想的世纪演绎[M].北京：中国建筑工业出版社，2007.

[15] 郑明远.轨道交通时代的城市开发[M].北京：中国铁道出版社，2006.

[16] 蔡君时.城市轨道交通[M].上海：同济大学出版社，2000.

[17] 张戎，李枫.城市轨道交通企业管理[M].北京：中国铁道大学出版社，2000.

[18] 黄亚平.城市空间理论与空间分析[M].南京：东南大学出版社，2002.

[19] 王春才.城市空间演化与交通的互馈解析[M].北京：冶金工业出版社，2008.

[20] 林逢春，曾智超.城市轨道交通对城市发展与环境影响研究[M].北京：中国环境科学出版社，2009.

[21] 埃比尼泽·霍华德.明日的田园城市（金经元译）[M].北京：商务印书馆，2006.

［22］北京师范大学等编.经济地理学导论［M］.北京：高等教育出版社，1989.

［23］侯鑫.基于文化生态学的城市空间理论——以天津、青岛、大连研究为例［M］.南京：东南大学出版社，2006.

［24］朱喜钢.城市空间集中与分散论［M］.北京：中国建筑工业出版社，2002

［25］徐循初.城市道路与交通规划（下）［M］.北京：中国建筑工业出版社，2009.

［26］马强.走向"精明增长"：从"小汽车城市"到"公共交通城市"［M］.北京：中国建筑工业出版社，2006.

［27］阎小培，周素红，毛蒋兴.高密度开发城市的交通系统与土地利用［M］.北京：科学出版社，2006.

［28］潘海啸.大城市区快速交通和城镇发展——国际经验和上海的研究［M］.上海：同济大学出版社，2002.

［29］沈丽珍.流动空间［M］.南京：东南大学出版社，2010.

［30］J·M·汤姆逊等.城市布局与交通规划（倪文彦等译）［M］.北京：中国建筑工业出版社，1982.

［31］孙施文.现代城市规划理论［M］.北京：中国建筑工业出版社，2007.

［32］周晓华.新城模式——国际大都市发展实证案例［M］.北京：机械工业出版社，2007.

［33］Calthorpe P.The next American Metropolis［M］. New York: Princeton Architectural Press, 1993.

［34］李强，杨开忠.城市蔓延［M］.北京：机械工业出版社，2007.

［35］利亚姆班农等.信息社会［M］.上海：上海译文出版社，1991.

［36］戴伯勋，沈宏达.现代产业经济学［M］.北京：北京经济管理出版社，2001.

［37］王炜等.城市交通系统可持续发展理论体系研究［M］.北京：科学出版社，2004.

［38］刘世能，张修霞等.谋划新城［M］.北京：中国城市出版社，2012.

［39］张捷.新城规划与建设概论［M］.天津：天津大学出版社，2009.

［40］胡宝哲.东京的商业中心［M］.天津：天津大学出版社，2001.

［41］陆锡明.综合交通规划［M］.上海：同济大学出版社，2003.

［42］陆化普.解析城市交通［M］.北京：中国水利水电出版社，2001.

［43］米歇尔·米绍等.法国城市规划40年［M］.北京：社会科学文献出版社，2007.

［44］陆大道.区域发展及其空间结构［M］.北京：科学出版社，1995.

［45］罗杰斯.小小地球上的城市（仲得译）［M］.北京：中国建筑工业出版社，2004.

［46］夏南凯.城市经济与城市开发［M］.北京：中国建筑工业出版社，2003.

［47］陆化普，朱军，王建伟.城市轨道交通规划的研究与实践［M］.北京：中国水利水电出版社，2001.

［48］闫小培.信息产业与城市发展［M］.北京：科学出版社，1999.

［49］郭力君.知识经济时代的城市空间结构研究［M］.天津：天津大学出版社，2008.

[50] 高雪莲.超大城市产业空间形态的生成与发展研究[M].北京：经济科学出版社，2007.

[51] 周振华.信息化与产业融合[M].上海：上海人民出版社，2003.

[52] 海道清信.紧凑型城市的规划与设计（苏利英译）[M].北京：中国建筑工业出版社，2010.

[53] 谭仲池.城市发展新论[M].北京：中国经济出版社，2005.

[54] 魏权龄.数据包络分析[M].北京：科学出版社，2006.

[55] 刘易斯·芒福德.城市发展史——起源、演变和前景（倪文彦，宋俊岭译）[M].北京：中国建筑工业出版社，1989.

连续出版物

[1] 彭震伟.全球化时代大都市区新城发展的理性思考[J].上海城市管理，2012（1）：28.

[2] 张鸿雁.中国城市化理论的反思与重构[J].城市问题，2010（12）：2-8

[3] 丁馨怡，张宜轩等.中国式造城管窥中国城镇化路径[J].城市中国，2013（6）：42-43.

[4] 周俊，徐建刚.轨道交通的廊道效应与城市土地利用分析[J].城市轨道交通研究，2002（1）：78-80.

[5] 王宏远，樊杰.北京的城市发展阶段对新城建设的影响[J].城市规划，2007（3）：20-24.

[6] 路甬祥.学科交叉与交叉学科的意义[J].中国科学院院刊，2005（14）：58.

[7] 宁越敏.国外大都市区规划体系评述[J].世界地理研究，2003，12（1）：36-43.

[8] 张京祥，邹军等.论都市圈地域空间的组织[J].城市规划，2001（5）：19-24.

[9] 张伟.都市圈的概念、特征及其规划探讨[J].城市规划，2003（6）：47-50.

[10] 吴泓，陈修颖，顾朝林.基于非场所理论的徐州都市圈发展研究[J].经济地理，2003（6）：766-771.

[11] 向俊波等.新城建设：从伦敦、巴黎到北京——多中心下的同与异[J].城市问题，2005（3）：13.

[12] 邓卫.香港的新市镇建设及其规划[J].国外城市规划，1995（4）：7-11.

[13] 龚清宇.追溯近现代城市规划的"传统"从"社经传统"到"新城模型"[J].城市规划，1999（2）：17-19.

[14] 吴范玉，高亮.多中心城市布局与轨道交通的探讨[J].中国铁路，2002（10）：44-51.

[15] 葛亮，王炜等.城市空间布局与城市交通相关关系研究[J].华中科技大学学报（城市科学版）.2003，20（4）：51-53.

[16] 韦亚平，赵民.都市区空间结构与绩效——多中心网络结构的解释与应用分析[J].城市规划，2006，30（4）：9-16.

[17] 刘登清，张阿玲.城市土地使用与可持续发展的城市交通[J].中国人口·资源与环境，1999，9（4）：38-41.

[18] 丁成日.城市"摊大饼"式空间扩张的经济学动力机制[J].城市规划学刊,2005,29(4):56-60.

[19] 陆化普,袁虹.北京交通拥挤对策研究[J].清华大学学报(哲学社会科学版),2000(6):87-92.

[20] 周素红,阎小培.广州城市空间结构与交通需求关系[J].地理学报,2005,60(1):131-142.

[21] 潘海啸,任春洋.《美国TOD的经验、挑战和展望》评介[J].国外城市规划,2004,19(6):61-66.

[22] 潘海啸,任春洋.轨道交通与城市公共活动中心体系的空间耦合关系——以上海市为例[J].城市规划学刊,2005,158(4):76-82.

[23] 吕晓明.解决城市交通问题的可持续发展思想[J].城市规划汇刊,1997,17(2):61-64.

[24] 马强.近年来北美关于"TOD"的研究进展[J].国外城市规划,2003,18(5):45-50.

[25] 潘海啸,惠英.轨道交通建设与都市发展[J].城市轨道交通研究,1999,2(1):15-20.

[26] 秦应兵等.城市轨道交通对城市结构的影响因素分析[J].西南交通大学学报,2000,35(3):284-287.

[27] 吴范玉,高亮.多中心城市布局轨道交通的探讨[J].中国铁路,2001(10):47-49.

[28] 朱照宏.城市群与城市轨道交通[J].城市轨道交通研究,2003(4)27-31.

[29] 薛华培.轨道交通与我国大城市的空间结构优化[J].城市交通,2005,3(4):39-43.

[30] 王辑宪.城市群的土地利用和交通发展:规划、政策与政治[J].国外城市规划,2002(6):1-3.

[31] 郭鹏,徐瑞华.基于引力场模型的城市轨道交通与城市发展的相关性[J].系统工程,2006,24(1):36-40.

[32] 冯浚,徐康明.哥本哈根TOD模式研究[J].城市交通,2006(3):41-45.

[33] 黄胜利,宁越敏.国外新城建设及启示[J].现代城市研究,2003(4):12.

[34] 刘佳燕.借鉴国际经验,适时推动我国大都市区新城建设[J].规划师,2003(10):16-19.

[35] 李琳娜,曹小曙,黄晓燕.世界大都会区城际轨道交通的发展规律[J].地理科学进展,2012,2(2):220-223.

[36] 李依庆,吴冰华.巴黎轨道交通市域线"RER"的发展历程[J].城市轨道交通研究,2004(3):77-81.

[37] 陈秉钊,罗志刚,王德.大都市的空间结构——兼议上海城镇体系[J].城市规划学刊,2010(2):10.

[38] 卢多维克·阿尔贝著,高璟译.从未实现的多中心城市区域:巴黎聚集区、巴黎盆地和法国的空间规划战略[J].国际城市规划,2008,23(1):52-57.

[39] 顾岷.中国大陆城市轨道交通的现状与展望[J].现代城市轨道交通,2011(6):8.

[40] 仇保兴.卫星城规划建设若干要点——以北京卫星城市规划为例[J].城市规划,2006

(3): 10.

[41] 沈宏婷, 张京祥, 陈眉舞. 中国大城市空间的"多中心"重组[J]. 城市问题, 2005 (4): 27.

[42] 吕颖慧, 曹文明. 国外新城建设的历史回顾[J]. 阴山学刊, 2005 (2): 103.

[43] 李仙德, 侯建娜. Sub-CBD产业空间组织研究——以东京都新宿区为例[J]. 现代城市研究, 2011 (2): 71-77.

[44] 李诚固. 城市产业结构升级的城市化响应研究[J]. 城市规划, 2004 (4): 31-36.

[45] 李云, 高艺. 香港的产业结构调整与地域背景演进[J]. 理想空间, 2011 (45): 120-122.

[46] 高军波, 马海涛, 叶昌东. 试论新经济发展条件下城市产业结构演进与空间结构变迁[J]. 世界地理研究, 2008, 17 (4): 35-39.

[47] 陈有川, 孙博, 尹宏玲. 产业结构高度化对城市生产性空间的影响研究[J]. 地域研究与开发, 2009, 28 (2): 1-4.

[48] 吴雪明. 世界城市的空间形态和人口分布——伦敦、巴黎、纽约、东京的比较及对上海的模拟[J]. 世界经济研究, 2003 (7): 22-27.

[49] 夏丽卿. 新城规划建设的回顾及建议[J]. 上海城市规划, 2011 (5): 3.

[50] 川上秀光, 吕斌. 多中心城市结构论与东京的再开发[J]. 城市规划, 1988 (6): 27.

[51] 舒慧琴, 石小法. 东京都市圈轨道交通系统对城市空间结构发展的影响[J]. 国际城市规划, 2008 (3): 106.

[52] 顾保南, 叶霞飞, 曹仲明. 东京轨道交通的发展及其启示[J]. 城市轨道交通研究, 1998 (1): 67-72.

[53] 谭瑜, 叶霞飞. 东京新城发展与轨道交通建设的相互关系研究[J]. 城市轨道交通研究, 2009 (3): 1-5.

[54] 曾刚, 王深. 巴黎地区的发展与规划[J]. 国外城市规划, 2004 (5): 44-49.

[55] 肖亦卓. 规划与现实: 国外新城运动经验研究[J]. 北京规划建设, 2005 (2): 135-138.

[56] 赵学彬. 巴黎新城规划建设及其发展历程[J]. 规划师, 2006 (11): 95-97.

[57] 邵伟中, 刘瑶等. 巴黎市域轨道交通线路及车站布置特点分析[J]. 城市轨道交通研究, 2006 (1): 62-64.

[58] 孙颖, 林航飞. 巴黎轨道交通对我国的启示[J]. 交通科技与经济, 2010 (1): 34.

[59] 孙颖, 林航飞. 巴黎轨道交通系统初探[J]. 轨道交通, 2009 (14): 106.

[60] 肖亦卓. 国际城市空间扩展模式——以东京和巴黎为例[J]. 城市问题, 2003 (3): 30-33.

[61] 韩林飞. 北京VS巴黎——中法新城发展对比与思考[J]. 北京规划建设, 2009 (6): 109.

[62] 刘健. 马恩拉瓦莱: 从新城到欧洲中心——巴黎地区新城建设回顾[J]. 国外城市规划, 2002 (1): 29.

[63] 孙施文, 周宇. 城市规划实施评价的理论与方法[J]. 城市规划汇刊, 2003 (2): 90.

[64] 胡荣希.新加坡新镇的规划、建设与管理［J］.小城镇建设，2002（2）：72-73.

[65] 严亚丹,过秀成等.新加坡城市综合公共交通系统［J］.现代城市研究，2012（4）：68.

[66] 马忠,罗晓敏.香港地铁的投融资体制与收益分析［J］.城市轨道交通研究，2003（1）：6-9.

[67] 曹雪,罗平等.基于扩展CA模型的土地利用变化时空模拟研究——以深圳市为例［J］.资源科学，2011（1）：131.

[68] 潘海啸,任春洋.上海轨道交通对站点地区土地使用影响的实证研究［J］.城市规划学刊，2007（4）：92-97.

[69] 叶霞飞,胡志晖等.日本城市轨道交通建设融资模式与成功经验剖析［J］.中国铁道科学，2002（4）：126-130.

[70] 陆锡明,王祥.轨网功能性拓展引导空间紧凑型调整——上海新一轮综合交通体系规划主旋律［J］.城市规划，2011（S1）：94-101.

[71] 陈磊磊,孙有望.区域交通导向发展（TOD）模式研究［J］.交通与运输，2009（7）：108.

[72] 颜月霞,王花兰.快速轨道交通引导型卫星城市的规划及发展［J］.兰州：兰州交通大学学报（自然科学版），2005（4）：133.

[73] 周翊民.城市轨道交通的发展趋势及其动因分析［J］.城市轨道交通研究，2001（2）：1-4.

[74] 欧阳全裕,李际胜等.城市轨道交通市郊线特点与线路技术参数研讨［J］.城市轨道交通研究，2008（9）：7-10.

[75] 施仲衡.科学制定城市轨道交通建设规划［J］.都市快轨交通，2004，17（2）：12-15.

[76] 刘畅,潘海啸,贾晓棘.轨道交通对大都市区外围地区规划开发策略的影响——外围地区TOD模式的实证研究［J］.城市规划学刊，2012（6）：62.

[77] 陈卫国.地铁车站周边地块合理开发强度之初探［J］.现代城市研究，2006（8）：44-50.

[78] 边经卫.城市轨道交通与土地控制规划研究［J］.规划师，2005（21）：87-90.

[79] 唐子来,付磊.城市密度分区研究——以深圳经济特区为例［J］.城市规划汇刊，2003（4）：1-9.

[80] 王京元,郑贤,莫一魁.轨道交通TOD开发密度分区构建及容积率确定［J］.城市规划，2011（4）：30-35.

[81] 洪世键,张京祥.交通基础设施与城市空间增长——基于城市经济学的视角［J］.城市规划，2010（5）：29-34.

[82] 赵燕菁.空间结构与城市竞争的理论与实践［J］.规划师，2004，20（7）：5-13.

[83] 陈抗,郁明华.城市边缘区与中心区的竞争合作关系演进研究［J］.现代城市研究，2006（6）：10-16.

[84] 张亚斌,黄吉林,曾铮.城市群、"圈层"经济与产业结构升级［J］.中国工业经济，2006（12）：45-52.

[85] 易仑.城市发展：走向服务经济新时代［J］.改革与开放，2007（9）：1.

[86] 刘长全.国际大都市产业结构与工业布局演变趋势［J］.海经济研究，2005（12）：

45-50.

[87] 郭旭,郭恩章,陈旸.论休闲经济与城市休闲空间的发展[J].城市规划,2008(12):79-86.

[88] 曹芳萍,秦涛.国际大城市发展都市型工业的模式与经验[J].郑州航空工业管理学院学报,2007(6):46.

[89] 宁阳.北京城市轨道交通线网规划的问题分析[J].北京规划建设,2010(2):101.

[90] 丁成日.城市密度及其形成机制:城市发展静态和动态模型[J].国外城市规划,2005(4):7-10.

[91] 仇保兴.生态城改造分级关键技术[J].城市规划学刊,2010(3):1-13.

[92] 蔡蔚,韩国军,叶霞飞等.轨道交通车站与城市建筑物的一体化[J].城市轨道交通研究,2000(1):55-58.

[93] 袁奇峰,郭晟,邹天赐.轨道交通与城市协调发展的探索[J].城市规划汇刊,2003(6):49-51.

[94] 林国鑫,陈旭梅.城市轨道交通与常规公交系统协调评价探讨[J].交通运输系统工程与信息,2006(3):89-93.

[95] 钱林波.城市土地利用混合程度与居民出行空间分布——以南京主城为例[J].现代城市研究,2000(3):7-10.

[96] 殷阿娜,王厚双.我国技术创新绩效评价与国际比较[J].工业技术经济,2011(9):105-109.

学位论文

[1] 运迎霞.城市规划中的土地问题研究[D/OL].天津:天津大学,2006.

[2] 张学勇.我国大城市地区新城成长与主城共生策略研究[D/OL].哈尔滨:哈尔滨工业大学,2011.

[3] 陶希东.跨省都市圈的行政区经济分析及其整合机制研究——以徐州都市圈为例[D/OL].上海:华东师范大学,2004.

[4] 姜怀宇.大都市区地域空间结构演化的微观动力研究[D/OL].长春:东北师范大学,2006.

[5] 郭丽娜.城市轨道交通与土地利用协调发展的研究[D/OL].北京:北京交通大学,2007.

[6] 郭利平.产业群落的空间演化模式研究[D/OL].上海:华中师范大学,2005.

[7] 王鹏.从卫星城到北京新城[D/OL].北京:清华大学,2004.

[8] 姜洋.新城规划有效性初探——以英国新城为例[D/OL].北京:清华大学,2007.

[9] 王少楠.市域轨道交通技术指标及合理经济长度研究[D/OL].北京:北京交通大学,2011.

[10] 李媛媛. 市域轨道交通快线的合理站间距研究 [D/OL]. 北京：北京交通大学，2011.

[11] 郑捷. 城市轨道交通与周边房地产价值研究 [D/OL]. 北京：清华大学，2004.

[12] 李木秀. 轨道交通导向的边缘城市土地利用研究 [D/OL]. 上海：同济大学，2008.

[13] 张育南. 北京城市轨道交通与城市空间整合发展问题研究 [D/OL]. 北京：清华大学，2009.

[14] 明瑞利. 城市轨道交通与沿线土地利用结合方法研究 [D/OL]. 上海：同济大学，2009.

[15] 何宁. 城市快速轨道交通规划系统分析 [D/OL]. 上海：同济大学，1998.

[16] 马吴斌. 上海中心城区生产性服务业多中心空间结构研究 [D/OL]. 上海：上海师范大学，2009.

[17] 翟强. 城市街区混合功能开发规划研究 [D/OL]. 武汉：华中科技大学，2010.

[18] 林晓光. 基于生态优先的新城规划 [D/OL]. 重庆：重庆大学，2007.

[19] 马书红. 中心城市与城市新区间交通协调发展理论与方法研究 [D/OL]. 西安：长安大学，2008.

[20] 郝记秀. 城市公共交通与土地利用一体化发展（IPTLU）研究 [D/OL]. 西安：长安大学，2009.

[21] 潘承仕. 城市功能综合评价研究 [D/OL]. 重庆：重庆大学，2004.

[22] 黄朝峰. 基于模糊DEA的高校办学效益评价方法及应用研究 [D/OL]. 长沙：国防科学技术大学，2005.

[23] 马立杰. DEA理论及应用研究 [D/OL]. 济南：山东大学，2007.

[24] 侯寰宇. CBD（中央商务区）外部空间形态探析 [D/OL]. 天津：天津大学，2004.

网络资源

[1] http://www.news.cn/ 新华网

[2] http://www.cityup.org/ 都市世界——城市规划与交通网

[3] http://www.cityup.org/news/urbanplan/20120411/85468.shtml 第二届中国世界城市史论坛

[4] http://www.beijing.gov.cn/ 首都之窗

[5] http://www.022net.com/channel/liuguihua/ 人民网·天津视窗

[6] http://www.bjsubway.com/ 北京地铁

[7] http://www.tjdt.cn/ 天津地铁

[8] http://www.mohurd.gov.cn 中国华人民共和国住房和城乡建设部

[9] http://www.mlr.gov.cn 中国华人民共和国国土资源部

[10] http://www.cnup.com 中国城乡规划网

[11] http://www.cityplan.gov.cn/ 天津市规划局

［12］http：//www.bjghw.gov.cn/web/ 北京市规划委员会

［13］http：//www.chinametro.net/ 中国城市轨道交通网

［14］http：//www.cnki.net 中国知网

［15］http：//www.china-up.com 中国城乡规划行业网

外文文献

［1］Peter Hall.Global city-regions in the twenty-first century [M]. England: Scott A.Global city-regions New York Oxford University Press, 2005.

［2］Calthorpe P.The next American Metropolis [M]. New York: Princeton Architectural Press, 1993.

［3］Tai-Chee Wong, Lian-Ho Adriel Yap.Four decades of transformation: land use in Singapore, 1960-2000 [M].

［4］Singapore: Eastern Universities Press, 2004.

［5］Cervero R.The transit metropolis: a global inquiry [M]. Island Press, Washington, D.C, 1998.

［6］Hoyt H.The Structure and Growth of Residential Neighborhoods in American Cities [M]. Washington DC: Federal Housing Administration, 1939.

［7］Peter Hall. New town-the British Experience [M]. London: The Town and Contory Planning Assocation by Charles Knight&Co.Ltd London, 2001.

［8］Harris C.D and Ullman E.L, The Nature of the City [M]. The Annals of the American Academy of Political and Social Science.CCXLII, 1945(242).

［9］Friedman J, Wolff G. World City formation: An agenda for research and action[J]. NewYork: International Journal of Urban and Regional Research, 1999(6): 3.

［10］Taaffe E J, Morrill R L&Gould P R.Tranport expansion in underdevelopd countries: a comparative analysis [J]. Geographical Review, 1963(53): 503-529.

［11］Llewelyn-Davies.Four World Cities: A comparative study of London, Paris, New York and Tokyo [J]. University College London, Comedia, 1996: 327.

［12］Robert Kloosterman & Sako Musterd.Polycentric Urban Region: Towards A Research Agenda [J]. Urban Study, 2001(4): 623-633.

［13］Friedmann J. Four Theses in the Study of China's Urbanization [J]. International Journal of Urban and Regional Research, 2006(2): 440-451.

［14］Giuliano.Research issues regarding societal change and transport[J].Journal of transport geography, 1997, 5(3): 117-124.

［15］Bertolini L, Clercq F, Kapoen L.Sustainable accessibility: a conceptual framework to integrate transport and land use plan-making [J]. Transport Policy, 2005(12): 207-220.

[16] Angela H.Integrated transport planning in the UK: From concept to reality[J].Journal of Transport Geography, 2005(13): 318-328.

[17] Bollinger, Christopher R, Ihlanfeldt, Keith R.The Impact of Rapid Rail Transit on Economic Development: The Case of Atlanta's MARTA [J]. Journal of Urban Economic, 1997(2): 179-204.

[18] Anthony, Burton OBE, Joyce Hartly.The New Record 1946-2002[J].IDOX Information Service, Logical Innovation Ltd.2002.

[19] Porter, E.M.Loaction, competition and economic development: local cluster in a global economy [J]. Economic Development Quarterly, 2000(1): 15-35.

[20] Sassen Saskia.Cities in a Global Economy [J]. Thousand Oaks, 2006(5): 56.

[21] John Gowdya, T, Jon Erickson. Commentary Ecological economics at a crossroads [J]. Ecological Economics, 2005: 17-20.

[22] Handy Susan. How Land-Use Patterns Affect Travel Patterns: A Bibliography.CPL Bibliography [R]. Chicago: Council of Planning Librarians, 1992.

[23] Annual Report 2009/2010: Moving Your World [R]. Singapore: Land Transport Authority, 2010.

[24] Sren Kristensen. Landskabsforandringer [R]. Institute of Geography at Copenhagen University, 2002.

[25] Peter Dichen & P.E.Lloyo.Location in the space, Harpen Colins Publishers, 1990.

[26] Jungyul Sohn. Are commuting patterns a good indicator of urban spatial structure?. Journal of Transport Geogra-phy.2005.

[27] Burgess E W.The Growth of the City.In: Park R E et al, ed.The City.1925.

[28] Brohman J.Popular Development: Rethinking the Theory and Practice of Development. Cambridge MA: Blackwell, 1996: 79-86.

[29] Paul Waddell et al.Incorporating Land Use in Metropolitan Transportation Planning. Transportation Research part A: Policy and Practice, 2006: 9.

[30] Abercrombie, P.The Greater London Plan1944 [Z]. HMSO, London: 1945.

[31] Bendixson, T and Platt, P.Milton Keynes Image and Reality. Cambridge: Granta Editions. 1992.

[32] Laquian Aprodicio A, The Emergence of Mega-Urban Regions in Asia, 3rd ed.Woodrow Wilson, 2005: 201.

[33] Ludovic Halbert.The Polycentric City Region That Never Was: the Paris Agglomeration, Bassin Parisien and Spatial Planning Strategies in France.Built.Environment, 2006(2): 185-193.

统计资料与规划成果

［1］《中国统计年鉴》2012年

［2］《北京市统计年鉴》2012年

［3］《上海市统计年鉴》2012年

［4］《天津市统计年鉴》2012年

［5］《天津市城市总体规划（2005—2020年）》

［6］《天津市空间发展战略规划》2009年

［7］《天津市市域综合交通规划（2008—2020年）》

［8］《北京市城市总体规划（2004—2020年）》

［9］《房山新城总体规划（2005—2020年）》

［10］《亦庄新城总体规划（2005—2020年）》

［11］《北京市房山新城中心区控制性详细规划》2004年

［12］《通州新城宋庄文化创意产业园区战略规划》2012年

［13］《天津市国民经济和社会发展第十二个五年规划纲要》

［14］《北京市国民经济和社会发展第十二个五年规划纲要》

［15］中华人民共和国建设部.GB50180—93.城市居住区设计规范［S］.北京：中国建筑工业出版社，2002.

［16］全国人大常委会.中华人民共和国城乡规划法［Z］.北京：中国建筑工业出版社，2007.

［17］中国城市规划设计研究院.中国工程院重大咨询项目《我国大城市连绵区的规划建设问题研究》土地利用专题研究［R］.2007.

［18］中国地铁工程咨询有限责任公司，宁波市规划设计研究院.宁波市余慈地区轨道交通线网规划最终报告［R］.2009.

［19］深圳市市政工程咨询中心.轨道交通沿线土地利用基础研究阶段报告［R］.2003.

［20］北京清华城市规划设计研究院.房山区综合交通规划专题研究［R］.2005.

［21］北京城市规划设计研究院.北京市城市总体规划实施评估——空间发展专题［R］.2010（6）：6-58.

［22］北京交通发展研究中心.北京市2011年上半年交通运行分析报告［R］.2011.

后记

中国的"新城"是一类特殊的具有本土化空间模式的转型城市，同主城区一样需要进行全球化、区域化、市场化下新的发展定位，特别是在轨道交通导向下新城发展的职能、空间环境、发展动力等更需要重新被认识。尤其伴随城市区域化、轨道交通网络化以及信息化进程的加快，"新城"在逐渐的凸显其引领价值，时空上的改变也直接影响到日常的生活圈，并推动了我国的大都市区表现出两种较为明显的发展特征：一是宏观区域范围内的城市中心的分散化与功能集中化；二是微观地域上人口的不断集中和城市建成区的不断扩散，虽然各类城市问题仍存在甚至比较突出，但整体呈现出了可持续发展的良好态势。

此外，对于土地资源危机背景下诸多城镇群地区内的大都市而言，疏解中心城区重叠功能，引导城市人口有序扩散，提高"多中心"与"高密度"环境中各功能空间的运行效能，大力推动"快轨时代"的新城开发，既是现实要求也是未来发展的重要趋势，是大都市区无奈的不二选择，这是不同于许多国外大都市区发展模式的区别所在，因此，对于这一新型空间的发展，我们需要有耐心且充满信心的去等待。

本研究成果源于我在天津大学攻读博士期间的工作基础，研究工作一开始就聚焦于大都市区空间运行机制的优化问题，在部门走访与专家审核基础上，最终定格于"多中心视角下轨道交通与新城的协调发展"。这一研究工作相继得到了国家自然科学基金项目"基于动态平衡的轨道交通走廊地区职住空间响应机理研究"、北京市人才培养资助项目"京津冀协同发展背景下北京市外围新城的转型与重构"以及北京市属高校高水平教师队伍建设支持计划青年拔尖人才培育计划课题的资助。

回顾整个研究过程，难抑内心的感激与感动，对师长、同窗、朋友和家人给予的关心和帮助予以感谢。

首先，衷心的感谢导师运迎霞教授，在研究重点的聚焦、框架结构的组建以及内容的撰写等各个阶段，是她悉心的指导，才让我有更高的眼界看到凭借自身经验无法触及的理论前沿。导师严谨的治学态度、博学的理论知识以及谦和宽厚的处事作风深深的影响着我，正是在她的关心、帮助、信任和鼓励下，使我有了很多难得的实践锻炼机会，不仅开拓了规划视野、提升了专业素质，同时为研究工作的开展打下坚实的基础。值此著作完成之际，谨向恩师致以最诚挚的谢意！

感谢天津大学建筑学院曾坚老师、陈天老师、盛海涛老师以及天津市城市规划设计研究院吕永泉总规划师、天津市国土资源与房屋管理局路红局长在撰写、答辩过程中给予的指导和帮助，感谢许熙巍老师、塞庆鸣老师的鼓励，感谢沈阳建筑大学彭晓烈教授、周静海教授在研究过程中给予的多方面支持，也感谢博士论文盲审中匿名评议的各位老师，向各位前辈致以诚挚的谢意！

同时，我要真诚的感谢北方工业大学，感谢入职以来诸多领导、同事的热情支持与鼎力相助，尤其感谢贾东教授、张勃教授对我工作以来的关怀和悉心指导，衷心感谢张伟一教授的指点迷津和鼓励，还有很多热情、友善、可爱的同事们，很荣幸能在事业的奋斗期成长在这个温暖的大家庭，谢谢大家。

此外，感谢我的同窗挚友任利剑、张海滨、宋佳音、田名川、房涛、俞剑光、宫同伟、张赫、王林申等的关心与帮助，快乐和谐的学习氛围不仅成就了良好的写作环境，更成为我们一生的回忆。感谢好友张海畅、张波、贺媛、晏亮、任杰、王明明、李法成、赵方成等，感谢孙易、任晶晶、梁悦等诸多伙伴在调研过程中给予的大力支持，还有一同奋斗在首都的好友李冰、宋衍昊、庞元志、刘贞龙、李建峰、赵建发、陈桂营、王连广、王立、尹松等，感谢你们的鼓励、督促与帮助，与你们的友谊我将珍视始终！尤其感谢所有的同门师兄弟妹，感谢万汉斌、李超、苗展堂、杨德进、孙奎利、唐兰等师兄师姐，还有李晓源、田健、曾穗平、刘倩男、李思濛、王宇宁、吕扬、黄焕春、杨晓楠、王思成等师弟师妹们的帮助，感谢大家一直以来对我的关心和帮助。在此，向各位好友表示真诚的谢意！

特别感谢我亲爱的家人，感谢父母的关心，感谢哥嫂、姐姐姐夫的支持，感谢岳父岳母的大度与理解，更要感谢妻子董艳霞的鼓励和帮助，在研究工作最艰苦的时段她始终陪伴着我、激励着我，同时，也要感谢儿子李承远、女儿李佑嘉，平凡的生活有了他们后就再也不简单，无论是哭是笑，还是哭笑不得，他们都时时带给我神奇的力量！感谢这个温暖的家，他们背后的关心、支持、理解和鼓励，是我永远的精神支柱和前进的动力！

与此同时，感谢研究过程中参考文献的作者们，是大家的智慧结晶给了我启迪，才使本书得以出版，如有不足或争议之处，概由本人负责并请各位读者见谅。

执笔至此，即将成型，内心感慨万千，又适逢祖国 70 年华诞，激动之情更是难以言表。国家的伟大，莫过于以改革之魄力圆国人之理想，而立足专业所学、尽最大努力去为社会做些贡献将是每一位追梦人理应承担的责任。在这金秋十月，借此机会向伟大的祖国送上我最诚挚的祝福，愿她永远繁荣昌盛、国泰民安！

谢谢大家！

李道勇